ENCYCLOPEDIE

MÉTHODIQUE.

FORÊTS ET BOIS.

MÉTHODES ET TABLES
POUR LA CUBATURE DES BOIS

EN MESURES ANCIENNES.

ENCYCLOPÉDIE
MÉTHODIQUE.

FORÊTS ET BOIS.

MÉTHODES ET TABLES
POUR LA CUBATURE DES BOIS
EN MESURES ANCIENNES;

SAVOIR, 1°. en solives et parties de solive; 2°. en pieds cubes et parties de pied cube; 3°. en chevilles; 4°. en sommes et parties de somme; 5°. en marques et parties de marque; 6°. en gouées et parties de gouée.

PAR M. DE SEPT-FONTAINES.

PRÉCÉDÉES d'une Instruction contenant l'explication et l'usage des Tables de M. de Sept-Fontaines, des Méthodes de calcul nouvelles et expéditives, pour la Cubature des bois dans un système métrique quelconque; plusieurs Tables, parmi lesquelles se trouve celle des Logarithmes des 10000 premiers nombres, applicables aux calculs de la Cubature des bois, soit dans le système métrique ancien, soit dans le système métrique décimal.

PAR M. DE PRONY,

Officier de la Légion d'Honneur, Inspecteur-Général-Directeur de l'École Royale des Ponts et Chaussées, Membre de l'Institut Royal de France, etc.

OUVRAGE utile à tous ceux qui ont à s'occuper de la Cubature des bois, tant pour des affaires de commerce que pour des affaires particulières.

TOME PREMIER, SECONDE PARTIE.

A PARIS,

Chez Mme veuve AGASSE, Imprimeur-Libraire, rue des Poitevins, n°. 6.

M. DCCC. XV.

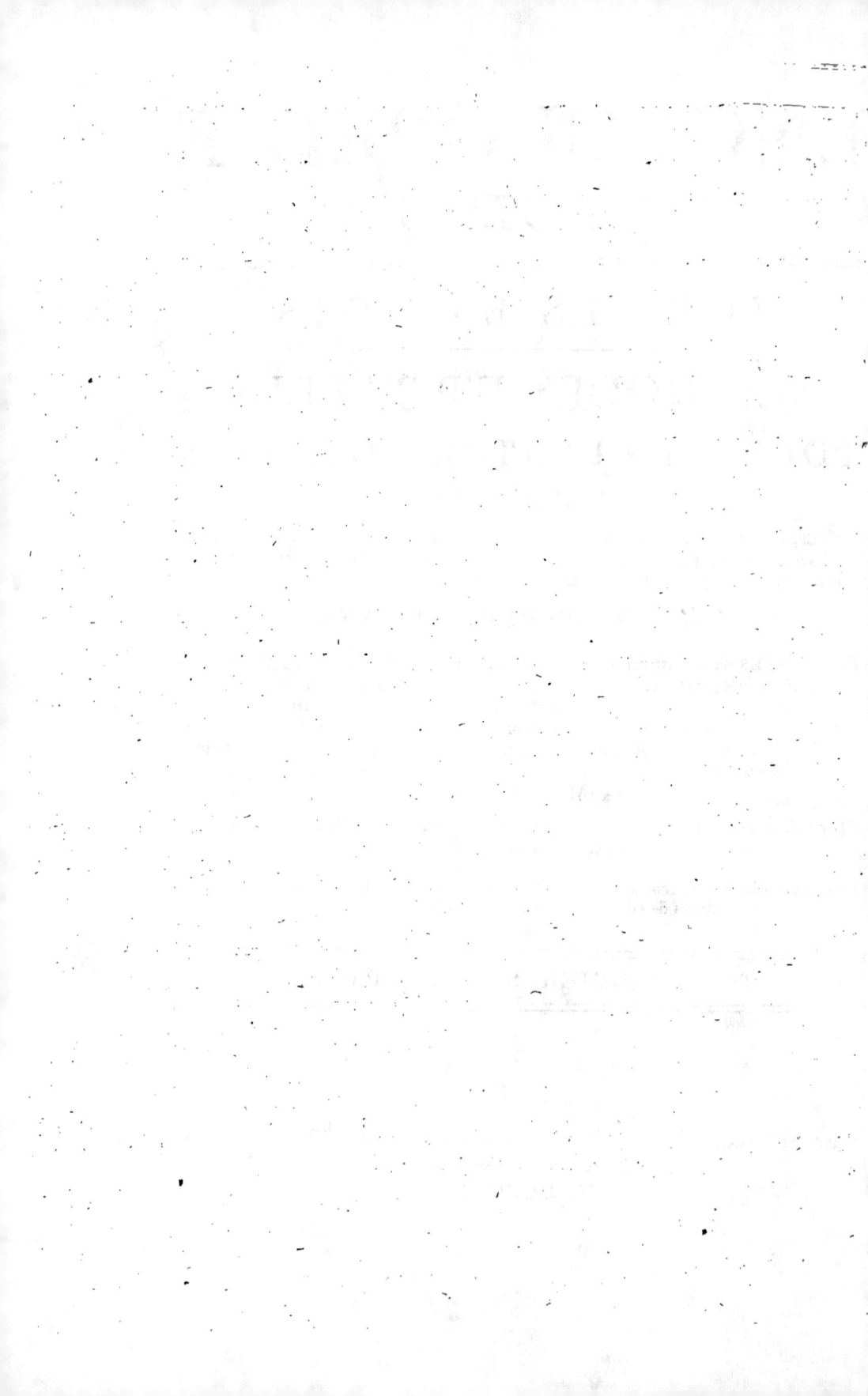

INSTRUCTION

SUR L'OUVRAGE DE M. DE SEPT-FONTAINES

ET SUR

LA CUBATURE DES BOIS EN GÉNÉRAL,

PAR M. DE PRONY.

L'ART de *toiser* les bois, de M. de Sept-Fontaines, et les tables qui l'accompagnent, étoient imprimés avant que les premiers travaux de l'Académie royale des Sciences de Paris sur le nouveau système métrique décimal fussent connus. Lorsqu'il sut que cette compagnie savante avoit proposé une nouvelle unité de mesure, dans un rapport du 19 mars 1791, il annonça qu'il en établiroit la liaison avec ses tables par un simple supplément de quatre pages, et ce supplément ne pouvoit être évidemment qu'une table de comparaison semblable à celles qui terminent son ouvrage (depuis et y compris la huitième, jusqu'à la treizième inclusivement), dans lesquelles on trouve les réductions des *solives* en différentes espèces de mesures; mais on n'a point à regretter une addition qui seroit maintenant inutile, puisqu'elle se rapporteroit seulement au *mètre provisoire*. La détermination de cette unité, postérieure à la date du rapport ci-dessus cité, a été publiée par l'Académie en 1793, dans le volume contenant son histoire pendant l'année 1789; le *mètre* et le *kilogramme définitifs*, qui sont maintenant les seules mesures légales, n'ont été ultérieurement déterminés qu'en 1799.

L'unité métrique *linéaire* étant désormais la seule de laquelle doivent être dérivées les unités de surfaces et de volumes, quelques personnes pourroient en conclure que des tables, dont l'objet unique est de faciliter les calculs à faire d'après des données fournies en anciennes mesures, sont devenues inutiles; cette conclusion ne seroit point exacte, et je me bornerai, sur ce point, à faire observer, 1°. qu'on a et qu'on aura peut-être encore long-temps beaucoup d'affaires, soit administratives, soit particulières, qui exigeront, ou des vérifications d'anciens calculs, ou des rapprochemens d'anciens et de nouveaux résultats déduits de calculs dont on desirera faire la preuve, en les doublant d'après les mesures anciennes; 2°. que le *pied métrique*, égal au tiers du mètre, étant une mesure admise et soumise à la division duodécimale, si on fait une *solive* égale à trois pieds cubes métrique, sous-divisée d'ailleurs de la même manière que la solive ancienne, les premières tables de M. de Sept-Fontaines seront immédiatement applicables à cette manière de mesurer les bois; car l'usage de ces tables ne dépend pas de la valeur *absolue* de l'unité fondamentale, mais de son mode de division. De plus, le *rapport* de la solive au pied cube étant conservé par les nouvelles valeurs *absolues* de ces unités, la huitième table pourra encore servir. Les cinq suivantes, qui se rapportent aux valeurs absolues anciennes, seront les seules inutiles.

C'est principalement par ces motifs, auxquels on pourroit en réunir beaucoup d'autres, que les éditeurs de l'*Encyclopédie méthodique* se sont déterminés à livrer au public l'ouvrage et les tables de M. de Sept-Fontaines ; il a paru convenable de les faire précéder d'une Instruction où on trouvât une exposition, suivie et méthodique, des diverses notions, disséminées par l'auteur dans plusieurs discours séparés, sur les mesures anciennes et sur l'usage de ses tables ; il falloit de plus y donner des règles pour les calculs des bois *à la plume*, d'un usage plus commode et plus expéditif dans la pratique, que les siennes, et surtout y traiter, avec les détails convenables, de l'application du nouveau système métrique à la cubature des bois, et de sa comparaison avec l'ancien.

Nous allons, dans le premier paragraphe de cette Instruction, donner les définitions des mots dont l'intelligence est indispensable à ceux qui ont des calculs à faire d'après les anciennes mesures ; ces mots ne sont pas en assez grand nombre pour rendre nécessaire un Vocabulaire annoncé par M. de Sept-Fontaines.

§. Iᵉʳ.

NOTIONS sur les anciennes mesures employées pour le toisé des bois.

L'ancien usage de la marine, celui de plusieurs administrations et de quelques provinces de France, étoit de rapporter la mesure des bois au pied de roi, en sorte que le volume d'une pièce de bois quelconque étoit représenté par le nombre de pieds cubes contenus dans cette pièce.

On conservoit au pied *linéaire* sa sous-division en douze *pouces*, celle de chaque pouce en douze *lignes*, celle de chaque ligne en douze *points*, etc., le pied cube se trouvant ainsi composé de 1728 pouces cubes ou de 2985984 lignes cubes ; mais cette manière de le sous-diviser n'étant pas commode pour le calcul, on donnoit communément au solide une sous-division analogue à celle de l'unité linéaire, dont il dérivoit, c'est-à-dire, qu'on divisoit le pied cube en douze parties qu'on appeloit *pouces de pied cube* ; le *pouce de pied cube* se divisoit lui-même en douze parties qu'on appeloit *lignes de pied cube*, et dont chacune étoit la cent quarante-quatrième partie du pied cube ; la ligne de pied cube en douze parties qu'on appeloit *points de pied cube*, et ainsi de suite.

Cette similitude de sous-division entre l'*unité linéaire* et l'*unité cubique* facilitoit l'emploi de la méthode des *parties aliquotes* dans les multiplications de nombres complexes qu'on avoit à faire pour cuber les bois.

L'emploi du pied cube et de sa division duodécimale étoit assurément, après celui d'une unité linéaire assujettie à la division décimale, ce qu'on pouvoit trouver de plus naturel et de plus commode pour la mesure des bois ; cependant il existoit une autre unité de volume triple de celle dont nous venons de parler, beaucoup plus généralement répandue qu'elle, et dont les sous-divisions étoient analogues à celle de la *toise* ; cette unité s'appeloit *solive* ou *pièce*. On sait que la toise de Paris contenoit six pieds de roi, dont chacun étoit sous-divisé en pouces, lignes, points, etc., comme il a été dit ci-dessus ; pareillement la *solive* ou *pièce*, qui représentoit un volume de trois pieds cubes, se divisoit en six parties appelées *pieds de solive* ; le *pied de solive* se divisoit en douze *pouces de solive*, le *pouce de solive* en douze *lignes de solive*, la *ligne de solive* en douze *points de solive*, etc.

Pour rattacher ces dénominations à des idées faciles à saisir, on peut se figurer une pièce de bois de trois pieds de longueur, ayant pour base un carré parfait, dont chaque côté auroit un pied de longueur ; le volume de ce solide seroit précisément égal à l'unité de volume appelée *solive* ; que l'on conçoive ensuite cette pièce de bois, divisée parallèlement à une de ses faces longitudinales en six parties ou *planches* égales entre elles, chacune de ces parties, qui aura trois pieds de longueur, un pied de largeur et deux pouces d'épaisseur, sera égale en volume au *pied de solive*; en divisant l'un de ces derniers solides par des sections parallèles à sa plus grande face, en douze parties égales entr'elles, chacune de ces parties qui aura trois pieds de longueur, sur un pied de largeur et deux lignes d'épaisseur, sera égale en volume au *pouce de solive*. En agissant sur ces derniers solides partiels, comme nous l'avons fait sur ceux qui représentoient le pied de solive, nous aurions la *ligne de solive*, et ainsi de suite.

Nous avons pris une forme de solide déterminée pour rendre plus sensibles les rapports qui existent entre l'unité principale et ses sous-divisions; mais le mesurage des bois à la *solive* est tout aussi indépendant de la forme effective des corps mesurés, que le mesurage au pied cube. Cette dernière unité de volume, le pied cube, est préférable pour la commodité du calcul, par l'uniformité de la série de ses sous-divisions, qui procèdent toujours de douze en douze, au lieu que la solive a une première division par six, et les suivantes seulement par douze; cet ordre de sous-division de la solive n'étoit pas absolument général, et dans la haute Picardie, par exemple, sa valeur absolue étant toujours de trois pieds cubes, on commençoit par la diviser en douze parties égales qu'on appeloit *pieds de solive* (dont chacun, par conséquent, étoit la moitié de celui dont il a été question précédemment), et le *pied de solive*, que M. de Sept-Fontaines distingue par le nom de *petit pied*, étoit sous-divisé en trente-six parties appelées *chevilles*. On auroit rendu cette série plus commode pour le calcul, en intercalant entre le pied et la cheville un terme indiquant un sixième de pied, et valant six chevilles.

Dans les pays désignés par les noms de *Calaisis* et *Pays reconquis*, *Boulonnois*, *bas Artois*, *Ardresis*, l'unité de mesure pour les bois s'appeloit *somme*; la somme contenoit 9 pieds cubes et 1217 $\frac{1}{11}$ pouces cubes (le pied de roi étant l'unité linéaire), ou 9,70455 pieds cubes (1); sa sous-division, assez bizarre, étoit de soixante-une parties, dont chacune s'appeloit *marque*.

En Normandie, l'unité de mesure des bois avoit le nom de *marque*; sa valeur absolue étoit de 3600 pouces cubes ou 2 $\frac{1}{12}$ pieds cubes; elle se divisoit en 300 chevilles, dont chacune valoit par conséquent 12 pouces cubes ou $\frac{1}{144}$ de pied cube.

En Provence, on avoit pour la mesure des bois deux unités, l'une et l'autre appelées *gouées*; la plus petite de ces unités servoit pour la mesure du bois de chêne; elle représentoit le volume d'un *parallélipipède rectangle* (2) de 27 $\frac{1}{2}$ pouces de longueur et 4 pouces 7 lignes sur chacune de ses autres dimensions; ce qui donne 577,691 pouces cubes ou 0,334312 pieds cubes, valeur très-peu différente de $\frac{1}{3}$ de pied cube.

---

(1) Cette expression est l'équivalente de 9 $\frac{70455}{100000}$ pieds cubes; en général, dans les nombres que renferme cette Instruction, et où une partie des chiffres est séparée de l'autre par une virgule, les chiffres à droite de la virgule représentent une fraction ayant pour numérateur le nombre exprimé par ces chiffres, et pour dénominateur l'unité suivie d'un nombre de zéros égal à celui des chiffres du numérateur.

Ainsi 3,4 vaut 3 $\frac{4}{10}$; 0,6 vaut $\frac{6}{10}$; 28,47 vaut 28 $\frac{47}{100}$; 0,62 vaut $\frac{62}{100}$; 3227,254 vaut 3227 $\frac{254}{1000}$; 0,367 vaut $\frac{367}{1000}$; etc.

C'est pour ne rien omettre de ce qui peut contribuer à la clarté de l'exposition, que j'ai donné l'explication précédente; il est bien peu de lecteurs à qui elle soit nécessaire, maintenant que le nouveau système métrique a rendu la connoissance du calcul décimal presqu'universelle.

(2) Le *parallélipipède rectangle* est un solide terminé par six faces; *fig.* 11, dont les deux extrêmes *kiml*, *onqp* sont parallèles et égales entr'elles, ont tous leurs angles droits, et sont perpendiculaires aux arêtes *lp*, *mq*, *ko*, *in*, d'où il suit que les faces opposées *lmqp*, *kino* et *lkop*, *minq*, sont aussi respectivement parallèles et égales entr'elles.

INSTRUCTION.

Celle des unités de volumes, appelée *gouée*, qui avoit la plus grande valeur absolue, servoit pour tous les bois, autres que le bois de chêne ; elle représentoit le volume d'un parallélipipède rectangle ayant la même longueur de 27 ½ pouces que la première, et 9 pouces 2 lignes sur les autres dimensions ; ce qui donne 2310,7639 pouces cubes ou 1,337248 pieds cubes ; ainsi cette seconde gouée étoit quadruple de la première.

§. II.

Tables pour faciliter l'application du calcul décimal aux mesures définies dans le paragraphe précédent.

Première Table, donnant les valeurs des différentes unités de mesures définies dans le paragraphe précédent en pieds cubes d'ancienne mesure, et en mètres cubes.

NOMS DES UNITÉS DE MESURE.	LEURS VALEURS	
	EN PIEDS CUBES.	EN MÈTRES CUBES.
Pied cube................................	1,00000	0,034277
Solive......................................	3,00000	0,102832
Somme, ancienne mesure de quelques départemens septentrionaux.........................	9,70455	0,332646
Marque, ancienne mesure de Normandie..........	2,03333	0,069697
Petite gouée de Provence servant pour le bois de chêne.	0,33431	0,011459
Grande gouée de Provence servant pour tous les bois autres que les bois de chêne..............	1,33724	0,045836

On voit, par ce tableau, que la *solive* diffère peu d'un dixième de mètre cube (le mètre cube contient 29,1739 pieds cubes); que la *somme* du Calaisis, Boulonnois, bas Artois et Ardresis est à très-peu près ⅓ de mètre cube ; et enfin que la petite *gouée* de Provence n'excède que d'une petite quantité le $\frac{1}{100}$ de mètre cube.

Il est beaucoup plus commode, pour le calcul, d'employer les logarithmes des nombres de la table précédente, que ces nombres eux-mêmes, ainsi que nous le ferons voir dans la suite de cette Instruction.

Deuxième Table pour transformer les fractions de solive exprimées en pieds, pouces, etc. de solives en fractions décimales de cette solive.

Nota. Il s'agit ici de la solive divisée en 6 pieds de solive, valant chacun 12 pouces de solive, le pouce de solive valant 12 lignes de solive, etc.

LIGNES de solive.	FRACTIONS décimales de la solive.	POUCES de solive.	FRACTIONS décimales de la solive.	PIED de solive.	FRACTIONS décimales de la solive.
1	0,001157	1	0,013889	0,5	0,083333
2	0,002315	2	0,027778	1,0	0,166667
3	0,003472	3	0,041667	1,5	0,250000
4	0,004630	4	0,055556	2,0	0,333333
5	0,005787	5	0,069444	2,5	0,416667
6	0,006944	6	0,083333	3,0	0,500000
7	0,008102	7	0,097222	3,5	0,583333
8	0,009259	8	0,111111	4,0	0,666667
9	0,010417	9	0,125000	4,5	0,736111
10	0,011574	10	0,138889	5,0	0,833333
11	0,012731	11	0,152778	5,5	0,902778
12	0,013889	12	0,166667	6,0	1,000000

Troisième Table, qui est l'inverse de la précédente, servant à transformer les parties décimales de la solive en pieds, pouces, lignes, etc. de solive.

MILLIÈMES de solive.	LIGNES de solive.	CENTIÈMES de solive.	POUCES et lignes de solive.		DIXIÈMES de solive.	PIEDS, POUCES et lignes de solive.		
	lignes.		pouc.	lignes.		pieds.	pouces.	lign.
0,001	0,864	0,01	0.	8,64	0,1	0.	7.	2,4
0,002	1,728	0,02	1.	5,28	0,2	1.	2.	4,8
0,003	2,592	0,03	2.	1,92	0,3	1.	9.	7,2
0,004	3,456	0,04	2.	10,56	0,4	2.	4.	9,6
0,005	4,320	0,05	3.	7,20	0,5	3.	0.	0,0
0,006	5,184	0,06	4.	3,84	0,6	3.	7.	2,4
0,007	6,048	0,07	5.	0,48	0,7	4.	2.	4,8
0,008	6,912	0,08	5.	9,12	0,8	4.	9.	7,2
0,009	7,776	0,09	6.	5,76	0,9	5.	4.	9,6
0,010	8,640	0,10	7.	2,40	1,0	6.	0.	0,0

Comme il est convenable de substituer les fractions décimales de la ligne à ses fractions duodécimales ou aux *points*, et que cette substitution est maintenant pratiquée presque généralement, la deuxième et la troisième des tables précédentes serviront, l'une pour avoir les dixièmes de ligne de solive en fractions décimales de la solive, l'autre pour éva-

luer les dix millièmes de solives en fractions décimales de la ligne de solive; il ne s'agira
pour cela que de reculer la virgule d'un rang sur la gauche; ainsi pour avoir, en fraction de
la solive, les $\frac{7}{10}$ d'une ligne de solive, je prends le nombre qui est vis-à-vis le 7 de la première colonne de la deuxième table, et reculant la virgule de ce nombre d'un rang sur
la gauche, j'ai 0,0008102 solive pour la fraction décimale cherchée. Pour exprimer
$\frac{8}{10000}$ de solive en fraction décimale de la ligne de solive, je prends dans la troisième table
le nombre qui est vis-à-vis le 8 de la première colonne, et reculant sa virgule d'un rang
sur la gauche, j'ai 0,6912 ligne solive pour la fraction décimale cherchée.

§. I I I.

EXPLICATION et usage des tables contenues dans le présent volume pour le toisé
des bois ronds et carrés, de grosseurs variables ou uniformes.

Les tables dont nous allons donner l'explication et l'usage sont au nombre de treize;
les sept premières ont pour objet immédiat le toisé des bois, et les cinq autres fournissent
des moyens de réduction de la solive en quelques autres unités de volume en usage,
soit dans la marine, soit dans quelques provinces.

Nous allons commencer par l'explication des tables qui se rapportent aux bois ronds, et
qui sont au nombre de trois; savoir, la première, la deuxième et la septième.

Pour prendre le cas le plus général, supposons qu'on veuille connoître le volume d'une
pièce de bois ronde et d'inégale grosseur sur sa longueur, de manière cependant que sa
forme puisse être assimilée à celle d'un cône tronqué; on mesurera chacune de ses circonférences extrêmes avec un ruban divisé en pouces, et on écrira séparément la longueur déve-
loppée de la grande et de la petite circonférence. Les mesures étant supposées des nombres
entiers de pouces, on cherchera dans la première colonne à gauche de la table 1, le
nombre de pouces contenu dans la grande circonférence; lorsqu'on l'aura trouvé, on par-
courra de l'œil les cases de l'aire de la table placées vis-à-vis celles qu'occupe ce nombre et
ses répétitions, en ne faisant d'abord attention, dans ces cases qui renferment trois nombres,
qu'au nombre placé au-dessus des deux autres, et on cherchera celle dans laquelle ce nombre
supérieur est le nombre de pouces contenus dans la petite circonférence. Les deux nombres
inférieurs de cette case exprimeront, l'un, celui qui est à gauche, un certain nombre de
pouces carrés, et l'autre, celui qui est à droite, le numérateur d'une fraction de pouce
carré dont le dénominateur est constamment 264, et ce nombre fractionnaire de pouces
carrés, multiplié par la longueur de la pièce de bois exprimée en pouces, doit donner la
solidité de cette pièce en pouces cubes.

Soit une pièce de bois de 25 pieds de longueur, de 17 pouces de circonférence à son gros
bout, et 8 pouces de circonférence à son petit bout; on trouve, table 1, page 17, le nombre 17 dans la première colonne à gauche, et le nombre supérieur 8 dans la quatrième case
de la deuxième des lignes qu'occupe le nombre 17; au-dessous de ce nombre 8, dans la même
case, se trouvent, à gauche, le nombre 12, et à droite le nombre 255, ce qui indique une
surface de $12\frac{255}{264}$ pouces carrés, dont le produit par la longueur de la pièce, exprimée en
pouces, devroit donner son volume en pouces cubes. On obtiendra ce dernier produit en
solives et fractions de solives par le moyen des tables 7 et 2; la table 7 présente, au haut
de ses colonnes, des nombres entiers, désignés par les mots *bases des bois en pouces carrés*,
parmi lesquels on cherchera le nombre entier 12, qui se trouve à la page 151; on cherchera
au-dessous de ce nombre, dans une colonne intitulée *longueurs des bois en pieds*, le nombre

25, qui est le nombre indiquant, en pieds, la longueur de la pièce de bois, et vis-à-vis ce nombre 25, on trouvera. . . . . 0 solives 4 pieds 2 pouces 0 lignes 0 points. 0

C'est à très-peu près la mesure de la pièce; mais pour plus grande exactitude, on aura recours à la table 2 pour trouver la partie additive du volume correspondante à $\frac{255}{264}$ de pouce carré; on observera que $\frac{255}{264}$ se composent de $\frac{200}{264}$, de $\frac{50}{264}$ et de $\frac{5}{264}$, et on trouvera d'abord, page 73, pour $\frac{200}{264}$ et

25 pieds de longueur	0	0	3	1	10	$\frac{24}{44}$
page 70, pour $\frac{50}{264}$ et 25 pieds de longueur	0	0	0	9	5	$\frac{7}{44}$
page 67, pour $\frac{5}{264}$ et 25 pieds de longueur	0	0	0	0	11	$\frac{16}{44}$
Somme totale ou volume cherché	0	4	6	0	3	$\frac{24}{44}$

On a pour le nombre des pouces cubes contenus dans le résultat; savoir, pour 4 pieds solives . . . . 3456,0 pouces cubes.

Pour 6 pouces solives 432,0

Pour 3 points solives 1,5

Pour $\frac{24}{44}$ de point solive 0,3

Total en pouces cubes 3889,8

Le calcul étant fait par la méthode exacte que nous exposerons dans le paragraphe suivant, donne 3891,4 pouces cubes; ainsi le calcul, par les tables, pèche par défaut de 1,6 pouces cubes, ce qui peut absolument être compté pour rien.

Les nombres qui forment les têtes des colonnes de la table 7, et qui se rapportent aux nombres entiers de pouces carrés donnés par la table 1, ne vont, d'unité en unité, que jusqu'à 100, après quoi ils procèdent, par centaines, jusqu'à 1000; ainsi, lorsque le nombre inférieur, placé à gauche dans les cases de la table 1, excède 100, et n'est pas égal à 200, 300, 400, etc., on ne trouve pas immédiatement son correspondant dans la table 7; si ce cas arrive, on fera l'opération, sur cette table 7, en deux fois de la même manière qu'on l'a vue dans l'exemple précédent, exécutée en trois fois, sur la table 2, pour la fraction $\frac{255}{264}$. Nous avons donné cette triple opération plutôt par des motifs d'instruction que par des motifs d'exactitude, mais la double opération sur la table 7 est toujours nécessaire.

Soit, par exemple, une pièce de bois ronde de 59 pouces de circonférence à une de ses extrémités, 53 pouces à l'autre et 32 pieds de longueur; on aura d'abord, table 1, page 29, pour 59 sur 53, une surface de 249 $\frac{183}{264}$ pouces carrés, et ensuite :

Par la table 7,

pour 200 pouces carrés et 32 pieds de longueur	14 solives 4 pieds 10 pouces 8 lignes 0 points.
pour 49 pouces carrés et 32 pieds de longueur	3	3	9	4	0
Par la table 2,					
pour $\frac{100}{264}$ et 32 pieds de longueur	0	0	2	0	2 $\frac{40}{44}$
pour $\frac{80}{264}$ et 32 pieds de longueur	0	0	1	7	4 $\frac{31}{44}$
pour $\frac{3}{264}$ et 32 pieds de longueur	0	0	0	0	8 $\frac{32}{44}$
Total ou solidité cherchée	18	2	11	8	4 $\frac{16}{44}$

Enfin, on peut avoir à calculer la solidité d'une pièce de bois dont la longueur excéderoit 48 pieds; dans ce cas, on considère le solide comme composé de plusieurs solides partiels, mis bout à bout, dont chacun n'a pas plus de 48 pieds de longueur : on calculera séparément, par les règles ci-dessus posées, leurs volumes respectifs, dont on fera une somme qui sera le volume total cherché. Le nombre de ces solides n'excédera pas 2, en général; car un arbre rond et régulier, et qui auroit plus de 96 pieds de longueur, doit être une pièce fort rare.

Les solidités des bois ronds cylindriques ou d'égale grosseur sur toute leur longueur se calculent par les tables 1, 2 et 7, comme celles des bois ronds de grosseur variable, l'aire de la table 1 offrant toujours une longueur de circonférence de l'extrémité de la pièce, égale à la longueur de la circonférence à l'origine.

Nous passons à la mesure de la solidité des bois carrés de grosseur variable; et pour prendre un cas général auquel puissent se rapporter ceux qu'on rencontre communément dans la pratique, nous supposerons que la pièce, dressée sur quatre faces planes longitudinales, a une forme telle que toutes ses sections transversales, parallèles entr'elles et faites perpendiculairement à une des faces longitudinales, sont des parallélogrammes rectangles (1), la droite perpendiculaire à toutes ces sections étant supposée renfermée en entier dans l'intérieur de la pièce. La figure 10 représente un solide de cette espèce; toutes les sections perpendiculaires à la face $a d h e$, et à une des droites qu'on peut mener de la base $a b c d$ à la base $e f g h$, sont des parallélogrammes rectangles; et lorsque la longueur de la pièce est considérable par rapport à ses dimensions transversales, ce qui est le cas le plus ordinaire, ces sections peuvent être considérées comme perpendiculaires à l'axe passant par les centres des sections extrêmes $a b c d$ et $e f g h$; ce sont ces dernières sections qui fournissent les données dont on a besoin, avec la longueur de la pièce, pour calculer son volume. En conséquence on commencera par mesurer les deux côtés $b c$ et $f g$ qui sont sur une même face, et on écrira leurs longueurs; on mesurera ensuite les côtés $a b$ et $e f$, dont on écrira pareillement les longueurs, et enfin on mesurera et on écrira la longueur de la pièce.

Avant de faire usage de ces données, il faut examiner d'abord si $f g$ et $f e$ sont respectivement plus petits que la moitié de $b c$ et de $b a$; si ces longueurs $f g$ et $f e$ se trouvent dans ce cas, ou que l'une des deux seulement y soit, on devra diviser la pièce par une ou plusieurs sections transversales qu'on tracera à la craie, de manière que chaque solide partiel formant une de ces divisions, satisfasse à la condition de n'avoir pas les lignes correspondantes à $f e$ et $f g$, plus petites respectivement que les moitiés de celles qui sont représentées par $b a$ et $b c$: le plus souvent la division en deux parties suffira pour remplir cette condition, et lorsqu'elle sera satisfaite ou immédiatement par la pièce entière, ou en faisant l'opération que nous venons de prescrire, on pourra calculer le volume du solide par les tables 3, 4 et 7, ainsi qu'il suit.

Les mesures des largeurs des faces du solide étant prises en pouces, cherchez, table 3, dans la première colonne à gauche, intitulée *grand côté du plus gros bout et côté du petit bout, même face*, les deux nombres de pouces indiqués par ce titre qu'on y trouvera si le grand côté n'a pas plus de dix-huit pouces de longueur, et s'il n'excède pas le double du côté du petit bout, même face: cherchez ensuite dans l'aire de la table qui répond à ces deux nombres, ou à leurs répétitions, une case dont les deux nombres supérieurs soient les longueurs, en pouces, de *l'autre côté du plus gros bout et du côté du petit bout, même face*; nombres qu'on trouvera toujours dans la table s'ils satisfont aux mêmes conditions que les précédens. Au-dessous de ces deux derniers nombres se trouvent deux autres nombres, l'un à droite, l'autre à gauche; le nombre qui est à gauche est un nombre entier de pouces carrés; et celui qui est à droite est le numérateur d'une fraction de pouce carré dont le dénominateur est constamment 6; ces deux nombres composent un nombre fractionnaire de pouces carrés, lequel,

_____

(1) Un parallélogramme rectangle est une figure plane, rectiligne, de quatre côtés, comme la figure 15, et dont les angles n, o, p, q, sont des angles droits.

multiplié par la longueur de la pièce exprimée en pouces, doit donner son volume en pouces cubes.

Pour avoir ce volume en solives et parties de solives, on fera de la table 7, relativement à la partie entière du nombre fractionnaire de pouces carrés, donnée par l'aire de la table 3, le même usage qui a été prescrit pour les bois ronds, et on aura le nombre de solives et parties de solives correspondant à ce nombre entier de pouces carrés; la longueur de la pièce est supposée, pour cet usage, exprimée en pieds : pour obtenir ensuite le volume correspondant à la fraction, on aura recours à la table 4, dont on fera, relativement à cette fraction, le même usage qu'on a fait de la table 2, relativement aux fractions de pouces carrés qu'on avoit à faire entrer dans le calcul des bois ronds; la table 4 aura même cet avantage, qu'on ne sera jamais obligé de faire les calculs à plusieurs reprises.

Exemple. On veut avoir le volume d'une pièce de bois dont les dimensions sont :

Longueur . . . . 35 pieds.
Grand côté du plus grand bout . . . . 17 pouces.
Côté du petit bout, même face 9
Autre côté du plus gros bout 13
Côté du petit bout, même face 8

Cherchez 17 et 9 dans la première colonne, à gauche, de la table 3, vous trouverez ces nombres page 116, et leurs répétitions dans la page 117; vis-à-vis ces répétitions, vous verrez 13 et 8 dans l'aire de la table, au haut de la quatrième case, troisième rang horizontal de la page 117; les deux nombres inférieurs de la même case sont 139 et 5; ce qui désigne un nombre fractionnaire de pouces carrés égal à . . . . 139 $\frac{5}{6}$ pouces carrés.

Lequel nombre, multiplié par la longueur de la pièce exprimée en pouces . . . . 420 pouces.
donne pour le nombre de pouces cubes que cette pièce contient . . . . . 58730 pouces cubes.

Mais, pour avoir ce volume en solives et parties de solives, on cherchera :

Table 7.

1°. Pour 100 pouces carrés et 35 pieds de longueur, 8. soliv. 0. pieds. 7. pouc. 4. lignes. 0. points.

2°. Pour 39 pouces carrés et 35 pieds de longueur, 3. 0. 11. 6. 0.

Table 4.

Pour $\frac{5}{6}$ de pouce carré et 35 pieds de longueur . . . 0. 0. 4. 10. 4.

Somme totale du volume cherché . . . . 11. 1. 11. 8. 4.

Nous nous bornerons à cet exemple que nous croyons suffisant; mais si le lecteur en veut d'autres, il les trouvera pages 80 et 81 de l'ouvrage de M. de Sept-Fontaines.

Il nous reste à parler de l'usage des tables pour calculer en solives et parties de solive les volumes des pièces de bois carrées d'égale grosseur sur toute leur longueur.

Ayant mesuré en pouces la largeur et l'épaisseur d'une de ces pièces, en pieds sa longueur, on cherchera, dans la première ligne horizontale de la table 5, l'épaisseur mesurée; l'ayant trouvée, on cherchera dans la première colonne, à gauche, de la page qui contient cette épaisseur, la largeur de la pièce, et la case située sur la même horizontale que cette largeur, et sur la même verticale que l'épaisseur, donnera le nombre de pouces carrés contenus dans la section transversale de la pièce. Ce dernier nombre sera ou entier

b

ou composé d'un entier, et d'une fraction ayant 4 pour dénominateur ; on cherchera dans la table 7, en prenant pour donnée le nombre entier de pouces carrés et le nombre de pieds de longueur de la pièce, la quantité de solives et parties de solives correspondante à ces nombres, à laquelle on ajoutera le volume que comporte la fraction de pouce carré, et qu'on trouvera en se servant de la table 6, et prenant cette fraction et la longueur de la pièce pour données. Cette indication doit suffire d'après les détails où nous sommes entrés ci-dessus sur les usages des tables 7, 4 et 2.

Exemple. Soit une pièce de bois dont les dimensions soient :

Longueur.. 22 pieds.
Largeur uniforme.. 33 pouces.
Epaisseur uniforme .... 9 $\frac{1}{2}$ pouces.

On trouvera, table 5, pag. 141, le nombre 9 $\frac{1}{2}$ dans la première ligne horizontale, et descendant verticalement le long de la colonne de ce nombre, jusqu'à la ligne horizontale sur laquelle se trouve la case, de la première colonne à gauche, qui contient 33, on trouvera, pour le nombre de pouces carrés contenus dans la section transversale de la pièce 313 $\frac{1}{9}$; passant d'abord avec l'entier 313, et la longueur 22 pieds, à la table 7, on aura :

Pour 300 pouces carrés et 22 pieds de longueur.. 15. soliv. 1. pieds. 8. pouc. 0. lign. 0. point.
Pour 13 pouces carrés et 22 pieds de longueur.. 0. 3. 11. 8. 0.
Passant ensuite à la table 6, avec la fraction $\frac{1}{9}$ pouces carrés, et la longueur 22 pieds, on trouve le nombre correspondant dans l'aire de la table.... 1. 10. 0.

Somme totale ou volume cherché.......... 15. 5. 9. 6. 0.

On trouvera, soit en réduisant ce dernier nombre en pouces carrés, soit en calculant immédiatement le volume de la pièce par la multiplication des trois nombres 264 pouces (longueur de la pièce), 33 et 9 $\frac{1}{2}$, un nombre de pouces cubes égal à 82764.

Nous croyons avoir donné, sur les sept premières tables de M. de Sept-Fontaines, tous les détails nécessaires aux personnes qui lisent, et qui ont les plus légères teintures d'arithmétique et de géométrie ; il nous a semblé nécessaire de présenter ces détails avec plus d'ensemble, de méthode, et surtout plus de concision qu'il ne l'a fait ; il a voulu sans doute, en prodiguant les explications, et leur donnant beaucoup d'étendue, se mettre à la portée de la totalité des hommes qui ont, par état, un besoin quelconque du cubage des bois ; cette intention est on ne peut pas plus louable, mais il n'a pas réfléchi que, d'une part, les ouvriers ne lisent aucun ouvrage technique, pas même celui qu'on auroit composé exprès pour eux, et que, de l'autre, les hommes doués de quelqu'intelligence et de quelqu'instruction, sont rebutés par une trop grande prolixité ; et c'est ainsi qu'on écarte tous les lecteurs par les moyens mêmes qu'on croit propres à en augmenter le nombre.

Ces sept premières tables sont les seules de la Collection dont nous avions à nous occuper ; les six dernières, destinées aux calculs de réduction des solives en diverses autres espèces de mesures, n'ont besoin d'aucune explication ; les titres des colonnes suffisent pour indiquer la manière de s'en servir. D'ailleurs, les circonstances qui rendent ces six dernières tables utiles doivent être rares.

§. IV.

RÈGLES pour calculer les volumes des pièces de bois, sans le secours des tables.

L'usage des tables, pour abréger les calculs, est en général assez commode lorsque les élémens de ces calculs n'offrent que deux quantités qui varient l'une par rapport à l'autre. Telles seroient, par exemple, des tables qui donneroient, pour une série de rayons de cercles, les longueurs des circonférences de ces cercles, ou les aires qu'elles renferment, ou les solidités des sphères construites sur ces rayons ; telles sont les *Tables des Logarithmes des nombres, etc.* Le cubage des bois ne présente que deux cas qui comportent des tables de ce degré de simplicité ; savoir, celui des bois cylindriques et celui des bois carrés de grosseur uniforme, dont la largeur et l'épaisseur sont égales ; la circonférence et la longueur de la pièce dans le premier cas, le côté de la base et la longueur de la pièce, dans le second, sont les seules variables.

Lorsque les élémens des calculs offrent plus de deux quantités qui peuvent varier l'une par rapport à l'autre, les tables perdent beaucoup de leurs avantages ; dans ce cas se trouvent d'abord les bois ronds non cylindriques, dans le cubage desquels entrent, indépendamment de la longueur de la pièce, deux circonférences au moins ; mais l'embarras est singulièrement augmenté lorsqu'il s'agit des bois carrés de grosseur variable. En supposant le décroissément uniforme, on a, indépendamment de la longueur, quatre quantités ; savoir, la largeur et l'épaisseur au gros bout, la largeur et l'épaisseur au petit bout, qui en général sont censées changer d'une pièce à l'autre : de-là l'impossibilité de trouver dans une table unique les résultats dont on a besoin. D'après la nécessité de limiter l'étendue de ces tables, on se trouve obligé de les faire procéder par des intervalles tels que, très-souvent, on n'y rencontre pas les données immédiates résultantes des mesures, et on est forcé d'avoir recours à des expédiens de calculs longs et embarrassans. Il y a tel de ces cas qui exigeroit des intercalations auxquelles le calcul direct *à la plume* seroit préférable, celui, par exemple, de l'emploi des tables 1 et 3 de M. de Sept-Fontaines, en prenant pour *argumens*, ou des circonférences, ou des largeurs et épaisseurs données en pouces et fractions de pouce ; il seroit plus commode de calculer directement, par ces données, la surface en pouces carrés, dont la valeur doit se trouver dans l'aire de la table, que de la déduire de cette table par interpolation ? aussi n'a-t-il pas parlé de ce cas. Il a vraisemblablement supposé qu'on prendroit, pour mesures des contours ou des largeurs et épaisseurs, les nombres entiers de pouces les plus approchans des nombres fractionnaires fournis par les mesures ; mais on aura, ainsi, sur les mesures des contours et des largeurs et épaisseurs, des erreurs qui peuvent aller jusqu'à un demi-pouce, et qui nuisent sensiblement à l'exactitude des résultats, surtout lorsque les dimensions transversales des pièces sont petites par rapport à leurs longueurs. Il seroit, en général, plus utile d'avoir égard à ces fractions de pouces, que d'employer, par exemple, les 264es. de pouces carrés, fournis pour l'aire de la table 1, et qui exigent qu'on ait recours à une table particulière.

Nous allons en conséquence donner des règles pour le calcul des volumes des bois ronds et carrés, de grosseur variable ou constante ; ces règles, pour les bois carrés, conduisent à des résultats numériques absolument identiques avec ceux qu'on obtiendroit par celles que M. de Sept-Fontaines a données dans son ouvrage. Quant aux bois ronds, ses règles et les nôtres offrent de très-légères différences, qui tiennent à ce que nous avons employé un rapport de la circonférence au diamètre plus exact que celui de 22 à 7, adopté par M. de Sept-Fontaines ; mais le principal avantage de nos règles sur les siennes tient à leurs dispositions pour la commodité et la promptitude du calcul, pour la facilité de l'usage des Tables de logarithmes, dont il sera question dans le paragraphe VI.

Voici les règles qui concernent les bois ronds non cylindriques, dont la forme est d'ailleurs assujettie aux conditions ci-dessus exposées (1).

1°. Pour calculer le volume de la pièce en mesures cubiques rapportées à une unité linéaire quelconque, « multipliez la somme des deux circonférences extrêmes par la plus « petite de ces circonférences ; ajoutez au produit le carré de la plus grande circonférence, » et multipliez la somme par les 0,02653 de la longueur de la pièce. »

1°. Pour avoir le volume cherché en pouces cubes, sans être obligé de réduire la longueur de la pièce en pouces linéaires, « multipliez la somme des deux circonférences extrêmes » exprimée en pouces par la plus petite de ces circonférences ; ajoutez au produit le carré » de la grande circonférence, la somme devant donner des pouces carrés, et multipliez » cette somme par les 0,31831 du nombre de pieds contenus dans la longueur de la pièce. »

3°. Pour avoir le volume cherché en pieds cubes, en mesurant et calculant en pouces linéaires et en pouces carrés respectivement tout ce qui concerne les sections transversales, substituez simplement, dans la règle précédente, aux 0,3183 du nombre de pieds contenus dans la longueur de la pièce, les 0,0001842 de ce nombre, vous aurez, en résultat, le nombre de pieds cubes et parties décimales de pieds cubes contenus dans la pièce, ces dernières pouvant aisément se réduire, si on le juge convenable, en *pieds pouces, pieds lignes*, etc., soit par des multiplications successives avec le facteur 12, soit par le moyen d'une table ; mais il est préférable à tous égards de conserver la division décimale.

4°. Enfin, pour avoir le volume cherché en solives, en se réservant, pour plus de commodité, de mesurer et calculer, comme dans les deux règles précédentes, en pouces linéaires et en pouces carrés respectivement, tout ce qui concerne les sections transversales, substituez aux 0,3183 du nombre de pieds contenus dans la longueur de la pièce, et employés par la règle 2, les 0,0000614 de ce même nombre de pieds, vous aurez au résultat le nombre de solives et parties décimales de la solive contenues dans la pièce, et les parties décimales se réduiront aisément en *pieds solives, pouces solives*, etc., par la table du paragraphe II ; mais il vaut mieux n'employer que les fractions décimales : on observera que l'emploi des facteurs 0,02653, 0,3183, 0,0001842, 0,0000614, n'exige que de simples multiplications (rendues très-faciles et très-expéditives par les tables de la page xvj) et les positions convenables des virgules dans les produits ; ce qui constitue le grand avantage des fractions décimales sur les fractions ordinaires, ces dernières, lorsqu'elles sont facteurs, exigeant des multiplications et des divisions effectives.

---

(1) Nous avons donné quatre règles de calcul pour chacun des cas des bois ronds de grosseur variable, des bois ronds de grosseur uniforme, des bois carrés de grosseur variable, et trois règles pour les bois carrés de grosseur uniforme ; cependant la première règle de chaque cas est la seule strictement nécessaire, celle qui doit suffire lorsqu'on rapporte à la même unité les dimensions tant longitudinales que transversales de la pièce ; ainsi, quand on se servira du mètre, les règles, autres que les premières de chaque cas, seront inutiles. Il est bien à désirer que cette mesure soit enfin exclusivement employée ; mais pour la commodité de ceux qui rapporteront leurs mesures, soit au pied de roi, soit au pied métrique (égal à ⅓ de mètre), divisés en douze parties, nous avons jugé convenable de donner des règles de calcul particulières, au moyen desquelles, en mesurant et calculant, en pouces linéaires et carrés, tout ce qui est relatif aux sections transversales, on peut introduire sans réduction dans le calcul les nombres de pouces carrés déduits des dimensions transversales, et les nombres de pieds des longueurs, pour avoir immédiatement les volumes, soit en pouces cubes, soit en pieds cubes, soit en solives.

En se servant du pied, on rendra l'application de la première règle de chaque cas très-facile, si on prend les dimensions transversales avec une mesure divisée en 10ᵉˢ, 100ᵉˢ, etc. de pieds ; la première règle donnera le nombre des pieds cubes contenus dans la pièce, et le tiers de ce nombre sera son volume en solives.

Reprenons, d'après nos règles, le premier exemple que nous avons donné au paragraphe précédent du calcul des bois ronds de grosseur variable, et appliquons d'abord la première règle, dans laquelle la longueur et les circonférences sont rapportées à la même unité linéaire, le volume étant exprimé en cubes de cette unité, on a :

Longueur, 25 pieds ou 300 pouces.
Circonférence du gros bout.. 17 pouces.
Circonférence du petit bout 8

Somme de ces deux longueurs 25

Produit de cette somme par 8, valeur de la circonférence du petit bout .... 200 pouces carrés.
Carré de 17, valeur de la circonférence du gros bout............ 289

Somme des deux surfaces.. 489
Valeur des 0,02653 de la longueur de la pièce, qui est de 300 pouces. 7,959

Valeur cherchée, égale au produit de 489 pces. carrés par 7,959 pces. 3891,35 pouces cubes.
Par la seconde règle, on auroit multiplié les 489 pouces carrés par les 0,3183 de 25 pieds, longueur de la pièce, qui valent 7,958, et on auroit eu, à $\frac{1}{8000}$ près environ, le même résultat que précédemment.
Pour avoir le volume en pieds cubes d'après la troisième règle, il faut multiplier les 489 pouces carrés par les 0,0001842 de la longueur 25 pieds de la pièce, qui valent 0,004605, et on aura un volume de 2,251845 (ou simplement 2,252 pieds cubes).
Enfin, pour avoir le produit en solives par la quatrième règle, on multipliera la même surface de 489 pouces carrés par les 0,0000614 de 25 pieds, longueur de la pièce, valant 0,001535, et on aura un volume de 0,750615 solives (ou plus simplement 0,751), nombre qui est le tiers du précédent ou du nombre de pieds cubes de la pièce, comme on devoit s'y attendre. Cette quantité de 0,750615 solives, réduite en *pieds, pouces, lignes* et *points solives*, donne 4 pieds 6 pouces 0 ligne 6 points; c'est environ 2 ½ points de différence avec le calcul par les tables, différence qui doit être absolument comptée pour rien.
Voici un autre exemple du calcul des bois ronds de grosseur variable, dans lequel on a :
Longueur de la pièce, 22 pieds.
Circonférence du gros bout.. 59 pouces.
Circonférence du petit bout....................................... 53

Somme de ces deux circonférences 112

Produit de cette somme par la circonférence 53 du petit bout ..... 5936 pouces carrés.
Carré de la circonférence du gros bout........................... 3481

Somme de ces deux surfaces 9417
Pour avoir le volume en solives, il faut multiplier cette somme par les 0,0000614 de la longueur 22 pieds de la pièce, valant 0,0013508, ou plus simplement .. 0,001351
Et on a, pour le produit, 12,722367, ou plus simplement........ 12,72 solives.
qui équivalent à .... 12 solives 4 pieds 3 pouces 11 lignes 9 points.
Lorsque les bois sont cylindriques, les calculs deviennent plus simples, et on a les règles suivantes :
1°. Pour avoir le volume de la pièce en unités cubiques rapportées à une unité quelconque linéaire, employée pour la mesure, tant de la longueur de cette pièce que de sa

circonférence, « multipliez le carré de la circonférence par les 0,07958 de la longueur, » et le produit sera le volume cherché.

2°. Pour avoir le volume cherché en pouces cubes, sans être obligé de réduire la longueur de la pièce en pouces linéaires, « multipliez le carré de sa circonférence par les 0,9549 de » sa longueur exprimée en pieds, le produit sera le volume cherché en pouces cubes. »

3°. Pour avoir le volume cherché, en pieds cubes, en se réservant, pour plus de commodité, de mesurer et d'employer, dans le calcul, la circonférence en pouces linéaires, « multipliez » le double carré de la circonférence exprimée en pouces carrés, par les 0,0005526 de la » longueur mesurée en pieds, et le produit sera le volume exprimé en pieds cubes et par- ties décimales du pied cube.

4°. Pour avoir le produit en solives, en se réservant, pour plus de commodité, de mesu- rer et d'employer dans le calcul la circonférence en pouces linéaires, « multipliez le carré de » la circonférence, exprimé en pouces carrés, par les 0,0001842 de la longueur exprimée » en pieds, et le produit sera le volume cherché en solives et parties décimales de la solive. »

Voici maintenant les règles générales pour les bois carrés de grosseur variable sur leurs longueurs ; pour que les énoncés n'aient point d'équivoque, il faut concevoir que la *largeur* au gros bout et la *largeur* au petit bout sont prises aux extrémités d'une même face, l'*épaisseur* au gros bout et l'*épaisseur* au petit bout étant prises aux extrémités d'une des faces contiguës à celle-là. Cette convention faite, on opérera comme il suit dans les diffé- rens cas qui se présenteront.

1°. En rapportant à la même unité linéaire les mesures, tant longitudinales que trans- versales, « faites un premier produit de la *largeur* au gros bout, augmentée de la demi-*lar-* » *geur* au petit bout, par l'*épaisseur* au gros bout ; faites un second produit de la *largeur* au » petit bout, augmentée de la demi-*largeur* au gros bout par l'*épaisseur* au petit bout, mul- » tipliez la somme de ces deux produits par le tiers de la longueur de la pièce, et ce troi- » sième produit donnera le volume cherché. »

2°. Pour avoir le volume cherché en pouces cubes, sans être obligé de réduire la lon- gueur de la pièce en pouces linéaires, « multipliez la somme des deux premiers produits de » la première règle exprimée en pouces carrés par le quadruple de la longueur de la pièce » exprimée en pieds. »

3°. Pour avoir le volume cherché en pieds cubes, en se réservant, pour plus de commo- dité, de mesurer et calculer en pouces linéaires et pouces carrés respectivement, tout ce qui concerne les sections transversales, « multipliez la somme des deux premiers produits » de la première règle, exprimés en pouces carrés par les 0,002315 de la longueur de la » pièce exprimée en pieds. »

4°. Enfin, pour avoir le volume cherché en solives, en se réservant, pour plus de commodité, de mesurer et calculer comme dans les deux règles précédentes, en pouces linéaires et en pouces carrés respectivement, tout ce qui concerne les sections transver- sales, « multipliez la somme des deux premiers produits de la première règle, exprimés » en pouces carrés par les 0,0007716 de la longueur de la pièce exprimée en pieds. »

Appliquons ces règles à l'exemple que nous avons donné, dans le paragraphe précé- dent, de la mesure des bois carrés de grosseur variable.

Cet exemple donne :

Longueur de la pièce .... 23 pieds.
Largeur au gros bout .... 17 pouces.
Largeur au petit bout 9
Epaisseur au gros bout 13
Epaisseur au petit bout 8

Pour avoir le volume en pouces cubes par la première règle, on a $17 + \frac{1}{2}$ de 9

$=$ 21,5

Nombre dont le produit par 13 est de   279,5

$9 + \frac{1}{2}$ de 17 $=$ 17,5

Nombre dont le produit par 8 est de   140,0

Somme des deux premiers produits . . . .   419,5 pouces carrés.

Cette somme, multipliée par le tiers de 276 pouces, longueur de la pièce, ou par 92, donne, pour le volume cherché . . . . 38594 pouces cubes.

Pour avoir ce même volume, on auroit pu, d'après la deuxième règle, multiplier 419,5 pouces carrés par le quadruple 92 du nombre de pieds que contient la longueur de la pièce.

Son volume en pieds cubes s'obtient par la troisième règle, en multipliant 419,5 par les 0,002315 de 23 ; ce qui donne, pour le volume cherché, 22,33363 pieds cubes, ou simplement 22,336 pieds cubes.

Enfin, son volume en solives se calcule par la quatrième règle, en multipliant 419,5 par les 0,0007716 de 23 ; ce qui donne 7,4448 solives équivalentes à 7 solives 2 pieds 8 pouces 0 lignes 7 points. La valeur rigoureuse des 38594 pouces cubes, trouvés par la première et la deuxième règle, donneroit en solives $\frac{3}{10}$ de points solives de plus ; ce qui tient à ce que la fraction décimale 0,0007716 est substituée, pour la commodité du calcul, à la fraction exacte $\frac{1}{1296}$, comme la fraction décimale 0,002315 est substituée, aussi pour la commodité du calcul, à la fraction exacte $\frac{1}{432}$; mais on voit que les anomalies résultantes de ces substitutions doivent absolument être comptées pour rien.

Les volumes des bois carrés de grosseur uniforme se calculeront par les règles suivantes.

1°. En rapportant à la même unité linéaire les mesures, tant longitudinales que transversales, « multipliez la largeur par l'épaisseur, et leur produit par la longueur. »

2°. La section transversale étant calculée en pouces carrés, et la longueur mesurée en pieds, pour avoir le volume en pouces cubes, on multipliera le nombre de pouces carrés de la section transversale par 12 fois le nombre de pieds de la longueur de la pièce.

3°. Si on veut avoir le volume cherché en pieds cubes, en se réservant, pour plus de commodité, de mesurer et calculer en pouces linéaires et en pouces carrés respectivement, ce qui concerne la section transversale, « on fera le produit de la largeur par l'épaisseur, » ces deux dimensions étant exprimées en pouces, et on multipliera le nombre de pouces » carrés que cette opération donnera, par les 0,006944 de la longueur de la pièce expri- » mée en pieds. »

4°. Si on veut avoir le volume cherché en solives, en se réservant, pour plus de commodité, de mesurer et calculer en pouces linéaires et en pouces carrés respectivement, ce qui concerne la section transversale, « on fera le produit de la largeur par l'épaisseur, » ces deux dimensions étant exprimées en pouces, et on multipliera le nombre de pouces » carrés que cette opération donnera, par les 0,002315 de la longueur de la pièce » exprimée en pieds. »

Pour augmenter les facilités que procurent, dans la pratique, les règles ci-dessus données, nous avons calculé les tables suivantes, où on trouvera les multiples, depuis 1 jusqu'à 9, de chacun des facteurs constans dont ces règles prescrivent l'emploi. Si on vérifie les nombres de ces tables, on pourra en remarquer plusieurs dont le dernier chiffre à droite ne semblera pas exact ; mais ce chiffre, bien loin d'être en erreur, est au contraire plus exact que s'il avoit la valeur déduite d'un multiple du nombre qui est au haut de sa colonne, ce qui tient à ce que ce dernier nombre a été employé pour former la table

INSTRUCTION.

avec plus de chiffres décimaux qu'on ne lui en a laissé pour son emploi dans le calcul usuel : on s'est même procuré ainsi l'avantage de ne laisser aux multiples des facteurs que le nombre de décimales nécessaires pour la pratique des calculs.

Tables des multiples des facteurs constans à employer dans l'usage des règles ci-dessus données pour le cubage des bois ronds et carrés de grosseur variable ou uniforme.

FACTEURS POUR LE CALCUL DES BOIS RONDS DE GROSSEUR VARIABLE.

Première règle.		Deuxième règle.		Troisième règle.		Quatrième règle.	
1	0,0265	1	0,318	1	0,000184	1	0,0000614
2	0,0531	2	0,637	2	0,000368	2	0,0001228
3	0,0796	3	0,954	3	0,000553	3	0,0001842
4	0,1061	4	1,273	4	0,000737	4	0,0002456
5	0,1326	5	1,592	5	0,000921	5	0,0003070
6	0,1592	6	1,910	6	0,001105	6	0,0003684
7	0,1857	7	2,228	7	0,001289	7	0,0004298
8	0,2122	8	2,546	8	0,001474	8	0,0004912
9	0,2387	9	2,865	9	0,001658	9	0,0005526

FACTEURS POUR LE CALCUL DES BOIS CYLINDRIQUES.

Première règle.		Deuxième règle.		Troisième règle.		Quatrième règle.	
1	0,0796	1	0,955	1	0,000553	1	0,000184
2	0,1592	2	1,910	2	0,001105	2	0,000368
3	0,2387	3	2,865	3	0,001658	3	0,000553
4	0,3183	4	3,820	4	0,002210	4	0,000737
5	0,3979	5	4,775	5	0,002763	5	0,000921
6	0,4775	6	5,730	6	0,003316	6	0,001105
7	0,5570	7	6,685	7	0,003868	7	0,001289
8	0,6366	8	7,639	8	0,004421	8	0,001474
9	0,7162	9	8,594	9	0,004974	9	0,001658

FACTEURS POUR LE CALCUL DES BOIS CARRÉS DE GROSSEUR VARIABLE. / FACTEURS POUR LE CALCUL DES BOIS CARRES DE GROSSEUR UNIFORME.

Troisième règle.		Quatrième règle.		Troisième règle.		Quatrième règle.	
1	0,00231	1	0,000772	1	0,00694	1	0,00231
2	0,00463	2	0,001543	2	0,01389	2	0,00463
3	0,00694	3	0,002315	3	0,02083	3	0,00694
4	0,00926	4	0,003086	4	0,02778	4	0,00926
5	0,01157	5	0,003858	5	0,03472	5	0,01157
6	0,01389	6	0,004630	6	0,04167	6	0,01389
7	0,01620	7	0,005401	7	0,04861	7	0,01620
8	0,01852	8	0,006173	8	0,05556	8	0,01852
9	0,02083	9	0,006944	9	0,06250	9	0,02083

Avec

Avec la commodité que procurera cette table on pourra effectuer, d'abord, toutes les multiplications et additions relatives aux nombres donnés par les mesures de la pièce de bois, et réserver, pour la dernière opération, la multiplication du facteur constant, par le nombre final qu'auront donné les opérations antérieures.

Le calcul immédiat par les règles ci-dessus exposées a, ainsi que nous l'avons déjà fait observer, un grand avantage sur celui qu'on fait à l'aide des tables, autres que les tables de logarithmes, celui d'employer immédiatement les mesures fractionnaires. On a vu, par exemple, que les argumens des tables de M. de Sept-Fontaines, relatifs aux dimensions transversales, procèdent de pouce en pouce, et qu'il seroit embarrassant de se servir de ces tables avec des mesures données en pouces et lignes. Les argumens relatifs aux longueurs procèdent de pied en pied, et on a besoin de reprises de calcul pour avoir égard seulement aux quarts de pied. Nous avons jugé convenable, pour maintenir et même pour augmenter cet avantage du calcul immédiat par les règles ci-dessus exposées, qu'on nomme *calcul à la plume*, de donner la table suivante, au moyen de laquelle on réduit, à vue, en fractions décimales du pied ou du pouce, respectivement, leurs fractions duodécimales.

DOUZIÈMES DE POUCE ou DOUZIÈMES DE LIGNE.											
O	**1**	**2**	**3**	**4**	**5**	**6**	**7**	**8**	**9**	**10**	**11**
0,0000	0,0069	0,0139	0,0208	0,0278	0,0347	0,0417	0,0486	0,0556	0,0625	0,0694	0,0764
0,0833	0,0903	0,0972	0,1042	0,1111	0,1181	0,1250	0,1319	0,1389	0,1458	0,1528	0,1597
0,1667	0,1736	0,1806	0,1875	0,1944	0,2014	0,2083	0,2153	0,2222	0,2292	0,2361	0,2431
0,2500	0,2569	0,2639	0,2708	0,2778	0,2847	0,2917	0,2986	0,3056	0,3025	0,3194	0,3264
0,3333	0,3403	0,3472	0,3542	0,3611	0,3681	0,3750	0,3819	0,3889	0,3958	0,4028	0,4097
0,4167	0,4236	0,4356	0,4375	0,4444	0,4514	0,4583	0,4653	0,4722	0,4792	0,4861	0,4931
0,5000	0,5069	0,5139	0,5208	0,5278	0,5347	0,5147	0,5486	0,5556	0,5625	0,5694	0,5764
0,5833	0,5903	0,5972	0,6042	0,6111	0,6181	0,6250	0,6319	0,6389	0,6458	0,6528	0,6597
0,6667	0,6736	0,6806	0,6875	0,6944	0,7014	0,7083	0,7153	0,7222	0,7292	0,7361	0,7431
0,7500	0,7569	0,7639	0,7708	0,7778	0,7847	0,7917	0,7986	0,8056	0,8125	0,8194	0,8264
0,8333	0,8403	0,8472	0,8542	0,8611	0,8681	0,8750	0,8819	0,8889	0,8958	0,9028	0,9097
0,9167	0,9236	0,9306	0,9375	0,9444	0,9514	0,9583	0,9653	0,9722	0,9792	0,9861	0,9931

La première colonne à gauche renferme des nombres, depuis 0 jusqu'à 11, qui représentent ou des pouces ou des lignes, respectivement, suivant qu'on prend, pour unité, le pied ou le pouce; si c'est le pied qui est l'unité, les nombres de la première ligne horizontale de la table, qui vont de 0 à 11, représentent des lignes, et on trouve la fraction décimale de pied, équivalente à un nombre donné de pouces et de lignes, dans la case placée sur la ligne horizontale des pouces et sur la ligne verticale des lignes; ainsi, pour réduire 9 pouces 7 lignes en décimales de pieds, on suivra la ligne horizontale du 9 de la première colonne verticale à gauche, jusqu'à ce qu'on arrive sous le 7 de la ligne horizontale supérieure, et on trouvera 0,7986, fraction décimale cherchée.

Si c'est le pouce qui est l'unité, les nombres de la première colonne verticale à gauche étant alors des lignes, comme on l'a dit précédemment, ceux de la ligne horizontale supérieure sont des douzièmes de ligne ou des *points*; dans ce cas, pour trouver, par exemple, la fraction décimale de pouce équivalente à 8 lignes 9 points, on cherchera sur la ligne horizontale du 8 de la première colonne verticale à gauche, la case qui est au-dessous du 9 de la ligne horizontale supérieure, et on trouvera dans cette case le nombre 0,7292, qui est la fraction décimale cherchée.

Nous avons donné ces fractions décimales à la précision des dix millièmes ; mais on n'est pas toujours obligé d'employer la décimale du quatrième ordre ; on se bornera, suivant les cas, à celle du troisième, deuxième, et même du premier ordre, en ayant l'attention d'ajouter une unité à la dernière décimale que l'on conserve, lorsque la première de celles qu'on néglige est égale à 5, ou plus grande que 5.

§. V.

DÉMONSTRATIONS des règles de calcul données dans le paragraphe précédent.

NOTA. *Ceux qui ne veulent connoître que les procédés pratiques du calcul, pourront se dispenser de lire ce paragraphe.*

Quoique la présente Instruction soit rédigée spécialement en faveur de ceux qui ne veulent connoître que la pratique du calcul, nous avons cru devoir y joindre les démonstrations suivantes pour épargner le sacrifice de quelques instans aux personnes qui voudroient vérifier l'exactitude de nos règles.

Nous allons, d'abord, donner la formule pour le calcul des bois ronds de forme variable :

La pièce de bois est supposée avoir la forme d'un cône tronqué à base circulaire ; le plan de cette base et celui de la section sur laquelle on a tronqué le cône, étant perpendiculaires à l'axe. On mesure avec un ruban divisé les circonférences extrêmes de cette pièce, et il est beaucoup plus exact d'introduire ces circonférences dans le calcul, que les rayons.

Soient :

La circonférence du gros bout $=$ C

La circonférence du petit bout $=$ c

La longueur de la pièce $=$ .... a

La distance de l'extrémité de l'axe, vers le petit bout, au sommet du cône dont cette pièce fait partie $=$ x

Le nombre par lequel il faut multiplier la circonférence pour avoir le rayon $=$ ...... k

Le volume cherché de la pièce $=$ V

Le rayon de la base sera $k\,C$, et la surface de cette base aura pour valeur $\frac{1}{2}\,k\,C^2$; pareillement la surface de la section circulaire, à l'autre bout de la pièce, sera $\frac{1}{2}\,k\,c^2$.

On aura ensuite, pour la solidité du cône, supposé entier, la valeur $\frac{1}{3}\,(a+x).\frac{1}{2}\,k\,C^2$ ou $\frac{1}{6}\,k\,(a+x)\,C^2$, et retranchant de cette valeur celle de la portion de cône qui a x pour hauteur et $\frac{1}{2}\,k\,c^2$ pour base ; on a :

$$V = \frac{1}{6}\,k\,[\,(a+x).C^2 - c^2\,x\,] = \frac{1}{6}\,k\,[\,x\,(C^2 - c^2) + a\,C^2\,];$$

mais si on imagine une section plane du cône par son axe, on aura deux triangles semblables qui donneront :

$$x : k\,c :: a+x : k\,C,$$

d'où .... $x = \dfrac{a\,c}{C - c}$

et cette valeur étant substituée dans celle de V, on a, toutes reductions faites,

$$(A) \ldots \ldots \quad V = \frac{a\,k}{6}\,[\,c\,(c + C) + C^2\,].$$

Le nombre k est la moitié du rapport 0,3 1830 98862 du diamètre à la circonférence, et on a.................... $k = 0,15915$ 49431
d'où....................... $\frac{1}{6}k = 0,02652$ 58239

En introduisant ce facteur dans la formule (A), et s'arrêtant à la décimale du cinquième ordre, on a notre première règle de calcul pour les bois ronds de grosseur variable.

Cette première règle est applicable à une unité de mesure quelconque, à laquelle on rapporteroit les dimensions tant longitudinales que transversales de la pièce; mais si on mesure C et c en pouces, a en pieds, et qu'on veuille avoir le volume en pouces cubes, il faudra substituer $12a$ à a; ou, ce qui revient au même, laisser a exprimé en pieds et substituer $12k$ à k, et on aura pour facteur $\frac{12k}{6}$ ou $2k = 0,31830$ 98862; c'est le facteur constant de la deuxième règle.

C et c étant toujours exprimés en pouces, et a en pieds, si on veut avoir le volume de la pièce en pieds cubes, on observera que chacun des pouces carrés qui composent la surface $c(C+c)+C^2$, n'est qu'un 144e de pied carré, et qu'ainsi, pour ramener le produit $\frac{ak}{6}[c(C+c)+C^2]$ à des pieds cubes, il faut diviser le facteur $\frac{ak}{6}$ par 144, ou employer le facteur constant $\frac{k}{6 \times 144} = 0,000184207$, qui est celui de la troisième règle.

Enfin C et c étant toujours exprimés en pouces, a en pieds, et l'expression $0,0001842.a[c(C+c)+C^2]$ donnant des pieds cubes, pour avoir des solives il faut prendre le tiers de cette expression, qui deviendra par conséquent $0,0000614.a[c(C+c)+C^2]$, ainsi que le prescrit la quatrième règle.

La longueur a, qui doit être prise dans le sens de l'axe du cône, se mesure, en pratique, sur la surface de la pièce, c'est-à-dire, dans le sens de l'apothème; il n'en résulte pas d'erreur sensible lorsque la longueur de la pièce est considérable par rapport à ses dimensions transversales, ce qui est le cas presque général. Pour ramener la longueur mesurée extérieurement à celle qu'on mesureroit dans le sens de l'axe, il faut retrancher, de la première, la quantité $a - \sqrt{a^2 - \delta^2}$, α étant la longueur mesurée extérieurement, et δ la différence entre les rayons des circonférences extrêmes; on a donc $a = \sqrt{\alpha^2 - \delta^2}$; dans les cas très-rares où on devroit avoir égard à l'excès de α sur a, on calculera commodément a par les tables de logarithmes, en mettant sa valeur sous la forme......
$a = \sqrt{(\alpha + \delta)(\alpha - \delta)}$; mais on a, en général..........

$$ a = \alpha\sqrt{1 - \frac{\delta^2}{\alpha^2}} = \alpha\left[1 - \frac{1}{2}\frac{\delta^2}{\alpha^2} - \frac{1}{2.4}\frac{\delta^4}{\alpha^4} - \text{etc.}\right]; $$

et on peut ainsi, dans les cas ordinaires, se borner à la correction $\frac{\delta^2}{2\alpha}$, ou $\frac{k^2(C-c)^2}{2\alpha}$, ou $0,012665.\frac{(C-c)^{\frac{1}{2}}}{\alpha}$. Mais cette correction sera presque toujours inutile, c'est-à-dire qu'on pourra supposer $a = \alpha$ sans erreur sensible. Prenons pour exemple la pièce de 25 pieds de longueur sur 17 pouces de circonférence au gros bout, et 8 pouces de circonférence au petit bout, dont on a précédemment calculé le volume : la longueur à retrancher de 25 pieds ou 300 pouces mesurés extérieurement est $= 0,012665 \times \frac{81}{300} = 0,012665 \times 0,27 = 0,0034^{\text{pouces}} = 0,04^{\text{lignes}}$; la correction de $\frac{1}{25}$ de ligne est absolument négligeable, et cependant, dans le cas que nous venons de donner pour exemple, un des diamètres extrêmes est plus que double de l'autre.

Pour ramener la formule générale (A) au cas des bois cylindriques, il faut faire $C = c$, et cette formule devient :

$$V = \frac{ka}{2} \cdot C^2 \; ;$$

et on voit sur-le-champ que le facteur constant de chacune des quatre règles relatives aux bois cylindriques, doit être triple du facteur constant de la règle correspondante au même cas pour les bois de grosseur variable.

Avant de donner les formules relatives aux bois carrés de forme variable, il faut d'abord avoir une idée exacte de l'espèce de solide dont ces bois ont la forme, sinon rigoureusement, du moins d'une manière assez approchée pour qu'on puisse leur supposer cette forme sans commettre d'erreur qui tire à conséquence.

Concevons sur un plan deux lignes droites parallèles dont les longueurs seront respectivement désignées par B et b, situées de manière qu'elles soient coupées par la perpendiculaire commune à leurs directions ; construisons sur ces droites B et b, et dans des plans perpendiculaires à celui qui les renferme, des parallélogrammes dont ces droites soient les bases et dont les hauteurs respectives soient H et h ; concevons ensuite trois plans, l'un passant par les hauteurs H et h qui se trouvent d'un même côté par rapport aux droites B et b ; le second passant par les hauteurs H et h placées de l'autre côté des mêmes droites, et le troisième renfermant les sommets des deux hauteurs H et des deux hauteurs h. Nous aurons ainsi formé une espèce de *coin tronqué*, dont la pyramide tronquée est un cas particulier ; les deux faces extrêmes de ce solide sont des parallélogrammes, et ses quatre faces longitudinales des trapèzes ; toutes ses sections transversales, prises parallèlement aux faces extrêmes, sont aussi des parallélogrammes.

Telle est la forme qu'on peut supposer aux bois que nous appelons *bois carrés de grosseur variable*, avec cette particularité que leurs dimensions en longueur sont ordinairement grandes par rapport à leurs dimensions transversales ; et si, dans les usages pratiques, les bois ne sont pas rigoureusement ainsi conformés, on peut presque toujours, ainsi que nous l'avons déjà observé, les considérer comme tels sans erreur qui tire à conséquence.

Appelons *base du solide*, le trapèze situé dans le premier plan, où nous avons considéré d'abord les parallèles B et b.

Désignons par a la longueur de la pièce, c'est-à-dire la distance entre ses deux faces extrêmes parallélogrammiques et parallèles entr'elles, et supposons que b et h sont les côtés du petit bout de cette pièce ; faisons passer par celui des deux côtés b, qui n'est pas dans le plan de la base un plan parallèle à cette base, nous partagerons le solide en un parallélipipède ayant même base que ce solide et une hauteur h, dont le volume est par conséquent égal à $\frac{1}{2} a h (B + b)$, et en un coin dont la tête a une largeur $H - h$; divisons ce coin en deux pyramides par un plan perpendiculaire à la base du solide, et passant par les deux hauteurs h et H diagonalement opposées, le volume de l'une de ces pyramides sera $\frac{1}{6} a b (H - h)$ et le volume de l'autre sera $\frac{1}{3} a B (H - h)$.

Le volume cherché se compose donc des trois volumes partiels $\frac{1}{2} a h (B + b)$, $\frac{1}{6} a b (H - h)$ et $\frac{1}{3} a B (H - h)$; si on désigne par V ce volume cherché, on aura :

$$V = a \left[\tfrac{1}{2} h (B + b) + (\tfrac{1}{6} b + \tfrac{1}{3} B)(H - h) \right],$$

d'où on déduit, toutes réductions faites :

$$(B) \ldots \ldots \ldots V = \tfrac{1}{3} a \left[H (B + \tfrac{1}{2} b) + h (b + \tfrac{1}{2} B) \right].$$

La première règle, pour les bois de grosseur variable, n'est que la traduction de cette formule en langage ordinaire; les quantités B et b sont ce qu'on a appelé les *largeurs* au gros et au petit bout, H et h étant les *épaisseurs* respectives à ces mêmes bouts.

Si B, b, H et h sont exprimés en pouces, et que, par conséquent, le facteur de $\frac{1}{3} a$ représente des pouces carrés, a représentant un certain nombre de pieds, il est visible que, pour avoir V en pouces cubes, il faut au nombre de pieds $\frac{a}{3}$ substituer le nombre $12 \frac{a}{3}$ ou $4 a$, conformément à la seconde règle.

Le facteur de $\frac{1}{3} a$ représentant toujours des pouces carrés ou des 144es de pieds carrés, et a étant exprimé en pieds, pour avoir V en pieds cubes, il faut, au nombre $\frac{a}{3}$ substituer $\frac{1}{144} \cdot \frac{a}{3}$ ou $0,0023148\ a$ conformément à la troisième règle.

Enfin, si on veut convertir en solives le volume en pieds cubes donné par la troisième règle, il faut en prendre le tiers, c'est-à-dire que le facteur de $\frac{1}{3} a$ représentant des pouces carrés et $\frac{1}{3} a$ représentant des pieds, il faut à $\frac{1}{3} a$ substituer $\frac{0,0023148}{3} a$, ou $0,0007716\ a$ conformément à la quatrième règle.

Dans le cas des bois carrés uniformément gros, on a H $= h$, B $= b$, et l'équation (B) devient :

$$V = a B H,$$

équation qui donne la première règle ci-dessus, posée pour les bois de cette espèce.

Le produit B H représentant des pouces carrés, et a représentant des pieds, pour avoir V en pouces cubes, il faut à a substituer $12 a$, conformément à la deuxième règle.

Le produit B H représentant des pouces carrés, et a représentant des pieds, pour avoir V en pieds cubes, il faut à a substituer $\frac{a}{144}$ ou $0,006944\ a$, conformément à la troisième règle.

Enfin, B H et a représentant encore les mêmes espèces de quantités, pour avoir V en solives, il faut à a substituer $\frac{1}{3} \left(\frac{1}{144} \right) a$ ou $0,0023148\ a$, conformément à la quatrième règle.

Nous avons considéré le bois carré de grosseur variable comme le tronc d'une espèce de coin, dont la forme satisfait aux conditions générales du problème; la pyramide est un cas particulier de cette forme, et, dans ce cas, les sections, au gros et au petit bout, étant des figures semblables, on a H $b = h$ B, et en combinant cette équation avec l'équation (B) ci-dessus, la valeur de V, dans le cas du tronc de pyramide, devient :

(C) . . . . $V = \frac{1}{3} a [H (B + b) + h b].$

Le cas général exige très-peu de calcul de plus que ce cas particulier.

On pourra comparer les règles de calcul que nous avons déduites des équations (A) et (B), avec celles que donne M. de Sept-Fontaines, pages 6 et 76, pour les cas généraux des bois ronds et carrés de grosseur variable; nous ne doutons pas que les nôtres ne paroissent plus favorables à la facilité des opérations et à l'économie du temps; ces avantages sont encore augmentés par les petites tables dont nous avons accompagné l'exposé des règles; mais ces tables n'offrent, au calculateur, que de foibles moyens, en comparaison de celui dont nous allons parler.

§. VI.

DES Tables de logarithmes.

Il y a environ deux siècles que les sciences de calcul ont été enrichies de l'admirable invention des logarithmes, et malgré le parti immense qu'on en a tiré, on voit avec peine que l'usage d'un *instrument* aussi parfait et aussi commode ne soit pas encore familier à toutes les classes d'hommes qui ont habituellement à faire des calculs *arithmétiques*; ce qui tient, en partie, aux fractions duodécimales des anciennes mesures. Nous allons faire voir combien cet *instrument* peut être utile pour les opérations de calcul dont nous nous occupons dans cette Instruction.

Parmi les tables de logarithmes publiées en France, celles auxquelles on donne la préférence, à juste titre, sont les tables de M. François Callet, format in-8°, dont M. Firmin Didot a fait une belle édition stéréotype. Le même M. Didot a aussi fait une édition stéréotype des tables du célèbre astronome M. Lalande, format in-18, dans lesquelles les logarithmes sont réduits à cinq figures, non compris la caractéristique, et ne sont donnés que pour les 10000 premiers nombres.

Enfin, M. Halma, à qui nous devons une excellente traduction de l'*Almageste de Ptolémée*, a fait imprimer des tables de logarithmes à cinq figures, qui vont jusqu'à 10000 pour les nombres, et qui sont réduites au plus petit format dont un pareil ouvrage soit susceptible : on les trouve chez le libraire Henri Grand, rue Dauphine, n°. 7.

Ces diverses tables comprennent les logarithmes des nombres et ceux des sinus, co-sinus, tangentes et co-tangentes; mais comme les logarithmes des nombres sont les seuls nécessaires, pour l'objet qui nous occupe, nous avons pris le parti d'en placer une table à la suite de la présente Instruction. Cette table comprend les 10000 premiers nombres, et les logarithmes sont à cinq figures; c'est tout ce qu'il en faut pour les calculs de la cubature des bois, où l'on a, dans les cas ordinaires, une exactitude suffisante en employant les nombres avec quatre chiffres *significatifs* seulement; mais il est fort aisé, par un usage extrêmement simple, des *parties proportionnelles*, que nous faciliterons encore par une petite table auxiliaire, d'employer ces tables des 10000 logarithmes, pour les nombres de cinq chiffres significatifs, au moyen de quoi on peut les regarder comme s'appliquant aux 100000 premiers nombres.

Nous pensons qu'il est inutile de répéter ici ce qu'on a publié tant de fois sur la description et l'usage des tables de logarithmes, objets sur lesquels les ouvrages de Callet, Lalande et Halma, ci-dessus cités, ne laissent rien à desirer. Nous nous bornerons à recommander une manière d'écrire les caractéristiques des fractions décimales, dont un usage de plus de trente années nous a prouvé la commodité, et qui consiste à donner à ces caractéristiques des valeurs négatives d'un nombre d'unités égal au numéro du rang qu'occupe, après la virgule, le premier chiffre *significatif*, ou différent de zéro de la fraction décimale. Pour distinguer ces caractéristiques de celles qui appartiennent aux nombres plus grands que l'unité, on placera, au-dessus d'elles, le signe—; ainsi la caractéristique du logarithme de 0,1334 sera $\bar{1}$; celle du logarithme de 0,01334 sera $\bar{2}$; celle du logarithme de 0,001334, sera $\bar{3}$, etc.; la partie décimale du logarithme se prenant dans les tables comme s'il s'agissoit du nombre entier 1334; ainsi le logarithme 0,1334 est égal à $\bar{1}$,12516; le logarithme de 0,01334 est égal à $\bar{2}$,12516; le logarithme de 0,001334 est égal à $\bar{3}$,12516, etc. Il est bon, pour aider la mémoire, de faire remarquer les valeurs symétriques des caractéristiques, par rapport à celle des nombres dont le premier chiffre significatif appartient à la colonne des unités entières; la caractéristique, qui est zéro, dans ce cas, devient 1 ou $\bar{1}$, respectivement, si le premier chiffre significatif appartient à la colonne des dixaines ou à celle des dixièmes; 2 ou $\overline{2}$, respectivement, si ce premier chiffre appartient à la colonne des centaines ou à celle des centièmes; 3 ou $\overline{3}$, respectivement, si ce premier chiffre appartient à la colonne des mille ou à celle des millièmes, etc.

Voici quelques instructions sur l'application des quatre règles de l'arithmétique aux logarithmes qui ont les caractéristiques dont nous venons de parler.

Lorsqu'on additionne plusieurs logarithmes dont les uns appartiennent à des nombres plus grands et les autres à des nombres plus petits que l'unité, toutes les caractéristiques affectées du signe — se retranchent de la somme totale; ainsi, ayant à faire l'addition des logarithmes suivans,

$$
\begin{array}{r}
2,\ 04789 \\
\overline{1},\ 35890 \\
2,\ 47912 \\
\overline{2},\ 98751 \\
\hline
2,\ 87342
\end{array}
$$

on procédera sur les parties de ces logarithmes qui sont à droite des virgules, comme à l'ordinaire; on aura 1 à retenir quand on en sera à la colonne des caractéristiques, et opérant d'abord sur celle de ces caractéristiques qui ne sont pas affectées du signe —, on dira 1 plus 2 plus 2 font 5; on retranchera ensuite de cette somme 5 la somme des caractéristiques affectées du signe —, et on aura 2 pour caractéristique de la somme totale.

Si on avoit les logarithmes suivans,

$$
\begin{array}{r}
1,\ 09874 \\
\overline{3},\ 12679 \\
2,\ 48731 \\
\overline{4},\ 34211 \\
\hline
\overline{3},\ 05495
\end{array}
$$

on trouveroit, avec l'unité retenue, d'une part 4 à compter dans la colonne des caractéristiques, sans le signe —, et de l'autre $\overline{7}$, et on mettroit pour caractéristique de la somme totale l'excès de 7 sur 4, ou 3 affecté du signe —.

Si on a les deux logarithmes

$$
\begin{array}{r}
2,\ 56781 \\
\overline{3},\ 42876 \\
\hline
5,\ 13905
\end{array}
$$

et qu'il faille retrancher le second du premier, quand, après avoir opéré à la manière ordinaire sur les parties des logarithmes qui sont à droite des virgules, on en viendra aux caractéristiques, le nombre $\overline{3}$ deviendra additif, au lieu d'être soustractif, et on dira 2 plus 3 font 5.

Ayant les deux logarithmes

$$
\begin{array}{r}
\overline{2},\ 78935 \\
\overline{4},\ 36785 \\
\hline
2,\ 42150
\end{array}
$$

pour retrancher le second du premier, on opérera d'abord sur les parties des logarithmes placées à droite des virgules, et quand on en sera aux caractéristiques, on observera que celle du nombre inférieur devient additive sans que celle du nombre supérieur cesse d'être soustractive, et qu'ainsi on doit avoir à la somme totale 4 moins 2 ou 2.

Dans l'exemple suivant de soustraction,

$$2,56931$$
$$4,87652$$
$$\overline{3},69279$$

quand on est aux caractéristiques, on a à dire 1 moins 4, et on écrit l'excès de 4 sur 1 en l'affectant du signe —, de sorte que la caractéristique de la différence est $\overline{3}$, ce qui indique que le résultat du calcul est une fraction décimale dont le premier chiffre significatif est au troisième rang après la virgule.

Si on a à multiplier le logarithme $\overline{1},34237$ par 4, après avoir opéré sur 0,34237 à la manière ordinaire et avoir trouvé 1 à retenir, pour passer à la caractéristique, on dira 4 fois $\overline{1}$ font $\overline{4}$, et 1 de retenue font $\overline{3}$; ainsi $\overline{3}$ sera la caractéristique du produit $\overline{3},36948$.

Si on a à diviser $\overline{7},98750$ par 5, on ajoutera d'abord à $\overline{7}$ le nombre affecté du signe —, nécessaire pour le rendre divisible par 5, et on dira : $\overline{10}$, divisé par 5, donne $\overline{2}$; mais ayant ainsi augmenté de 3 la valeur de la caractéristique, quand on passera à la partie décimale, au lieu de dire en 9 combien de fois 5, on dira en 39 combien de fois 5, et on continuera à la manière ordinaire, en sorte que le quotient sera $\overline{2},79750$.

Enfin, pour avoir le *complément* d'un logarithme, la règle générale est de donner à la caractéristique le signe — si elle ne l'a pas, de lui ôter si elle a ce signe, de joindre $\overline{1}$ au résultat de cette opération, et de prendre les complémens à 9 de tous les chiffres à droite de la virgule, hors le dernier significatif dont on prend le complément à 10. Ainsi, pour avoir le complément de 2,47895, on substitue $\overline{2}$ à 2, et joignant $\overline{1}$ à 2, on a la caractéristique $\overline{3}$; on substitue ensuite à chacun des quatre premiers chiffres après la virgule, son complément à 9, au cinquième, son complément à 10, et on a pour le complément du nombre proposé $\overline{3},52105$. Pour avoir le complément de $\overline{3},87610$, on substitue 3 à $\overline{3}$; on réunit $\overline{1}$ à 3, et il reste 2; et attendu que le dernier chiffre après la virgule est 0, on substitue à chacun des trois premiers chiffres, après cette virgule, son complément à 9, au quatrième son complément à 10, et on a, pour le complément du logarithme proposé, 2,12390. Pareillement on trouvera que le complément de 4,00785 est $\overline{5},99215$ le complément de $\overline{1},00520$ est 0,99480, etc.

§. VII.

EXEMPLES de l'usage des Tables de logarithmes dans les calculs relatifs à la cubature des bois.

Nous allons d'abord donner des exemples de l'application du calcul par logarithmes à des données prises, en anciennes mesures, sur des bois ronds et carrés de grosseur variable: et pour commencer à faire sentir l'avantage de cette manière de calculer, nous reprendrons les deux exemples du paragraphe IV, en joignant, aux dimensions transversales, des fractions de pouce qui, ou auroient été négligées, ou auroient rendu le calcul plus pénible; elles ne causent aucun embarras quand on se sert des logarithmes.

Soit une pièce de bois rond des dimensions suivantes; savoir :

	pieds.	ponces.	lignes.
Longueur..	25		
Circonférence du gros bout............................		17	4
Circonférence du petit bout...........................		8	5

Il sera commode de réduire d'abord les pouces en pieds et fractions décimales de pied, ce qui se fera, à vue, par la table donnée à la fin du paragraphe IV, et on aura :

Circonférence du gros bout... 1,4444$^{pieds.}$

Circonférence du petit bout... 0,7014

Somme des deux circonférences.. 2,1458

Calculant par la première règle pour avoir des pieds cubes, et observant que cette règle donne un facteur constant dont le logarithme est 2,42367 (voyez la table ci-après), on a :

Log. 2,1458	0,33159		2. Log. 1,4444	0,31938
Log. 0,7014	1,84597		Log. 25	1,39794
Log. 25	1,39794		Log. constant	2,42367
Log. constant	2,42367			
Somme	1,99917		Somme	0,14099
Ier. nombre	0,9981		IIe. nombre	1,3835
IIe. nombre	1,3835			

Volume cherché............... 2,3816 pieds cubes ou 0,79033 solives, qu'on réduira aisément en pieds, pouces, etc. de solives par la table du paragraphe II.

Nous ferons, sur le calcul précédent, deux observations en faveur de ceux qui se serviront des tables placées à la suite de cette Instruction. La première porte sur le logarithme de 1,4444 qui ne se trouve pas immédiatement dans les tables ; mais on y trouve le logarithme de 1,4440 qui est 0,15957 ; pour avoir ensuite ce qu'il faut ajouter à ce logarithme à raison du dernier chiffre 4 du nombre proposé, on prendra les $\frac{4}{10}$ de l'excès du logarithme de 1,445 sur celui de 1,444 ; cette différence, qui se prend à vue, est 30 ; on a donc la partie proportionnelle $\frac{120}{10}$ ou 12, et le logarithme cherché est 0,15969, dont le double 0,31938 est le logarithme employé dans le calcul ci-dessus.

La seconde observation porte sur le deuxième nombre 1,3835 qu'on a déduit du logarithme 0,14099 ; ce deuxième nombre a cinq chiffres significatifs, quoique les tables n'en donnent que quatre ; mais voici comment on obtient le cinquième chiffre : le logarithme des tables, immédiatement inférieur à 0,14099, est 0,14082 ; on trouve qu'il appartient au nombre 1,383 et on écrit ce nombre ; on écrit ensuite l'excès 17 du logarithme proposé sur le tabulaire qui se prend à vue, et la différence 32 entre le tabulaire et celui qui le suit immédiatement dans la table, laquelle différence se prend aussi à vue, et le cinquième chiffre significatif a pour valeur $\frac{170}{32}$ ou 5,3, ou simplement 5 (lorsque le chiffre après la virgule est plus petit que 5, on le néglige ; si ce chiffre égale ou surpasse 5, on ajoute une unité au chiffre qui est avant la virgule) ; ainsi le nombre correspondant au logarithme 0,14099 est 1,3835.

En opérant de la même manière on aura, dans tous les cas, le logarithme d'un nombre exprimé par cinq chiffres significatifs, ou le cinquième chiffre significatif du nombre correspondant à un logarithme donné. Par ce moyen, les tables des logarithmes des nombres de 1 à 10000 feront, ainsi que nous l'avons déjà dit, le même usage que si elles s'étendoient de 1 à 100000, ce qui donnera la facilité de calculer immédiatement, quand on le voudra, le volume d'une pièce en pouces cubes, sauf les cas, assez rares, où ce volume excéderoit 100000 pouces cubes (environ 58 pieds cubes). On trouvera, à la fin du livre, les tables de parties proportionnelles que nous avons précédemment annoncées, et qui rendront encore plus faciles les petits calculs que comporte l'extension dont nous parlons.

Ces secours sont inutiles aux personnes qui ont les tables de Callet, lesquelles donnent immédiatement, avec sept figures, les logarithmes des nombres de 1 à 100000; ces tables peuvent, de plus, au moyen des parties proportionnelles, faire le même usage que si elles s'étendoient de 1 à 1,000000; et elles servent même pour avoir les logarithmes des nombres à sept chiffres significatifs, ou pour déduire un nombre de sept chiffres d'un logarithme donné avec un pareil nombre de chiffres; mais les septièmes chiffres, ainsi obtenus, sont souvent en erreur d'une ou deux unités.

Au reste, les derniers moyens d'exactitude que nous venons de donner ne sont pas d'une rigoureuse nécessité, et il est bien peu de cas de la cubature des bois qui exigent indispensablement l'emploi ou la recherche de nombres de plus de quatre chiffres significatifs.

Nous avons employé la première règle de calcul concernant les bois ronds pour le calcul de l'exemple ci-dessus donné; on peut vérifier le résultat de ce calcul en le cherchant par la troisième règle. Pour cela on réduira d'abord les pouces et lignes des dimensions transversales en pouces et fractions décimales de pouces par la table qui est à la fin du paragraphe IV, et on aura, le logarithme constant, donné par cette troisième règle, étant $\overline{4},26531$. (*Voyez* la table ci-après.)

Circonférence du gros bout . . . . $17,333^{\text{pouces}}$
Circonférence du petit bout . . . . $8,417$

Somme des deux circonférences . . . . $25,750$

Log. 25,75 1,41078	2 Log. 17,333 2,47775
Log. 8,417 0,92516	Log. 25 1,39794
Log. 25 1,39794	Log. constant 4,26531
Log. constant . . . . $\overline{4},26531$	
	Somme 0,14100
Somme . . . . $\overline{1},99919$	
	IIᵉ. nombre 1,3835
Iᵉʳ. nombre 0,9981	
IIᵉ. nombre 1,3835	

Volume cherché, comme dans
le premier calcul 2,3816

Les logarithmes, dans les deux calculs, présentent de légères différences; ce qui tient à ce que les élémens du calcul ne sont que des nombres approximatifs, et cependant ces différences n'ont pas pu en produire une de la dix-millième partie d'un pied cube (environ ⅕ de pouce cube) dans le résultat; on voit, par là, combien la commodité et l'exactitude se trouvent réunies dans les méthodes de calcul par logarithmes.

Nous avons substitué aux longueurs des circonférences de l'exemple du paragraphe IV, ces mêmes longueurs, augmentées d'un nombre de lignes moindre que 6, et l'emploi de ces fractions de pouces auroit alongé le calcul immédiat sans logarithmes, et fort embarrassé le calcul par les tables de M. de Sept-Fontaines. Si cependant, pour simplifier, on avoit cru pouvoir substituer, aux nombres fractionnaires de pouces les nombres entiers qui en approchoient le plus, on auroit commis une erreur égale à la différence entre 2,3816 pieds cubes et 2,2518 pieds cubes, égale à 0,1298 pieds cubes, ou 224 pouces cubes, erreur qui excède les limites de celles qu'on peut négliger. Ces nombres fractionnaires, si embarrassans lorsqu'on ne calcule pas par logarithmes, s'emploient tout aussi facilement que les autres avec le secours des tables logarithmiques.

Recalculons l'exemple des bois carrés de grosseur variable, donné dans le paragraphe IV; et pour faire connoître encore l'erreur qu'on commettroit si on négligeoit, pour abréger le calcul, des fractions de pieds et de pouces, même plus petites qu'un demi-pied ou un demi-pouce, sur les dimensions tant longitudinales que transversales, substituons aux nombres entiers de pieds et pouces des nombres fractionnaires, et soient :

	pieds	pouces	lignes.
La longueur de la pièce.............................	23	5	0
Largeur au gros bout................................	17	5	
Largeur au petit bout................................	9	4	
Epaisseur au gros bout..............................	13	3	
Epaisseur au petit bout..............................	8	5	

Pour calculer en pieds cubes, réduisons d'abord, pour la table du paragraphe IV, les données numériques en nombres fractionnaires de pieds, et nous aurons :

	pieds.
Longueur de la pièce.................................	23,417
Largeur au gros bout.................................	1,4514
Largeur au petit bout................................	0,7778
Epaisseur au gros bout...............................	1,1042
Epaisseur au petit bout..............................	0,7014

On pourroit négliger les dix millièmes de pieds en ajoutant une unité à la décimale du troisième ordre, lorsque celle du quatrième ordre a plus de cinq unités.

Procédant au calcul par la première règle relative aux bois carrés de grosseur variable, on a :

$\frac{1}{2}$ de 0,7778 .. $\begin{matrix} 1,4514 \\ 0,3889 \end{matrix}$ $\frac{1}{2}$ de 1,4514 ... $\begin{matrix} 0,7778 \\ 0,7257 \end{matrix}$

Somme ... 1,8403. log........ 0,26489   Somme... 1,5035. log....... 0,17710

Log. 1,1042.................. 0,04305   Log. 0,7014 ;............... $\overline{1}$,84597
Log. ($\frac{1}{3}$ de 23,417) ou log. 7,8057 .. 0,89241   Log. 7,8057................. 0,89241

Somme 1,20035   Somme..................... 0,91548

Ier. nombre..................... 15,862   IIe. nombre 8,2315
IIe. nombre..................... 8,232

Somme ou volume cherché .... 24,094 pieds cubes ou 8,0313 solives, qu'on réduira en solives et pieds, pouces, etc. de solive par la table du paragraphe II.

L'excès de ce résultat, sur celui de l'exemple du paragraphe IV, est de 1,658 pied cube, dû à des fractions qui auroient été ou négligées ou embarrassantes, si on eût fait le calcul sans le secours des logarithmes.

Nous supprimerons, pour abréger, les exemples de calcul en anciennes mesures applicables aux pièces cylindriques et aux pièces carrées de grosseur uniforme, parce que ces exemples ne différeroient, par aucune circonstance, de ceux qu'on trouvera à la fin de ce paragraphe sur des données en mètres et fractions décimales du mètre.

Voici une table des logarithmes des facteurs constans qu'on a à employer d'après les diverses règles exposées dans le paragraphe IV.

Table des logarithmes des facteurs constans à employer dans l'usage des règles données au paragraphe IV, pour la cubature des bois ronds, et carrés de grosseur variable ou uniforme.

Nota. Lorsqu'on calcule en mètres cubes ou stères, les mesures étant prises en mètres et parties décimales du mètre, la première ligne horizontale de cette table est seule nécessaire.

INDICATION des règles.	BOIS DE GROSSEUR VARIABLE.		BOIS DE GROSSEUR UNIFORME.	
	Ronds.	Carrés.	Ronds.	Carrés.
1re. règle.	2̄,42367	Le facteur est ⅓.	2̄,90079	Le facteur est 1.
2e. règle.	1̄,50285	Le facteur est 4.	1̄,97997	1,07918
3e. règle.	4̄,26531	3̄,36452	4̄,74243	3̄,84614
4e. règle.	5̄,78819	4̄,88740	4̄,26531	3̄,36452

Cette table remplace celle des multiples des facteurs que nous avons donnés au paragraphe IV, et sera fort utile lorsqu'on aura à calculer sur des données prises en anciennes mesures ; nous n'avons pas mis les logarithmes des facteurs ⅓ et 4, parce qu'on peut écrire à vue les produits de ces facteurs par les nombres qu'ils doivent multiplier.

Mais c'est principalement lorsqu'on calcule d'après des mesures prises en mètres et fractions décimales du mètre, qu'on reconnoît la grande utilité du calcul par les logarithmes (1), et il est, on ne peut pas plus desirable, que cette unité linéaire et les unités diverses qui en dérivent, soient enfin universellement adoptées; leur système est assurément le plus parfait, dans son genre, qui ait jamais existé chez aucun peuple.

La première règle de chacun des cas que nous avons traités dans les paragraphes IV et V suffit pour le calcul des bois en mètres cubes, les dimensions des pièces étant prises en mètres et fractions décimales de mètre; ainsi nous n'avons besoin que des deux logarithmes constans qui se trouvent dans la première ligne de la table ci-dessus.

Nous allons donner quatre exemples en mesures métriques, qui comprennent tous les cas d'application de la cubature des bois.

Premier exemple, bois ronds de grosseur variable.

Dimensions. { Longueur de la pièce .... 7,324 m.
Circonférence du gros bout 0,892
Circonférence du petit bout 0,786

Somme des deux circonférences 1,678

---

(1) Une unité quelconque presenteroit, pour le calcul par logarithmes, la même commodité que le mètre, si elle se trouvoit, sur les instrumens à mesurer, divisée en parties décimales ; mais il faudroit faire fabriquer des instrumens exprès pour cette destination, au lieu que les mesures en mètres ne portent pas d'autres divisions que les décimales.

Log. 1,678 .... 0,22479 | 2 Log. 0,892 .... $\overline{1}$,90072
Log. 0,786 .... $\overline{1}$,89542 | Log. 7,324 0,86475
Log. 7,324 .... 0,86475 | Log. constant 2,42367
Log. constant .... 2,42367 |

| | Somme .... $\overline{1}$,18914
Somme .... $\overline{1}$,40863 |

| | II.e nombre 0,1546
I.er nombre .... 0,2562 m. cubes. |
II.e nombre .... 0,1546 |

Somme ou volume cherché. 0,4108

Deuxième exemple, bois carrés de grosseur variable.

Dimensions. {
Longueur de la pièce .... 7,827 mètres.
Largeur au gros bout 0,622
Largeur au petit bout 0,413
Epaisseur au gros bout 0,511
Epaisseur au petit bout 0,342
}

0,6220	0,413
½ de 0413 .. 0,2065	½ de 0,622... 0,311
Somme. 0,8285. Log. .... $\overline{1}$,91829	Somme.... 0,724. Log .... $\overline{1}$,85974
Log. 0,511 .... $\overline{1}$,70842	Log. 0,342 .... $\overline{1}$,53303
Log. ⅓ de 7,827, ou Log. 2,609 .. 0,41647	Log. 2,609 0,41647
Somme 0,04318	Somme .... $\overline{1}$,81024
I.er nombre .... 1,1045 m. cubes.	I.er nombre 0,6460
II.e nombre 0,6460	

Somme ou volume cherché 1,7505

Troisième exemple, bois cylindriques.

Dimensions. { Longueur 6,442
Circonférence .... 1,854 }

2 Log. 1,854 .... 0,53611 m. cubes.
Log. 6,442 0,80902
Log. constant 2,90079

Somme 0,24603

Volume cherché 1,7621

Quatrième exemple, bois carrés de grosseur uniforme.

Dimensions. { Longueur 7,118
Largeur 0,811
Epaisseur .... 0,503 }

Log. 7,118 .... 0,85236 m. cubes.
Log. 0,811 .... $\overline{1}$,90902
Log. 0,503 .... $\overline{1}$,70157

Somme 0,46295

Volume cherché 2,904

On a publié plusieurs tables de *comptes faits* pour le cubage *métrique* des bois ronds et carrés de grosseur uniforme, que leurs dispositions rendent plus ou moins commodes; ces tables, qui procèdent ordinairement par centimètres pour les dimensions transversales, et par mètres ou décimètres pour les longueurs, occupent des volumes dont quelques-uns ont plusieurs centaines de pages, et elles épargnent d'autant plus de peine, qu'elles sont plus étendues; mais il est facile de voir, par les seuls exemples que nous venons de donner, qu'une table de logarithmes qui tient dans quinze ou seize pages in-4°, et qu'on pourroit même réduire à huit pages, est préférable à tous les autres moyens de calcul.

§. VIII.

LOGARITHMES de différens nombres, utiles pour les réductions des anciennes en nouvelles, et des nouvelles en anciennes mesures.

Nous avons donné au paragraphe Ier. les rapports entre le pied cube, le mètre cube et les mesures des bois appelées *somme, marque, grande gouée et petite gouée;* mais lorsqu'on a à employer ces rapports dans quelque calcul, il est bien plus commode d'avoir les logarithmes des nombres qui les expriment, que les nombres eux-mêmes : on substituera donc avec beaucoup d'avantage la table suivante à celle de l'article cité.

Log. *solive* . . . . . { en pieds cubes. 0,47712;
en mètres cubes. . . . . $\overline{1}$,01213;

Log. *somme* . . . . . { en pieds cubes 0,98698;
en mètres cubes. . . . . $\overline{1}$,52198;

Log. *marque* . . . . { en pieds cubes 0,30821;
en mètres cubes . . . . $\overline{2}$,84321;

Log. *petite gouée*. { en pieds cubes . . . . $\overline{1}$,52416;
en mètres cubes. . . . . $\overline{2}$,05916;

Log. *grande gouée*. { en pieds cubes. 0,12620;
en mètres cubes . . . . $\overline{2}$,66122;

Le logarithme $\overline{1}$,01213 du rapport de la solive au mètre cube répond à 0,10283, à peu près $\frac{1}{10}$, ce qui a engagé plusieurs ingénieurs à nommer *solive métrique* la dixième partie du mètre cube, cette *solive* métrique étant à l'ancienne à très-peu près dans le rapport de 100 à 103.

Voici d'autres logarithmes qui peuvent être utiles dans des calculs usuels :

Log. ligne en mètre. . . . . $\overline{3}$,35331;
Log. ligne carrée en mètre carré. . . . . $\overline{6}$,70661;
Log. ligne cube en mètre cube . . . . $\overline{8}$,05992;
Log. pouce en mètre . . . . $\overline{2}$,43249;
Log. pouce carré en mètre carré . . . . $\overline{4}$,86497;
Log. pouce cube en mètre cube . . . . $\overline{5}$,29746;
Log. pied en mètre . . . . $\overline{1}$,51167;
Log. pied carré en mètre carré . . . . $\overline{1}$,02334;
Log. pied cube en mètre cube . . . . $\overline{2}$,53501;
Log. toise en mètre 0,28982;
Log. toise carrée en mètre carré 0,57964;
Log. toise cube en mètre cube 0,86946;

Le diamètre étant égal à l'unité.
$\left\{\begin{array}{l}\text{Log. circonférence}\dots\dots\dots\dots\dots\;0,49715.\\\text{Log. aire du cercle}\dots\dots\dots\dots\dots\;\overline{1},89509.\\\text{Log. surface de la sphère}\dots\dots\dots\;0,49715.\\\text{Log. solidité de la sphère}\dots\dots\dots\;\overline{1},71900.\end{array}\right.$

Tous ces logarithmes sont déduits d'autres logarithmes pris avec un plus grand nombre de chiffres, et voilà pourquoi le dernier chiffre de la réduction de la ligne et du pied carrés et cubes, en mètre carré et cube, quoiqu'aussi exact qu'il peut être pour des logarithmes à cinq chiffres, paroît être trop foible d'une unité ; cette anomalie apparente tient à la nécessité d'augmenter le cinquième chiffre d'une unité, lorsque le sixième égale ou surpasse 5 ; du reste, ces logarithmes à cinq chiffres sont plus que suffisans pour les calculs usuels.

Pour avoir les logarithmes des rapports inverses de ceux dont les logarithmes sont immédiatement compris dans la table précédente, on prendra les complémens de ces derniers logarithmes, en observant, relativement aux caractéristiques, les règles données à la fin du paragraphe VI ; ainsi le logarithme du rapport du mètre cube à la solive sera 0,98787 ; le logarithme du rapport du mètre cube à la toise cube sera $\overline{1}$,13054, etc.

Suivent les tables de logarithmes précédemment annoncées. Nous y avons ajouté la petite table de parties proportionnelles, au moyen de laquelle on a les logarithmes qui s'étendent de 1 à 100000. Nous ne saurions trop recommander aux calculateurs de se familiariser avec l'usage de ces tables, qui remplacent si commodément et si avantageusement toutes celles qu'on a proposées pour faciliter les opérations faites immédiatement sur les nombres *naturels* et qui offrent un *instrument universel*, applicable à toute espèce de calcul arithmétique, et le plus parfait, dans son genre, qu'ait inventé l'esprit humain.

TABLE

TABLE

DES LOGARITHMES

DES

10000 PREMIERS NOMBRES,

AVEC CINQ FIGURES,

NON COMPRIS LA CARACTÉRISTIQUE.

N°.	Log.	N°.	Log.	N°.	Log.	N°.	Log.	N°.	Log.	N°.	Log.
1	0.00000	21	1.32222	41	1.61278	61	1.78533	81	1.90849	101	2.00432
2	30103	22	34242	42	62325	62	79239	82	91381	02	00860
3	47712	23	36173	43	63347	63	79934	83	91908	03	01284
4	60206	24	38021	44	64345	64	80618	84	92428	04	01703
5	69897	25	39794	45	65321	65	81291	85	92942	05	02119
6	77815	26	41497	46	66276	66	81954	86	93450	06	02531
7	84510	27	43136	47	67210	67	82607	87	93952	07	02938
8	90309	28	44716	48	68124	68	83251	88	94448	08	03342
9	95424	29	46240	49	69020	69	83885	89	94939	09	03743
10	1.00000	30	47712	50	69897	70	84510	90	95424	10	04139
11	1.04139	31	1.49136	51	1.70757	71	1.85126	91	1.95904	111	2.04532
12	07918	32	50515	52	71600	72	85733	92	96379	12	04922
13	11394	33	51851	53	72428	73	86332	93	96848	13	05308
14	14613	34	53148	54	73239	74	86923	94	97313	14	05690
15	17609	35	54407	55	74036	75	87506	95	97772	15	06070
16	20412	36	55630	56	74819	76	88081	96	98227	16	06446
17	23045	37	56820	57	75587	77	88649	97	98677	17	06819
18	25527	38	57978	58	76343	78	89209	98	99123	18	07188
19	27875	39	59106	59	77085	79	89763	99	99564	19	07555
20	30103	40	60206	60	77815	80	90309	100	2.00000	120	07918

N°.	0	1	2	3	4	5	6	7	8	9
100	2.00000	2.00043	2.00087	2.00130	2.00173	2.00217	2.00260	2.00303	2.00346	2.00389
01	00432	00475	00518	00561	00604	00647	00689	00732	00775	00817
02	00860	00903	00945	00988	01030	01072	01115	01157	01199	01242
03	01284	01326	01368	01410	01452	01494	01536	01578	01620	01662
04	01703	01745	01787	01828	01870	01912	01953	01995	02036	02078
05	02119	02160	02202	02243	02284	02325	02366	02407	02449	02490
06	02531	02572	02612	02653	02694	02735	02776	02816	02857	02898
07	02938	02979	03019	03060	03100	03141	03181	03222	03262	03302
08	03342	03383	03423	03463	03503	03543	03583	03623	03663	03703
09	03743	03782	03822	03862	03902	03941	03981	04021	04060	04100
110	2.04139	2.04179	2.04218	2.04258	2.04297	2.04336	2.04376	2.04415	2.04454	2.04493
11	04532	04571	04610	04650	04689	04727	04766	04805	04844	04883
12	04922	04961	04999	05038	05077	05115	05154	05192	05231	05269
13	05308	05346	05385	05423	05461	05500	05538	05576	05614	05652
14	05690	05729	05767	05805	05843	05881	05918	05956	05994	06032
15	06070	06108	06145	06183	06221	06258	06296	06333	06371	06408
16	06446	06483	06521	06558	06595	06633	06670	06707	06744	06781
17	06819	06856	06893	06930	06967	07004	07041	07078	07115	07151
18	07188	07225	07262	07298	07335	07372	07408	07445	07482	07518
19	07555	07591	07628	07664	07700	07737	07773	07809	07846	07882
120	2.07918	2.07954	2.07990	2.08027	2.08063	2.08099	2.08135	2.08171	2.08207	2.08243
21	08279	08314	08350	08386	08422	08458	08493	08529	08565	08600
22	08636	08672	08707	08743	08778	08814	08849	08884	08920	08955
23	08991	09026	09061	09096	09132	09167	09202	09237	09272	09307
24	09342	09377	09412	09447	09482	09517	09552	09587	09621	09656
25	09691	09726	09760	09795	09830	09864	09899	09934	09968	10003
26	10037	10072	10106	10140	10175	10209	10243	10278	10312	10346
27	10380	10415	10449	10483	10517	10551	10585	10619	10653	10687
28	10721	10755	10789	10823	10857	10890	10924	10958	10992	11025
29	11059	11093	11126	11160	11193	11227	11261	11294	11327	11361
130	2.11394	2.11428	2.11461	2.11494	2.11528	2.11561	2.11594	2.11628	2.11661	2.11694
31	11727	11760	11793	11826	11860	11893	11926	11959	11992	12024
32	12057	12090	12123	12156	12189	12222	12254	12287	12320	12352
33	12385	12418	12450	12483	12516	12548	12581	12613	12646	12678
34	12710	12743	12775	12808	12840	12872	12905	12937	12969	13001
35	13033	13066	13098	13130	13162	13194	13226	13258	13290	13322
36	13354	13386	13418	13450	13481	13513	13545	13577	13609	13640
37	13672	13704	13735	13767	13799	13830	13862	13893	13925	13956
38	13988	14019	14051	14082	14114	14145	14176	14208	14239	14270
39	14301	14333	14364	14395	14426	14457	14489	14520	14551	14582
140	2.14613	2.14644	2.14675	2.14706	2.14737	2.14768	2.14799	2.14829	2.14860	2.14891
41	14922	14953	14983	15014	15045	15076	15106	15137	15168	15198
42	15229	15259	15290	15320	15351	15381	15412	15442	15473	15503
43	15534	15564	15594	15625	15655	15685	15715	15746	15776	15806
44	15836	15866	15897	15927	15957	15987	16017	16047	16077	16107
45	16137	16167	16197	16227	16256	16286	16316	16346	16376	16406
46	16435	16465	16495	16524	16554	16584	16613	16643	16673	16702
47	16732	16761	16791	16820	16850	16879	16909	16938	16967	16997
48	17026	17056	17085	17114	17143	17173	17202	17231	17260	17289
49	17319	17348	17377	17406	17435	17464	17493	17522	17551	17580
150	2.17609	2.17638	2.17667	2.17696	2.17725	2.17754	2.17782	2.17811	2.17840	2.17869
51	17898	17926	17955	17984	18013	18041	18070	18099	18127	18156
52	18184	18213	18241	18270	18298	18327	18355	18384	18412	18441
53	18469	18498	18526	18554	18583	18611	18639	18667	18696	18724
54	18752	18780	18808	18837	18865	18893	18921	18949	18977	19005
55	19033	19061	19089	19117	19145	19173	19201	19229	19257	19285
56	19312	19340	19368	19396	19424	19451	19479	19507	19535	19562
57	19590	19618	19645	19673	19700	19728	19756	19783	19811	19838
58	19866	19893	19921	19948	19976	20003	20030	20058	20085	20112
59	20140	20167	20194	20222	20249	20276	20303	20330	20358	20385

N°	0	1	2	3	4	5	6	7	8	9
160	2.20412	2.20439	2.20466	2.20493	2.20520	2.20548	2.20575	2.20602	2.20629	2.20656
61	20683	20710	20737	20763	20790	20817	20844	20871	20898	20925
62	20952	20978	21005	21032	21059	21085	21112	21139	21165	21192
63	21219	21245	21272	21299	21325	21352	21378	21405	21431	21458
64	21484	21511	21537	21564	21590	21617	21643	21669	21696	21722
65	21748	21775	21801	21827	21854	21880	21906	21932	21958	21985
66	22011	22037	22063	22089	22115	22141	22167	22194	22220	22246
67	22272	22298	22324	22350	22376	22401	22427	22453	22479	22505
68	22531	22557	22583	22608	22634	22660	22686	22712	22737	22763
69	22789	22814	22840	22866	22891	22917	22943	22968	22994	23019
170	2.23045	2.23070	2.23096	2.23121	2.23147	2.23172	2.23198	2.23223	2.23249	2.23274
71	23300	23325	23350	23376	23401	23426	23452	23477	23502	23528
72	23553	23578	23603	23629	23654	23679	23704	23729	23754	23779
73	23805	23830	23855	23880	23905	23930	23955	23980	24005	24030
74	24055	24080	24105	24130	24155	24180	24204	24229	24254	24279
75	24304	24329	24353	24378	24403	24428	24452	24477	24502	24527
76	24551	24576	24601	24625	24650	24674	24699	24724	24748	24773
77	24797	24822	24846	24871	24895	24920	24944	24969	24993	25028
78	25042	25066	25091	25115	25139	25164	25188	25212	25237	25261
79	25285	25310	25334	25358	25382	25406	25431	25455	25479	25503
180	2.25527	2.25551	2.25575	2.25600	2.25624	2.25648	2.25672	2.25696	2.25720	2.25744
81	25768	25792	25816	25840	25864	25888	25912	25935	25959	25983
82	26007	26031	26055	26079	26102	26126	26150	26174	26198	26221
83	26245	26269	26292	26316	26340	26364	26387	26411	26435	26458
84	26482	26505	26529	26553	26576	26600	26623	26647	26670	26694
85	26717	26741	26764	26788	26811	26834	26858	26881	26905	26928
86	26951	26975	26998	27021	27045	27068	27091	27114	27138	27161
87	27184	27207	27231	27254	27277	27300	27323	27346	27370	27393
88	27416	27439	27462	27485	27508	27531	27554	27577	27600	27623
89	27646	27669	27692	27715	27738	27761	27784	27807	27830	27852
190	2.27875	2.27898	2.27921	2.27944	2.27967	2.27989	2.28012	2.28035	2.28058	2.28081
91	28103	28126	28149	28171	28194	28217	28240	28262	28285	28307
92	28330	28353	28375	28398	28421	28443	28466	28488	28511	28533
93	28556	28578	28601	28623	28646	28668	28691	28713	28735	28758
94	28780	28803	28825	28847	28870	28892	28914	28937	28959	28981
95	29003	29026	29048	29070	29092	29115	29137	29159	29181	29203
96	29226	29248	29270	29292	29314	29336	29358	29380	29403	29425
97	29447	29469	29491	29513	29535	29557	29579	29601	29623	29645
98	29667	29688	29710	29732	29754	29776	29798	29820	29842	29863
99	29885	29907	29929	29951	29973	29994	30016	30038	30060	30081
200	2.30103	2.30125	2.30146	2.30168	2.30190	2.30211	2.30233	2.30255	2.30276	2.30298
01	30320	30341	30363	30384	30406	30428	30449	30471	30492	30514
02	30535	30557	30578	30600	30621	30643	30664	30685	30707	30728
03	30750	30771	30792	30814	30835	30856	30878	30899	30920	30942
04	30963	30984	31006	31027	31048	31069	31091	31112	31133	31154
05	31175	31197	31218	31239	31260	31281	31302	31323	31345	31366
06	31387	31408	31429	31450	31471	31492	31513	31534	31555	31576
07	31597	31618	31639	31660	31681	31702	31723	31744	31765	31785
08	31806	31827	31848	31869	31890	31911	31931	31952	31973	31994
09	32015	32035	32056	32077	32098	32118	32139	32160	32181	32201
210	2.32222	2.32243	2.32263	2.32284	2.32305	2.32325	2.32346	2.32366	2.32387	2.32408
11	32428	32449	32469	32490	32510	32531	32552	32572	32593	32613
12	32634	32654	32675	32695	32715	32736	32756	32777	32797	32818
13	32838	32858	32879	32899	32919	32940	32960	32980	33001	33021
14	33041	33062	33082	33102	33122	33143	33163	33183	33203	33224
15	33244	33264	33284	33304	33325	33345	33365	33385	33405	33425
16	33445	33465	33486	33506	33526	33546	33566	33586	33606	33626
17	33646	33666	33686	33706	33726	33746	33766	33786	33806	33826
18	33846	33866	33885	33905	33925	33945	33965	33985	34005	34025
19	34044	34064	34084	34104	34124	34143	34163	34183	34203	34223

N°.	0	1	2	3	4	5	6	7	8	9
220	2.34242	2.34262	2.34282	2.34301	2.34321	2.34341	2.34361	2.34380	2.34400	2.34420
21	34439	34459	34479	34498	34518	34537	34557	34577	34596	34616
22	34635	34655	34674	34694	34713	34733	34753	34772	34792	34811
23	34830	34850	34869	34889	34908	34928	34947	34967	34986	35005
24	35025	35044	35064	35083	35102	35122	35141	35160	35180	35199
25	35218	35238	35257	35276	35295	35315	35334	35353	35372	35392
26	35411	35430	35449	35468	35488	35507	35526	35545	35564	35583
27	35603	35622	35641	35660	35679	35698	35717	35736	35755	35774
28	35793	35813	35832	35851	35870	35889	35908	35927	35946	35965
29	35984	36003	36021	36040	36059	36078	36097	36116	36135	36154
230	2.36173	2.36192	2.36211	2.36229	2.36248	2.36267	2.36286	2.36305	2.36324	2.36342
31	36361	36380	36399	36418	36436	36455	36474	36493	36511	36530
52	36549	36568	36586	36605	36624	36642	36661	36680	36698	36717
33	36736	36754	36773	36791	36810	36829	36847	36866	36884	36903
34	36922	36940	36959	36977	36996	37014	37033	37051	37070	37088
35	37107	37125	37144	37162	37181	37199	37218	37236	37254	37273
36	37291	37310	37328	37346	37365	37383	37401	37420	37438	37457
37	37475	37493	37511	37530	37548	37566	37585	37603	37621	37639
38	37658	37676	37694	37712	37731	37749	37767	37785	37803	37822
39	37840	37858	37876	37894	37912	37931	37949	37967	37985	38003
240	2.38021	2.38039	2.38057	2.38075	2.38093	2.38112	2.38130	2.38148	2.38166	2.38184
41	38202	38220	38238	38256	38274	38292	38310	38328	38346	38364
42	38382	38399	38417	38435	38453	38471	38489	38507	38525	38543
43	38561	38578	38596	38614	38632	38650	38668	38686	38703	38721
44	38739	38757	38775	38792	38810	38828	38846	38863	38881	38899
45	38917	38934	38952	38970	38987	39005	39023	39041	39058	39076
46	39094	39111	39129	39146	39164	39182	39199	39217	39235	39252
47	39270	39287	39305	39322	39340	39358	39375	39393	39410	39428
48	39445	39463	39480	39498	39515	39533	39550	39568	39585	39602
49	39620	39637	39655	39672	39690	39707	39724	39742	39759	39777
250	2.39794	2.39811	2.39829	2.39846	2.39863	2.39881	2.39898	2.39915	2.39933	2.39950
51	39967	39985	40002	40019	40037	40054	40071	40088	40106	40123
52	40140	40157	40175	40192	40209	40226	40243	40261	40278	40295
53	40312	40329	40346	40364	40381	40398	40415	40432	40449	40466
54	40483	40500	40518	40535	40552	40569	40586	40603	40620	40637
55	40654	40671	40688	40705	40722	40739	40756	40773	40790	40807
56	40824	40841	40858	40875	40892	40909	40926	40943	40960	40976
57	40995	41010	41027	41044	41061	41078	41095	41111	41128	41145
58	41162	41179	41196	41212	41229	41246	41263	41280	41296	41313
59	41330	41347	41363	41380	41397	41414	41430	41447	41464	41481
260	2.41497	2.41514	2.41531	2.41547	2.41564	2.41581	2.41597	2.41614	2.41631	2.41647
61	41664	41681	41697	41714	41731	41747	41764	41780	41797	41814
62	41830	41847	41863	41880	41896	41913	41929	41946	41963	41979
63	41996	42012	42029	42045	42062	42078	42095	42111	42127	42144
64	42160	42177	42193	42210	42226	42243	42259	42275	42292	42308
65	42325	42341	42357	42374	42390	42406	42423	42439	42455	42472
66	42488	42504	42521	42537	42553	42570	42586	42602	42619	42635
67	42651	42667	42684	42700	42716	42732	42749	42765	42781	42797
68	42813	42830	42846	42862	42878	42894	42911	42927	42943	42959
69	42975	42991	43008	43024	43040	43056	43072	43088	43104	43120
270	2.43136	2.43152	2.43169	2.43185	2.43201	2.43217	2.43233	2.43249	2.43265	2.43281
71	43297	43313	43329	43345	43361	43377	43393	43409	43425	43441
72	43457	43475	43489	43505	43521	43537	43553	43569	43584	43600
73	43616	43632	43648	43664	43680	43696	43712	43727	43743	43759
74	43775	43791	43807	43823	43838	43854	43870	43886	43902	43917
75	43933	43949	43965	43981	43996	44012	44028	44044	44059	44075
76	44091	44107	44122	44138	44154	44170	44185	44201	44217	44232
77	44248	44264	44279	44295	44311	44326	44342	44358	44373	44389
78	44404	44420	44436	44451	44467	44483	44498	44514	44529	44545
79	44560	44576	44592	44607	44623	44638	44654	44669	44685	44700

N°	0	1	2	3	4	5	6	7	8	9
280	2.44716	2.44731	2.44747	2.44762	2.44778	2.44793	2.44809	2.44824	2.44840	2.44855
81	44871	44886	44902	44917	44932	44948	44963	44979	44994	45010
82	45025	45040	45056	45071	45086	45102	45117	45133	45148	45165
83	45179	45194	45209	45225	45240	45255	45271	45286	45301	45317
84	45332	45347	45362	45378	45393	45408	45423	45439	45454	45469
85	45484	45500	45515	45530	45545	45561	45576	45591	45606	45621
86	45637	45652	45667	45682	45697	45712	45728	45743	45758	45775
87	45788	45803	45818	45834	45849	45864	45879	45894	45909	45924
88	45939	45954	45969	45984	46000	46015	46030	46045	46060	46075
89	46090	46105	46120	46135	46150	46165	46180	46195	46210	46225
290	2.46240	2.46255	2.46270	2.46285	2.46300	2.46315	2.46330	2.46345	2.46359	2.46374
91	46389	46404	46419	46434	46449	46464	46479	46494	46509	46523
92	46538	46553	46568	46583	46598	46613	46627	46642	46657	46672
93	46687	46702	46716	46731	46746	46761	46776	46790	46805	46820
94	46835	46850	46864	46879	46894	46909	46923	46938	46953	46967
95	46982	46997	47012	47026	47041	47056	47070	47085	47100	47114
96	47129	47144	47159	47173	47188	47202	47217	47232	47246	47261
97	47276	47290	47305	47319	47334	47349	47363	47378	47392	47407
98	47422	47436	47451	47465	47480	47494	47509	47524	47538	47553
99	47567	47582	47596	47611	47625	47640	47654	47669	47683	47698
300	2.47712	2.47727	2.47741	2.47756	2.47770	2.47784	2.47799	2.47813	2.47828	2.47842
01	47857	47871	47885	47900	47914	47929	47943	47958	47972	47986
02	48001	48015	48029	48044	48058	48073	48087	48101	48116	48130
03	48144	48159	48173	48187	48202	48216	48230	48244	48259	48273
04	48287	48302	48316	48330	48344	48359	48373	48387	48401	48416
05	48430	48444	48458	48473	48487	48501	48515	48530	48544	48558
06	48572	48586	48601	48615	48629	48643	48657	48671	48686	48700
07	48714	48728	48742	48756	48770	48785	48799	48813	48827	48841
08	48855	48869	48883	48897	48911	48926	48940	48954	48968	48982
09	48996	49010	49024	49038	49052	49066	49080	49094	49108	49122
310	2.49136	2.49150	2.49164	2.49178	2.49192	2.49206	2.49220	2.49234	2.49248	2.49262
11	49276	49290	49304	49318	49332	49346	49360	49374	49388	49402
12	49415	49429	49443	49457	49471	49485	49499	49513	49527	49541
13	49554	49568	49582	49596	49610	49624	49638	49651	49665	49679
14	49693	49707	49721	49734	49748	49762	49776	49790	49803	49817
15	49831	49845	49859	49872	49886	49900	49914	49927	49941	49955
16	49969	49982	49996	50010	50024	50037	50051	50065	50079	50092
17	50106	50120	50133	50147	50161	50174	50188	50202	50215	50229
18	50243	50256	50270	50284	50297	50311	50325	50338	50352	50365
19	50379	50393	50406	50420	50433	50447	50461	50474	50488	50501
320	2.50515	2.50529	2.50542	2.50556	2.50569	2.50583	2.50596	2.50610	2.50623	2.50637
21	50651	50664	50678	50691	50705	50718	50732	50745	50759	50772
22	50786	50799	50813	50826	50840	50853	50866	50880	50893	50907
23	50920	50934	50947	50961	50974	50987	51001	51014	51028	51041
24	51055	51068	51081	51095	51108	51121	51135	51148	51162	51175
25	51188	51202	51215	51228	51242	51255	51268	51282	51295	51308
26	51322	51335	51348	51362	51375	51388	51402	51415	51428	51441
27	51455	51468	51481	51495	51508	51521	51534	51548	51561	51574
28	51587	51601	51614	51627	51640	51654	51667	51680	51693	51706
29	51720	51733	51746	51759	51772	51786	51799	51812	51825	51838
330	2.51851	2.51865	2.51878	2.51891	2.51904	2.51917	2.51930	2.51943	2.51957	2.51970
31	51983	51996	52009	52022	52035	52048	52061	52075	52088	52101
32	52114	52127	52140	52153	52166	52179	52192	52205	52218	52231
33	52244	52257	52270	52284	52297	52310	52323	52336	52349	52362
34	52375	52388	52401	52414	52427	52440	52453	52466	52479	52492
35	52504	52517	52530	52543	52556	52569	52582	52595	52608	52621
36	52634	52647	52660	52673	52686	52699	52711	52724	52737	52750
37	52763	52776	52789	52802	52815	52827	52840	52853	52866	52879
38	52892	52905	52917	52930	52943	52956	52969	52982	52994	53007
39	53020	53033	53046	53058	53071	53084	53097	53110	53122	53135

N°	0	1	2	3	4	5	6	7	8	9
340	2.53148	2.53161	53173	53186	53199	53212	53224	53237	53250	53263
41	53275	53288	53301	53314	53326	53339	53352	53364	53377	53390
42	53403	53415	53428	53441	53453	53466	53479	53491	53504	53517
43	53529	53542	53555	53567	53580	53593	53605	53618	53631	53643
44	53656	53668	53681	53694	53706	53719	53731	53744	53757	53769
45	53782	53794	53807	53820	53832	53845	53857	53870	53882	53895
46	53908	53920	53933	53945	53958	53970	53983	53995	54008	54020
47	54033	54045	54058	54070	54083	54095	54108	54120	54133	54145
48	54158	54170	54183	54195	54208	54220	54233	54245	54258	54270
49	54283	54295	54307	54320	54332	54345	54357	54370	54382	54394
350	2.54407	2.54419	2.54432	2.54444	2.54456	2.54469	2.54481	2.54494	2.54506	2.54518
51	54531	54543	54555	54568	54580	54592	54605	54617	54630	54642
52	54654	54667	54679	54691	54704	54716	54728	54741	54753	54765
53	54777	54790	54802	54814	54827	54839	54851	54864	54876	54888
54	54900	54913	54925	54937	54949	54962	54974	54986	54998	55011
55	55023	55035	55047	55060	55072	55084	55096	55108	55121	55133
56	55145	55157	55169	55182	55194	55206	55218	55230	55242	55255
57	55267	55279	55291	55303	55315	55328	55340	55352	55364	55376
58	55388	55400	55413	55425	55437	55449	55461	55473	55485	55497
59	55509	55522	55534	55546	55558	55570	55582	55594	55606	55618
360	2.55630	2.55642	2.55654	2.55666	2.55678	2.55691	2.55703	2.55715	2.55727	2.55739
61	55751	55763	55775	55787	55799	55811	55823	55835	55847	55859
62	55871	55883	55895	55907	55919	55931	55943	55955	55967	55979
63	55991	56003	56015	56027	56038	56050	56062	56074	56086	56098
64	56110	56122	56134	56146	56158	56170	56182	56194	56205	56217
65	56229	56241	56253	56265	56277	56289	56301	56312	56324	56336
66	56348	56360	56372	56384	56396	56407	56419	56431	56443	56455
67	56467	56478	56490	56502	56514	56526	56538	56549	56561	56573
68	56585	56597	56608	56620	56632	56644	56656	56667	56679	56691
69	56703	56714	56726	56738	56750	56761	56773	56785	56797	56808
370	2.56820	2.56832	2.56844	2.56855	2.56867	2.56879	2.56891	2.56902	2.56914	2.56926
71	56937	56949	56961	56972	56984	56996	57008	57019	57031	57043
72	57054	57066	57078	57089	57101	57113	57124	57136	57148	57159
73	57171	57183	57194	57206	57217	57229	57241	57252	57264	57276
74	57287	57299	57310	57322	57334	57345	57357	57368	57380	57392
75	57403	57415	57426	57438	57449	57461	57473	57484	57496	57507
76	57519	57530	57542	57553	57565	57576	57588	57600	57611	57623
77	57634	57646	57657	57669	57680	57692	57703	57715	57726	57738
78	57749	57761	57771	57784	57795	57807	57818	57830	57841	57852
79	57864	57875	57887	57898	57910	57921	57933	57944	57955	57967
380	2.57978	2.57990	2.58001	2.58013	2.58024	2.58035	2.58047	2.58058	2.58070	2.58081
81	58092	58104	58115	58127	58138	58149	58161	58172	58184	58195
82	58206	58218	58229	58240	58252	58263	58274	58286	58297	58309
83	58320	58331	58343	58354	58365	58377	58388	58399	58411	58422
84	58433	58444	58456	58467	58478	58490	58501	58512	58524	58535
85	58546	58557	58569	58580	58591	58602	58614	58625	58636	58647
86	58659	58670	58681	58692	58704	58715	58726	58738	58749	58760
87	58771	58782	58794	58805	58816	58827	58838	58850	58861	58872
88	58883	58894	58906	58917	58928	58939	58950	58961	58973	58984
89	58995	59006	59017	59028	59040	59051	59062	59073	59084	59095
390	2.59106	2.59118	2.59129	2.59140	2.59151	2.59162	2.59173	2.59184	2.59195	2.59207
91	59218	59229	59240	59251	59262	59273	59284	59295	59306	59318
92	59329	59340	59351	59362	59373	59384	59395	59406	59417	59428
93	59439	59450	59461	59472	59483	59494	59506	59517	59528	59539
94	59550	59561	59572	59583	59594	59605	59616	59627	59638	59649
95	59660	59671	59682	59693	59704	59715	59726	59737	59748	59759
96	59770	59780	59791	59802	59813	59824	59835	59846	59857	59868
97	59879	59890	59901	59912	59923	59934	59945	59956	59966	59977
98	59988	59999	60010	60021	60032	60043	60054	60065	60076	60086
99	60097	60108	60119	60130	60141	60152	60163	60175	60184	60195

N°	0	1	2	3	4	5	6	7	8	9
400	2.60206	2.60217	2.60228	2.60239	2.60249	2.60260	2.60271	2.60282	2.60293	2.60304
01	60314	60325	60336	60347	60358	60369	60379	60390	60401	60412
02	60423	60433	60444	60455	60466	60477	60487	60498	60509	60520
03	60531	60541	60552	60563	60574	60584	60595	60606	60617	60627
04	60638	60649	60660	60670	60681	60692	60703	60713	60724	60735
05	60746	60756	60767	60778	60788	60799	60810	60820	60831	60842
06	60853	60863	60874	60885	60895	60906	60917	60927	60938	60949
07	60959	60970	60981	60991	61002	61013	61023	61034	61045	61055
08	61066	61077	61087	61098	61109	61119	61130	61140	61151	61162
09	61172	61183	61194	61204	61215	61225	61236	61247	61257	61268
410	2.61278	2.61289	2.61300	2.61310	2.61321	2.61331	2.61342	2.61352	2.61363	2.61374
11	61384	61395	61405	61416	61426	61437	61448	61458	61469	61479
12	61490	61500	61511	61521	61532	61542	61553	61563	61574	61584
13	61595	61606	61616	61627	61637	61648	61658	61669	61679	61690
14	61700	61711	61721	61731	61742	61752	61763	61773	61784	61794
15	61805	61815	61826	61836	61847	61857	61868	61878	61888	61899
16	61909	61920	61930	61941	61951	61962	61972	61982	61993	62003
17	62014	62024	62034	62045	62055	62066	62076	62086	62097	62107
18	62118	62128	62138	62149	62159	62170	62180	62190	62201	62211
19	62221	62232	62242	62252	62263	62273	62284	62294	62304	62315
420	2.62325	2.62335	2.62346	2.62356	2.62366	2.62377	2.62387	2.62397	2.62408	2.62418
21	62428	62439	62449	62459	62469	62480	62490	62500	62511	62521
22	62531	62542	62552	62562	62572	62583	62593	62603	62613	62624
23	62634	62644	62655	62665	62675	62685	62696	62706	62716	62726
24	62737	62747	62757	62767	62778	62788	62798	62808	62818	62829
25	62839	62849	62859	62870	62880	62890	62900	62910	62921	62931
26	62941	62951	62961	62972	62982	62992	63002	63012	63022	63033
27	63043	63053	63063	63073	63083	63094	63104	63114	63124	63134
28	63144	63155	63165	63175	63185	63195	63205	63215	63225	63236
29	63246	63256	63266	63276	63286	63296	63306	63317	63327	63337
430	2.63347	2.63357	2.63367	2.63377	2.63387	2.63397	2.63407	2.63417	2.63428	2.63438
51	63448	63458	63468	63478	63488	63498	63508	63518	63528	63538
52	63548	63558	63568	63579	63589	63599	63609	63619	63629	63639
53	63649	63659	63669	63679	63689	63699	63709	63719	63729	63739
34	63749	63759	63769	63779	63789	63799	63809	63819	63829	63839
35	63849	63859	63869	63879	63889	63899	63909	63919	63929	63939
36	63949	63959	63969	63979	63988	63998	64008	64018	64028	64038
37	64048	64058	64068	64078	64088	64098	64108	64118	64128	64137
38	64147	64157	64167	64177	64187	64197	64207	64217	64227	64237
39	64246	64256	64266	64276	64286	64296	64306	64316	64326	64335
440	2.64345	2.64355	2.64365	2.64375	2.64385	2.64395	2.64404	2.64414	2.64424	2.64434
41	64444	64454	64464	64473	64483	64493	64503	64513	64523	64532
42	64542	64552	64562	64572	64582	64591	64601	64611	64621	64631
43	64640	64650	64660	64670	64680	64689	64699	64709	64719	64729
44	64738	64748	64758	64768	64777	64787	64797	64807	64816	64826
45	64836	64846	64856	64865	64875	64885	64895	64904	64914	64924
46	64933	64943	64953	64963	64972	64982	64992	65002	65011	65021
47	65031	65040	65050	65060	65070	65079	65089	65099	65108	65118
48	65128	65137	65147	65157	65167	65176	65186	65196	65205	65215
49	65225	65234	65244	65254	65263	65273	65283	65292	65302	65312
450	2.65321	2.65331	2.65341	2.65350	2.65360	2.65369	2.65379	2.65389	2.65398	2.65408
51	65418	65427	65437	65447	65456	65466	65475	65485	65495	65504
52	65514	65523	65533	65543	65552	65562	65571	65581	65591	65600
53	65610	65619	65629	65639	65648	65658	65667	65677	65686	65696
54	65706	65715	65725	65734	65744	65753	65763	65772	65782	65792
55	65801	65811	65820	65830	65839	65849	65858	65868	65877	65887
56	65896	65906	65916	65925	65935	65944	65954	65963	65973	65982
57	65992	66001	66011	66020	66030	66039	66049	66058	66068	66077
58	66087	66096	66106	66115	66124	66134	66143	66153	66162	66172
59	66181	66191	66200	66210	66219	66229	66238	66247	66257	66266

N°	0	1	2	3	4	5	6	7	8	9
460	2.66276	2.66285	2.66295	2.66304	2.66314	2.66323	2.66332	2.66342	2.66351	2.66361
61	66370	66380	66389	66398	66408	66417	66427	66436	66445	66455
62	66464	66474	66483	66492	66502	66511	66521	66530	66539	66549
63	66558	66567	66577	66586	66596	66605	66614	66624	66633	66642
64	66652	66661	66671	66680	66689	66699	66708	66717	66727	66736
65	66745	66755	66764	66773	66783	66792	66801	66811	66820	66829
66	66839	66848	66857	66867	66876	66885	66894	66904	66913	66922
67	66932	66941	66950	66960	66969	66978	66987	66997	67006	67015
68	67025	67034	67043	67052	67062	67071	67080	67089	67099	67108
69	67117	67127	67136	67145	67154	67164	67173	67182	67191	67201
470	2.67210	2.67219	2.67228	2.67237	2.67247	2.67256	2.67265	2.67274	2.67284	2.67293
71	67302	67311	67321	67330	67339	67348	67357	67367	67376	67385
72	67394	67403	67413	67422	67431	67440	67449	67459	67468	67477
73	67486	67495	67504	67514	67523	67532	67541	67550	67560	67569
74	67578	67587	67596	67609	67614	67624	67633	67642	67651	67660
75	67669	67679	67688	67697	67706	67715	67724	67733	67742	67752
76	67761	67770	67779	67788	67797	67806	67815	67825	67834	67843
77	67852	67861	67870	67879	67888	67897	67906	67916	67925	67934
78	67943	67952	67961	67970	67979	67988	67997	68006	68015	68024
79	68034	68043	68052	68061	68070	68079	68088	68097	68106	68115
480	2.68124	2.68133	2.68142	2.68151	2.68160	2.68169	2.68178	2.68187	2.68196	2.68205
81	68215	68224	68233	68242	68251	68260	68269	68278	68287	68296
82	68305	68314	68323	68332	68341	68350	68359	68368	68377	68386
83	68395	68404	68413	68422	68431	68440	68449	68458	68467	68476
84	68485	68494	68502	68511	68520	68529	68538	68547	68556	68565
85	68574	68583	68592	68601	68610	68619	68628	68637	68646	68655
86	68664	68673	68681	68690	68699	68708	68717	68726	68735	68744
87	68753	68762	68771	68780	68789	68797	68806	68815	68824	68833
88	68842	68851	68860	68869	68878	68886	68895	68904	68913	68922
89	68931	68940	68949	68958	68966	68975	68984	68993	69002	69011
490	2.69020	2.69028	2.69037	2.69046	2.69055	2.69064	2.69073	2.69082	2.69090	2.69099
91	69108	69117	69126	69135	69144	69152	69161	69170	69179	69188
92	69197	69205	69214	69223	69232	69241	69249	69258	69267	69276
93	69285	69294	69302	69311	69320	69329	69338	69346	69355	69364
94	69373	69381	69390	69399	69408	69417	69425	69434	69443	69452
95	69461	69469	69478	69487	69496	69504	69513	69522	69531	69539
96	69548	69557	69566	69574	69583	69592	69601	69609	69618	69627
97	69636	69644	69651	69662	69671	69679	69688	69697	69705	69714
98	69725	69732	69740	69749	69758	69767	69775	69784	69793	69801
99	69810	69819	69827	69836	69845	69854	69862	69871	69880	69888
500	2.69897	2.69906	2.69914	2.69923	2.69933	2.69940	2.69949	2.69958	2.69966	2.69975
01	69984	69992	70001	70010	70018	70027	70036	70044	70053	70062
02	70070	70079	70088	70096	70105	70114	70122	70131	70140	70148
03	70157	70165	70174	70185	70191	70200	70209	70217	70226	70234
04	70243	70252	70260	70269	70278	70286	70295	70303	70312	70321
05	70329	70338	70346	70355	70364	70372	70381	70389	70398	70406
06	70415	70424	70432	70441	70449	70458	70467	70475	70484	70492
07	70501	70509	70518	70526	70535	70544	70552	70561	70569	70578
08	70586	70595	70603	70612	70621	70629	70638	70646	70655	70663
09	70672	70680	70689	70697	70706	70714	70723	70731	70740	70749
510	2.70757	2.70766	2.70774	2.70783	2.70791	2.70800	2.70808	2.70817	2.70825	2.70834
11	70842	70851	70859	70868	70876	70885	70895	70902	70910	70919
12	70927	70935	70944	70952	70961	70969	70978	70987	70995	71003
13	71012	71020	71029	71037	71046	71054	71063	71071	71079	71088
14	71096	71105	71113	71122	71130	71139	71147	71155	71164	71172
15	71181	71189	71198	71206	71214	71223	71231	71240	71248	71257
16	71265	71273	71282	71290	71299	71307	71315	71324	71332	71341
17	71349	71357	71366	71374	71383	71391	71399	71408	71416	71425
18	71433	71441	71450	71458	71466	71475	71483	71492	71500	71508
19	71517	71525	71533	71542	71550	71559	71567	71575	71584	71592

N°	0	1	2	3	4	5	6	7	8	9
520	2.71600	71609	71617	71625	71634	71642	71650	71659	71667	71675
21	71684	71692	71700	71709	71717	71725	71734	71742	71750	71759
22	71767	71775	71784	71792	71800	71809	71817	71825	71834	71842
23	71850	71858	71867	71875	71883	71892	71900	71908	71917	71925
24	71933	71941	71950	71958	71966	71975	71983	71991	71999	72008
25	72016	72024	72032	72041	72049	72057	72066	72074	72082	72090
26	72099	72107	72115	72123	72132	72140	72148	72156	72165	72173
27	72181	72189	72198	72206	72214	72222	72230	72239	72247	72255
28	72263	72272	72280	72288	72296	72304	72313	72321	72329	72337
29	72346	72354	72362	72370	72378	72387	72395	72403	72411	72419
530	2.72428	72436	72444	72452	72460	72469	72477	72485	72493	72501
31	72509	72518	72526	72534	72542	72550	72558	72567	72575	72583
32	72591	72599	72607	72616	72624	72632	72640	72648	72656	72665
33	72673	72681	72689	72697	72705	72713	72722	72730	72738	72746
34	72754	72762	72770	72779	72787	72795	72803	72811	72819	72827
35	72835	72843	72852	72860	72868	72876	72884	72892	72900	72908
36	72916	72925	72933	72941	72949	72957	72965	72973	72981	72989
37	72997	73006	73014	73022	73030	73038	73046	73054	73062	73070
38	73078	73086	73094	73102	73111	73119	73127	73135	73143	73151
39	73159	73167	73175	73183	73191	73199	73207	73215	73223	73231
540	2.73239	73247	73255	73263	73272	73280	73288	73296	73304	73312
41	73320	73328	73336	73344	73352	73360	73368	73376	73384	73392
42	73400	73408	73416	73424	73432	73440	73448	73456	73464	73472
43	73480	73488	73496	73504	73512	73520	73528	73536	73544	73552
44	73560	73568	73576	73584	73592	73600	73608	73616	73624	73632
45	73640	73648	73656	73664	73672	73679	73687	73695	73703	73711
46	73719	73727	73735	73743	73751	73759	73767	73775	73783	73791
47	73799	73807	73815	73823	73830	73838	73846	73854	73862	73870
48	73878	73886	73894	73902	73910	73918	73926	73933	73941	73949
49	73957	73965	73973	73981	73989	73997	74005	74013	74020	74028
550	2.74036	74044	74052	74060	74068	74076	74084	74092	74099	74107
51	74115	74123	74131	74139	74147	74155	74162	74170	74178	74186
52	74194	74202	74210	74218	74225	74233	74241	74249	74257	74265
53	74273	74280	74288	74296	74304	74312	74320	74327	74335	74343
54	74351	74359	74367	74374	74382	74390	74398	74406	74414	74421
55	74429	74437	74445	74453	74461	74468	74476	74484	74492	74500
56	74507	74515	74523	74531	74539	74547	74554	74562	74570	74578
57	74586	74593	74601	74609	74617	74624	74632	74640	74648	74656
58	74663	74671	74679	74687	74695	74702	74710	74718	74726	74733
59	74741	74749	74757	74764	74772	74780	74788	74796	74803	74811
560	2.74819	74827	74834	74842	74850	74858	74865	74873	74881	74889
61	74896	74904	74912	74920	74927	74935	74943	74950	74958	74966
62	74974	74981	74989	74997	75005	75012	75020	75028	75035	75043
63	75051	75059	75066	75074	75082	75089	75097	75105	75113	75120
64	75128	75136	75143	75151	75159	75166	75174	75182	75189	75197
65	75205	75213	75220	75228	75236	75243	75251	75259	75266	75274
66	75282	75289	75297	75305	75312	75320	75328	75335	75343	75351
67	75358	75366	75374	75381	75389	75397	75404	75412	75420	75427
68	75435	75442	75450	75458	75465	75473	75481	75488	75496	75504
69	75511	75519	75526	75534	75542	75549	75557	75565	75572	75580
570	2.75587	75595	75603	75610	75618	75626	75633	75641	75648	75656
71	75664	75671	75679	75686	75694	75702	75709	75717	75724	75732
72	75740	75747	75755	75762	75770	75778	75785	75793	75800	75808
73	75815	75823	75831	75838	75846	75853	75861	75868	75876	75884
74	75891	75899	75906	75914	75921	75929	75937	75944	75952	75959
75	75967	75974	75982	75989	75997	76005	76012	76020	76027	76035
76	76042	76050	76057	76065	76072	76080	76087	76095	76103	76110
77	76118	76125	76133	76140	76148	76155	76163	76170	76178	76185
78	76193	76200	76208	76215	76223	76230	76238	76245	76253	76260
79	76268	76275	76283	76290	76298	76305	76313	76320	76328	76335

No.	0	1	2	3	4	5	6	7	8	9
580	2.76343	2.76350	2.76358	2.76365	2.76373	2.76380	2.76388	2.76395	2.76403	2.76410
81	76418	76425	76433	76440	76448	76455	76462	76470	76477	76485
82	76492	76500	76507	76515	76522	76530	76537	76545	76552	76559
83	76567	76574	76582	76589	76597	76604	76612	76619	76626	76634
84	76641	76649	76656	76664	76671	76678	76686	76693	76701	76708
85	76716	76723	76730	76738	76745	76753	76760	76768	76775	76782
86	76790	76797	76805	76812	76819	76827	76834	76842	76849	76856
87	76864	76871	76879	76886	76893	76901	76908	76916	76923	76930
88	76938	76945	76953	76960	76967	76975	76982	76989	76997	77004
89	77012	77019	77026	77034	77041	77048	77056	77063	77070	77078
590	2.77085	2.77093	2.77100	2.77107	2.77115	2.77122	2.77129	2.77137	2.77144	2.77151
91	77159	77166	77173	77181	77188	77195	77203	77210	77217	77225
92	77232	77240	77247	77254	77262	77269	77276	77283	77291	77298
93	77305	77313	77320	77327	77335	77342	77349	77357	77364	77371
94	77379	77386	77393	77401	77408	77415	77422	77430	77437	77444
95	77452	77459	77466	77474	77481	77488	77495	77503	77510	77517
96	77525	77532	77539	77546	77554	77561	77568	77576	77583	77590
97	77597	77605	77612	77619	77627	77634	77641	77648	77656	77663
98	77670	77677	77685	77692	77699	77706	77714	77721	77728	77735
99	77743	77750	77757	77764	77772	77779	77786	77793	77801	77808
600	2.77815	2.77822	2.77830	2.77837	2.77844	2.77851	2.77859	2.77866	2.77873	2.77880
01	77887	77895	77902	77909	77916	77924	77931	77938	77945	77952
02	77960	77967	77974	77981	77988	77996	78003	78010	78017	78025
03	78032	78039	78046	78053	78061	78068	78075	78082	78089	78097
04	78104	78111	78118	78125	78132	78140	78147	78154	78161	78168
05	78176	78183	78190	78197	78204	78211	78219	78226	78233	78240
06	78247	78254	78262	78269	78276	78283	78290	78297	78305	78312
07	78319	78326	78333	78340	78347	78355	78362	78369	78376	78383
08	78390	78398	78405	78412	78419	78426	78435	78440	78447	78455
09	78462	78469	78476	78483	78490	78497	78504	78512	78519	78526
610	2.78533	2.78540	2.78547	2.78554	2.78561	2.78569	2.78576	2.78583	2.78590	2.78597
11	78604	78611	78618	78625	78633	78640	78647	78654	78661	78668
12	78675	78682	78689	78696	78704	78711	78718	78725	78732	78739
13	78746	78753	78760	78767	78774	78781	78789	78796	78805	78810
14	78817	78824	78831	78838	78845	78852	78859	78866	78873	78880
15	78888	78895	78902	78909	78916	78923	78930	78937	78944	78951
16	78958	78965	78972	78979	78986	78993	79000	79007	79014	79021
17	79029	79036	79043	79050	79057	79064	79071	79078	79085	79092
18	79099	79106	79115	79120	79127	79134	79141	79148	79155	79162
19	79169	79176	79185	79190	79197	79204	79211	79218	79225	79232
620	2.79239	2.79246	2.79255	2.79260	2.79267	2.79274	2.79281	2.79288	2.79295	2.79302
21	79309	79316	79323	79330	79337	79344	79351	79358	79365	79372
22	79379	79386	79393	79400	79407	79414	79421	79428	79435	79442
23	79449	79456	79463	79470	79477	79484	79491	79498	79505	79511
24	79518	79525	79532	79539	79546	79553	79560	79567	79574	79581
25	79588	79595	79602	79609	79616	79623	79630	79637	79644	79650
26	79657	79664	79671	79678	79685	79692	79699	79706	79713	79720
27	79727	79734	79741	79748	79754	79761	79768	79775	79782	79789
28	79796	79803	79810	79817	79824	79831	79837	79844	79851	79858
29	79865	79872	79879	79886	79893	79900	79906	79913	79920	79927
630	2.79934	2.79941	2.79948	2.79955	2.79962	2.79969	2.79975	2.79982	2.79989	2.79996
31	80003	80010	80017	80024	80030	80037	80044	80051	80058	80065
32	80072	80079	80085	80092	80099	80106	80113	80120	80127	80134
33	80140	80147	80154	80161	80168	80175	80182	80188	80195	80202
34	80209	80216	80223	80229	80236	80243	80250	80257	80264	80271
35	80277	80284	80291	80298	80305	80312	80318	80325	80332	80339
36	80346	80353	80359	80366	80373	80380	80387	80393	80400	80407
37	80414	80421	80428	80434	80441	80448	80455	80462	80468	80475
38	80482	80489	80496	80502	80509	80516	80523	80530	80536	80545
39	80550	80557	80564	80570	80577	80584	80591	80598	80604	80611

N°	0	1	2	3	4	5	6	7	8	9
640	2.80618	2.80625	2.80632	2.80638	2.80645	2.80652	2.80659	2.80665	2.80672	2.80679
41	80686	80693	80699	80706	80713	80720	80726	80733	80740	80747
42	80754	80760	80767	80774	80781	80787	80794	80801	80808	80814
43	80821	80828	80835	80841	80848	80855	80862	80868	80875	80882
44	80889	80895	80902	80909	80916	80922	80929	80936	80943	80949
45	80956	80963	80969	80976	80983	80990	80996	81003	81010	81017
46	81023	81030	81037	81043	81050	81057	81064	81070	81077	81084
47	81090	81097	81104	81111	81117	81124	81131	81137	81144	81151
48	81158	81164	81171	81178	81184	81191	81198	81204	81211	81218
49	81224	81231	81238	81245	81251	81258	81265	81271	81278	81285
650	2.81291	2.81298	2.81305	2.81311	2.81318	2.81325	2.81331	2.81338	2.81345	2.81351
51	81358	81365	81371	81378	81385	81391	81398	81405	81411	81418
52	81425	81431	81438	81445	81451	81458	81465	81471	81478	81485
53	81491	81498	81505	81511	81518	81525	81531	81538	81544	81551
54	81558	81564	81571	81578	81584	81591	81598	81604	81611	81617
55	81624	81631	81637	81644	81651	81657	81664	81671	81677	81684
56	81690	81697	81704	81710	81717	81723	81730	81737	81743	81750
57	81757	81763	81770	81776	81783	81790	81796	81803	81809	81816
58	81823	81829	81836	81842	81849	81856	81862	81869	81875	81882
59	81889	81895	81902	81908	81915	81921	81928	81935	81941	81948
660	2.81954	2.81961	2.81968	2.81974	2.81981	2.81987	2.81994	2.82000	2.82007	2.82014
61	82020	82027	82033	82040	82046	82053	82060	82066	82073	82079
62	82086	82092	82099	82105	82112	82119	82125	82132	82138	82145
63	82151	82158	82164	82171	82178	82184	82191	82197	82204	82210
64	82217	82223	82230	82236	82243	82249	82256	82263	82269	82276
65	82282	82289	82295	82302	82308	82315	82321	82328	82334	82341
66	82347	82354	82360	82367	82373	82380	82387	82393	82400	82406
67	82413	82419	82426	82432	82439	82445	82452	82458	82465	82471
68	82478	82484	82491	82497	82504	82510	82517	82523	82530	82536
69	82543	82549	82556	82562	82569	82575	82582	82588	82595	82601
670	2.82607	2.82614	2.82620	2.82627	2.82633	2.82640	2.82646	2.82653	2.82659	2.82666
71	82672	82679	82685	82692	82698	82705	82711	82718	82724	82730
72	82737	82743	82750	82756	82763	82769	82776	82782	82789	82795
73	82802	82808	82814	82821	82827	82834	82840	82847	82853	82860
74	82866	82872	82879	82885	82892	82898	82905	82911	82918	82924
75	82930	82937	82943	82950	82956	82963	82969	82975	82982	82988
76	82995	83001	83008	83014	83020	83027	83033	83040	83046	83052
77	83059	83065	83072	83078	83085	83091	83097	83104	83110	83117
78	83123	83129	83136	83142	83149	83155	83161	83168	83174	83181
79	83187	83193	83200	83206	83213	83219	83225	83232	83238	83245
680	2.83251	2.83257	2.83264	2.83270	2.83276	2.83283	2.83289	2.83296	2.83302	2.83308
81	83315	83321	83327	83334	83340	83347	83353	83359	83366	83372
82	83378	83385	83391	83398	83404	83410	83417	83423	83429	83436
83	83442	83448	83455	83461	83467	83474	83480	83487	83493	83499
84	83506	83512	83518	83525	83531	83537	83544	83550	83556	83563
85	83569	83575	83582	83588	83594	83601	83607	83613	83620	83626
86	83632	83639	83645	83651	83658	83664	83670	83677	83683	83689
87	83696	83702	83708	83715	83721	83727	83734	83740	83746	83753
88	83759	83765	83771	83778	83784	83790	83797	83803	83809	83816
89	83822	83828	83835	83841	83847	83853	83860	83866	83872	83879
690	2.83885	2.83891	2.83897	2.83904	2.83910	2.83916	2.83923	2.83929	2.83935	2.83942
91	83948	83954	83960	83967	83973	83979	83985	83992	83998	84004
92	84011	84017	84023	84029	84036	84042	84048	84055	84061	84067
93	84073	84080	84086	84092	84098	84105	84111	84117	84123	84130
94	84136	84142	84148	84155	84161	84167	84173	84180	84186	84192
95	84198	84205	84211	84217	84223	84230	84236	84242	84248	84255
96	84261	84267	84273	84280	84286	84292	84298	84305	84311	84317
97	84323	84330	84336	84342	84348	84354	84361	84367	84373	84379
98	84386	84392	84398	84404	84410	84417	84423	84429	84435	84442
99	84448	84454	84460	84466	84473	84479	84485	84491	84497	84504

N°	0	1	2	3	4	5	6	7	8	9
700	2.84510	2.84516	2.84522	2.84528	2.84535	2.84541	2.84547	2.84553	2.84559	2.84566
01	84572	84578	84584	84590	84597	84603	84609	84615	84621	84628
02	84634	84640	84646	84652	84658	84665	84671	84677	84683	84689
03	84696	84702	84708	84714	84720	84726	84733	84739	84745	84751
04	84757	84763	84770	84776	84782	84788	84794	84800	84807	84813
05	84819	84825	84831	84837	84844	84850	84856	84862	84868	84874
06	84880	84887	84893	84899	84905	84911	84917	84924	84930	84936
07	84942	84948	84954	84960	84967	84973	84979	84985	84991	84997
08	85003	85009	85016	85022	85028	85034	85040	85046	85052	85058
09	85065	85071	85077	85083	85089	85095	85101	85107	85114	85120
710	2.85126	2.85132	2.85138	2.85144	2.85150	2.85156	2.85163	2.85169	2.85175	2.85181
11	85187	85193	85199	85205	85211	85217	85224	85230	85236	85242
12	85248	85254	85260	85266	85272	85278	85285	85291	85297	85303
13	85309	85315	85321	85327	85333	85339	85345	85352	85358	85364
14	85370	85376	85382	85388	85394	85400	85406	85412	85418	85425
15	85431	85437	85443	85449	85455	85461	85467	85473	85479	85485
16	85491	85497	85503	85509	85516	85522	85528	85534	85540	85546
17	85552	85558	85564	85570	85576	85582	85588	85594	85600	85606
18	85612	85618	85625	85631	85637	85643	85649	85655	85661	85667
19	85673	85679	85685	85691	85697	85703	85709	85715	85721	85727
720	2.85733	2.85739	2.85745	2.85751	2.85757	2.85763	2.85770	2.85775	2.85781	2.85788
21	85794	85800	85806	85812	85818	85824	85830	85836	85842	85848
22	85854	85860	85866	85872	85878	85884	85890	85896	85902	85908
23	85914	85920	85926	85932	85938	85944	85950	85956	85962	85968
24	85974	85980	85986	85992	85998	86004	86010	86016	86022	86028
25	86034	86040	86046	86052	86058	86064	86070	86076	86082	86088
26	86094	86100	86106	86112	86118	86124	86130	86136	86141	86147
27	86152	86159	86165	86171	86177	86183	86189	86195	86201	86207
28	86213	86219	86225	86231	86237	86243	86249	86255	86261	86267
29	86273	86279	86285	86291	86297	86303	86308	86314	86320	86326
730	2.86332	2.86338	2.86344	2.86350	2.86356	2.86362	2.86368	2.86374	2.86380	2.86386
31	86392	86398	86404	86410	86415	86421	86427	86433	86439	86445
32	86451	86457	86463	86469	86475	86481	86487	86493	86499	86504
33	86510	86516	86522	86528	86534	86540	86546	86552	86558	86564
34	86570	86576	86581	86587	86593	86599	86605	86611	86617	86623
35	86629	86635	86641	86646	86652	86658	86664	86670	86676	86682
36	86688	86694	86700	86705	86711	86717	86723	86729	86735	86741
37	86747	86753	86759	86764	86770	86776	86782	86788	86794	86800
38	86806	86812	86817	86825	86829	86835	86841	86847	86853	86859
39	86864	86870	86876	86882	86888	86894	86900	86906	86911	86917
740	2.86923	2.86929	2.86935	2.86941	2.86947	2.86953	2.86958	2.86964	2.86970	2.86976
41	86982	86988	86994	86999	87005	87011	87017	87023	87029	87035
42	87040	87046	87052	87058	87064	87070	87075	87081	87087	87093
43	87099	87105	87111	87116	87122	87128	87134	87140	87146	87151
44	87157	87163	87169	87175	87181	87186	87192	87198	87204	87210
45	87216	87221	87227	87233	87239	87245	87251	87256	87262	87268
46	87274	87280	87286	87291	87297	87303	87309	87315	87320	87326
47	87332	87338	87344	87349	87355	87361	87367	87373	87379	87384
48	87390	87396	87402	87408	87415	87419	87425	87431	87437	87442
49	87448	87454	87460	87466	87471	87477	87483	87489	87495	87500
750	2.87506	2.87512	2.87518	2.87523	2.87529	2.87535	2.87541	2.87547	2.87552	2.87558
51	87564	87570	87576	87581	87587	87593	87599	87604	87610	87616
52	87622	87628	87633	87639	87645	87651	87656	87662	87668	87674
53	87679	87685	87691	87697	87703	87708	87714	87720	87726	87731
54	87737	87743	87749	87754	87760	87766	87772	87777	87783	87789
55	87795	87800	87806	87812	87818	87823	87829	87835	87841	87846
56	87852	87858	87864	87869	87875	87881	87887	87892	87898	87904
57	87910	87915	87921	87927	87933	87938	87944	87950	87955	87961
58	87967	87973	87978	87984	87990	87996	88001	88007	88013	88018
59	88024	88030	88036	88041	88047	88053	88058	88064	88070	88076

N°	0	1	2	3	4	5	6	7	8	9
760	2.88081	2.88087	2.88093	2.88098	2.88104	2.88110	2.88116	2.88121	2.88127	2.88133
61	88138	88144	88150	88156	88161	88167	88173	88178	88184	88190
62	88195	88201	88207	88213	88218	88224	88230	88235	88241	88247
63	88252	88258	88264	88270	88275	88281	88287	88292	88298	88304
64	88309	88315	88321	88326	88332	88338	88343	88349	88355	88360
65	88366	88372	88377	88383	88389	88395	88400	88406	88412	88417
66	88423	88429	88434	88440	88446	88451	88457	88463	88468	88474
67	88480	88485	88491	88497	88502	88508	88513	88519	88525	88530
68	88536	88542	88547	88553	88559	88564	88570	88576	88581	88587
69	88593	88598	88604	88610	88615	88621	88627	88632	88638	88643
770	2.88649	2.88655	2.88660	2.88666	2.88672	2.88677	2.88683	2.88689	2.88694	2.88700
71	88705	88711	88717	88722	88728	88734	88739	88745	88750	88756
72	88762	88767	88773	88779	88784	88790	88795	88801	88807	88812
73	88818	88824	88829	88835	88840	88846	88852	88857	88863	88868
74	88874	88880	88885	88891	88897	88902	88908	88913	88919	88925
75	88930	88936	88941	88947	88953	88958	88964	88969	88975	88981
76	88986	88992	88997	89003	89009	89014	89020	89025	89031	89037
77	89042	89048	89053	89059	89064	89070	89076	89081	89087	89092
78	89098	89104	89109	89115	89120	89126	89131	89137	89143	89148
79	89154	89159	89165	89170	89176	89182	89187	89193	89198	89204
780	2.89209	2.89215	2.89221	2.89226	2.89232	2.89237	2.89243	2.89248	2.89254	2.89260
81	89265	89271	89276	89282	89287	89293	89298	89304	89310	89315
82	89321	89326	89332	89337	89343	89348	89354	89360	89365	89371
83	89376	89382	89387	89393	89398	89404	89409	89415	89421	89426
84	89432	89437	89443	89448	89454	89459	89465	89470	89476	89481
85	89487	89492	89498	89504	89509	89515	89520	89526	89531	89537
86	89542	89548	89553	89559	89564	89570	89575	89581	89586	89592
87	89597	89603	89609	89614	89620	89625	89631	89636	89642	89647
88	89653	89658	89664	89669	89675	89680	89686	89691	89697	89702
89	89708	89713	89719	89724	89730	89735	89741	89746	89752	89757
790	2.89763	2.89768	2.89774	2.89779	2.89785	2.89790	2.89796	2.89801	2.89807	2.89812
91	89818	89823	89829	89834	89840	89845	89851	89856	89862	89867
92	89873	89878	89883	89889	89894	89900	89905	89911	89916	89922
93	89927	89933	89938	89944	89949	89955	89960	89966	89971	89977
94	89982	89988	89993	89998	90004	90009	90015	90020	90026	90031
95	90037	90042	90048	90053	90059	90064	90069	90075	90080	90086
96	90091	90097	90102	90108	90113	90119	90124	90129	90135	90140
97	90146	90151	90157	90162	90168	90173	90179	90184	90189	90195
98	90200	90206	90211	90217	90222	90227	90233	90238	90244	90249
99	90255	90260	90266	90271	90276	90282	90287	90293	90298	90304
800	2.90309	2.90314	2.90320	2.90325	2.90331	2.90336	2.90342	2.90347	2.90352	2.90358
01	90363	90369	90374	90380	90385	90390	90396	90401	90407	90412
02	90417	90423	90428	90434	90439	90445	90450	90455	90461	90466
03	90472	90477	90482	90488	90493	90499	90504	90509	90515	90520
04	90526	90531	90536	90542	90547	90553	90558	90563	90569	90574
05	90580	90585	90590	90596	90601	90607	90612	90617	90623	90628
06	90634	90639	90644	90650	90655	90660	90666	90671	90677	90682
07	90687	90693	90698	90703	90709	90714	90720	90725	90730	90736
08	90741	90747	90752	90757	90763	90768	90773	90779	90784	90789
09	90795	90800	90806	90811	90816	90822	90827	90832	90838	90843
810	2.90849	2.90854	2.90859	2.90865	2.90870	2.90875	2.90881	2.90886	2.90891	2.90897
11	90902	90907	90913	90918	90924	90929	90934	90940	90945	90950
12	90956	90961	90966	90972	90977	90982	90988	90993	90998	91004
13	91009	91014	91020	91025	91030	91036	91041	91046	91052	91057
14	91062	91068	91073	91078	91084	91089	91094	91100	91105	91110
15	91116	91121	91126	91132	91137	91142	91148	91153	91158	91164
16	91169	91174	91180	91185	91190	91196	91201	91206	91212	91217
17	91222	91228	91233	91238	91243	91249	91254	91259	91265	91270
18	91275	91281	91286	91291	91297	91302	91307	91312	91318	91323
19	91328	91334	91339	91344	91350	91355	91360	91365	91371	91376

N°.	0	1	2	3	4	5	6	7	8	9
820	2.91381	2.91387	2.91392	2.91397	2.91403	2.91408	2.91413	2.91418	2.91424	2.91429
21	91434	91440	91445	91450	91455	91461	91466	91471	91477	91482
22	91487	91492	91498	91503	91508	91514	91519	91524	91529	91535
23	91540	91545	91551	91556	91561	91566	91572	91577	91582	91587
24	91593	91598	91603	91609	91614	91619	91624	91630	91635	91640
25	91645	91651	91656	91661	91666	91672	91677	91682	91687	91693
26	91698	91703	91709	91714	91719	91724	91730	91735	91740	91745
27	91751	91756	91761	91766	91772	91777	91782	91787	91793	91798
28	91803	91808	91814	91819	91824	91829	91834	91840	91845	91850
29	91855	91861	91866	91871	91876	91882	91887	91892	91897	91903
830	2.91908	2.91913	2.91918	2.91924	2.91929	2.91934	2.91939	2.91944	2.91950	2.91955
31	91960	91965	91971	91976	91981	91986	91991	91997	92002	92007
32	92012	92018	92023	92028	92033	92038	92044	92049	92054	92059
33	92065	92070	92075	92080	92085	92091	92096	92101	92106	92111
34	92117	92122	92127	92132	92137	92143	92148	92153	92158	92163
35	92169	92174	92179	92184	92189	92195	92200	92205	92210	92215
36	92221	92226	92231	92236	92241	92247	92252	92257	92262	92267
37	92273	92278	92283	92288	92293	92298	92304	92309	92314	92319
38	92324	92330	92335	92340	92345	92350	92355	92361	92366	92371
39	92376	92381	92387	92392	92397	92402	92407	92412	92418	92423
840	2.92428	2.92433	2.92438	2.92443	2.92449	2.92454	2.92459	2.92464	2.92469	2.92474
41	92480	92485	92490	92495	92500	92505	92511	92516	92521	92526
42	92531	92536	92542	92547	92552	92557	92562	92567	92572	92578
43	92583	92588	92593	92598	92603	92609	92614	92619	92624	92629
44	92634	92639	92645	92650	92655	92660	92665	92670	92675	92681
45	92686	92691	92696	92701	92706	92711	92716	92722	92727	92732
46	92737	92742	92747	92752	92758	92763	92768	92773	92778	92783
47	92788	92793	92799	92804	92809	92814	92819	92824	92829	92834
48	92840	92845	92850	92855	92860	92865	92870	92875	92881	92886
49	92891	92896	92901	92906	92911	92916	92921	92927	92932	92937
850	2.92942	2.92947	2.92952	2.92957	2.92962	2.92967	2.92973	2.92978	2.92983	2.92988
51	92993	92998	93003	93008	93013	93018	93024	93029	93034	93039
52	93044	93049	93054	93059	93064	93069	93075	93080	93085	93090
53	93095	93100	93105	93110	93115	93120	93125	93131	93136	93141
54	93146	93151	93156	93161	93166	93171	93176	93181	93186	93192
55	93197	93202	93207	93212	93217	93222	93227	93232	93237	93242
56	93247	93252	93258	93263	93268	93273	93278	93283	93288	93293
57	93298	93303	93308	93313	93318	93323	93328	93334	93339	93344
58	93349	93354	93359	93364	93369	93374	93379	93384	93389	93394
59	93399	93404	93409	93414	93420	93425	93430	93435	93440	93445
860	2.93450	2.93455	2.93460	2.93465	2.93470	2.93475	2.93480	2.93485	2.93490	2.93495
61	93500	93505	93510	93515	93520	93526	93531	93536	93541	93546
62	93551	93556	93561	93566	93571	93576	93581	93586	93591	93596
63	93601	93606	93611	93616	93621	93626	93631	93636	93641	93646
64	93651	93656	93661	93666	93671	93676	93682	93687	93692	93697
65	93702	93707	93712	93717	93722	93727	93732	93737	93742	93747
66	93752	93757	93762	93767	93772	93777	93782	93787	93792	93797
67	93802	93807	93812	93817	93822	93827	93832	93837	93842	93847
68	93852	93857	93862	93867	93872	93877	93882	93887	93892	93897
69	93902	93907	93912	93917	93922	93927	93932	93937	93942	93947
870	2.93952	2.93957	2.93962	2.93967	2.93972	2.93977	2.93982	2.93987	2.93992	2.93997
71	94002	94007	94012	94017	94022	94027	94032	94037	94042	94047
72	94052	94057	94062	94067	94072	94077	94082	94086	94091	94096
73	94101	94106	94111	94116	94121	94126	94131	94136	94141	94146
74	94151	94156	94161	94166	94171	94176	94181	94186	94191	94196
75	94201	94206	94211	94216	94221	94226	94231	94236	94240	94245
76	94250	94255	94260	94265	94270	94275	94280	94285	94290	94295
77	94300	94305	94310	94315	94320	94325	94330	94335	94340	94345
78	94349	94354	94359	94364	94369	94374	94379	94384	94389	94394
79	94399	94404	94409	94414	94419	94424	94429	94433	94438	94443

N°	0	1	2	3	4	5	6	7	8	9
880	2.94448	2.94453	2.94458	2.94463	2.94468	2.94473	2.94478	2.94483	2.94488	2.94493
81	94468	94501	94507	94512	94517	94522	94527	94532	94537	94542
82	94547	94552	94557	94562	94567	94571	94576	94581	94586	94591
83	94596	94601	94606	94611	94616	94621	94626	94630	94635	94640
84	94645	94650	94655	94660	94665	94670	94675	94680	94685	94689
85	94694	94699	94704	94709	94714	94719	94724	94729	94734	94738
86	94743	94748	94753	94758	94763	94768	94773	94778	94783	94787
87	94792	94797	94802	94807	94812	94817	94822	94827	94832	94836
88	94841	94846	94851	94856	94861	94866	94871	94876	94880	94885
89	94890	94895	94900	94905	94910	94915	94919	94924	94929	94934
890	2.94939	2.94944	2.94949	2.94954	2.94959	2.94963	2.94968	2.94973	2.94978	2.94983
91	94988	94993	94998	95002	95007	95012	95017	95022	95027	95032
92	95036	95041	95046	95051	95056	95061	95066	95071	95075	95080
93	95085	95090	95095	95100	95105	95109	95114	95119	95124	95129
94	95134	95139	95143	95148	95153	95158	95163	95168	95173	95177
95	95182	95187	95192	95197	95202	95207	95211	95216	95221	95226
96	95231	95236	95240	95245	95250	95255	95260	95265	95270	95274
97	95279	95284	95289	95294	95299	95303	95308	95313	95318	95323
98	95328	95332	95337	95342	95347	95352	95357	95361	95366	95371
99	95376	95381	95386	95390	95395	95400	95405	95410	95415	95419
900	2.95424	2.95429	2.95434	2.95439	2.95444	2.95448	2.95453	2.95458	2.95463	2.95468
01	95472	95477	95482	95487	95492	95497	95501	95506	95511	95516
02	95521	95525	95530	95535	95540	95545	95550	95554	95559	95564
03	95569	95574	95578	95583	95588	95593	95598	95602	95607	95612
04	95617	95622	95626	95631	95636	95641	95646	95650	95655	95660
05	95665	95670	95674	95679	95684	95689	95694	95698	95703	95708
06	95713	95718	95722	95727	95732	95737	95742	95746	95751	95756
07	95761	95766	95770	95775	95780	95785	95789	95794	95799	95804
08	95809	95813	95818	95823	95828	95832	95837	95842	95847	95852
09	95856	95861	95866	95871	95875	95880	95885	95890	95895	95899
910	2.95904	2.95909	2.95914	2.95918	2.95923	2.95928	2.95933	2.95938	2.95942	2.95947
11	95952	95957	95961	95966	95971	95976	95980	95985	95990	95995
12	95999	96004	96009	96014	96019	96023	96028	96033	96038	96042
13	96047	96052	96057	96061	96066	96071	96076	96080	96085	96090
14	96095	96099	96104	96109	96114	96118	96123	96128	96133	96137
15	96142	96147	96152	96156	96161	96166	96171	96175	96180	96185
16	96190	96194	96199	96204	96209	96213	96218	96223	96227	96232
17	96237	96242	96246	96251	96256	96261	96265	96270	96275	96280
18	96284	96289	96294	96298	96303	96308	96313	96317	96322	96327
19	96332	96336	96341	96346	96350	96355	96360	96365	96369	96374
920	2.96379	2.96384	2.96388	2.96393	2.96398	2.96402	2.96407	2.96412	2.96417	2.96421
21	96426	96431	96435	96440	96445	96450	96454	96459	96464	96468
22	96473	96478	96483	96487	96492	96497	96501	96506	96511	96515
23	96520	96525	96530	96534	96539	96544	96548	96553	96558	96562
24	96567	96572	96577	96581	96586	96591	96595	96600	96605	96609
25	96614	96619	96624	96628	96633	96638	96642	96647	96652	96656
26	96661	96666	96670	96675	96680	96685	96689	96694	96699	96703
27	96708	96713	96717	96722	96727	96731	96736	96741	96745	96750
28	96755	96759	96764	96769	96774	96778	96783	96788	96792	96797
29	96802	96806	96811	96816	96820	96825	96830	96834	96839	96844
930	2.96848	2.96853	2.96858	2.96862	2.96867	2.96872	2.96876	2.96881	2.96886	2.96890
31	96895	96900	96904	96909	96914	96918	96923	96928	96932	96937
32	96942	96946	96951	96956	96960	96965	96970	96974	96979	96984
33	96988	96993	96997	97002	97007	97011	97016	97021	97025	97030
34	97035	97039	97044	97049	97053	97058	97063	97067	97072	97077
35	97081	97086	97090	97095	97100	97104	97109	97114	97118	97123
36	97128	97132	97137	97142	97146	97151	97155	97160	97165	97169
37	97174	97179	97183	97188	97192	97197	97202	97206	97211	97216
38	97220	97225	97230	97234	97239	97243	97248	97253	97257	97262
39	97267	97271	97276	97280	97285	97290	97294	97299	97304	97308

N°	0	1	2	3	4	5	6	7	8	9
940	2.97313	2.97317	97322	97327	97331	2.97336	97340	97345	97350	97354
41	97359	97364	97368	97373	97377	97382	97387	97391	97396	97400
42	97405	97410	97414	97419	97424	97428	97433	97437	97442	97447
43	97451	97456	97460	97465	97470	97474	97479	97483	97488	97493
44	97497	97502	97506	97511	97516	97520	97525	97529	97534	97539
45	97543	97548	97552	97557	97562	97566	97571	97575	97580	97585
46	97589	97594	97598	97603	97607	97612	97617	97621	97626	97630
47	97635	97640	97644	97649	97653	97658	97663	97667	97672	97676
48	97681	97685	97690	97695	97699	97704	97708	97713	97717	97722
49	97727	97731	97736	97740	97745	97749	97754	97759	97763	97768
950	2.97772	2.97777	2.97782	2.97786	2.97791	2.97795	97800	2.97804	2.97809	2.97813
51	97818	97823	97827	97832	97836	97841	97845	97850	97855	97859
52	97864	97868	97873	97877	97882	97886	97891	97896	97900	97905
53	97909	97914	97918	97923	97928	97932	97937	97941	97946	97950
54	97955	97959	97964	97968	97973	97978	97982	97987	97991	97996
55	98000	98005	98009	98014	98019	98023	98028	98032	98037	98041
56	98046	98050	98055	98059	98064	98068	98073	98078	98082	98087
57	98091	98096	98100	98105	98109	98114	98118	98123	98127	98132
58	98137	98141	98146	98150	98155	98159	98164	98168	98173	98177
59	98182	98186	98191	98195	98200	98204	98209	98214	98218	98223
960	2.98227	2.98232	2.98236	2.98241	2.98245	2.98250	98254	2.98259	2.98263	2.98268
61	98272	98277	98281	98286	98290	98295	98299	98304	98308	98313
62	98318	98322	98327	98331	98336	98340	98345	98349	98354	98358
63	98363	98367	98372	98376	98381	98385	98390	98394	98399	98403
64	98408	98412	98417	98421	98426	98430	98435	98439	98444	98448
65	98453	98457	98462	98466	98471	98475	98480	98484	98489	98493
66	98498	98502	98507	98511	98516	98520	98525	98529	98534	98538
67	98543	98547	98552	98556	98561	98565	98570	98574	98579	98583
68	98588	98592	98597	98601	98605	98610	98614	98619	98623	98628
69	98632	98637	98641	98646	98650	98655	98659	98664	98668	98673
970	2.98677	2.98682	2.98686	2.98691	2.98695	2.98700	2.98704	2.98709	2.98713	2.98717
71	98722	98726	98731	98735	98740	98744	98749	98753	98758	98762
72	98767	98771	98776	98780	98784	98789	98793	98798	98802	98807
73	98811	98816	98820	98825	98829	98834	98838	98843	98847	98851
74	98856	98860	98865	98869	98874	98878	98883	98887	98892	98896
75	98900	98905	98909	98914	98918	98923	98927	98932	98936	98941
76	98945	98949	98954	98958	98963	98967	98972	98976	98981	98985
77	98989	98994	98998	99003	99007	99012	99016	99021	99025	99029
78	99034	99038	99043	99047	99052	99056	99061	99065	99069	99074
79	99078	99083	99087	99092	99096	99100	99105	99109	99114	99118
980	2.99123	2.99127	2.99131	2.99136	2.99140	2.99145	2.99149	2.99154	2.99158	2.99162
81	99167	99171	99176	99180	99185	99189	99193	99198	99202	99207
82	99211	99216	99220	99224	99229	99233	99238	99242	99247	99251
83	99255	99260	99264	99269	99273	99277	99282	99286	99291	99295
84	99300	99304	99308	99313	99317	99322	99326	99330	99335	99339
85	99344	99348	99352	99357	99361	99366	99370	99374	99379	99383
86	99388	99392	99396	99401	99405	99410	99414	99419	99423	99427
87	99432	99436	99441	99445	99449	99454	99458	99463	99467	99471
88	99476	99480	99484	99489	99493	99498	99502	99506	99511	99515
89	99520	99524	99528	99533	99537	99542	99546	99550	99555	99559
990	2.99564	2.99568	2.99572	2.99577	2.99581	2.99585	2.99590	2.99594	2.99599	2.99603
91	99607	99612	99616	99621	99625	99629	99634	99638	99642	99647
92	99651	99656	99660	99664	99669	99673	99677	99682	99686	99691
93	99695	99699	99704	99708	99712	99717	99721	99726	99730	99734
94	99739	99743	99747	99752	99756	99760	99765	99769	99774	99778
95	99782	99787	99791	99795	99800	99804	99808	99813	99817	99822
96	99826	99830	99835	99839	99843	99848	99852	99856	99861	99865
97	99870	99874	99878	99883	99887	99891	99896	99900	99904	99909
98	99913	99917	99922	99926	99930	99935	99939	99944	99948	99952
999	99957	99961	99965	99970	99974	99978	99983	99987	99991	99996

L'ART DE TOISER LES BOIS,

ET

LES BOIS TOUT-TOISÉS;

O U

SUITE DE TABLES dans lefquelles on trouve la folidité ou le contenu des Bois, foit de charpente, foit de chauffage; ronds, équarris, plats; d'égale ou d'inégale groffeur à leurs bouts oppofés; ce contenu exprimé, 1.° en Solives & parties de folive; 2.° en Pieds-cubes & parties de pied-cube; 3.° en Chevilles; 4.° en Sommes & parties de fomme; 5.° en Marques, & parties de marque; 6.° en Gouées & parties de gouée, avec une explication particulière pour chaque Table, & la manière d'en opérer foi-même les calculs.

Accompagné de Figures.

Ouvrage utile, non-feulement aux Entrepreneurs, aux Architectes, aux Charpentiers, Charrons, &c., à ceux qui tiennent magafins de Bois; mais encore à tout Propriétaire, qui le vend, comme à tout Acheteur qui en paie le prix.

Par M. DE SEPT-FONTAINES,
Procureur-Syndic de la Nobleffe, en l'Affemblée du Département de Calais, Montreuil & Ardres.

AVERTISSEMENT
PRÉLIMINAIRE.

CET OUVRAGE, ainsi que l'annonce son titre, a pour objet la mesure des Bois, & nous n'avons rien négligé pour le rendre complet.

Nous le divisons en quatre parties absolument distinctes.

La première comprend les Bois ronds ;

La seconde, les Bois équarris dont les extrémités, ou bases opposées, ne sont point égales en superficie ;

La troisième, les autres pièces équarries, mais dont les extrémités ont même figure & même surface.

Ces trois parties, comme on le verra, embrassent toutes les formes qu'admettent les bois.

En tête de chacune est un discours particulier, où nous offrons d'abord, & toujours d'après les principes géométriques, la méthode d'obtenir, par ces principes, le contenu ou la solidité des pièces comprises dans la division. Si l'opération en paroît pénible, & qu'on préfère des calculs faits, le même discours donne la clef de nos tables, où les différentes pièces, quelles qu'elles puissent être, se trouvent rigoureusement calculées, & la matière qu'elles renferment, réduite en *solives*, *pieds*, *pouces*, *lignes & points de solive* : tel est le contenu des trois premières parties de l'Ouvrage.

Dans la quatrième partie, nous convertissons les solives, pieds, pouces & lignes de solive en *pieds-cubes*, en *chevilles*, en *sommes*, en *marques*, en *grandes gouées*, en *petites gouées* ; mesures qui réunissent toutes celles du Royaume, du moins les principales.

Ajoutons qu'une explication détaillée précède chacune de ces mesures.

Nous aurions épargné quelques longueurs en faisant usage des caractères, ou signes admis parmi les Mathématiciens : mais nous nous devons également aux différentes classes de lecteurs, & nôtre première obligation étoit de parler un langage que toutes entendissent facilement.

Les expressions qui ne sont pas d'un usage vulgaire, celles, par exemple, *cône*, *trapèze*, *parallélipipèdes*, *cylindres* & autres semblables, seront expliquées, non-seulement dans le Vocabulaire alphabétique qui suivra les Tables, mais par des figures représentatives des objets. Un Charpentier, un Charron, quoique familier avec la chose, peut très-bien ignorer le mot propre, s'il n'est pas le sien, & ne plus nous comprendre ; cette seconde attention étoit donc nécessaire (*).

_____

(*) Les figures sont renfermées dans une seule Planche, à la suite du Vocabulaire alphabétique.

Des quatre divisions de notre Ouvrage, les deux premières & la majeure portion de la dernière, forment un travail entièrement neuf. Les divers Auteurs qui ont écrit sur les Bois, s'étoient uniquement restreints à ceux de la troisième division, c'est-à-dire, aux plus simples, aux seuls que presque tout le monde pouvoit mesurer sans secours. Nous ne consacrons à ces Bois que huit pages; & par un arrangement nouveau, ces huit pages remplacent les quatre-vingt d'Ozanam, les quatre cents de M. Segondat, les cinq cents de Mésange, enfin, l'universalité des tarifs publiés jusqu'aujourd'hui. Nous n'hésitons pas même d'avancer qu'elles ajoutent beaucoup à tous; & comme une pareille assertion exige sa preuve, nous la donnerons ci-après : voyez le Discours qui commence la troisième partie.

L'exactitude, dans l'impression, étant ici de rigueur absolue, nous la recommandons instamment aux soins zélés de l'Editeur. Si, malgré cette précaution, il échappe quelques fautes, le Public n'en souffrira point; elles seront indiquées par un *errata*, dont nous nous chargeons, dont nous nous occuperons, sans délai, & sur lequel on pourra se reposer avec confiance. Animés du desir d'être utiles, notre tâche ne nous paroîtra remplie qu'à l'époque où l'Ouvrage aura reçu toute la perfection dont il est susceptible, toute celle du moins que nous sommes capables de lui communiquer.

Nota. Etant forcés, soit dans les Discours, soit dans les Avertissemens, de renvoyer souvent d'une proposition à l'autre, nous avons numéroté la plupart des alinéa, & donné aux numéros le nom d'*article.* Ces numéros, du commencement à la fin de l'Ouvrage, conservent entr'eux l'ordre naturel, 1, 2, 3, 4, 5, &c.; il est donc facile de tomber à l'instant sur celui qu'il faut consulter.

PREMIÈRE PARTIE.
PREMIER DISCOURS;
RELATIF AUX BOIS RONDS.

[1] Les bois ronds se préfentent également,
1.° fous la forme du cylindre (*a*), *figure* I.re,
2.° fous la forme du cône tronqué, *fig.* 2, 3.°
fous la forme du cône entier, *fig. 3*.

PROPOSITION I. (*b*).

[2] *Déterminer géométriquement la folidité des cylindres*, fig. I.re

SOLUTION.

Pour déterminer la folidité de ces corps, il faut d'abord évaluer, en mefures quarrées, la fuperficie d'une de leurs bafes; évaluer enfuite la longueur en mefures linéaires, ou courantes; puis multiplier le nombre des mefures quarrées de la bafe, par le nombre des mefures courantes de la longueur: le produit donnera, en mefures cubiques (*c*), la folidité cherchée (*d*).

[3] *Évaluer en mefures quarrées la fuperficie de la bafe*. La bafe étant ici circulaire, on ne peut évaluer fa fuperficie, qu'en employant une des méthodes propres à découvrir la fuperficie du cercle.

De ces méthodes, celle que nous adoptons, confifte à multiplier la circonférence par le quart du diamètre (*e*), & le produit exprimera en mefures quarrées la fuperficie de la bafe.

(*a*) Tous les mots : *cylindres; cônes tronqués; cônes entiers; folidité; mefures quarrée, linéaire, cubique; bafe; fuperficie*, &c, &c., fe trouvent expliqués avec les détails néceffaires, dans le Vocubulaire alphabétique qui termine l'ouvrage.

(*b*) Le Lecteur qui n'auroit d'autre but que de trouver mécaniquement combien une pièce de bois rond contient de folives, ou autres mefures en ufage, peut paffer, de l'article 1 au 36.e

(*c*) On ne peut mefurer les objets qu'en convenant d'un modèle auquel on les rapporte. Les longueurs font mefurées par des longueurs, par des lignes; les furfaces par des furfaces; il faut de même, que les folides foient mefurés par d'autres folides. Or le cube étant le plus fimple & le plus commode de tous, il eft auffi, pour leur mefure, le modèle qu'on emploie de préférence.

(*d*) La folidité des Cylindres eft compofée d'une infinité de plans femblables à celui de la Bafe; & la hauteur (ou longueur) des Cylindres, exprimant la quantité de ces plans, il fuit que, pour mefurer la folidité d'un pareil corps, il faut multiplier fa Bafe par toute fa longueur.

(*e*) Voyez dans le Vocabulaire, au mot *cercle*, les autres méthodes.

---

[4] *Évaluer la longueur*. L'évaluation des longueurs n'étant qu'une mefure linéaire, il fuffit d'appliquer une toife contre l'objet, & de compter les pieds, les pouces, &c.

APPLICATION

Aux bois qui ont la forme du cylindre, fig. I.re

[5] Soit propofé de *déterminer en pouces cubes la folidité du tronçon cylindrique*, fig. I.re

[6] Ayant befoin, en premier lieu, de connoître la circonférence, on entourera le tronçon d'une lifière, divifée par pouces, & l'on notera le nombre de pouces qui feront développés : fuppofons en 40.

[7] La même lifière pourroit auffi mefurer le diamètre, dont nous avons à prendre le quart (*art. 3*); mais les bois ne préfentant guères de figures parfaites, la moindre inclinaifon, une irrégularité dans la bafe, rendroient néceffairement la mefure fautive : ainfi le mieux eft de rejetter cette reffource mécanique, & de partir de la circonférence une fois trouvée, pour trouver le diamètre.

[8] Or le rapport le plus fimple de la circonférence au diamètre, eft celui de 22 à 7 : c'eft-à-dire, que la circonférence fournifant 22 parties quelconques, le diamètre fournira 7 des mêmes parties. (*f*).

On fera donc la règle de proportion fuivante: comme 22 eft à 7, 40 (circonférence du tronçon) eft à un quatrième terme, lequel terme, après l'opération, offrira 12 $\frac{4}{11}$ pouces pour le diamètre cherché.

[9] Prenant actuellement le quart de ce diamètre, ou des 12 $\frac{4}{11}$ pouces, & multipliant par ce quart, ou par 3 $\frac{1}{11}$ pouces, les 40 de circonférence, le produit amènera, pour la fuperficie de la bafe, 127 $\frac{3}{11}$ pouces quarrés.

[10] Il refte à multiplier cette fuperficie par le nombre des pouces courans de la longueur du bois; fuppofons que la toife ait indiqué 11 pieds, égaux à 132 pouces.

[11] 132 multipliant 127 $\frac{3}{11}$ donne pour produit 16800; & telle eft effectivement en pouces

---

(*f*) Voyez encore le mot *cercle*.

cubes, la folidité d'un tronçon cylindrique, dont la circonférence a quarante pouces, & la longueur 132.

OBSERVATION.

[12] Si les bois fe vendoient au pouce cube, l'opération finiroit ici. Mais, à l'inftar de tous les objets commerçables, ils ont des mefures particulières, & qui varient même d'une Province à l'autre. Il faut donc ramener leur folidité à ces diverfes mefures, & c'eft auffi à quoi nous conduira bientôt l'évaluation en pouces cubes (*g*).

PROPOSITION II.

[13] *Déterminer géométriquement la folidité des cônes tronqués, fig. 2.*

SOLUTION.

[14] On obfervera que les Cônes tronqués préfentent, comme le cylindre, deux bafes circulaires, mais différentes entr'elles en fuperficie. La plus grande eft appellée *bafe inférieure,* & la plus petite *bafe fupérieure.*

[15] Pour déterminer la folidité des cônes tronqués, il ne fuffit pas de connoître, comme pour les cylindres, la fuperficie de l'une ou de l'autre de ces bafes, ni même la fuperficie des deux. Il faut connoître, en outre, la fuperficie d'une troifième bafe moyenne proportionnelle géométrique entre la fupérieure & l'inférieure, & voici le moyen le plus fimple d'y parvenir.

[16] Multipliez la circonférence de la grande bafe par le quart du diamètre de la petite bafe : le produit offrira la fuperficie de cette troifième moyenne proportionnelle géométrique (*h*).

[17] A la fuperficie de cette troifième bafe, on réunit la fuperficie des bafes inférieure & fupérieure, & l'on additionne le tout : l'addition faite, on prend le tiers de la fomme qu'on multiplie par la longueur du cône tronqué, & le produit indique la folidité de ce cône.

APPLICATION

Aux bois qui ont la forme du cône tronqué, fig. 2.

[18] Soit un tronçon, *fig. 2,* dont on veuille découvrir la folidité, cette folidité exprimée d'abord en pouces cubes.

[19] Pour fixer des dimenfions quelconques, nous fuppoferons à la bafe inférieure 44 pouces de circonférence, & 8 pouces de circonférence à la bafe fupérieure.

Or, un cercle portant en circonférence 8 pouces, doit avoir pour diamètre 2 pouces plus $\frac{6}{11}$ (*articles 8 & 9*); & pour quart du diamètre $\frac{7}{11}$ de pouce. Multipliant donc par ces $\frac{7}{11}$ pouce les 44 pouces

---

attribués à la circonférence de la grande bafe, i en réfultera un produit montant à $\frac{308}{11}$ qui, réduits en nombres entiers, donneront, pour fuperficie de la bafe moyenne proportionnelle géométrique, ci . . . . . . 28 　*pouces quarrés.*

La bafe inférieure, dont la circonférence eft 44, en donnera (*art. 8 & 9*), ci 154

Et la petite, dont la circonférence eft 8, en donnera (*art. 8 & 9*), ci . . . . 5 $\frac{5}{11}$

Ainfi les trois bafes donneront en fuperficie, ci . . . . . . 187 $\frac{5}{11}$
dont le tiers eft . . . . 62 $\frac{4}{11}$ *pouces quarrés.*

Il refte à multiplier ce tiers par la longueur du tronçon (*art. 17*) ; fuppofons cette longueur de 13 pieds $\frac{3}{4}$, équivalant à 165 pouces courans, ci . . . . 165 　*pouces courans.*

$$\begin{array}{r} 310 \\ 372 \\ 62 \\ \hline 60 \end{array}$$

165 multipliant 62 $\frac{4}{11}$, produit, ci . . . . 10290 pouces cubes; & telle eft effectivement, en pouces cubes, la folidité d'un tronçon de la figure & des dimenfions fuppofées (*i*).

[20] M. Segondat, dans fes Tarifs, publiés à Toulon en 1782, dit, (*page 441*), en parlant des bois ronds quels qu'ils foient, qu'on les confidère tous comme cylindriques ; & que pour en avoir le cube, il faut multiplier la fuperficie du milieu par la longueur de la pièce : que la folidité, (*page 3*), qui en réfulte, n'eft, à la vérité, qu'approchante, mais que différant *peu* de la réelle, on s'en tient à cette pratique.

Nous obferverons, 1.º Que, fe contenter ici d'un à-peu-près, c'eft reporter volontairement la fcience du calcul au tems de fon enfance, à l'époque où fes opérations n'étoient encore qu'une efpèce de tâtonnement ; 2.º Que cet à-peu-près n'eft point d'ailleurs ce qu'on pourroit imaginer. Reprenons la pièce (*art. 18 & 19*), & mefurons-la d'après M. Segondat.

Cette pièce, ainfi qu'on vient de le voir (*k*), contient en folidité 10290 pouces cubes. Par l'autre méthode, nous avons à chercher d'abord le cercle du milieu, puis à mefurer fa fuperficie.

Or, les deux cercles extrêmes ayant en circonférence l'un 44 pouces & l'autre 8, la circonférence du cercle intermédiaire fera néceffairement 26, & fa fuperficie 53, plus $\frac{12}{...}$ pouces (*art. 8 & 9*),

---

(*g*) Les Tables de l'Ouvrage épargneront, & pour quelque pièce que ce puiffe être, non-feulement les réductions que j'annonce, mais encore tout le calcul précédent.

(*h*) Voyez dans le vocabulaire, *Cône tronqué.*

(*i*) Pour les cônes tronqués, comme pour les cylindres, les tables ci-après éviteront tout calcul.

(*k*) Vous trouverez la démonstration dans M. de la Chapelle, tome 2, page 304.

lefquels, fi on les multiplie par les 165 de la longueur, produiront, pour la folidité du tronçon,
8872 ½ pouces cubes feulement, au lieu de 10290.
La différence eft donc très-conféquente, puifqu'elle
approche d'un feptième, & qu'elle fe trouveroit
même plus forte, fi les dimenfions du petit cercle
s'écartoient davantage des dimenfions du grand.

Les Tables de M. Segondat font toutes calculées
d'après ce cercle intermédiaire : c'eft donc à tort
qu'il les propofe comme applicables à la mefure
des bois ronds quels qu'ils foient. Elles ne peuvent
être confultées que dans les cas, certainement
très-rares, où le hafard préfente des pièces cylindriques, & fous la condition encore qu'on voulût
une évaluation en *pieds cubes*, l'Auteur n'en em-
braffant aucune autre.

Mathias Méfange, (Traité de la Charpenterie,
tome Iᵉʳ, pages 48 & fuivantes), réduit les bois
ronds à la *folive*. Mais il part également du cercle
du milieu ; ainfi fes tables, forcément reftreintes
comme les précédentes aux cylindres, n'offrent
pas plus d'utilité.

PROPOSITION III.

[21] *Déterminer géométriquement la folidité des
cônes entiers*, fig. 3.

SOLUTION.

Pour déterminer la folidité des cylindres, nous
avons (art. 2.) multiplié la totalité de leur bafe par
leur longueur. Le cône entier n'eft que le tiers d'un
cylindre, qui auroit même longueur & même bafe ;
en multipliant donc ici le tiers de la bafe par la
longueur (l), le produit exprimera la folidité des
cônes entiers (m).

APPLICATION

Aux bois qui ont la forme de ces cônes.

[22] Suppofons la pièce, *fig. 3*, longue de
16 pieds, & portant à fa bafe 30 pouces de circonférence ; que doit être en pouces cubes la
folidité de cette pièce ?

La bafe portant en circonférence 30 pouces,
renferme dans fa fuperficie totale 71 plus ⁷⁄₁₁ pouces
quarrés (art. 8 & 9), &, par conféquent, dans le
tiers de fa fuperficie, 23 plus ¹⁹⁄₃₃ des mêmes
pouces.

Convertiffant actuellement en pouces courans
les 16 pieds de longueur, nous aurons 192 pouces
courans, lefquels, multipliant les 23, plus ¹⁹⁄₃₃ pouces

quarrés, (tiers de la bafe), donneront pour
produit 4581, plus ⁹⁄₁₁ pouces cubes, & telle eft
effectivement la folidité de la pièce propofée.

OBSERVATIONS.

[23] D'après les deux Auteurs que je viens de
citer, on prendroit fimplement le cercle du milieu,
dont on multiplieroit la furface par la longueur de
la pièce. Or, ce cercle moyen ne pouvant avoir,
en circonférence, que 15 pouces, fourniroit, en fuperficie, feulement 17 ⁷⁸⁄₈₈ pouces, qui, multipliés
par les 192 de longueur, n'ameneroient, pour folidité, que 3436 & ⁴⁄₁₁ pouces cubes, au lieu de
4581, plus ⁹⁄₁₁, que contient véritablement la pièce
de notre exemple. Il y a donc erreur de 1145 ⁵⁄₁₁
pouces cubes ; erreur qui retranche précifément un
quart de la pièce, & qui, dans ces Auteurs, fe
répète chaque fois qu'il s'agit de cônes entiers (n).

[24] Nous venons de faire connoître les moyens
d'exprimer, en pouces cubes, la folidité des
bois ronds ; mais, ainfi que nous l'avons remarqué plus haut, (art. 12), le pouce cube n'eft
point la mefure définitive des bois. On les vend à la
folive(o), à la *cheville*, à la *fomme*, à la *marque*, &c.
il s'agit donc de réduire à ces diverfes mefures, les
pouces cubes trouvés dans une pièce quelconque.

Nous efpérons ne rien laiffer à défirer fur la
marque, fur la fomme, fur la cheville, &c. toutes ces
mefures ont leur explication particulière, leur table,
leurs calculs faits ; & c'eft en tête des tables qu'il eft
traité de chacune féparément ; jufques-là nous
n'avons à nous occuper que de la folive. Voyez,
pour les autres mefures, les Tables numérotées
VIII, IX, X, XI, XII & XIII.

DE LA SOLIVE.

[25] On a eu tort, en définiffant la folive,
de chercher à la repréfenter fous une figure déterminée. Quelques foient les différentes formes
des bois, ils renferment toujours ou des folives,
ou des parties de folive. Concevons donc tout
fimplement cette mefure comme un compofé de
trois pieds cubes (p), égaux à 5184 pouces cubes.

(n) Les cercles augmentent entr'eux fuivant le quarré
de leur diamètre ; ou, ce qui revient au même, un cercle
dont le diamètre eft double d'un autre cercle,
renferme le quadruple en furface. Pour mefurer les cônes,
on prend, comme nous l'avons fait, le tiers du cercle,
ou de la furface qui compofe leur bafe. Ainfi, fuppofons
12 de furface à la bafe, on prend 4 : voilà le principe.
Mais le cercle intermédiaire, entre la bafe & la pointe
du cône, n'ayant que moitié de l'autre, en diamètre, ne
renferme que le ¼ des 12 fuppofés ; quart égal à 3. Les
cônes entiers doivent donc, par cette méthode vicieufe,
perdre toujours ¼ de leur folidité.

(o) *La Solive* eft quelquefois appellée *pièce* : mais
pièce eft moins en ufage, & feroit fouvent équivoque, on
ne l'emploiera donc que pour fignifier *tronçon*, *poutre*, &c.
& non comme fynonime à *Solive*.

(p) Voyez dans le vocabulaire le mot *Solive*.

---

(1) L'ufage ordinaire des Géomètres eft de multiplier
la bafe entière par le tiers de la longueur. Mais, en adop-
tant cette méthode, nos Tables euffent laiffé la peine de
chercher le tiers des pièces. Nous avons donc préféré
préfenter, de fuite, une furface qu'il ne s'eft plus qu'à
multiplier par les longueurs quelles qu'elles fuffent ; &
nous l'enfeignons de même ici.

(m) Démonftration ; M. de la Chapelle, tom. II, p. 301.

Division de la solive.

[26] La solive se divise en six parties (q), appellées *pieds de solive*.

Le pied de solive, en douze parties, appellées *pouces de solive*.

Le pouce de solive, en douze parties, appellées *lignes de solive*.

Et la ligne de solive, en douze autres parties, appellées *points de solive*.

Solidité de chaque partie.

[27] La solive entière contenant en solidité............ 5184 pouces cubes.

Le pied de solive, (sixième de la solive), en contient......... 864

pouces cubes.

	pouces cubes.
Le pouce de solive, (douzième du pied de solive)..........	72
La ligne de solive, (douzième du pouce de solive.........	6 (*)
Et le point de solive, (douzième de la ligne de solive)...	$\frac{1}{2}$
Par conséquent,	
2 points de solive contiennent en solidité.................	1
3.........	$1\frac{1}{2}$
4.........	2
5.........	$2\frac{1}{2}$
6.........	3
7.........	$3\frac{1}{2}$
8.........	4
9.........	$4\frac{1}{2}$
10.........	5
11.........	$5\frac{1}{2}$

[28] A l'aide de ce Tableau, il n'est pas difficile de changer en solives, & parties de solive, les pouces cubes trouvés dans une pièce de bois. Reprenons, pour premier exemple, le cylindre (art. 11).

Cette pièce, qui a produit 16800 pouces cubes, surpasse évidemment la solive, puisque la solive en renferme seulement 5184. Divisons donc, par le nombre 5184, le nombre 16800........

dividende 16800 { 5184 diviseur.
15552 { 3 quotient.
reste 1248 (

Le quotient 3 indique premièrement trois solives, ci.................

soliv.	pieds.	pouces.	lignes.
3	"	"	"

mais il reste 1248, lesquels surpassent le pied de solive, qui ne renferme que 864 pouces cubes. Divisons donc par 864 le reste 1248........

dividende 1248 { 864 diviseur.
864 { 1 quotient.
reste 384 (

Le quotient 1 indique un pied de solive, ci.......

	1		
0	1	"	"

& nous avons, pour reste 384, lequel surpasse le pouce de solive, qui ne renferme que 72 pouces cubes. Divisons donc par 72 le second reste 384.

dividende 384 { 72 diviseur.
360 { 5 quotient.
reste 24 (

Le quotient 5 indique cinq pouces de solive, ci.......................

		5	
"	"	5	"

& nous aurons pour reste 24, lequel surpasse la ligne de solive, qui ne renferme que 6 pouces cubes. Divisons donc par 6 ce troisième reste 24.

dividende 24 { 6 diviseur.
24 { 4 quotient.
reste u (

Le quotient 4 indique quatre lignes de solive, ci.......................

			4
0	0	"	4

& pour reste, o.

[29] Ainsi, en additionnant ensemble les différens quotiens, on a, pour l'équivalent de 16800 pouces cubes, *trois solives*, plus *un pied*, *cinq pouces*, *quatre lignes de solive*, ci.................

3	1	5	4

(q) Cette division de la Solive est presque la seule adoptée en France. Voyez pour les exceptions la Table numérotée IX.

(*) Mésange qui, d'après les principes, détermine la solidité du *pouce de solive* à 72 *pouces cubes*; qui d'ailleurs divise le pouce de solive en *douze lignes de solive*, finit par indiquer, pour dimensions de la ligne de solive, une ligne quarrée de base sur une toise de longueur. On ne pouvoit assurément rien de plus inconséquent, puisque d'après de telles dimensions, la ligne de solive ne seroit plus la douzième partie, mais la cent quarante-quatrième seulement du pouce de solive. Mésange a confondu la ligne avec le point, & pris l'un pour l'autre. Voyez Traité de Charpenterie, tome premier, *page* 48.

[30] Réduisons

[30] Réduifons à la même mefure la pièce, article 19, pièce dont la folidité égale 10290 pouces cubes.

	foliv.	pieds.	pouces.	lignes.
10290 pouces cubes, divifés par 5184, donneront une folive, ci.........	1	"	"	"
& pour refte 5106 pouces cubes.				
5106 pouces cubes divifés par 864, donneront cinq pieds de folive, ci....	"	5	"	"
& pour refte 786 pouces cubes.				
786 pouces cubes divifés par 72, donneront dix pouces de folive, ci.....	"	"	10	"
& pour refte 66 pouces cubes.				
Enfin 66 pouces cubes, divifés par 6, donneront onze lignes de folive, ci...	"	"	"	11
& pour refte o.				
Donc la pièce (art. 19), contient une folive, cinq pieds, dix pouces, onze lignes de folive, fomme des quatre quotiens, ci..................	1	5	10	11

[31] Deux exemples feroient fuffifans pour la réduction des pouces cubes en folives, fi les bois évalués en pouces cubes ne préfentoient jamais de fractions; mais comme, au contraire, ils en offrent prefque toujours, un troifième exemple devient indifpenfable, & nous pouvons le prendre fur la pièce (art. 22), qui en fus de 4581 pouces cubes, renferme une fraction de $\frac{9}{11}$.

Solidité de la pièce (art. 22), 4581 $\frac{9}{11}$ pouces cubes.

Laiffons de côté, pour un inftant, les $\frac{9}{11}$, & divifons par 864 (r), les 4581........

dividende 4581 | 864 divifeur.
4320 | 5 quotient.
refte 261

	foliv.	pieds.	pouces.	lignes.	points.
5 au quotient produifent, 1.° cinq pieds de folive, ci................	"	5	"	"	"
Divifons par 72 le refte 261.........					

dividende 261 | 72 divifeur.
216 | 3 quotient.
refte 45

3 au quotient produifent, 2.° trois pouces de folive, ci.................	"	"	3	"	"
Divifons par 6 le refte 45.........					

dividende 45 | 6 diviteur.
42 | 7 quotient.
refte 3

7 au quotient produifent, 3.° fept lignes de folive, ci.............	"	"	"	7	"
&, comme on le voit, il refte 3 pouces cubes, lefquels, d'après le tableau, produifent fix points de folive, ci................	"	"	"	"	6

Mais nous avons en outre les $\frac{9}{11}$ laiffés en arrière, & qui cependant ont une valeur. Cherchons quelle eft cette valeur; il n'eft queftion que de raifonner. Un pouce cube, (égal à $\frac{11}{11}$ de pouces cubes,) contient 2 points de folive (voyez le tableau); que contiendront donc $\frac{9}{11}$ de pouce cube?.... Voilà naturellement trois termes d'une règle de proportion, dont le quatrième fera 1 point, plus $\frac{7}{11}$ de point de folive.

11 eft à 2, comme 9 eft à 1 & $\frac{7}{11}$.

- Ainfi, joignant aux premiers quotiens, 1 point & $\frac{7}{11}$ de point, ci........

	"	"	"	"	1 $\frac{7}{11}$
& formant l'addition du tout, il réfultera que les 4581, plus $\frac{9}{11}$ pouces cubes de la pièce (art. 22), donneront cinq pieds, trois pouces, fept lignes, fept points & fept onzièmes de points de folive, ci.............	"	5	3	7	7$\frac{7}{11}$

OBSERVATION.

[32] Le développement des principes étoit, de notre part, une obligation & nous y avons apporté les plus grands foins. Il faut pourtant l'avouer, l'opération de réduire en folives les bois ronds, conferve toujours quelques difficultés, & néceffairement toutes les lenteurs inhérentes à la mefure des folides circulaires. Mais, au refte, on peut s'épargner & les unes & les autres : il n'eft aucune pièce dont nous n'ayons fait d'avance le calcul, & dont nous ne donnions, dans nos Tables, l'exacte évaluation en folives, &c.

(r) Il ne peut pas être ici queftion de folives, puifque la folidité de la pièce ne va pas à 5184 pouces cubes (art. 25, 26 & 27.)

B

Idée générale des Tables.

[33] Ceux qui voudroient fimplement découvrir la matière contenue dans le bois, fans chercher à connoître le fil qui les conduit, peuvent paffer de fuite, à l'article 36 ; quant aux autres Lecteurs, ils auront à fe rappeller.

Qu'on obtient la folidité du cylindre, ou des pièces qui en ont la forme, en multipliant leur bafe entière par leur longueur (*art. 2*).

Que, pour obtenir celle du cône tronqué, on ajoute aux deux bafes inférieure & fupérieure, une troifième bafe moyenne proportionnelle géométrique, & que de ces trois bafes réunies, on prend le ⅓ qu'on multiplie également par la longueur (*art. 14, 15, 16 & 17*).

Qu'enfin la folidité du cône entier est le produit du tiers de fa bafe, multiplié par fa longueur (*art. 22*).

[34] Nous offrons donc, dans une première table, 1.° tous les cylindres (*s*), & la bafe de tous les cylindres, cette bafe évaluée en pouces & fractions de pouce quarré ; & les fractions réduites, pour l'uniformité du dénominateur, à des $\frac{1}{704}$ (*t*).

2.° Tous les cônes tronqués, & le tiers de leurs trois bafes inférieure, fupérieure & moyenne géométrique, femblablement évalué.

3.° Tous les cônes entiers, & le tiers de la bafe des cônes entiers, évalué de même.

Ainfi cette première Table met fous les yeux tous les bois ronds, & la jufte furface à multiplier par la longueur de chaque pièce.

[35] Il s'agiffoit enfuite de former d'autres tables, qui d'abord repriffent toutes ces furfaces multiplicandes ; qui, en fecond lieu, préfentaffent (comme multiplicateurs) les différentes longueurs des bois depuis les plus courtes jufqu'aux plus étendues ; qui enfin, d'après le produit tout calculé de chaque furface particulière par chaque longueur, exprimaffent en folives & parties de folive, la folidité des pièces : c'est auffi ce que nous avons fait.

[36] (....) *Manière de trouver, par les Tables, le contenu ou la folidité des bois ronds ; cette folidité évaluée en folives & parties de la folive.*

Les bois ronds occupent trois Tables, favoir, la première de l'Ouvrage ; la feconde & la feptième (*u*). Toutes font numérotées en tête, *Table I, Table II, Table III, Table IV*, &c. Il est donc facile de tomber, à l'inftant, fur celle dont on a befoin.

Defire-t-on connoître par leur fecours, & fans embarras de calcul, la folidité d'une pièce ronde quelconque ? On commence par mefurer la pièce autant près qu'on le peut de chaque extrémité, en l'entourant foit d'une ficelle, foit d'une lifière graduée, & l'on note féparément la quantité de pouces développés pour chaque circonférence extrême. Suppofons un tronçon, dont un des bouts ait exigé 6 pouces de la lifière ; l'autre bout 4, & que la longueur de la pièce foit de 33 pieds ; on écrira . . . . .

    Circonférence du plus gros bout, 6 pouces (*v*).
    Circonférence de l'autre bout, 4
    Longueur, 33 pieds.

[37] Ces mefures notées, il est queftion de chercher d'abord, *Table I.re*, les circonférences 6 *pouces fur* 4 *pouces* ; & la recherche dont je parle est tellement aifée, qu'un coup-d'œil jetté fur les deux intitulés de cette Table I, pourroit prefque épargner toute explication.

[38] En effet, la première colonne verticale, à main gauche, portant au haut, *circonférence du plus gros bout en pouces*, il est clair qu'on doit chercher dans cette colonne, les 6 pouces du plus gros bout (*w*) de la pièce. (*voyez Table I.re, fol. 1, lig. 4.*)

[39] Pour trouver les 4 pouces du petit bout, on remarquera que la cafe voifine du 6, à droite, préfente le mot *fur*, mot qui, précédé du 6, forme un commencement de phrafe, 6 *fur* . . . . . Suivez horizontalement la ligne ; & trois cafes plus loin, vous rencontrerez le 4, exprimant les 4 pouces du petit bout (*x*) ; ainfi vous aurez la pièce 6 fur 4 de circonférence, fans pourtant connoître encore fa valeur en folives & parties de folive.

[40] Mais en deffous du 4 & dans fa cafe même, on voit deux autres nombres, celui 2 à gauche, & celui 4 à droite. Or, ces deux nombres défignent que la pièce, ou le cône tronqué fourniffant 6 pouces fur quatre de circonférence, a pour tiers de fes

---

(*s*) Tous ceux du moins à la groffeur defquels les bois ordinaires peuvent atteindre.

(*t*) Cet article fera plus amplement expliqué ci-après, note (*y*).

(*u*) La table VII eft également commune au bois équarri, dont il fera traité dans la deuxième & troifième partie de l'ouvrage ; mais jufques-là, ne la confidérons que comme applicable aux feuls bois ronds.

(*v*) Quand les deux bouts font trouvés de circonférence différente, il faut noter d'abord la plus grande, comme ici 6 *fur* 4, & non 4 *fur* 6 ; ou pour prendre d'autres exemples, 10 *fur* 5 & non 5 *fur* 10, 27 *fur* 8, & non 8 *fur* 27, &c. Ce n'est pas qu'une pièce de 4 *fur* 6 diffère en rien d'une de 6 *fur* 4 : mais l'arrangement des tables exige que, dans l'énoncé, le plus fort nombre précéde le plus foible.

(*w*) Lorfque les bouts oppofés font égaux en circonférence, qu'ils préfentent, par exemple, 15 & 15 pouces, 20 & 20 pouces, &c. comme dans toutes les pièces cylindriques, on ne cherche pas moins l'un des deux, première colonne verticale à main gauche, malgré l'intitulé portant *circonférence du plus gros bout*.

(*x*) Je fuppofe que la pièce ait porté 6 *fur* ⅓ de circonférence, vous trouveriez le ⅓ dans la cafe d'après ; le 2 enfuite, s'il en étoit queftion : le 1 enfuite ; enfin le 0. En un mot le gros bout conduit toujours au petit. Il s'agit de fuivre, des yeux, le haut des cafes ; & quand le premier rang ne contient pas ce qu'on cherche, on defcend ou dans le fecond ou dans le troifième, &c. L'infpection de la table ne laiffera fur ce point aucune difficulté.

trois bases (*art.* 34), ou finalement pour unique base à multiplier par sa longueur (*art.* 34), 2 pouces plus la fraction $\frac{4}{264}$ (*y*) pouce quarré.

[41] Il s'agit de savoir maintenant ce que produiront, d'une part, les entiers 2 pouces quarrés de base, & de l'autre la fraction $\frac{4}{264}$ de pouce quarré, multipliés par les 33 pieds de longueur ? voici le procédé :

La table VII, composée pour les nombres entiers, où, si l'on veut, donnant, d'après les pouces entiers de base & la longueur des bois, la solidité de chaque pièce, en solives & parties de solive, on doit chercher, au haut de cette Table, l'énoncé *base des bois en pouces quarrés* 2 (*z*). Ces 2 de base trouvés, il ne reste qu'à descendre le long de la colonne intitulée : *longueur des bois en pieds*, jusqu'à ce qu'on arrive au nombre 33. Alors, sur la droite, on voit, pour le produit des 2 pouces de base multipliés par 33 pieds. . . . .

	foliv.	pieds.	pouc.	lig.
	"	"	II	"

Tout cela se présente dès le premier feuillet de la Table VII.

[42] On agira de même pour les $\frac{4}{264}$ pouce quarré de base restans ; mais on les cherchera, Table II, composée pour les fractions (*&*), & sous l'énoncé: *base des bois en fractions de pouce quarré* $\frac{4}{264}$. En descendant, comme dans la Table VII, le long de la colonne, *longueur des bois en pieds*, tant que vous parveniez aux 20 pieds de la pièce qui vous donneront. . . . .

Cherchez, 2.° Table II, l'énoncé *base des bois en fractions de pouce quarré* $\frac{1}{264}$ (*art.* 42 & *fa note*). Le $\frac{1}{264}$ trouvé, descendez dans la colonne, *longueur des bois en pieds*, également jusqu'au nombre 20 ; vous verrez pour ce nombre. . . . .

Ainsi, la seconde pièce proposée, fournit en totalité, un pied, un pouce, quatre lignes, un point & $\frac{16}{44}$ de point de solive

	folives.	pieds.	pouces.	lignes.	points.
	"	I	I.	4	"
	"	"	"	"	$1\frac{16}{44}$ de point de solive (*zz*).
	"	I	I	4	$1\frac{16}{44}$

en pieds, on s'arrêtera au nombre 33, & sur la droite on lira. .

foliv.	pieds.	pouc.	lig.
"	"	"	I

[43] Il n'est donc question que d'ajouter aux 11 pouces de solive, ci-dessus, cette ligne de solive ; & l'on aura pour solidité du cône tronqué portant, d'un bout, 6 pouces de circonférence, & de l'autre, 4, sur 33 pieds de longueur, *onze pouces une ligne de solive*, ci . . . . .

| | " | " | II | I. |

Autre exemple.

[44] Soit une pièce de 9 pouces de circonférence au plus gros bout, de 5 au petit, & de 20 pieds de longueur.

Table I.ere (*art.* 37), première colonne à gauche, (*art.* 38), vous rencontrerez le 9 du gros bout. L'une des cases à droite vous offrira bientôt le 5 du petit, & vous aurez la pièce, *9 pouces sur 5 de circonférence* (*art.* 39). En dessous du dernier de ces chiffres, se trouvent les nombres 4 & 1 ; savoir : 4 à gauche, & 1 à droite. Or, le nombre à gauche, ainsi que nous venons de le dire, (*art.* 41 & *note z*) ainsi que le répète le grand intitulé de la Table I.ere, renvoie toujours à la Table VII, comme le nombre à droite, à la Table II : cherchez donc, 1.° Table VII, l'énoncé *base des bois en pouces quarrés* 4 (*note z*) ; & descendez dans la colonne, *longueur des bois*

(*y*) Note qu'il est intéressant de saisir. Dans les petites cases le nombre inférieur à gauche exprime toujours des nombres entiers, savoir des pouces quarrés ; & le nombre inférieur à droite toujours des $\frac{4}{264}$ de pouce quarré. Comme le dénominateur est constamment le même, constamment 264, nous ne marquons que le numérateur, pour éviter de rendre les cases trop confuses ; ainsi lorsqu'on voit :

Le 2 d'en-bas, à gauche, désigne 2 pouces quarrés ; & le 4, à droite, $\frac{4}{264}$ de pouce quarré. Dans la case voisine,

le 1 d'en-bas, à gauche, désigne pareillement 1 pouce ; & les 177, à droite, $\frac{177}{264}$. Il en est de même de toutes les cases, table I.ere ; voyez d'ailleurs son avertissement.

(*z*) C'est donc à la table VII que renvoie le nombre d'en-bas à gauche, comme c'est à la table II que renvoie le nombre d'en-bas à droite. Si, dans l'exemple actuel, le nombre inférieur à gauche au lieu d'être 2, étoit 3, on chercheroit l'énoncé *base des bois en pouces quarrés* 3. Si le nombre à gauche étoit 4, on chercheroit l'énoncé *base des bois en pouces quarrés* 4. &c. tout cela doit être conçu sans peine.

(*&*) Il eût certainement été plus commode de trouver dans la même table les fractions réunies aux nombres entiers ; mais ceux qui nous reprocheroient cette séparation comme un défaut, ne sentiroient pas à quoi nous auroit menés le rapprochement. Dix *in-folio* n'auroient pas suffi pour contenir l'ouvrage.

Au reste, ceux qui voudroient se contenter d'un résultat approché, pourront ne pas recourir à la table II ; l'erreur la plus forte possible n'ira jamais à $\frac{1}{12}$ de solive, quand les pièces porteroient même 48 pieds de longueur. Comme

Observations essentielles.

[45] Il est à remarquer que la Table VII, (dans ses intitulés : *base des bois en pouces quarrés*, 1, 2, 3., 4, &c.) ne va sans interruption que depuis un pouce de base jusqu'à 100 ; & qu'à la suite de 100, se présente immédiatement l'intitulé pour 200, puis pour 300, 400, 500, 600, 700, 800, 900 & 1000 pouces de base. On ne peut donc trouver, dans la Table VII, une pièce dont la base surpasse 100, 200, 300 pouces, &c. qu'en séparant tout ce qui excède les centaines ou le mille, qu'en formant par conséquent deux nombres distincts, qu'on cherchera l'un après l'autre.

[46] Ainsi, supposons qu'on soit renvoyé par les chiffres inférieurs à gauche des cases Table I, au nombre 115 de la Table VII ; il s'agit d'y chercher d'abord, *base des bois en pouces quarrés* 100, & ensuite, *base des bois en pouces quarrés*, 15. Supposons, au lieu du renvoi 115, le renvoi 529, le renvoi 1084, ou tel autre semblable ; on cherchera de même *base des bois*, &c. 500, & de-là, *base des bois*, &c. 29 ; *base des bois* 1000, & de-là, *base des bois* 84. Cet arrangement qui, pour tout embarras, n'oblige qu'à ouvrir une seule page de plus, épargne au moins quatre cent feuilles d'impression.

[47] Nous n'avons point hésité d'accourcir également la Table II. Ses intitulés : *base des bois en fractions de pouce quarré*, ne vont continuement que de $\frac{1}{264}$ à $\frac{10}{264}$; après quoi s'offre $\frac{20}{264}, \frac{30}{264}, \frac{40}{264}, \frac{50}{264}, \frac{60}{264}, \frac{70}{264}, \frac{100}{264}, \frac{200}{264}$ & $\frac{244}{264}$; on ne trouvera donc, Table II, un nombre surpassant $\frac{10}{264}, \frac{20}{264}, \frac{30}{264}$, &c. qu'en détachant (au numérateur) les dixaines des centaines ; & les unités des dixaines.

[48] Ainsi, qu'on soit renvoyé par les chiffres inférieurs à droite des cases Table I, à l'intitulé : *base des bois en fractions de pouce quarré* $\frac{17}{264}$, Table II ; il n'est question que de détacher $\frac{7}{264}$ de $\frac{17}{264}$, & de chercher successivement $\frac{10}{264}$, ensuite $\frac{7}{264}$. Qu'on soit renvoyé au nombre $\frac{53}{264}$, on détachera $\frac{3}{264}$ de $\frac{53}{264}$, & l'on aura $\frac{50}{264}$ & $\frac{3}{264}$. Qu'enfin le renvoi, Table I, indique $\frac{112}{264}$, on considérera ces $\frac{112}{264}$ comme égaux à $\frac{100}{264}$, plus $\frac{10}{264}$, plus $\frac{2}{264}$; & chacun des nombres $\frac{100}{264}, \frac{10}{264}$ & $\frac{2}{264}$ se

trouvera séparément dans les intitulés de la Table II.

[49] Deux exemples rendront ces explications plus sensibles encore.

[50] Soit une pièce ronde, qui, d'un bout, porte en circonférence 64 pouces, 55 pouces de l'autre bout ; & pour longueur 19 pieds.

Je cherche, Table I, première colonne verticale, jusqu'à ce que sous l'intitulé : *circonférence du plus gros bout en pouces*, je rencontre 64. Je lis d'abord 64 *fur* 64, *fur* 63, *fur* 62, *fur* 61, &c. en continuant cette dégradation, j'arrive bientôt aux 55 dont j'ai besoin. Or, la case qui contient le nombre 55, contient pareillement en dessous, savoir, 282 à gauche, & 39 à droite ; c'est-à-dire, que la pièce proposée est à considérer comme ayant, pour base unique (art. 40.), 282 plus, $\frac{39}{264}$ pouces quarrés : je tiens alors la note suivante.

Base de la pièce en pouces quarrés. 200
Plus. 82
En fractions de pouce quarré. . . . . $\frac{10}{264}$
Plus. . . . . $\frac{9}{264}$
Longueur de la pièce, 19 pieds.

D'après cette note, je cherche, 1.° (Table VII) l'intitulé : *base des bois en pouces quarrés* 200, je descends (colonne, *longueur de : bois en pieds*), jusqu'à 19, où je vois que 200 pouces de base sur 19 pieds de longueur, fourniffent 8 solives, 4 pieds, 9 pouces, 4 lignes de solive.

Je cherche, 2.° (même Table VII), l'intitulé : *base des bois*, &c. 82, & je trouve, à droite des 19 pieds de longueur, ... 3 solives, 3 pieds, 7 pouces & 8 lignes de solive.

Cherchant actuellement, 3.° (mais, Table II, puisqu'il s'agit de fractions), l'intitulé : *base des bois en fractions de pouce quarré* $\frac{10}{264}$; j'ai par cette Table, à la longueur de 19 pieds, ... 4 lignes 3 points & $\frac{16}{44}$ de point de solive.

Enfin, cherchant, 4.° (même Table II), l'intitulé : *base des bois en fractions*, &c. $\frac{9}{264}$, longueur, 19 pieds, j'obtiens, pour ce dernier reste de base, ... 1 ligne, 3 points & $\frac{24}{44}$ de point de solive.

[51] A mesure qu'on trouve un des produits partiels, on le joint à la note ; une simple addition donne ensuite la somme totale.

Répétition de la note tenue ci-dessus.		solives.	pieds.	pouces.	lignes.	points.
Base de la pièce en pouces quarrés.	200	8	4	9	4	
Plus.	82	3	3	7	8	
En fractions de pouce quarré.	$\frac{10}{264}$				4	3 $\frac{16}{44}$
Plus.	$\frac{9}{264}$				1	3 $\frac{24}{44}$
Somme totale.		12	2	5	5	7 $\frac{16}{44}$

Produits à inscrire.

j'ai cependant promis un calcul rigoureusement exact, la table II acquitte mon engagement.

(aa) Les fractions de la table II, dernière colonne verticale à droite, sont toujours des quarante-quatrièmes de point de solive, dont le numérateur seul est exprimé. Voyez le titre de cette dernière colonne.

Ainsi, la pièce qui , d'un bout, porte en circonférence 64 pouces, 55 de l'autre bout, & pour longueur 19 pieds, renferme *douze folives, deux pieds, cinq pouces, cinq lignes, sept points & seize vingt-quatrièmes* (ou deux tiers) de point de folive *art. 25, 26 & 27*).

[52] Une seconde pièce longue de 40 pieds, préfente à chaque bout 110 pouces de tour. Vous cherchez (Table I) 110 fur 110 ; & vous trouvez pour nombres inférieurs, 962 & 132 ; vous tenez donc la note qui suit :

Bafe de la pièce en pouces quarrés. 900
Plus 62
En fractions de pouce quarré . . . . $\frac{100}{264}$
Plus. . . . . $\frac{30}{264}$
Plus. . . . . $\frac{1}{264}$
Longueur de la pièce, 40 pieds.

La Table VII, fous les intitulés : *bafe des bois*

en pouces quarrés, 900 ; (*longueur des bois en pieds*, 40) vous offrira 83 folives & 2 pieds de folive.

Sous les intitulés , *bafe des bois en pouces quarrés*, 62 , (*longueur des bois en pieds*, 40) la même Table vous offrira 5 folives, 4 pieds, 5 pouces, 4 lignes de folive.

La Table II, fous les intitulés , *bafe des bois en fractions de pouce quarré*, $\frac{100}{264}$, (*longueur des bois en pieds*, 40) . . . . 2 pouces, 6 lignes, 3 points, $\frac{28}{44}$ de point de folive.

Sous les intitulés : *bafe de bois en fractions de pouce quarré*, $\frac{30}{264}$, (*longueur des bois en pieds*, 40) . . . . 9 lignes, 1 point, $\frac{4}{44}$ de point de folive.

Enfin , fous les intitulés , *bafe des bois, &c.* $\frac{2}{264}$, (*longueur des bois en pieds*, 40) la Table II vous offrira 7 points & $\frac{12}{44}$ de point de folive.

Voilà cinq produits qui font à joindre à la note.

Répétition de cette note.			*Produits à inscrire.*				
			folives.	pieds.	pouces.	lignes.	points.
Bafe de la pièce en pouces quarrés.	900	83	2	//	//	//	//
Plus	62	5	4	5	4	//	//
En fractions de pouce quarré	$\frac{100}{264}$	//	//	2	6	3	$\frac{28}{44}$
Plus	$\frac{30}{264}$	//	//	//	9	1	$\frac{4}{44}$
Plus	$\frac{1}{264}$	//	//	//	//	7	$\frac{12}{44}$
Somme totale		88	4	8	8	//	//

Ainsi la pièce du fecond exemple , longue de 40 pieds, & préfentant, à chaque bout , 110 pouces de tour, contient *quatre-vingt-huit folives, quatre pieds, huit pouces, huit lignes de folive.*

Autres obfervations.

[53] Il arrivera fouvent que la longueur des pièces ne fera précifément, ni 15 pieds, ni 20 pieds, &c. fans fupplément d'un quart, d'un demi, ou de trois-quarts de pied (*bb*). Suppofons donc

un tronc portant en circonférence 24 pouces fur 13, & 35 ½ pieds de longueur. La Table I fixe la bafe d'une telle pièce à 28 pouces quarrés, plus $\frac{7}{264}$ de pouce qui doivent être notés, auffi bien que les 35 ½ pieds de longueur.

Bafe de la pièce en pouces quarrés. . 28
En fractions de pouce quarré . . . . . $\frac{7}{264}$
Longueur , 35 ½ pieds.

En cherchant (Table VII) l'intitulé : *bafe des bois en pouces quarrés* 28, on trouve d'abord que la longueur ½ pied (colonne des longueurs) produit 0 folive, 0 pied, 2 pouces, 4 lignes de folive ; & que la longueur *35 pieds* (même colonne), produit 2 folives, 1 pied, 7 pouces, 4 lignes de folive.

En cherchant enfuite (Table II) l'intitulé : *bafe des bois en fractions de pouce quarré* $\frac{7}{264}$, on trouve pour la ½ pied de longueur, 0 folive, 0 pied, 0 pouce, 0 ligne, 0 point, $\frac{14}{44}$ de point de folive, & pour les *35 pieds*, 0 folive, 0 pied, 0 pouce, 1. ligne, 10 points & $\frac{12}{44}$ de point.

____

(*bb*) Le fupplément pourroit tout auffi bien être d'un once ou de deux ponces , comme de trois ; de quatre ou cinq , comme de fix , &c. mais peut-être paroîtra-t-il fuffifant de ne compter pour quelque chofe , fur la longueur ue les ¼, les ½, les ¾ de pied. La différence réelle foit en plus , foit en moins, ne fera jamais que d'un feul pouce ; ar fi les pièces offroient, par exemple, 10 pieds 1 pouce, on les compteroit feulement pour 10 pieds ; fi elles offroient 10 pieds 2 ponces , on les compteroit pour 10 pieds ¼ , &c. Au refte, il eft facile, à l'aide des Tables, e mefurer chaque pièce abfolument pour ce qu'elle eft en fier. Le ¼ du ¼ de pied (colonne *longueur des bois en pieds*), donnera le fimple pouce de longueur, comme les du ½ de pied donneront 2 pouces, & pour qui veut être

____

rigoureufement exact , l'opération n'eft pas pénible de prendre le ¼ où les ¾ d'une fomme mife d'avance fous fes yeux, & d'en noter la valeur.

Répétition de la note précédente. — *produits à inscrire.*

		solives.	pieds.	pouces.	lignes.	points.
Base de la pièce en pouce quarré.... 28 { pour ½ pied de longueur..		//	//	2	4	//	//
pour 35 pieds.........		2	1	7	4	//	//
En fractions de pouce quarré...... $\frac{7}{64}$ { pour ½ pied de longueur..		//	//	//	//	//	$\frac{14}{64}$
pour 35 pieds.........		//	//	//	1	10	$\frac{12}{64}$
Somme totale.............................		2	1	9	9	10	$\frac{26}{44}$

La dernière pièce proposée renferme donc deux solives, un pied, neuf pouces, neuf lignes, dix points, & $\frac{26}{44}$ (ou $\frac{13}{22}$) de point de solive.

[54] Nous sommes fondés à croire que nos Tables poussées jusqu'à 48 pieds de longueur, suf- firont presque à tous les bois. Si cependant il s'en rencontroit d'extraordinaires & qui passassent ces grandes limites ; la valeur des 48 pieds connue, on opéreroit, pour l'excédent, comme nous venons de le faire à l'égard du ½ pied.

AVERTISSEMENT

Relatif à la Table I.

LES DÉTAILS contenus dans le Difcours précédent, depuis l'article 33 jufqu'à l'article 54 qui le termine, ont amplement expliqué l'ufage de la Table I, & nous ne pouvons guère y ajouter.

Cette Table offre deux intitulés diftinets, dont l'un *circonférence du plus gros bout en pouces*, applicable feulement à la première colonne verticale à main gauche; & le fecond, *circonférence de l'autre bout*, applicable au nombre ifolé que chaque petite cafe préfente vers le haut.

Les mêmes petites cafes renferment en outre deux nombres placés vers le bas, l'un à gauche & l'autre à droite.

Celui à gauche exprime, en pouces quarrés, la bafe des bois ou la furface qu'il faut multiplier par leur longueur, pour le produit être changé en folives & parties de folive.

Mais comme dans les bois ronds, la bafe à multiplier n'eft prefque jamais compofée de feuls pouces quarrés fans acceffoires de fractions, le nombre à droite exprime ces fractions (*cc*), qui rigoureufement ne doivent point être négligées.

Les Tables VII & II, faites l'une & l'autre pour feconder & compléter la Table I, épargneront toute efpèce de calcul. Voyez, dans le corps du difcours, les articles que nous venons de rappeler.

(*cc*) Rien cependant n'annonce de fractions dans les cafes : mais le Lecteur a été prévenu (*art.* 40 & note y) que le dénominateur (conftamment 264) eft fous-entendu, & que le nombre à droite ne lui trace que le numérateur. — Quand il lit donc (premier rang horizontal des cafes) 3 *fur* 3, ou *fur* 2, ou *fur* 1, ou *fur* 0, & qu'en-deffous de 3 il voit *199*; en-deffous de 2, *133*; en-deffous 1, *91*, enfin en-deffous de 0, *63*, c'est même chofe que s'il lifoit $\frac{199}{264}$, $\frac{133}{264}$, $\frac{91}{264}$, $\frac{63}{264}$; on n'eût fait qu'embrouiller inutilement la Table par l'éternelle répétition de trois chiffres qui, nulle part, n'auroient varié.

TABLE I.

Circonférence du plus gros bout en pouces.	Circonférence de l'autre bout, exprimée par les chiffres supérieurs de chaque case. Des deux nombres inférieurs contenus dans chaque même case, celui à gauche renvoie à la Table VII, & celui à droite, à la Table II; Tables où se trouvent les solidités.							
3	sur	3	2	1	0			
		0 186	0 133	0 c1	0 63			
4	sur	4	3	2	1	0		
		1 72	0 259	0 196	0 147	0 112		
5	sur	5	4	3	2	1	0	
		1 26	1 162	1 79	1 9	0 2?0	0 175	
6	sur	6	5	4	3	2	1	0
		2 228	2 109	2 4	1 17	1 100	1 37	0 252
7	sur	7	6	5	4	3	2	1 / 0
		3 237	3 97	2 225	2 123	2 25	1 205	1 135 / 1 79
8	sur	8	7	6	5	4	3	2 / 1
		5 24	4 127	3 24	3 111	2 256	2 151	2 60 / 1 247
Idem.	sur	0						
		1 184						
9	sur	9	8	7	6	5	4	3 / 2
		6 117	5 199	5 31	4 141	4 1	3 139	3 27 / 2 193
Idem.	sur	1	0					
		2 109	2 39					
10	sur	10	9	8	7	6	5	4 / 3
		7 252	7 49	6 124	5 213	5 52	4 169	4 36 / 3 181
Idem.	sur	2	1	0				
		3 76	2 249	2 172				
11	sur	11	10	9	8	7	6	5 / 4
		9 165	8 205	7 259	7 63	6 145	5 241	5 87 / 4 211
Idem.	sur	3	2	1	0			
		4 8?	3 237	3 139	3 55			
12	sur	12	11	10	9	8	7	6 / 5
		11 120	10 139	9 172	8 219	8 16	7 91	6 180 / 6 19
Idem.	sur	4	3	2	1	0		
		5 136	5 3	4 148	4 43	3 216		
13	sur	13	12	11	10	9	8	7 / 6
		13 117	12 115	11 127	10 153	9 193	8 247	8 51 / 7 133
Idem.	sur	5	4	3	2	1	0	
		6 229	6 75	5 199	5 73	4 225	4 127	
14	sur	14	13	12	11	10	9	8 / 7
		15 156	14 133	13 124	12 129	11 148	10 181	9 228 / 9 25

Circonférence

Circonférence du plus gros bout en pouces.		Circonférence de l'autre bout, exprimée par les chiffres supérieurs de chaque case. Des deux nombres inférieurs contenus dans chaque même case, celui à gauche renvoie à la Table VII, & celui à droite à la Table II; Tables où se trouvent les solidités.							
Idem.	sur	6	5	4	3	2	1	0	
		8 100	7 189	7 28	6 145	6 12	5 157	5 52	
15	sur	15	14	13	12	11	10	9	8
		17 237	16 193	15 163	14 147	13 145	12 157	11 183	10 223
Idem.	sur	7	6	5	4	3	2	1	0
		10 13	9 81	8 163	7 259	7 105	6 229	6 103	5 255
16	sur	16	15	14	13	12	11	10	9
		20 96	19 31	17 244	16 207	15 184	14 175	13 180	12 199
Idem.	sur	8	7	6	5	4	3	2	1
		11 232	11 15	10 76	9 151	8 240	8 79	7 195	7 63
Idem.	sur	0							
		6 208							
17	sur	17	16	15	14	13	12	11	10
		22 261	21 175	20 103	19 45	18 1	16 285	15 219	14 217
Idem.	sur	9	8	7	6	5	4	3	2
		13 229	12 255	12 31	11 85	10 153	9 235	9 67	8 177
Idem.	sur	1	0						
		8 37	7 175						
18	sur	18	17	16	15	14	13	12	11
		25 204	24 97	23 4	21 189	20 124	19 73	18 36	17 13
Idem.	sur	10	9	8	7	6	5	4	3
		16 4	15 9	14 28	13 61	12 108	11 169	10 224	10 69
Idem.	sur	2	1	0					
		9 172	9 25	8 156					
19	sur	19	18	17	16	15	14	13	12
		28 189	27 61	25 211	24 111	23 25	21 217	20 159	19 115
Idem.	sur	11	10	9	8	7	6	5	4
		18 85	17 69	16 67	15 79	14 105	13 14	12 199	12 3
Idem.	sur	3	2	1	0				
		11 85	10 181	10 27	9 151				
20	sur	20	19	18	17	16	15	14	13
		31 216	30 67	28 196	27 75	25 232	24 139	23 60	21 259
Idem.	sur	12	11	10	9	8	7	6	5
		20 208	19 171	18 148	17 139	16 144	15 163	14 196	13 243
Idem.	sur	4	3	2	1	0			
		13 40	12 115	11 204	11 43	10 160			

circonférence du plus gros bout en pouces.		Circonférence de l'autre bout, exprimée par les chiffres supérieurs de chaque case. Des deux nombres inférieurs contenus dans chaque même case, celui à gauche renvoie à la Table VII, & celui à droite à la Table II; Tables où se trouvent les solidités.							
21	sur	21	20	19	18	17	16	15	14
		35 21	33 115	31 223	30 81	28 217	27 103	26 3	24 181
Idem.	sur	13	12	11	10	9	8	7	6
		23 109	22 51	21 7	19 241	18 225	17 223	16 235	15 261
Idem.	sur	5	4	3	2	1	0		
		15 37	14 91	13 159	12 241	12 73	11 183		
22	sur	22	21	20	19	18	17	16	15
		38 132	36 205	35 28	33 129	31 244	30 109	28 252	27 145
Idem.	sur	14	13	12	11	10	9	8	7
		26 52	24 237	23 172	22 121	21 84	20 61	19 52	18 57
Idem.	sur	6	5	4	3	2	1	0	
		17 76	16 109	15 156	14 217	14 28	13 117	12 220	
23	sur	23	22	21	20	19	18	17	16
		42 21	40 73	38 139	36 219	35 49	33 157	32 15	30 151
Idem.	sur	15	14	13	12	11	10	9	8
		29 37	27 201	26 115	25 43	23 249	22 205	21 175	20 159
Idem.	sur	7	6	5	4	3	2	1	0
		19 157	18 169	17 195	16 235	16 25	15 93	14 175	14 7
24	sur	24	23	22	21	20	19	18	17
		45 216	43 247	42 28	40 87	38 160	36 247	35 84	33 199
Idem.	sur	16	15	14	13	12	11	10	9
		32 64	30 207	29 100	28 7	26 192	25 127	24 76	23 39
Idem.	sur	8	7	6	5	4	3	2	1
		22 16	21 7	20 12	19 31	18 64	17 111	16 172	15 247
Idem.	sur	0							
		15 72							
25	sur	25	24	23	22	21	20	19	18
		49 189	47 199	45 223	43 261	42 49	40 115	38 195	37 25
Idem.	sur	17	16	15	14	13	12	11	10
		35 133	33 255	32 127	31 13	29 177	28 91	27 19	25 225
Idem.	sur	9	8	7	6	5	4	3	2
		24 181	23 151	22 135	21 133	20 145	19 171	18 211	18 1
Idem.	sur	1	0						
		17 69	16 151						
26	sur	26	25	24	23	22	21	20	19
		53 204	51 193	49 196	47 213	45 244	44 25	42 84	40 157

Circonférence du plus gros bout en pouces.		Circonférence de l'autre bout, exprimée par les chiffres supérieurs de chaque cafe. Des deux nombres inférieurs contenus dans chaque même cafe, celui à gauche renvoie à la Table VII, & celui à droite à la Table II ; Tables où se trouvent les solidités.							
Idem.	sur	18	17	16	15	14	13	12	11
		38 244	37 81	35 196	34 61	32 204	31 97	30 4	28 189
Idem.	sur	10	9	8	7	6	5	4	3
		27 124	26 73	25 36	24 13	23 4	22 9	21 28	20 61
Idem.	sur	2	1	0					
		19 108	18 169	17 244					
27	sur	27	26	25	24	23	22	21	20
		57 261	55 229	53 211	51 207	49 217	47 241	46 15	44 67
Idem.	sur	19	18	17	16	15	14	13	12
		42 133	40 213	39 43	37 151	36 9	34 145	33 31	31 195
Idem.	sur	11	10	9	8	7	6	5	4
		30 109	29 37	27 243	26 199	25 169	24 153	23 151	22 163
Idem.	sur	3	2	1	0				
		21 189	20 229	20 19	19 87				
28	sur	28	27	26	25	24	23	22	21
		62 96	60 43	58 4	55 243	53 232	51 235	49 252	48 19
Idem.	sur	20	19	18	17	16	15	14	13
		46 64	44 123	42 196	41 19	39 120	37 235	36 100	34 243
Idem.	sur	12	11	10	9	8	7	6	5
		33 136	32 43	30 228	29 163	28 112	27 75	25 52	25 43
Idem.	sur	4	3	2	1	0			
		24 48	23 67	22 100	21 147	20 208			
29	sur	29	28	27	26	25	24	23	22
		66 237	64 163	62 103	60 57	58 25	56 7	54 3	52 13
Idem.	sur	21	20	19	18	17	16	15	14
		50 37	48 75	46 127	44 193	43 9	41 103	39 211	38 69
Idem.	sur	13	12	11	10	9	8	7	6
		36 205	35 91	33 255	32 169	31 97	30 39	28 259	27 229
Idem.	sur	5	4	3	2	1	0		
		26 213	25 211	24 223	23 249	23 25	22 79		
30	sur	30	29	28	27	26	25	24	23
		71 156	69 61	66 244	64 177	62 124	60 85	58 60	56 49
Idem.	sur	22	21	20	19	18	17	16	15
		54 52	52 69	50 100	48 145	46 104	45 13	43 100	41 201
Idem.	sur	14	13	12	11	10	9	8	7
		40 52	38 181	37 60	35 217	34 124	33 45	31 244	30 193

Circonférence du plus gros bout en pouces.	Circonférence de l'autre bout, exprimée par les chiffres supérieurs de chaque case. Des deux nombres inférieurs contenus dans chaque même case, celui à gauche renvoie à la Table VII ; & celui à droite à la Table II ; Tables où se trouvent les solidités.							
Idem.	sur	6	5	4	3	2	1	0	
		29 156	28 133	27 124	26 129	25 148	24 181	23 228	
31	sur	31	30	29	28	27	26	25	24
		76 117	74 1	71 163	69 75	67 1	64 205	62 159	60 127
Idem.	sur	23	22	21	20	19	18	17	16
		58 109	56 105	54 115	52 139	50 177	48 229	47 31	45 111
Idem.	sur	15	14	13	12	11	10	9	8
		43 205	42 49	30 171	39 43	37 193	36 93	35 7	33 199
Idem:	sur	7	6	5	4	3	2	1	0
		32 141	31 97	30 67	29 51	28 49	27 61	26 87	25 127
32	sur	32	31	30	29	28	27	26	25
		81 120	78 247	76 124	74 15	71 184	69 103	67 36	64 247
Idem.	sur	24	23	22	21	20	19	18	17
		62 208	60 183	58 172	56 175	54 192	52 223	51 4	49 63
Idem.	sur	16	15	14	13	12	11	10	9
		47 136	45 223	44 60	42 175	41 46	39 183	38 76	36 247
Idem.	sur	8	7	6	5	4	3	2	1
		35 168	34 103	33 52	32 15	30 256	29 247	28 252	28 7
Idem.	sur	0							
		27 40							
33	sur	33	32	31	30	29	28	27	26
		86 165	84 7	81 127	78 261	76 145	74 43	71 219	69 145
Idem.	sur	25	24	23	22	21	20	19	18
		67 85	65 39	63 7	60 253	58 249	56 259	55 19	53 57
Idem.	sur	17	16	15	14	13	12	11	10
		51 109	49 175	47 255	46 85	44 193	43 51	41 187	40 73
Idem.	sur	9	8	7	6	5	4	3	2
		38 237	37 151	36 79	35 21	33 241	32 211	31 195	30 193
Idem.	sur	1	0						
		29 205	28 231						
34	sur	34	33	32	31	30	29	28	27
		91 252	89 7	86 172	84 21	81 148	79 25	76 180	74 85
Idem.	sur	26	25	24	23	22	21	20	19
		72 4	69 201	67 148	65 109	63 84	61 73	59 76	57 93
Idem.	sur	18	17	16	15	14	13	12	11
		55 124	53 169	51 228	50 37	48 124	46 225	45 76	43 205

Circonférence du plus gros bout en pouces.		Circonférence de l'autre bout exprimée par les chiffres supérieurs de chaque case. Des deux nombres inférieurs contenus dans chaque même case, celui à gauche renvoie à la Table VII ; & celui à droite à la Table II ; Tables où se trouvent les solidités.							
Idem.	fur	10	9	8	7	6	5	4	3
		42 84	40 241	39 148	38 69	37 4	35 217	34 180	33 157
Idem.	fur	2	1	0					
		32 148	31 153	30 172					
35	fur	35	34	33	32	31	30	29	28
		97 117	94 181	91 259	89 87	86 193	84 49	81 183	79 67
Idem.	fur	27	26	25	24	23	22	21	20
		76 229	74 141	72 67	70 7	67 225	65 193	63 175	61 171
Idem.	fur	19	18	17	16	15	14	13	12
		59 181	57 205	55 243	54 31	52 97	50 177	49 7	47 115
Idem.	fur	11	10	9	8	7	6	5	4
		45 237	44 109	42 259	41 159	40 73	39 1	37 207	36 163
Idem.	fur	3	2	1	0				
		35 133	34 117	33 115	32 127				
36	fur	36	35	34	33	32	31	30	29
		103 24	100 67	97 124	94 195	92 16	89 115	86 228	84 91
Idem.	fur	28	27	26	25	24	23	22	21
		81 232	79 123	77 28	74 211	72 144	70 91	68 52	65 27
Idem.	fur	20	19	18	17	16	15	14	13
		64 16	62 19	60 36	58 67	56 112	54 171	52 244	51 67
Idem.	fur	12	11	10	9	8	7	6	5
		49 168	48 19	46 148	45 27	43 184	42 91	41 12	39 211
Idem.	fur	4	3	2	1	0			
		38 160	37 123	36 100	35 91	34 96			
37	fur	37	36	35	34	33	32	31	30
		108 237	105 259	103 31	100 81	97 145	94 223	92 51	89 157
Idem.	fur	29	28	27	26	25	24	23	22
		87 13	84 147	82 31	79 193	77 105	75 31	72 235	70 189
Idem.	fur	21	20	19	18	17	16	15	14
		68 157	66 139	64 135	62 145	60 169	58 207	56 259	55 61
Idem.	fur	13	12	11	10	9	8	7	6
		53 141	51 235	50 79	48 201	47 72	45 223	44 123	43 37
Idem.	fur	5	4	3	2	1	0		
		41 229	40 171	39 127	38 97	37 81	36 79		
38	fur	38	37	36	35	34	33	32	31
		114 228	111 229	108 244	106 9	103 52	100 109	97 180	95 1

TABLE I.

Circonférence du plus gros bout en pouces.		Circonférence de l'autre bout, exprimée par les chiffres supérieurs de chaque case. Des deux nombres inférieurs contenus dans chaque même case, celui à gauche renvoie à la Table VII, & celui à droite à la Table II ; Tables où se trouvent les solidités.							
Idem.	sur	30	29	28	27	26	25	24	23
		92 100	89 213	87 76	84 217	82 108	80 13	77 196	75 129
Idem.	sur	22	21	20	19	18	17	16	15
		73 76	71 3-	69 12	67 1	65 4	63 21	61 52	59 97
Idem.	sur	14	13	12	11	10	9	8	7
		57 156	55 229	54 52	52 153	51 4	49 133	48 12	46 169
Idem.	sur	6	5	4	3	2	1	0	
		45 76	43 261	42 196	41 145	40 108	39 8	38 76	
39	sur	39	38	37	36	35	34	33	32
		120 261	117 241	114 235	111 243	109 1	106 37	103 87	100 151
Idem.	sur	31	30	29	28	27	26	25	24
		97 229	95 57	92 163	90 19	87 153	85 37	82 199	80 111
Idem.	sur	23	22	21	20	19	18	17	16
		78 37	75 241	73 195	71 163	69 145	67 141	65 151	63 175
Idem.	sur	15	14	13	12	11	10	9	8
		61 213	60 1	58 67	56 147	54 241	53 85	51 20-	50 79
Idem.	sur	7	6	5	4	3	2	1	0
		48 229	47 120	46 43	44 235	43 177	42 133	41 103	40 87
40	sur	40	39	38	37	36	35	34	33
		127 72	124 31	121 4	117 255	114 256	112 7	109 36	106 79
Idem.	sur	32	31	30	29	28	27	26	25
		103 136	100 207	98 28	95 127	92 24	90 103	87 244	85 135
Idem.	sur	24	23	22	21	20	19	18	17
		83 40	80 223	78 156	76 103	74 64	72 39	70 28	68 31
Idem.	sur	16	15	14	13	12	11	10	9
		66 48	64 79	62 124	60 183	58 256	57 79	55 180	54 31
Idem.	sur	8	7	6	5	4	3	2	1
		52 160	51 39	49 196	48 103	47 24	45 223	44 172	43 135
Idem.	sur	0							
		42 112							
41	sur	41	40	39	38	37	36	35	34
		133 189	130 127	127 79	124 45	121 25	118 19	115 27	112 49
Idem.	sur	33	32	31	30	29	28	27	26
		109 85	106 135	103 199	101 13	98 105	95 211	93 67	90 201
Idem.	sur	25	24	23	22	21	20	19	18
		88 85	85 247	83 159	81 8	79 25	76 243	74 211	72 193

Circonférence du plus gros bout en pouces	sur								

Circonférence de l'autre bout, exprimée par les chiffres supérieurs de chaque case. Des deux nombres inférieurs contenus dans chaque même case, celui à gauche renvoie à la Table VII, & celui à droite à la Table II; Tables où se trouvent les solidités.

Circonf.	sur	17	16	15	14	13	12	11	10
Idem.	fur	17 70 189	16 68 199	15 56 223	14 64 261	13 63 49	12 61 115	11 59 195	10 58 25
Idem.	fur	9 56 133	8 54 255	7 53 127	6 52 13	5 50 177	4 49 91	3 48 19	2 46 225
Idem.	fur	1 45 181	0 44 151						
42	fur	42 140 84	41 137 1	40 133 196	39 130 141	38 127 100	37 124 73	36 121 6	35 118 61
Idem.	fur	34 115 76	33 112 105	32 109 148	31 106 205	30 104 12	29 101 97	28 98 196	27 96 45
Idem.	fur	26 93 172	25 91 49	24 88 204	23 86 109	22 84 28	21 81 225	20 79 172	19 77 133
Idem.	fur	18 75 108	17 73 97	16 71 100	15 69 117	14 67 148	13 65 193	12 63 252	11 62 61
Idem.	fur	10 60 148	9 58 249	8 57 100	7 55 229	6 54 108	5 53 1	4 51 172	3 50 93
Idem.	fur	2 49 28	1 47 241	0 46 204					
43	fur	43 147 21	42 143 181	41 140 91	40 137 15	39 133 217	38 130 169	37 127 135	36 124 115
Idem.	fur	35 121 109	34 118 117	33 115 139	32 112 175	31 109 225	30 107 25	29 104 103	28 101 195
Idem.	fur	27 99 37	26 96 157	25 94 27	24 91 175	23 89 73	22 86 249	21 84 175	20 82 115
Idem.	fur	19 80 69	18 78 37	17 76 19	16 74 15	15 72 25	14 70 49	13 68 87	12 66 139
Idem.	fur	11 64 205	10 63 21	9 61 115	8 59 223	7 58 81	6 56 217	5 55 103	4 54 3
Idem.	fur	3 52 181	2 51 109	1 50 51	0 49 7				
44	fur	44 154 0	43 150 139	42 147 28	41 143 195	40 140 112	39 137 43	38 133 252	37 130 211
Idem.	fur	36 127 184	35 124 171	34 121 172	33 118 187	32 115 216	31 112 259	30 110 52	29 107 123
Idem.	fur	28 104 208	27 102 43	26 99 156	25 97 19	24 94 160	23 92 51	22 89 220	21 87 129

Circonférence du plus gros bout en pouces		Circonférence de l'autre bout, exprimée par les chiffres supérieurs de chaque case. Des deux nombres inférieurs contenus dans chaque même case, celui à gauche renvoie à la Table VII, & celui à droite à la Table II; Tables où se trouvent les solidités.							
		20	19	18	17	16	15	14	13
Idem.	fur								
		85 72	83 19	80 244	78 219	76 208	74 211	72 228	70 259
Idem	fur	12	11	10	9	8	7	6	5
		69 40	67 99	65 172	63 259	62 96	60 211	59 76	57 219
Idem.	fur	4	3	2	1	0			
		56 112	55 19	53 204	52 139	51 88			
45	fur	45	44	43	42	41	40	39	38
		161 21	157 139	154 7	150 153	147 49	143 223	140 147	137 85
Idem.	fur	37	36	35	34	33	32	31	30
		134 37	131 3	127 247	124 241	121 249	119 7	116 43	113 93
Idem.	fur	29	28	27	26	25	24	23	22
		110 157	107 235	105 63	102 169	100 25	97 155	95 43	92 205
Idem.	fur	21	20	19	18	17	16	15	14
		90 117	88 43	85 247	83 201	81 169	79 151	77 147	75 157
Idem.	fur	13	12	11	10	9	8	7	6
		73 181	71 219	70 7	68 73	66 153	64 247	63 91	61 213
Idem.	fur	5	4	3	2	1	0		
		60 85	58 235	57 135	56 49	54 241	53 183		
46	fur	46	45	44	43	42	41	40	39
		168 84	164 181	161 28	157 153	154 28	150 181	147 84	144 1
Idem.	fur	38	37	36	35	34	33	32	31
		140 196	137 141	134 100	131 73	128 60	125 61	122 76	119 105
Idem.	fur	30	29	28	27	26	25	24	23
		116 148	113 205	111 12	108 97	105 196	103 45	100 172	98 49
Idem.	fur	22	21	20	19	18	17	16	15
		95 204	93 109	91 28	88 225	86 172	84 133	82 108	80 97
Idem.	fur	14	13	12	11	10	9	8	7
		78 100	76 117	74 148	72 193	70 252	59 61	67 148	65 249
Idem.	fur	6	5	4	3	2	1	0	
		64 100	62 229	61 108	60 1	58 172	57 93	56 28	
47	fur	47	46	45	44	43	42	41	40
		175 189	172 1	168 91	164 195	161 49	157 181	154 63	150 223
Idem.	fur	39	38	37	36	35	34	33	32
		147 133	144 57	140 259	137 211	134 177	131 157	128 151	125 159
Idem.	fur	31	30	29	28	27	26	25	24
		122 181	119 217	117 3	114 67	111 145	108 237	106 79	103 199

BOIS RONDS.

Circonférence du plus gros bout en pouces.		Circonférence de l'autre bout, exprimée par les chiffres supérieurs de chaque case. Des deux nombres inférieurs contenus dans chaque même case, celui à gauche renvoie à la Table VII, & celui à droite, à la Table II; Tables où se trouvent les solidités.							
Idem.	sur	23	22	21	20	19	18	17	16
		101 69	98 217	96 115	94 27	91 217	89 157	87 111	85 79
Idem.	sur	15	14	13	12	11	10	9	8
		83 61	81 57	79 67	77 91	75 129	73 181	71 247	70 63
Idem.	sur	7	6	5	4	3	2	1	0
		68 157	67 1	65 123	63 259	62 145	61 45	59 223	58 151
48	sur	48	47	46	45	44	43	42	41
		183 72	179 127	175 196	172 15	168 112	164 223	161 84	157 223
Idem.	sur	40	39	38	37	36	35	34	33
		154 112	151 15	147 196	144 127	141 72	138 31	135 4	131 255
Idem.	sur	32	31	30	29	28	27	26	25
		128 256	126 7	123 36	120 79	117 136	114 207	112 28	109 127
Idem.	sur	24	23	22	21	20	19	18	17
		106 240	104 103	101 244	99 135	97 40	94 223	92 156	90 103
Idem.	sur	16	15	14	13	12	11	10	9
		88 64	86 39	84 28	82 31	80 48	78 79	76 122	74 183
Idem.	sur	8	7	6	5	4	3	2	1
		72 256	71 79	69 180	68 31	66 16	65 39	63 196	62 103
Idem.	sur	0							
		61 24							
49	sur	49	48	47	46	45	44	43	42
		190 261	187 31	183 79	179 141	175 217	172 43	168 147	165 1
Idem.	sur	41	40	39	38	37	36	35	34
		161 133	158 15	154 175	151 85	148 9	144 211	141 163	138 129
Idem.	sur	33	32	31	30	29	28	27	26
		135 109	132 103	129 111	126 133	123 169	120 219	118 19	115 97
Idem.	sur	25	24	23	22	21	20	19	18
		112 189	110 31	107 151	105 21	102 169	100 67	97 243	95 169
Idem.	sur	17	16	15	14	13	12	11	10
		93 109	91 63	89 31	87 13	85 9	83 19	81 43	79 81
Idem.	sur	9	8	7	6	5	4	3	2
		77 133	75 199	74 15	72 109	70 217	69 75	67 211	66 97
Idem.	sur	1	0						
		64 261	63 175						
50	sur	50	49	48	47	46	45	44	43
		198 228	194 241	191 4	187 45	183 100	179 169	175 252	172 85

Circonférence du plus gros bout en pouces.	Circonférence de l'autre bout, exprimée par les chiffres supérieurs de chaque case. Des deux nombres inférieurs contenus dans chaque même case, celui à gauche renvoie à la Table VII°, & celui à droite à la Table II; Tables où se trouvent les solidités.							
Idem.	fur	42	41	40	39	38	37	36	35
		168 196	165 57	161 196	158 85	154 252	151 169	148 100	145 45
Idem.	fur	34	33	32	31	30	29	28	27
		142 4	138 241	135 228	132 229	129 244	127 9	124 52	121 109
Idem.	fur	26	25	24	23	22	21	20	19
		118 180	116 1	113 100	110 213	108 76	105 217	103 108	101 13
Idem.	fur	18	17	16	15	14	13	12	11
		98 196	96 129	94 76	92 37	90 12	88 1	86 4	84 21
Idem.	fur	10	9	8	7	6	5	4	3
		82 52	80 97	78 156	76 229	75 52	73 153	72 4	70 133
Idem.	fur	2	1	0					
		69 12	67 169	66 76					
51	fur	51	50	49	48	47	46	45	44
		206 237	202 229	198 235	194 255	191 25	187 73	183 135	179 211
Idem.	fur	43	42	41	40	39	38	37	36
		176 37	172 141	168 259	165 127	162 9	158 169	155 79	152 3
Idem.	fur	35	34	33	32	31	30	29	28
		148 205	145 157	142 123	139 103	136 97	133 105	130 127	127 163
Idem.	fur	27	26	25	24	23	22	21	20
		124 213	121 13	119 91	116 183	114 25	111 145	109 15	106 163
Idem.	fur	19	18	17	16	15	14	13	12
		104 61	101 237	99 163	97 103	95 57	93 25	91 7	89 3
Idem.	fur	11	10	9	8	7	6	5	4
		37 13	85 37	83 75	81 127	79 193	78 9	76 103	74 211
Idem.	fur	3	2	1	0				
		73 69	71 205	70 91	58 255				
52	fur	52	51	50	49	48	47	46	45
		215 24	210 259	2 6 244	202 243	198 256	195 19	191 60	187 115
Idem.	fur	44	43	42	41	40	39	38	37
		183 184	180 3	176 100	172 211	169 72	165 211	162 10	159 3
Idem.	fur	36	35	34	33	32	31	30	29
		155 184	152 15	149 60	146 19	142 256	139 243	136 244	133 259
Idem.	fur	28	27	26	25	24	23	22	21
		131 24	128 67	125 124	122 195	120 16	117 115	114 228	112 91
Idem.	fur	20	19	18	17	16	15	14	13
		109 132	107 123	105 28	102 211	100 144	98 91	96 52	94 27

Circonférence du plus gros bout en pouces.		Circonférence de l'autre bout, exprimée par les chiffres supérieurs de chaque case. Des deux nombres inférieurs contenus dans chaque même case, celui à gauche renvoie à la Table VII, & celui à droite, à la Table II ; Tables où se trouvent les solidités.							
Idem.	fur	12	11	10	9	8	7	6	5
		92 16	90 19	88 36	86 67	84 112	82 171	80 244	79 67
Idem.	fur	4	3	2	1	0			
		77 168	76 19	74 148	73 27	71 184			
53	fur	53	52	51	50	49	48	47	46
		223 117	219 67	215 31	211 9	207 1	203 7	199 27	195 61
Idem.	fur	45	44	43	42	41	40	39	38
		191 106	187 171	183 247	180 73	176 177	173 31	169 163	166 45
Idem.	fur	37	36	35	34	33	32	31	30
		162 205	159 11	156 39	152 241	149 193	146 159	143 139	142 133
Idem.	fur	29	28	27	26	25	24	23	22
		137 141	134 163	131 199	128 245	126 49	123 127	120 219	118 61
Idem.	fur	21	20	19	18	17	16	15	14
		115 181	113 51	110 199	108 97	106 9	103 199	101 139	99 93
Idem.	fur	13	12	11	10	9	8	7	6
		97 61	95 43	93 39	91 49	89 73	87 111	85 163	83 229
Idem.	fur	5	4	3	2	1	0		
		82 45	80 139	78 247	77 106	75 241	74 127		
54	fur	54	53	52	51	50	49	48	47
		231 252	227 181	223 124	219 81	215 51	211 37	207 36	203 49
Idem.	fur	46	45	44	43	42	41	40	39
		199 76	195 117	191 172	187 241	184 60	180 157	177 4	173 129
Idem.	fur	38	37	36	35	34	33	32	31
		170 4	166 157	163 60	159 241	156 172	153 117	150 76	147 49
Idem.	fur	30	29	28	27	26	25	24	23
		144 36	141 37	138 52	135 81	132 124	129 181	126 252	124 73
Idem.	fur	22	21	20	19	18	17	16	15
		121 172	119 21	116 148	114 25	111 180	109 85	107 4	104 201
Idem.	fur	14	13	12	11	10	9	8	7
		102 148	100 109	98 8	96 73	94 76	92 93	90 124	88 169
Idem.	fur	6	5	4	3	2	1	0	
		86 228	85 37	83 124	81 225	80 76	78 205	77 84	
55	fur	55	54	53	52	51	50	49	48
		240 165	236 73	231 259	227 195	223 145	219 109	215 87	211 79
Idem.	fur	47	46	45	44	43	42	41	40
		207 85	203 105	199 139	195 187	191 249	188 61	184 151	180 255

Circonférence du plus gros bout en pouces.		Circonférence de l'autre bout, exprimée par les chiffres supérieurs de chaque casé. Des deux nombres inférieurs contenus dans chaque même casé, celui à gauche renvoie à la Table VII, & celui à droite, à la Table II ; Tables où se trouvent les solidités.							
Idem.	fur	39	38	37	36	35	34	33	32
		177 109	173 241	170 123	167 19	163 195	160 117	157 55	154 7
Idem.	fur	31	30	29	28	27	26	25	24
		150 237	147 217	144 211	141 219	138 241	136 13	133 63	130 127
Idem.	fur	23	22	21	20	19	18	17	16
		127 205	125 33	122 139	119 259	117 129	115 13	112 175	110 87
Idem.	fur	15	14	13	12	11	10	9	8
		108 13	105 217	103 171	101 139	99 121	97 117	95 127	93 151
Idem.	fur	7	6	5	4	3	2	1	0
		91 189	89 241	88 43	86 123	84 217	83 61	81 183	80 55
56	fur	56	55	54	53	52	51	50	49
		249 120	245 7	240 172	236 87	232 16	227 223	223 180	219 151
Idem.	fur	48	47	46	45	44	43	42	41
		215 136	211 135	207 148	203 175	199 216	196 7	192 76	188 159
Idem.	fur	40	39	38	37	36	35	34	33
		184 256	181 103	177 228	174 103	170 256	167 159	164 76	161 7
Idem.	fur	32	31	30	29	28	27	26	25
		157 216	154 175	151 148	148 135	145 136	142 151	139 180	136 223
Idem.	fur	24	23	22	21	20	19	18	17
		134 16	131 87	128 172	126 7	123 120	120 247	118 124	116 15
Idem.	fur	16	15	14	13	12	11	10	9
		113 184	111 103	109 36	106 247	104 208	102 183	100 172	98 175
Idem.	fur	8	7	6	5	4	3	2	1
		96 192	94 223	93 4	91 63	89 136	87 223	86 60	84 175
Idem.	fur	0							
		83 40							
57	fur	57	56	55	54	53	52	51	50
		258 117	253 247	249 127	245 21	240 193	236 115	232 51	228 1
Idem.	fur	49	48	47	46	45	44	43	42
		223 229	219 207	215 199	211 205	207 225	203 259	200 43	195 105
Idem.	fur	41	40	39	38	37	36	35	34
		192 181	189 7	185 111	181 229	178 97	174 243	171 139	168 49
Idem.	fur	33	32	31	30	29	28	27	26
		164 257	161 175	158 127	155 93	152 73	149 67	146 75	143 97
Idem.	fur	25	24	23	22	21	20	19	18
		140 133	137 183	134 247	132 61	129 153	126 259	124 115	121 249

Circonférence du plus gros bout en pouces.	Circonférence de l'autre bout, exprimée par les chiffres supérieurs de chaque case. Des deux nombres inférieurs contenus dans chaque même case, celui à gauche renvoie à la Table VII, & celui à droite, à la Table II; Tables où se trouvent les solidités.							
Idem.	fur	17 119 133	16 117 31	15 114 207	14 112 133	13 110 73	12 108 27	11 105 259	10 103 241
Idem.	fur	9 101 237	8 99 247	7 98 7	6 96 45	5 94 97	4 92 163	3 90 243	2 89 73
Idem.		1 87 181	0 85 39						
58	fur	58 267 156	57 263 1	56 258 124	55 253 261	54 249 148	53 245 49	52 240 228	51 236 157
Idem.	fur	50 232 100	49 228 57	48 224 28	47 220 13	46 216 12	45 212 25	44 208 52	43 204 93
Idem.	fur	42 200 148	41 196 217	40 193 36	39 189 133	38 185 244	37 182 105	36 178 244	35 175 133
Idem.	fur	34 172 36	33 168 217	32 165 148	31 162 93	30 159 52	29 156 25	28 153 12	27 150 13
Idem.	fur	26 147 28	25 144 57	24 141 100	23 138 157	22 135 228	21 133 49	20 130 148	19 127 261
Idem.	fur	18 125 124	17 123 1	16 120 156	15 118 61	14 115 244	13 113 177	12 111 124	11 109 85
Idem.	fur	10 107 60	9 105 49	8 103 52	7 101 69	6 99 102	5 97 145	4 95 204	3 94 13
Idem.	fur	2 92 100	1 90 201	0 89 52					
59	fur	59 276 237	58 272 61	57 267 163	56 263 15	55 258 145	54 254 25	53 249 183	52 245 91
Idem.	fur	51 241 13	50 236 213	49 232 163	48 228 127	47 224 105	46 220 97	45 216 103	44 212 123
Idem.	fur	43 208 157	42 204 205	41 201 3	40 197 79	39 193 169	38 190 9	37 186 127	36 182 259
Idem.	fur	35 179 141	34 176 37	33 172 211	32 169 135	31 166 73	30 163 25	29 159 255	28 156 235
Idem.	fur	27 153 229	26 150 237	25 147 259	24 145 31	23 142 81	22 139 145	21 136 223	20 134 51
Idem.	fur	19 131 157	18 129 13	17 126 147	16 124 31	15 121 193	14 119 105	13 117 31	12 114 235
Idem.	fur	11 112 189	10 110 157	9 108 139	8 106 135	7 104 145	6 102 169	5 100 207	4 98 25

Circonfé-rence du plus gros bout en pouces.		Circonférence de l'autre bout, exprimée par les chiffres supérieurs de chaque case. Des deux nombres inférieurs contenus dans chaque même case, celui à gauche renvoie à la Table VII, & celui à droite, à la Table II; Tables où se trouvent les solidités.							
Idem.	sur	3	2	1	0				
		97 61	95 141	93 235	92 7?				
60	sur	60	59	58	57	56	55	54	53
		285 96	281 16?	276 24?	272 7?	267 184	263 43	258 18?	254 67
Idem.	sur	52	51	50	49	48	47	46	45
		249 232	245 147	241 76	237 19	232 24?	228 211	224 196	220 195
Idem.	sur	44	43	42	41	40	39	38	37
		216 208	212 235	209 12	205 67	201 136	197 219	194 52	190 163
Idem.	sur	36	35	34	33	32	31	30	29
		187 24	183 163	180 52	176 215	173 136	170 67	167 12	163 235
Idem.	sur	28	27	26	25	24	23	22	21
		160 208	157 19	154 196	151 211	148 24?	146 19	143 76	140 147
Idem.	sur	20	19	18	17	16	15	14	13
		137 232	135 67	132 180	130 43	127 184	125 7?	122 244	120 163
Idem.	sur	12	11	10	9	8	7	6	5
		118 96	116 4?	114 4	111 243	109 232	107 23?	105 252	104 19
Idem.	sur	4	3	2	1	0			
		102 64	100 123	98 196	97 19	95 12?			
61	sur	61	60	59	58	57	56	55	54
		295 261	291 43	285 103	281 177	277 1	272 10?	267 219	263 85
Idem.	sur	53	52	51	50	49	48	47	46
		258 229	254 123	250 3?	245 217	241 15?	237 10?	233 67	229 45
Idem.	sur	45	44	43	42	41	40	39	38
		225 37	221 4?	217 6?	213 97	209 14?	205 207	202 19	198 109
Idem.	sur	37	36	35	34	33	32	31	30
		194 213	191 67	187 199	184 81	180 24?	177 15?	174 75	171 13
Idem.	sur	29	28	27	26	25	24	23	22
		167 229	164 195	161 17?	158 169	155 177	152 19?	149 235	147 21
Idem.	sur	21	20	19	18	17	16	15	14
		144 85	141 163	138 255	136 97	133 217	131 87	128 235	126 133
Idem.	sur	13	12	11	10	9	8	7	6
		124 45	121 235	119 175	117 129	115 97	113 79	111 75	109 85
Idem.	sur	5	4	3	2	1	0		
		107 109	105 147	103 199	102 1	100 81	98 175		
62	sur	62	61	60	59	58	57	56	55
		305 204	300 229	296 4	291 5?	286 124	281 2??	277 36	272 145

Circonférence du plus gros bout en pouces.		Circonférence de l'autre bout exprimée par les chiffres supérieurs de chaque case. Des deux nombres inférieurs contenus dans chaque même case, celui à gauche renvoie à la Table VII, & celui à droite, à la Table II ; Tables où se trouvent les solidités.							
Idem.	sur	54	53	52	51	50	49	48	47
		268 4	263 141	259 23	254 193	250 108	246 37	241 244	237 201
Idem.	sur	46	45	44	43	42	41	40	39
		233 172	229 157	225 156	221 169	217 196	213 237	210 28	206 97
Idem.	sur	38	37	36	35	34	33	32	31
		202 180	199 13	195 124	191 249	188 124	185 13	181 130	178 97
Idem.	sur	30	29	28	27	26	25	24	23
		175 28	171 237	168 196	165 169	162 156	159 157	156 172	133 201
Idem.	sur	22	21	20	19	18	17	16	15
		150 244	148 37	145 118	142 193	140 28	137 141	135 4	132 145
Idem.	sur	14	13	12	11	10	9	8	7
		130 33	127 205	125 124	123 57	121 4	118 229	116 204	114 193
Idem.	sur	6	5	4	3	2	1	0	
		112 196	110 213	108 244	107 25	105 84	103 157	101 244	
6¾	sur	63	62	61	60	59	58	57	56
		315 189	310 193	305 211	300 243	295 25	291 85	286 159	281 247
Idem.	sur	55	54	53	52	51	50	49	48
		277 85	272 201	268 67	263 211	259 107	255 13	250 199	246 135
Idem.	sur	47	46	45	44	43	42	41	40
		242 85	238 49	234 27	230 19	226 25	222 4	218 79	214 127
Idem.	sur	39	38	37	36	35	34	33	32
		210 189	207 1	203 21	199 197	196 49	192 181	189 63	185 223
Idem.	sur	31	30	29	28	27	26	25	24
		182 133	179 57	175 259	172 211	169 177	166 157	163 151	160 159
Idem.	sur	23	22	21	20	19	18	17	16
		157 181	154 217	152 3	149 67	146 145	143 237	141 79	138 199
Idem.	sur	15	14	13	12	11	10	9	8
		136 69	133 217	131 115	129 27	126 217	124 157	122 111	120 79
Idem.	sur	7	6	5	4	3	2	1	0
		118 61	116 57	114 67	112 91	110 129	108 181	106 247	105 63
64	sur	64	63	62	61	60	59	58	57
		325 216	320 199	315 196	310 207	305 231	301 7	296 60	291 127
Idem.	sur	56	55	54	53	52	51	50	49
		286 208	282 39	277 148	273 7	268 144	264 31	259 195	255 111
Idem.	sur	48	47	46	45	44	43	42	41
		251 46	246 247	242 204	238 175	234 160	230 159	226 172	222 199

TABLE I.

Circonférence du plus gros bout en pouces.		Circonférence de l'autre bout, exprimée par les chiffres supérieurs de chaque case. Des deux nombres inférieurs contenus dans chaque même case, celui à gauche renvoie à la Table VII, & celui à droite à la Table II; Tables où se trouvent les solidités.							
Idem.	sur	40 / 218 240	39 / 215 31	38 / 211 100	37 / 207 183	36 / 204 16	35 / 200 12	34 / 196 252	33 / 193 127
Idem.	sur	32 / 190 16	31 / 186 183	30 / 183 100	29 / 180 31	28 / 176 240	27 / 173 199	26 / 170 172	25 / 167 159
Idem.	sur	24 / 164 160	23 / 161 175	22 / 158 204	21 / 155 247	20 / 153 40	19 / 150 111	18 / 147 196	17 / 145 31
Idem.	sur	16 / 142 144	15 / 140 7	14 / 137 148	13 / 135 39	12 / 132 208	11 / 130 127	10 / 128 60	9 / 126 7
Idem.	sur	8 / 123 232	7 / 121 207	6 / 119 196	5 / 117 199	4 / 115 216	3 / 113 247	2 / 112 28	1 / 110 87
Idem.	sur	0 / 108 160							
65	sur	65 / 336 21	64 / 330 247	63 / 325 223	62 / 320 213	61 / 315 217	60 / 310 235	59 / 306 3	58 / 301 49
Idem.	sur	57 / 296 109	56 / 291 183	55 / 287 7	54 / 282 109	53 / 277 225	52 / 273 91	51 / 268 235	50 / 264 129
Idem.	sur	49 / 260 37	48 / 255 223	47 / 251 159	46 / 247 109	45 / 243 73	44 / 239 51	43 / 235 43	42 / 231 49
Idem.	sur	41 / 227 69	40 / 223 103	39 / 219 151	38 / 215 213	37 / 212 25	36 / 208 115	35 / 204 219	34 / 201 73
Idem.	sur	33 / 197 205	32 / 194 87	31 / 190 247	30 / 187 157	29 / 184 81	28 / 181 19	27 / 177 235	26 / 174 201
Idem.	sur	25 / 171 181	24 / 168 175	23 / 165 183	22 / 162 205	21 / 159 241	20 / 157 27	19 / 154 91	18 / 151 169
Idem.	sur	17 / 148 261	16 / 146 103	15 / 143 223	14 / 141 93	13 / 138 241	12 / 136 139	11 / 134 51	10 / 131 241
Idem.	sur	9 / 129 181	8 / 127 135	7 / 125 103	6 / 123 85	5 / 121 81	4 / 119 91	3 / 117 115	2 / 115 153
Idem.	sur	1 / 113 205	0 / 112 7						
66	sur	66 / 346 132	65 / 341 73	64 / 336 28	63 / 330 261	62 / 325 244	61 / 320 241	60 / 315 252	59 / 311 13
Idem.	sur	58 / 306 52	57 / 301 105	56 / 296 172	55 / 291 253	54 / 287 84	53 / 282 193	52 / 278 52	51 / 273 189
Idem.	sur	50 / 269 76	49 / 264 241	48 / 260 156	47 / 256 85	46 / 252 28	45 / 247 249	44 / 243 210	43 / 239 205

TABLE I.

Circonférence du plus gros bout en pouces.	Circonférence de l'autre bout, exprimée par les chiffres supérieurs de chaque case. Des deux nombres inférieurs contenus dans chaque même case, celui à gauche renvoie à la Table VII, & celui à droite, à la Table II ; Tables où se trouvent les solidités.							
Idem.	sur	42 / 235 204	41 / 231 217	40 / 227 244	39 / 224 21	38 / 220 76	37 / 216 145	36 / 212 228	35 / 209 61
Idem.	sur	34 / 205 172	33 / 202 33	32 / 198 172	31 / 195 61	30 / 191 228	29 / 188 145	28 / 185 76	27 / 182 21
Idem.	sur	26 / 178 244	25 / 175 217	24 / 172 204	23 / 169 205	22 / 166 220	21 / 163 249	20 / 161 28	19 / 158 85
Idem.	sur	18 / 155 156	17 / 152 241	16 / 150 76	15 / 147 189	14 / 145 52	13 / 142 193	12 / 140 84	11 / 137 253
Idem.	sur	10 / 135 172	9 / 133 105	8 / 131 52	7 / 129 13	6 / 126 252	5 / 124 241	4 / 122 244	3 / 120 261
Idem.	sur	2 / 119 28	1 / 117 73	0 / 115 132					
67	sur	67 / 357 21	66 / 351 205	65 / 346 139	64 / 341 87	63 / 336 49	62 / 331 25	61 / 326 15	60 / 321 19
Idem.	sur	59 / 316 37	58 / 311 69	57 / 306 115	56 / 301 175	55 / 296 249	54 / 292 73	53 / 287 175	52 / 283 27
Idem.	sur	51 / 278 157	50 / 274 37	49 / 269 195	48 / 265 103	47 / 261 25	46 / 256 225	45 / 252 175	44 / 248 139
Idem.	sur	43 / 244 117	42 / 240 109	41 / 236 115	40 / 232 135	39 / 228 169	38 / 224 217	37 / 221 15	36 / 217 91
Idem.	sur	35 / 213 181	34 / 210 21	33 / 206 139	32 / 203 7	31 / 199 153	30 / 196 49	29 / 192 223	28 / 189 147
Idem.	sur	27 / 186 85	26 / 183 37	25 / 180 3	24 / 176 247	23 / 173 241	22 / 170 249	21 / 168 7	20 / 165 43
Idem.	sur	19 / 162 93	18 / 159 157	17 / 156 235	16 / 154 63	15 / 151 169	14 / 149 25	13 / 146 159	12 / 144 43
Idem.	sur	11 / 141 205	10 / 139 117	9 / 137 43	8 / 134 247	7 / 132 201	6 / 130 169	5 / 128 151	4 / 126 147
Idem.	sur	3 / 124 157	2 / 122 181	1 / 120 219	0 / 119 7				
68	sur	68 / 367 216	67 / 362 115	66 / 357 28	65 / 351 219	64 / 346 160	63 / 341 115	62 / 336 84	61 / 331 67
Idem.	sur	60 / 326 64	59 / 321 75	58 / 316 100	57 / 311 139	56 / 306 192	55 / 301 259	54 / 297 76	53 / 292 171
Idem.	sur	52 / 288 16	51 / 283 139	50 / 279 12	49 / 274 163	48 / 270 64	47 / 265 243	46 / 261 172	45 / 257 115

Circonférence du plus gros bout en pouces.	Circonférence de l'autre bout, exprimée par les chiffres supérieurs de chaque case. Des deux nombres inférieurs contenus dans chaque même case, celui à gauche renvoie à la Table VII, & celui à droite à la Table II; Tables où se trouvent les solidités.							
Idem.	sur	44	43	42	41	40	39	38	37
		253 72	249 43	245 28	241 27	237 40	233 67	229 108	225 163
Idem.	sur	36	35	34	33	32	31	30	29
		221 232	218 51	214 148	210 259	207 120	203 259	200 148	197 51
Idem.	sur	28	27	26	25	24	23	22	21
		193 232	190 163	187 108	184 67	181 40	178 27	175 28	172 43
Idem.	sur	20	19	18	17	16	15	14	13
		169 72	166 115	163 172	160 243	158 64	155 163	153 12	150 139
Idem.	sur	12	11	10	9	8	7	6	5
		148 16	145 171	143 76	140 259	138 192	136 139	134 100	132 75
Idem.	sur	4	3	2	1	0			
		130 64	128 67	126 84	124 115	122 160			
69	sur	69	68	67	66	65	64	63	62
		378 189	373 67	367 223	362 129	357 49	351 247	346 195	341 157
Idem.	sur	61	60	59	58	57	56	55	54
		336 133	331 123	326 127	321 145	316 177	311 223	307 19	302 93
Idem.	sur	53	52	51	50	49	48	47	46
		297 181	293 19	288 135	284 1	279 145	275 39	270 211	266 133
Idem.	sur	45	44	43	42	41	40	39	38
		262 69	258 19	253 247	249 225	245 217	241 223	237 243	234 13
Idem.	sur	37	36	35	34	33	32	31	30
		230 61	126 123	222 199	219 25	215 129	211 247	208 115	204 261
Idem.	sur	29	28	27	26	25	24	23	22
		201 157	198 67	194 255	191 193	188 145	185 111	182 91	179 85
Idem.	sur	21	20	19	18	17	16	15	14
		176 93	173 115	170 151	167 201	165 1	162 79	159 171	157 13
Idem.	sur	13	12	11	10	9	8	7	6
		154 133	152 3	149 151	147 49	144 225	142 151	140 91	138 45
Idem.	sur	5	4	3	2	1	0		
		136 13	133 259	131 255	130 1	128 25	126 63		
70	sur	70	69	68	67	66	65	64	63
		389 204	384 61	378 196	373 81	367 244	362 157	357 84	352 25
Idem.	sur	62	61	60	59	58	57	56	55
		346 244	341 213	336 196	331 193	326 204	321 229	317 4	312 57
Idem.	sur	54	53	52	51	50	49	48	47
		307 124	302 205	298 36	293 145	289 4	284 141	280 28	275 193

Circonférence du plus gros bout en pouces.		Circonférence de l'autre bout, exprimée par les chiffres supérieurs de chaque case. Des deux nombres inférieurs contenus dans chaque même case, celui à gauche renvoie à la Table VII, & celui à droite, à la Table II ; Tables où se trouvent les solidités.							
Idem.	sur	46	45	44	43	42	41	40	39
		271 108	267 37	262 244	258 201	254 172	250 157	246 156	242 169
Idem.	sur	38	37	36	35	34	33	32	31
		238 196	234 237	231 28	227 97	223 180	220 13	216 124	212 249
Idem.	sur	30	29	28	27	26	25	24	23
		209 124	206 13	202 180	199 97	196 28	192 237	189 196	186 169
Idem.	sur	22	21	20	19	18	17	16	15
		183 156	180 157	177 172	174 201	171 244	169 37	166 108	163 193
Idem.	sur	14	13	12	11	10	9	8	7
		161 28	158 141	156 4	153 145	151 36	148 205	146 124	144 57
Idem.	sur	6	5	4	3	2	1	0	
		142 4	139 229	137 204	135 193	133 196	131 213	129 244	
71	sur	71	70	69	68	67	66	65	64
		400 261	395 97	389 211	384 75	378 217	373 109	368 15	362 199
Idem.	sur	63	62	61	60	59	58	57	56
		357 133	352 81	347 43	342 19	337 9	332 13	327 31	322 63
Idem.	sur	55	54	53	52	51	50	49	48
		317 109	312 169	307 243	303 67	298 169	294 21	289 151	285 31
Idem.	sur	47	46	45	44	43	42	41	40
		280 189	276 97	272 19	267 219	263 169	259 133	255 111	251 103
Idem.	sur	39	38	37	36	35	34	33	32
		247 109	243 129	239 163	235 211	232 9	228 85	224 175	221 15
Idem.	sur	31	30	29	28	27	26	25	24
		217 133	214 1	210 147	207 43	203 217	200 141	197 79	194 31
Idem.	sur	23	22	21	20	19	18	17	16
		190 261	187 241	184 235	181 243	179 1	176 37	173 87	170 151
Idem.	sur	15	14	13	12	11	10	9	8
		167 229	165 57	162 163	160 15	157 153	155 37	152 19	150 111
Idem.	sur	7	6	5	4	3	2	1	0
		148 37	145 241	143 195	141 163	139 145	137 141	135 151	133 175
72	sur	72	71	70	69	68	67	66	65
		412 96	406 175	401 4	395 111	389 232	384 103	378 252	373 151
Idem.	sur	64	63	62	61	60	59	58	57
		368 64	362 255	357 196	352 151	347 120	342 103	337 100	332 111
Idem.	sur	56	55	54	53	52	51	50	49
		327 136	322 175	317 228	313 31	308 112	303 207	299 52	294 175

E 4

TABLE I.

Circonference du plus gros bout en pouces.		Circonférence de l'autre bout, exprimée par les chiffres supérieurs de chaque case. Des deux nombres inférieurs contenus dans chaque même case, celui à gauche renvoie à la Table VII, & celui à droite, à la Table II ; Tables où se trouvent les solidités.							
Idem.	fur	48	47	46	45	44	43	42	41
		290 48	285 199	281 100	277 15	272 208	268 151	264 108	260 79
Idem.	fur	40	39	38	37	36	35	34	33
		256 64	252 63	248 76	244 103	240 144	236 199	233 4	229 87
Idem.	fur	32	31	30	29	28	27	26	25
		225 184	222 31	218 156	215 31	211 184	208 87	205 4	201 199
Idem.	fur	24	23	22	21	20	19	18	17
		198 144	195 103	192 76	189 63	186 64	183 79	180 108	177 151
Idem.	fur	16	15	14	13	12	11	10	9
		174 208	172 15	169 100	166 199	164 48	161 175	159 52	156 207
Idem.	fur	8	7	6	5	4	3	2	1
		154 112	152 31	149 228	147 175	145 136	143 111	141 100	139 103
Idem.	fur	0							
		137 120							
73	fur	73	72	71	70	69	68	67	66
		423 237	418 31	412 103	406 189	401 25	395 139	390 3	384 145
Idem.	fur	65	64	63	62	61	60	59	58
		379 37	373 207	368 127	363 61	358 9	352 235	347 211	342 201
Idem.	fur	57	56	55	54	53	52	51	50
		337 205	332 223	327 255	323 37	318 97	313 171	308 259	304 97
Idem.	fur	49	48	47	46	45	44	43	42
		299 213	295 79	290 223	286 117	282 25	277 211	273 147	269 97
Idem.	fur	41	40	39	38	37	36	35	34
		265 61	261 39	257 31	253 37	249 57	245 91	241 139	237 201
Idem.	fur	33	32	31	30	29	28	27	26
		234 13	230 103	226 207	223 61	219 193	216 75	212 235	209 145
Idem.	fur	25	24	23	22	21	20	19	18
		206 69	203 7	199 223	196 189	193 169	190 163	187 171	184 193
Idem.	fur	17	16	15	14	13	12	11	10
		181 229	179 15	176 79	173 157	170 249	168 91	165 211	163 81
Idem.	fur	9	8	7	6	5	4	3	2
		160 229	158 127	156 39	153 229	151 169	149 123	147 91	145 75
Idem.	fur	1	0						
		143 69	141 237						
74	fur	74	73	72	71	70	69	68	67
		435 156	429 193	423 244	418 45	412 124	406 217	401 60	395 181

Circonférence du plus gros bout en pouces.	Circonférence de l'autre bout, exprimée par les chiffres supérieurs de chaque cafe. Des deux nombres inférieurs contenus dans chaque même cafe, celui à gauche renvoie à la Table VII, & celui à droite, à la Table II; Tables où se trouvent les solidités.							
Idem.	fur	66	65	64	63	62	61	60	59
		390 52	384 201	379 100	374 13	368 204	363 145	358 100	353 69
Idem.	fur	58	57	56	55	54	53	52	51
		348 52	343 49	338 60	333 85	328 124	323 177	318 244	314 61
Idem.	fur	50	49	48	47	46	45	44	43
		309 156	305 1	300 124	295 261	291 148	287 49	282 228	278 157
Idem.	fur	42	41	40	39	38	37	36	35
		274 100	270 57	266 28	262 13	258 12	254 25	250 52	246 93
Idem.	fur	34	33	32	31	30	29	28	27
		242 148	238 217	235 36	231 133	227 244	224 105	220 244	217 133
Idem.	fur	26	25	24	23	22	21	20	19
		214 36	210 217	207 148	204 93	201 52	198 25	195 12	192 13
Idem.	fur	18	17	16	15	14	13	12	11
		189 28	186 57	183 100	180 157	177 228	175 49	172 148	169 261
Idem.	fur	10	9	8	7	6	5	4	3
		167 124	165 1	162 156	160 61	157 244	155 177	153 124	151 85
Idem.	fur	2	1	0					
		149 60	147 49	145 52					
75	fur	75	74	73	72	71	70	69	68
		447 117	441 133	435 163	429 207	424 1	418 73	412 159	406 259
Idem.	fur	67	66	65	64	63	62	61	60
		401 109	395 237	390 115	385 7	379 177	374 97	369 31	363 243
Idem.	fur	59	58	57	56	55	54	53	52
		358 205	353 181	348 171	343 175	338 193	333 225	329 7	324 67
Idem.	fur	51	50	49	48	47	46	45	44
		319 141	314 229	310 67	305 183	301 49	296 193	292 87	287 259
Idem.	fur	43	42	41	40	39	38	37	36
		283 181	279 117	275 67	271 31	267 9	263 1	259 7	255 27
Idem.	fur	35	34	33	32	31	30	29	28
		251 61	247 109	243 171	239 217	236 73	232 177	229 31	225 163
Idem.	fur	27	26	25	24	23	22	21	20
		222 45	218 205	215 115	212 39	208 241	205 193	202 159	199 139
Idem.	fur	19	18	17	16	15	14	13	12
		196 133	193 141	190 163	187 199	184 249	182 49	179 127	176 219
Idem.	fur	11	10	9	8	7	6	5	4
		174 61	171 181	169 51	166 199	164 97	162 9	159 199	157 139

Circonférence du plus gros bout en pouces.		Circonférence de l'autre bout, exprimée par les chiffres supérieurs de chaque case. Des deux nombres inférieurs contenus dans chaque même case, celui à gauche renvoie à la Table VII, & celui à droite, à la Table II; Tables où se trouvent les solidités.							
Idem.	sur	3 155 93	2 153 61	1 151 43	0 149 39				
76	sur	76 459 12c	75 453 115	74 447 124	73 441 147	72 435 184	71 429 235	70 424 36	69 418 115
Idem.	sur	68 412 208	67 407 51	66 401 172	65 396 43	64 390 192	63 385 91	62 380 4	61 374 195
Idem.	sur	60 369 136	59 364 91	58 359 6c	57 354 43	56 349 40	55 344 51	54 339 76	53 334 115
Idem.	sur	52 329 168	51 324 235	50 320 52	49 315 147	48 310 256	47 306 115	46 301 252	45 297 139
Idem.	sur	44 293 40	43 288 219	42 284 148	41 280 91	40 276 48	39 272 19	38 268 4	37 264 3
Idem.	sur	36 260 16	35 256 43	34 252 84	33 248 139	32 244 208	31 241 27	30 237 124	29 233 235
Idem.	sur	28 230 96	27 226 235	26 223 124	25 220 27	24 216 208	23 213 139	22 210 84	21 207 43
Idem.	sur	20 204 16	19 201 3	18 198 4	17 195 19	16 192 48	15 189 91	14 186 148	13 183 219
Idem.	sur	12 181 4c	11 178 139	10 175 252	9 173 115	8 170 256	7 168 147	6 166 52	5 163 235
Idem.	sur	4 161 168	3 159 115	2 157 76	1 155 51	0 153 4c			
77	sur	77 471 165	76 465 139	75 459 127	74 453 129	73 447 145	72 441 175	71 435 219	70 430 13
Idem.	sur	69 424 85	68 418 171	67 413 7	66 407 121	65 401 249	64 396 127	63 391 19	62 385 189
Idem.	sur	61 380 109	60 375 43	59 369 255	58 364 217	57 359 193	56 354 183	55 349 187	54 344 205
Idem.	sur	53 339 237	52 335 19	51 330 79	50 325 153	49 320 241	48 316 79	47 311 195	46 307 61
Idem.	sur	45 302 205	44 298 99	43 294 7	42 289 193	41 285 129	40 281 79	39 277 43	38 273 21
Idem.	sur	37 269 13	36 265 19	35 261 39	34 257 73	33 253 121	32 249 183	31 245 259	30 242 85
Idem.	sur	29 238 189	28 235 43	27 231 175	26 228 57	25 224 217	24 221 127	23 218 51	22 214 253

Circonférence du plus gros bout en pouces.		Circonférence de l'autre bout exprimée par les chiffres supérieurs de chaque case. Des deux nombres inférieurs contenus dans chaque même case, celui à gauche renvoie à la Table VII, & celui à droite, à la Table II ; Tables où se trouvent les solidités.							
Idem.	fur	21	20	19	18	17	16	15	14
		211 205	208 171	205 151	202 145	199 153	196 175	193 211	190 261
Idem.	fur	13	12	11	10	9	8	7	6
		188 61	185 139	182 231	180 73	177 193	175 63	172 211	170 109
Idem.	fur	5	4	3	2	1	0		
		168 21	165 211	163 151	161 105	159 73	157 55		
78	fur	78	77	76	75	74	73	72	71
		483 252	477 205	471 172	465 153	459 148	453 157	447 180	441 217
Idem.	fur	70	69	68	67	66	65	64	63
		436 4	430 69	424 148	418 241	413 84	407 205	402 76	396 225
Idem.	fur	62	61	60	59	58	57	56	55
		391 124	386 37	380 228	375 169	370 124	365 93	360 76	355 73
Idem.	fur	54	53	52	51	50	49	48	47
		350 84	345 109	340 148	335 201	331 4	326 85	321 180	317 25
Idem.	fur	46	45	44	43	42	41	40	39
		312 148	308 21	303 172	299 73	294 252	290 181	286 124	282 81
Idem.	fur	38	37	36	35	34	33	32	31
		278 52	274 37	270 36	266 49	262 76	258 117	254 172	250 241
Idem.	fur	30	29	28	27	26	25	24	23
		247 60	243 157	240 4	236 129	233 4	229 157	226 60	222 241
Idem.	fur	22	21	20	19	18	17	16	15
		219 172	216 117	213 76	210 49	207 36	204 37	201 52	198 81
Idem.	fur	14	13	12	11	10	9	8	7
		195 124	192 181	189 252	187 73	184 172	182 21	179 148	177 25
Idem.	fur	6	5	4	3	2	1	0	
		174 180	172 85	170 4	167 201	165 148	163 109	161 84	
79	fur	79	78	77	76	75	74	73	72
		496 117	490 49	483 259	477 219	471 193	465 181	459 183	453 199
Idem.	fur	71	70	69	68	67	66	65	64
		447 229	442 9	436 67	430 129	424 225	419 61	413 175	408 39
Idem.	fur	63	62	61	60	59	58	57	56
		402 181	397 73	391 243	386 163	381 97	376 45	371 7	365 247
Idem.	fur	55	54	53	52	51	50	49	48
		360 237	355 241	350 259	346 27	341 73	336 133	331 207	327 31
Idem.	fur	47	46	45	44	43	42	41	40
		322 133	317 249	313 115	308 259	394 153	300 61	295 247	291 183

Circonférence du plus gros bout en pouces.		Circonférence de l'autre bout, exprimée par les chiffres supérieurs de chaque case. Des deux nombres inférieurs contenus dans chaque même case, celui à gauche renvoie à la Table VII, & celui à droite à la Table II; Tables où se trouvent les solidités.							
Idem.	sur	39	38	37	36	35	34	33	32
		287 133	283 97	279 75	275 67	271 73	267 93	263 127	259 175
Idem.	sur	31	30	29	28	27	26	25	24
		255 237	252 49	248 139	244 243	241 97	237 229	234 111	231 7
Idem.	sur	23	22	21	20	19	18	17	16
		227 181	224 105	221 43	217 259	214 225	211 205	208 199	205 207
Idem.	sur	15	14	13	12	11	10	9	8
		202 229	200 1	197 51	194 115	191 193	189 21	186 127	183 247
Idem.	sur	7	6	5	4	3	2	1	0
		181 117	179 1	176 163	174 75	172 1	169 205	167 159	165 127
80	sur	80	79	78	77	76	75	74	73
		509 24	502 199	496 124	490 63	484 16	477 247	471 228	465 223
Idem.	sur	72	71	70	69	68	67	66	65
		459 232	453 255	448 28	442 79	436 144	430 223	425 52	419 159
Idem.	sur	64	63	62	61	60	59	58	57
		414 16	408 151	403 36	397 199	392 112	387 39	381 244	376 199
Idem.	sur	56	55	54	53	52	51	50	49
		371 168	366 151	361 148	356 159	351 184	346 223	342 12	337 79
Idem.	sur	48	47	46	45	44	43	42	41
		332 160	327 255	323 100	318 223	314 96	309 247	305 148	301 63
Idem.	sur	40	39	38	37	36	35	34	33
		296 256	292 199	288 156	284 127	280 112	276 111	272 124	268 151
Idem.	sur	32	31	30	29	28	27	26	25
		264 192	260 247	257 52	253 135	249 232	246 79	242 204	239 79
Idem.	sur	24	23	22	21	20	19	18	17
		235 232	232 135	229 52	225 247	222 192	219 151	216 124	213 111
Idem.	sur	16	15	14	13	12	11	10	9
		210 112	207 127	204 156	201 199	198 256	196 63	193 148	190 247
Idem.	sur	8	7	6	5	4	3	2	1
		188 96	185 223	183 100	180 255	178 160	176 79	174 12	171 223
Idem.	sur	0							
		169 184							
81	sur	81	80	79	78	77	76	75	74
		521 237	515 127	509 31	502 213	496 145	490 91	484 51	478 25
Idem.	sur	73	72	71	70	69	68	67	66
		472 13	466 75	460 31	454 61	448 105	442 163	436 235	431 57

BOIS RONDS.

Circonférence du plus gros bout en pouces.	Circonférence de l'autre bout, exprimée par les chiffres supérieurs de chaque case. Des deux nombres inférieurs contenus dans chaque même case, celui à gauche renvoie à la Table VII, & celui à droite à la Table II ; Tables où se trouvent les solidités.							
Idem.	sur	65	64	63	62	61	60	59	58
		425 157	420 7	414 135	409 134	413 169	398 75	392 259	387 193
Idem.	sur	57	56	55	54	53	52	51	50
		382 141	377 103	372 79	367 69	362 73	357 91	352 123	347 169
Idem.	sur	49	48	47	46	45	44	43	42
		342 229	338 39	333 127	328 229	324 81	319 211	315 91	310 249
Idem.	sur	41	40	39	38	37	36	35	34
		306 157	302 79	298 15	293 229	289 193	285 171	281 163	277 169
Idem.	sur	33	32	31	30	29	28	27	26
		273 189	269 223	266 7	262 69	258 145	254 235	251 75	247 193
Idem.	sur	25	24	23	22	21	20	19	18
		244 61	240 207	237 103	234 13	230 201	227 139	224 91	221 57
Idem.	sur	17	16	15	14	13	12	11	10
		218 37	215 31	212 39	209 61	206 97	208 147	200 211	198 25
Idem.	sur	9	8	7	6	5	4	3	2
		195 117	192 223	190 79	187 213	185 97	182 259	180 171	178 97
Idem.	sur	1	0						
		176 37	173 255						
82	sur	82	81	80	79	78	77	76	75
		534 228	528 97	521 244	515 141	509 52	522 241	496 180	490 133
Idem.	sur	74	73	72	71	70	69	68	67
		484 100	478 81	472 76	466 85	460 108	454 145	448 196	442 261
Idem.	sur	66	65	64	63	62	61	60	59
		437 76	431 169	426 12	420 133	415 4	409 153	404 52	398 229
Idem.	sur	58	57	56	55	54	53	52	51
		393 156	388 97	383 52	378 21	373 4	368 1	363 12	358 37
Idem.	sur	50	49	48	47	46	45	44	43
		353 76	348 129	343 196	339 13	334 108	329 217	325 76	320 213
Idem.	sur	42	41	40	39	38	37	36	35
		316 100	312 1	307 180	303 109	299 52	295 9	290 244	286 229
Idem.	sur	34	33	32	31	30	29	28	27
		282 228	278 241	275 4	271 45	267 100	263 169	259 252	256 85
Idem.	sur	26	25	24	23	22	21	20	19
		252 196	249 57	245 196	242 85	238 252	235 169	232 100	229 45
Idem.	sur	18	17	16	15	14	13	12	11
		226 4	222 241	219 228	216 229	213 244	211 9	208 52	205 109

TABLE I.

circonférence cu plus gros bout en pouces.	Circonférence de l'autre bout, exprimée par les chiffres supérieurs de chaque case. Des deux nombres inférieurs contenus dans chaque même case, celui à gauche renvoie à la Table VII, & celui à droite à la Table II; Tables où se trouvent les solidités.							
Idem.	sur	10	9	8	7	6	5	4	3
		202 180	200 1	197 100	194 213	192 76	189 217	187 108	185 13
Idem.	sur	2	1	0					
		182 196	180 129	178 76					
83	sur	83	82	81	80	79	78	77	76
		547 261	541 109	534 235	528 111	522 1	515 169	509 87	503 19
Idem.	sur	75	74	73	72	71	70	69	68
		496 229	490 189	484 163	478 151	472 153	466 169	460 199	454 243
Idem.	sur	67	66	65	64	63	62	61	60
		449 37	443 109	437 195	432 31	426 145	421 9	415 151	410 43
Idem.	sur	59	58	57	56	55	54	53	52
		404 213	399 133	394 67	389 15	383 241	378 217	373 207	368 211
Idem.	sur	51	50	49	48	47	46	45	44
		363 229	358 261	354 43	349 103	344 177	340 1	335 103	330 219
Idem.	sur	43	42	41	40	39	38	37	36
		326 85	321 225	317 123	313 31	308 217	304 153	300 103	296 67
Idem.	sur	35	34	33	32	31	30	29	28
		292 45	288 37	284 43	280 63	276 97	272 145	268 207	265 19
Idem.	sur	27	26	25	24	23	22	21	20
		261 109	257 213	254 67	250 199	247 81	243 241	240 151	237 75
Idem.	sur	19	18	17	16	15	14	13	12
		234 13	230 229	227 195	224 175	221 169	218 177	215 199	212 235
Idem.	sur	11	10	9	8	7	6	5	4
		210 21	207 85	204 163	201 255	199 97	196 27	194 87	191 235
Idem.	sur	3	2	1	0				
		189 133	187 45	184 235	182 175				
84	sur	84	83	82	81	80	79	78	77
		561 72	554 163	548 4	541 123	534 256	528 139	522 36	515 211
Idem.	sur	76	75	74	73	72	71	70	69
		509 136	503 75	497 28	490 259	484 240	478 235	472 244	467 3
Idem.	sur	68	67	66	65	64	63	62	61
		461 40	455 91	449 156	443 235	438 64	432 171	427 28	421 163
Idem.	sur	60	59	58	57	56	55	54	53
		416 48	410 211	405 124	400 51	394 256	389 211	384 180	379 163
Idem.	sur	52	51	50	49	48	47	46	45
		374 160	369 171	364 196	359 235	355 24	350 91	345 172	341 3

Circonférence du plus gros bout en pouces.		Circonférence de l'autre bout, exprimée par les chiffres supérieurs de chaque cafe. Des deux nombres inférieurs contenus dans chaque même cafe, celui à gauche renvoie à la Table VII, & celui à droite à la Table II ; Tables où se trouvent les solidités.							
Idem.	fur	44	43	42	41	40	39	38	37
		336 112	331 235	327 108	322 259	318 160	314 75	310 5	305 211
Idem.	fur	36	35	34	33	32	31	30	29
		301 168	297 139	293 124	289 123	285 136	281 163	277 204	273 259
Idem.	fur	28	27	26	25	24	23	22	21
		270 64	265 147	262 244	259 91	255 216	252 91	248 244	245 147
Idem.	fur	20	19	18	17	16	15	14	13
		242 64	238 259	235 204	232 163	229 136	216 123	223 124	220 139
Idem.	fur	12	11	10	9	8	7	6	5
		217 168	214 211	212 4	209 75	206 160	203 259	201 108	198 235
Idem.	fur	4	3	2	1	0			
		196 112	194 3	191 172	189 91	187 24			
85	fur	85	84	83	81	81	80	79	78
		574 189	567 259	561 79	554 177	548 25	541 151	535 27	528 181
Idem.	fur	77	76	75	74	73	72	71	70
		522 85	516 3	509 199	503 145	497 105	491 79	485 67	479 69
Idem.	fur	69	68	67	66	65	64	63	62
		473 85	467 115	461 159	455 217	450 25	444 111	438 211	433 61
Idem.	fur	61	60	59	58	57	56	55	54
		427 189	422 67	416 223	411 129	406 49	400 247	395 195	390 157
Idem.	fur	53	52	51	50	49	48	47	46
		385 133	380 123	375 127	370 145	365 177	360 223	356 19	351 93
Idem.	fur	45	44	43	42	41	40	39	38
		346 181	342 19	337 135	333 1	328 145	324 39	319 211	315 133
Idem.	fur	37	36	35	34	33	32	31	30
		311 69	307 19	302 247	298 225	294 217	290 223	286 243	283 13
Idem.	fur	29	28	27	26	25	24	23	22
		279 61	275 123	271 199	268 25	264 129	260 247	257 115	253 261
Idem.	fur	21	20	19	18	17	16	15	14
		250 157	247 67	243 255	240 193	237 145	234 111	231 91	228 85
Idem.	fur	13	12	11	10	9	8	7	6
		225 93	222 115	219 151	216 201	214 1	211 79	208 171	206 13
Idem.	fur	5	4	3	2	1	0		
		203 133	201 3	198 151	196 49	193 225	191 151		
86	fur	86	85	84	83	82	81	80	79
		588 84	581 133	574 196	568 9	561 100	554 205	548 60	541 193

Circonférence du plus gros bout en pouces.	Circonférence de l'autre bout, exprimée par les chiffres supérieurs de chaque case. Des deux nombres inférieurs contenus dans chaque même case, celui à gauche renvoie à la Table VII; & celui à droite à la Table II; Tables où se trouvent les solidités.							
Idem.	fur	78	77	76	75	74	73	72	71
		535 76	528 237	522 148	516 73	510 12	503 229	497 196	491 177
Idem.	fur	70	69	68	67	66	65	64	63
		485 172	479 181	473 204	467 241	462 28	456 93	450 172	445 1
Idem.	fur	62	61	60	59	58	57	56	55
		439 108	433 229	428 100	422 249	417 148	412 61	406 252	401 193
Idem.	fur	54	53	52	51	50	49	48	47
		396 148	391 117	386 100	381 97	376 108	371 133	366 172	361 225
Idem.	fur	46	45	44	43	42	41	40	39
		357 28	352 109	347 204	343 49	338 172	334 45	329 196	325 97
Idem.	fur	38	37	36	35	34	33	32	31
		321 12	316 205	312 148	308 105	304 76	300 61	296 60	292 73
Idem.	fur	30	29	28	27	26	25	24	23
		288 100	284 141	280 196	277 1	273 84	269 181	266 28	262 153
Idem.	fur	22	21	20	19	18	17	16	15
		259 28	255 181	252 84	249 1	245 196	242 141	239 100	236 73
Idem.	fur	14	13	12	11	10	9	8	7
		233 60	230 61	227 76	224 105	221 148	218 205	216 12	213 97
Idem.	fur	6	5	4	3	2	1	0	
		210 196	208 45	205 172	203 49	200 204	198 109	196 28	
87	fur	87	86	85	84	83	82	81	80
		602 21	595 49	588 91	581 147	574 217	568 37	561 135	554 247
Idem.	fur	79	78	77	76	75	74	73	72
		548 109	541 249	535 139	529 43	522 225	516 157	510 103	504 63
Idem.	fur	71	70	69	68	67	66	65	64
		498 37	492 25	486 27	480 43	474 73	468 117	462 175	456 247
Idem.	fur	63	62	61	60	59	58	57	56
		451 69	445 169	440 19	434 147	429 25	423 181	418 87	413 7
Idem.	fur	55	54	53	52	51	50	49	48
		407 205	402 153	397 115	392 91	387 81	382 85	377 103	372 135
Idem.	fur	47	46	45	44	43	42	41	40
		367 181	362 241	358 51	353 139	348 241	344 93	339 223	335 193
Idem.	fur	39	38	37	36	35	34	33	32
		330 261	326 169	322 91	318 27	313 241	309 205	305 183	301 175
Idem.	fur	31	30	29	28	27	26	25	24
		297 181	293 201	289 235	286 19	282 81	278 157	274 247	271 87

Circonférence du plus gros bout en pouces.	Circonférence de l'autre bout exprimée par les chiffres supérieurs de chaque case. Des deux nombres inférieurs contenus dans chaque même case, celui à gauche renvoie à la Table VII; & celui à droite à la Table II; Tables où se trouvent les solidités.							
Idem.	fur	23	22	21	20	19	18	17	16
		267 205	264 73	260 219	257 115	254 25	250 213	247 151	244 103
Idem.	fur	15	14	13	12	11	10	9	8
		241 69	238 49	235 43	232 51	229 73	226 109	223 159	220 223
Idem.	fur	7	6	5	4	3	2	1	0
		218 37	215 129	212 235	210 91	207 225	205 109	203 7	200 183
88	fur	88	87	86	85	84	83	82	81
		616 0	609 7	602 28	595 63	588 112	581 175	574 252	568 79
Idem.	fur	80	79	78	77	76	75	74	73
		561 184	555 39	548 172	542 55	535 216	529 127	523 52	516 255
Idem.	fur	72	71	70	69	68	67	66	65
		510 208	504 175	498 156	492 151	486 160	480 183	474 220	469 7
Idem.	fur	64	63	62	61	60	59	58	57
		463 72	457 151	451 244	446 87	440 208	435 79	429 228	424 127
Idem.	fur	56	55	54	53	52	51	50	49
		419 40	413 231	408 172	403 127	398 95	393 79	388 76	383 87
Idem.	fur	48	47	46	45	44	43	42	41
		378 112	373 151	368 204	364 7	359 88	354 183	350 28	345 151
Idem.	fur	40	39	38	37	36	35	34	33
		341 24	336 175	332 76	327 255	323 184	319 127	315 84	311 55
Idem.	fur	32	31	30	29	28	27	26	25
		307 40	303 39	299 52	295 79	291 120	287 175	283 244	280 63
Idem.	fur	24	23	22	21	20	19	18	17
		276 160	273 7	269 132	266 7	262 160	259 63	255 244	252 175
Idem.	fur	16	15	14	13	12	11	10	9
		249 120	246 79	243 52	240 35	237 40	234 55	231 84	228 127
Idem.	fur	8	7	6	5	4	3	2	1
		225 184	222 255	220 76	217 175	215 24	212 151	210 28	207 183
Idem.	fur	0							
		205 88							
89	fur	89	88	87	86	85	84	83	82
		630 21	623 7	616 7	609 21	602 49	595 91	588 147	581 217
Idem.	fur	81	80	79	78	77	76	75	74
		575 37	568 135	561 247	555 109	548 249	542 139	536 43	529 225
Idem.	fur	73	72	71	70	69	68	67	66
		523 157	517 103	511 63	505 37	499 25	493 27	487 43	481 73

Circonférence du plus gros bout en pouces.	Circonférence de l'autre bout, exprimée par les chiffres supérieurs de chaque case. Des deux nombres inférieurs contenus dans chaque même case, celui à gauche renvoie à la Table VII, & celui à droite à la Table II; Tables où se trouvent les solidités.							
Idem.	sur	65	64	63	62	61	60	59	58
		475 117	469 175	463 247	458 69	452 169	447 19	441 147	436 25
Idem.	sur	57	56	55	54	53	52	51	50
		430 181	425 87	420 7	414 205	409 153	404 115	399 91	394 81
Idem.	sur	49	48	47	46	45	44	43	42
		389 85	384 103	379 135	374 181	369 241	365 51	360 139	355 241
Idem.	sur	41	40	39	38	37	36	35	34
		351 93	346 223	342 103	337 261	333 169	329 91	325 27	320 241
Idem.	sur	33	32	31	30	29	28	27	26
		316 205	312 183	308 175	304 181	300 201	296 235	293 19	289 81
Idem.	sur	25	24	23	22	21	20	19	18
		285 157	281 217	278 87	274 205	271 73	267 219	264 115	261 25
Idem.	sur	17	16	15	14	13	12	11	10
		257 213	254 151	251 103	248 69	245 49	242 43	239 51	236 73
Idem.	sur	9	8	7	6	5	4	3	2
		233 109	230 159	227 223	225 37	222 129	219 235	217 91	214 225
Idem.	sur	1	0						
		212 109	210 7						
90	sur	90	89	88	87	86	85	84	83
		644 84	637 49	630 28	623 21	616 28	609 49	602 84	595 133
Idem.	sur	82	81	80	79	78	77	76	75
		588 196	582 9	575 100	568 205	562 60	555 193	549 76	542 237
Idem.	sur	74	73	72	71	70	69	68	67
		536 148	530 73	524 12	517 229	511 196	505 177	499 172	493 181
Idem.	sur	66	65	64	63	62	61	60	59
		487 204	481 241	476 28	470 93	464 171	459 1	453 108	447 229
Idem.	sur	58	57	56	55	54	53	52	51
		442 100	436 249	431 148	426 61	420 252	415 193	410 148	405 117
Idem.	sur	50	49	48	47	46	45	44	43
		400 100	395 97	390 108	385 133	380 172	375 225	371 28	366 109
Idem.	sur	42	41	40	39	38	37	36	35
		361 204	357 49	352 172	348 45	343 196	339 97	335 12	330 205
Idem.	sur	34	33	32	31	30	29	28	27
		326 148	322 105	318 76	314 61	310 60	306 73	302 100	298 141
Idem.	sur	26	25	24	23	22	21	20	19
		294 196	291 1	287 84	285 181	280 28	276 153	273 28	269 181

Circonférence du plus gros bout en pouces.		Circonférence de l'autre bout, exprimée par les chiffres supérieurs de chaque case. Des deux nombres inférieurs contenus dans chaque même case, celui à gauche renvoie à la Table VII, & celui à droite à la Table II; Tables où se trouvent les solidités.							
		18	17	16	15	14	13	12	11
Idem.	fur	266 84	263 1	259 196	256 141	253 100	250 73	247 60	244 61
		10	9	8	7	6	5	4	3
Idem.	fur	241 76	238 105	235 148	232 205	230 12	227 97	224 196	222 45
		2	1	0					
Idem.	fur	219 172	217 49	214 204					
		91	90	89	88	87	86	85	84
91	fur	658 189	651 133	644 91	637 63	630 49	623 49	616 63	609 91
		83	82	81	80	79	78	77	76
Idem.	fur	602 133	595 185	588 259	582 79	575 177	569 25	562 151	556 27
		75	74	73	72	71	70	69	68
Idem.	fur	549 181	543 85	537 3	530 199	524 145	518 105	512 79	506 67
		67	66	65	64	63	62	61	60
Idem.	fur	500 69	494 85	488 115	482 159	476 217	471 25	465 111	459 211
		59	58	57	56	55	54	53	52
Idem.	fur	454 61	448 185	443 67	437 223	432 129	427 49	421 247	416 195
		51	50	49	48	47	46	45	44
Idem.	fur	411 157	406 133	401 123	396 127	391 145	386 177	381 223	377 19
		43	42	41	40	39	38	37	36
Idem.	fur	372 93	367 181	363 19	358 135	354 1	349 145	345 39	340 211
		35	34	33	32	31	30	29	28
Idem.	fur	336 133	332 69	23 19	323 247	319 225	315 217	311 223	307 243
		27	26	25	24	23	22	21	20
Idem.	fur	304 13	300 61	296 123	292 199	289 25	285 129	281 247	278 115
		19	18	17	16	15	14	13	12
Idem.	fur	274 261	271 157	268 67	264 255	261 193	258 145	255 111	252 91
		11	10	9	8	7	6	5	4
Idem.	fur	249 85	246 93	243 115	240 151	237 201	235 1	232 79	229 171
		3	2	1	0				
Idem.	fur	227 13	224 133	222 3	219 151				
		92	91	90	89	88	87	86	85
92	fur	673 72	665 259	658 196	651 147	644 112	637 91	630 84	623 91
		84	83	82	81	80	79	78	77
Idem.	fur	616 112	609 147	602 196	595 259	589 72	582 163	576 4	569 123
		76	75	74	73	72	71	70	69
Idem.	fur	562 256	556 139	550 36	543 211	537 136	531 75	525 28	518 259

Circonférence du plus gros bout en pouces.	Circonférence de l'autre bout, exprimée par les chiffres supérieurs de chaque case. Des deux nombres inférieurs contenus dans chaque même case, celui à gauche renvoie à la Table VII, & celui à droite à la Table II; Tables où se trouvent les solidités.							
Idem.	fur	68	67	66	65	64	63	62	61
		512 240	506 235	500 244	495 3	489 40	483 91	477 156	471 235
Idem.	fur	60	59	58	57	56	55	54	53
		466 64	460 171	455 28	449 163	444 48	438 211	433 124	428 51
Idem.	fur	52	51	50	49	48	47	46	45
		422 256	417 211	412 180	407 163	402 160	397 171	392 196	387 235
Idem.	fur	44	43	42	41	40	39	38	37
		383 24	378 91	373 172	369 3	364 112	359 235	355 108	350 259
Idem.	fur	36	35	34	33	32	31	30	29
		346 160	342 75	338 4	333 211	329 168	325 139	321 124	317 123
Idem.	fur	28	27	26	25	24	23	22	21
		313 136	309 163	305 204	301 259	298 64	294 147	290 244	287 91
Idem.	fur	20	19	18	17	16	15	14	13
		283 216	280 91	276 244	273 147	270 64	266 259	263 204	260 163
Idem.	fur	12	11	10	9	8	7	6	5
		257 136	254 123	251 124	248 139	245 168	242 211	240 4	237 75
Idem.	fur	4	3	2	1	0			
		234 160	231 259	229 108	226 235	224 112			
93	fur	93	92	91	90	89	88	87	86
		587 261	580 163	673 75	666 9	658 217	551 175	544 147	537 133
Idem.	fur	85	84	83	82	81	80	79	78
		630 133	623 147	616 175	609 217	603 9	596 79	589 163	582 261
Idem.	fur	77	76	75	74	73	72	71	70
		576 109	569 235	563 111	557 1	550 169	544 87	538 19	531 229
Idem.	fur	69	68	67	66	65	64	63	62
		525 189	519 163	513 151	507 153	501 169	495 199	489 243	484 37
Idem.	fur	61	60	59	58	57	56	55	54
		478 109	472 195	467 31	461 145	456 9	450 151	445 43	439 213
Idem.	fur	53	52	51	50	49	48	47	46
		434 133	429 67	424 15	418 241	413 217	408 207	403 211	398 229
Idem.	fur	45	44	43	42	41	40	39	38
		393 261	389 43	384 103	379 177	375 1	370 103	365 219	361 85
Idem.	fur	37	36	35	34	33	32	31	30
		356 229	352 123	348 31	343 217	339 153	335 103	331 67	327 45
Idem.	fur	29	28	27	26	25	24	23	22
		323 37	319 43	315 63	311 97	307 145	303 207	300 19	296 109

Circonférence du plus gros bout en pouces.		Circonférence de l'autre bout, exprimée par les chiffres supérieurs de chaque case. Des deux nombres inférieurs contenus dans chaque même case, celui à gauche renvoie à la Table VII, & celui à droite, à la Table II; Tables où se trouvent les solidités.							
Idem.	fur	21	20	19	18	17	16	15	14
		292 213	289 67	285 199	282 81	278 241	275 151	272 75	269 13
Idem.	fur	13	12	11	10	9	8	7	6
		265 229	262 195	259 175	256 169	253 177	250 199	247 235	245 21
Idem.	fur	5	4	3	2	1	0		
		242 85	239 163	236 255	234 97	231 217	229 87		
94	fur	94	93	92	91	90	89	88	87
		702 228	695 109	688 4	680 177	673 100	666 37	658 252	651 217
Idem.	fur	86	85	84	83	82	81	80	79
		644 196	637 189	630 196	623 217	616 252	610 37	603 100	596 177
Idem.	fur	78	77	76	75	74	73	72	71
		590 4	583 109	576 228	570 97	563 244	557 141	551 52	544 241
Idem.	fur	70	69	68	67	66	65	64	63
		538 180	532 133	526 100	520 81	514 76	508 85	502 108	496 145
Idem.	fur	62	61	60	59	58	57	56	55
		490 196	484 261	479 76	473 169	468 12	462 133	457 4	451 153
Idem.	fur	54	53	52	51	50	49	48	47
		446 52	440 229	435 156	430 97	425 52	420 21	415 4	410 1
Idem.	fur	46	45	44	43	42	41	40	39
		405 12	400 37	395 76	390 129	385 196	381 13	376 108	371 217
Idem.	fur	38	37	36	35	34	33	32	31
		367 76	362 213	358 100	354 1	349 180	345 109	341 52	337 9
Idem.	fur	30	29	28	27	26	25	24	23
		332 244	328 229	324 228	320 241	317 4	313 45	309 100	305 169
Idem.	fur	22	21	20	19	18	17	16	15
		301 252	298 85	294 196	291 57	287 196	284 85	280 252	277 169
Idem.	fur	14	13	12	11	10	9	8	7
		274 100	271 45	268 4	264 241	261 228	258 229	255 244	253 9
Idem.	fur	6	5	4	3	2	1	0	
		250 52	247 109	244 180	242 1	239 100	236 213	234 76	
95	fur	95	94	93	92	91	90	89	88
		717 237	710 97	702 235	695 123	688 25	680 205	673 135	666 79
Idem.	fur	87	86	85	84	83	82	81	80
		659 37	652 9	644 259	637 259	631 9	624 37	617 79	610 135
Idem.	fur	79	78	77	76	75	74	73	72
		603 205	597 25	590 123	583 235	577 97	570 237	564 127	558 31

Circonfé-rence du plus gros bout en pouces	Circonférence de l'autre bout, exprimée par les chiffres supérieurs de chaque case. Des deux nombres inférieurs contenus dans chaque même case, celui à gauche renvoie à la Table VII, & celui à droite à la Table II; Tables où se trouvent les solidités.							
Idem.	fur	71	70	69	68	67	66	65	64
		551 213	545 145	539 91	533 51	527 25	521 13	515 15	509 31
Idem.	fur	63	62	61	60	59	58	57	56
		503 61	497 105	491 163	485 235	480 57	474 157	469 7	463 135
Idem.	fur	55	54	53	52	51	50	49	48
		458 13	452 169	447 75	441 259	436 193	431 141	426 103	421 79
Idem.	fur	47	46	45	44	43	42	41	40
		416 69	411 73	406 91	401 123	396 169	391 229	387 39	382 127
Idem.	fur	39	38	37	36	35	34	33	32
		377 229	373 81	368 211	364 91	359 249	355 157	351 79	347 15
Idem.	fur	31	30	29	28	27	26	25	24
		342 22	338 193	334 171	330 163	326 169	322 189	318 223	315 7
Idem.	fur	23	22	21	20	19	18	17	16
		311 69	307 145	303 235	300 75	296 193	293 61	289 207	286 103
Idem.	fur	15	14	13	12	11	10	9	8
		283 13	279 201	276 139	273 91	270 57	267 37	264 31	261 39
Idem.	fur	7	6	5	4	3	2	1	0
		258 61	255 97	252 147	249 211	247 25	244 117	241 223	239 79
96	fur	96	95	94	93	92	91	90	89
		733 24	725 127	717 244	710 111	702 256	695 151	688 60	680 247
Idem.	fur	88	87	86	85	84	83	82	81
		673 184	666 135	659 100	652 79	645 72	638 79	631 100	624 135
Idem.	fur	80	79	78	77	76	75	74	73
		617 184	610 247	604 60	597 151	590 256	584 111	577 244	571 127
Idem.	fur	72	71	70	69	68	67	66	65
		565 24	558 199	552 124	546 63	540 16	533 247	527 228	521 223
Idem.	fur	64	63	62	61	60	59	58	57
		515 232	509 255	504 28	498 79	492 144	486 223	481 52	475 159
Idem.	fur	56	55	54	53	52	51	50	49
		470 16	464 151	459 36	453 199	448 112	443 39	437 244	432 199
Idem.	fur	48	47	46	45	44	43	42	41
		427 168	422 151	417 148	412 159	407 184	402 223	398 12	393 79
Idem.	fur	40	39	38	37	36	35	34	33
		588 160	383 255	379 100	374 223	370 96	365 247	361 148	357 63
Idem.	fur	32	31	30	29	28	27	26	25
		352 256	348 199	344 156	340 127	336 112	332 111	328 124	324 151

Circonférence du plus gros bout en pouces.	Circonférence de l'autre bout, exprimée par les chiffres supérieurs de chaque case. Des deux nombres inférieurs contenus dans chaque même case, celui à gauche renvoie à la Table VII, & celui à droite, à la Table II ; Tables où se trouvent les solidités.							
Idem.	sur	24	23	22	21	20	19	18	17
		320 192	316 247	313 52	309 135	305 232	302 79	298 204	295 79
Idem.	sur	16	15	14	13	12	11	10	9
		291 232	288 135	285 52	281 247	278 192	275 151	272 124	269 111
Idem.	sur	8	7	6	5	4	3	2	1
		266 112	263 127	260 156	257 199	254 256	252 63	249 148	246 247
Idem.	sur	0							
		244 87							
97	sur	97	96	95	94	93	92	91	90
		748 117	740 199	733 31	725 141	718 1	710 139	703 27	695 193
Idem.	sur	89	88	87	86	85	84	83	82
		688 109	681 39	673 247	666 205	659 177	652 163	645 163	638 177
Idem.	sur	81	80	79	78	77	76	75	74
		631 205	624 247	618 39	611 109	604 193	598 17	591 139	585 1
Idem.	sur	73	72	71	70	69	68	67	66
		578 141	572 31	565 199	559 117	553 49	546 259	540 219	534 193
Idem.	sur	65	64	63	62	61	60	59	58
		528 181	522 183	516 199	510 229	505 9	499 67	493 139	487 225
Idem.	sur	57	56	55	54	53	52	51	50
		482 61	476 175	471 39	465 181	460 73	454 243	449 163	444 97
Idem.	sur	49	48	47	46	45	44	43	42
		439 45	434 7	428 247	423 237	418 241	413 259	409 27	404 73
Idem.	sur	41	40	39	38	37	36	35	34
		399 133	394 207	390 31	385 133	380 249	376 115	371 259	367 153
Idem.	sur	33	32	31	30	29	28	27	26
		363 61	358 247	354 183	350 133	346 97	342 75	338 67	334 73
Idem.	sur	25	24	23	22	21	20	19	18
		330 93	326 127	322 175	318 237	315 49	311 139	307 243	304 97
Idem.	sur	17	16	15	14	13	12	11	10
		300 229	297 111	294 7	290 181	287 105	284 43	280 259	277 225
Idem.	sur	9	8	7	6	5	4	3	2
		274 205	271 199	268 207	265 229	263 1	260 51	257 115	254 193
Idem.	sur	1	0						
		252 21	249 127						
98	sur	98	97	96	95	94	93	92	91
		763 252	756 49	748 124	740 213	733 52	725 169	718 36	710 181

Circonférence du plus gros bout en pouces.	Circonférence de l'autre bout, exprimée par les chiffres supérieurs de chaque case. Des deux nombres inférieurs contenus dans chaque même case, celui à gauche renvoie à la Table VII, & celui à droite, à la Table II ; Tables où se trouvent les solidités.							
Idem.	sur	90	89	88	87	86	85	84	83
		03 76	695 249	688 172	681 109	674 60	667 25	660 4	652 261
Idem.	sur	82	81	80	79	78	77	76	75
		646 4	639 25	632 60	625 109	618 172	611 249	605 76	598 181
Idem.	sur	74	73	72	71	70	69	68	67
		592 36	585 169	579 52	572 213	566 124	560 49	553 252	547 205
Idem.	sur	66	65	64	63	62	61	60	59
		541 172	535 153	529 148	523 157	517 186	511 217	506 4	500 69
Idem.	sur	58	57	56	55	54	53	52	51
		494 148	488 241	483 84	477 205	472 76	466 225	461 124	456 37
Idem.	sur	50	49	48	47	46	45	44	43
		450 228	445 169	440 124	435 93	430 76	425 73	420 84	415 109
Idem.	sur	42	41	40	39	38	37	36	35
		410 148	405 201	401 4	396 85	391 180	387 25	382 148	378 21
Idem.	sur	34	33	32	31	30	29	28	27
		373 172	369 73	364 252	360 181	356 124	352 81	348 52	344 37
Idem.	sur	26	25	24	23	22	21	20	19
		340 36	336 49	332 76	328 117	324 172	320 241	317 6	313 157
Idem.	sur	18	17	16	15	14	13	12	11
		310 4	306 129	303 4	299 157	296 60	292 241	289 172	286 117
Idem.	sur	10	9	8	7	6	5	4	3
		283 76	280 49	277 36	274 37	271 52	268 81	265 124	262 181
Idem.	sur	2	1	0					
		259 252	257 73	254 172					
99	sur	99	98	97	96	95	94	93	92
		779 165	771 205	763 259	756 63	748 145	740 241	733 87	725 211
Idem.	sur	91	90	89	88	87	86	85	84
		718 85	710 237	703 139	696 55	688 249	681 193	674 151	667 123
Idem.	sur	83	82	81	80	79	78	77	76
		660 109	653 109	646 123	639 151	632 193	625 249	619 55	612 139
Idem.	sur	75	74	73	72	71	70	69	68
		605 237	599 85	592 211	586 87	579 241	573 145	567 63	560 259
Idem.	sur	67	66	65	64	63	62	61	60
		554 205	548 165	540 239	536 127	530 129	524 145	518 175	512 219
Idem.	sur	59	58	57	56	55	54	53	52
		507 13	501 85	495 171	490 7	484 121	478 249	473 127	468 19

Circonférence du plus gros bout en pouces.		Circonférence de l'autre bout, exprimée par les chiffres supérieurs de chaque case. Des deux nombres inférieurs contenus dans chaque même case, celui à gauche renvoie à la Table VII ; & celui à droite, à la Table II ; Tables où se trouvent les solidités.							
Idem.	sur	51	50	49	48	47	46	45	44
		462 189	457 109	452 43	446 255	441 217	436 193	431 183	426 187
Idem.	sur	43	42	41	40	39	38	37	36
		421 205	416 237	412 19	407 79	402 153	397 241	393 79	388 195
Idem.	sur	35	34	33	32	31	30	29	28
		384 61	379 205	375 99	371 7	366 193	362 129	358 79	354 43
Idem.	sur	27	26	25	24	23	22	21	20
		350 21	346 13	342 19	338 39	334 73	330 121	326 183	322 259
Idem.	sur	19	18	17	16	15	14	13	12
		319 85	315 189	312 43	308 175	305 57	301 217	298 127	295 51
Idem.	sur	11	10	9	8	7	6	5	4
		291 253	288 205	285 171	282 151	279 145	276 153	273 175	270 211
Idem.	sur	3	2	1	0				
		267 261	265 61	262 139	259 231				
100	sur	100	99	98	97	96	95	94	93
		795 120	787 139	779 172	771 219	764 16	756 91	748 180	741 19
Idem.	sur	92	91	90	89	88	87	86	85
		733 136	726 3	718 148	711 43	703 216	696 135	689 76	682 27
Idem.	sur	84	83	82	81	80	79	78	77
		674 256	667 235	660 228	653 235	646 256	640 27	633 76	626 139
Idem.	sur	76	75	74	73	72	71	70	69
		619 216	613 43	605 148	600 3	593 136	587 19	580 180	574 91
Idem.	sur	68	67	66	65	64	63	62	61
		568 16	561 219	555 172	549 139	543 120	537 115	531 124	525 147
Idem.	sur	60	59	58	57	56	55	54	53
		519 184	513 235	508 36	502 115	496 208	491 51	485 172	480 43
Idem.	sur	52	51	50	49	48	47	46	45
		474 192	469 91	464 4	458 195	453 136	448 91	443 60	438 43
Idem.	sur	44	43	42	41	40	39	38	37
		433 40	428 51	423 76	418 115	413 168	408 235	404 52	399 147
Idem.	sur	36	35	34	33	32	31	30	29
		394 256	390 115	385 252	381 139	377 40	372 219	368 148	364 91
Idem.	sur	28	27	26	25	24	23	22	21
		360 48	356 19	352 4	548 1	344 16	340 43	336 84	332 139
Idem.	sur	20	19	18	17	16	15	14	13
		328 208	325 27	321 124	317 235	314 96	310 235	307 124	304 27

Circonférence du plus gros bout en pouces		Circonférence de l'autre bout, exprimée par les chiffres supérieurs de chaque caſe. Des deux nombres inférieurs contenus dans chaque même caſe, celui à gauche renvoie à la Table VII, & celui à droite, à la Table II; Tables où ſe trouvent les ſolidités.							
Idem.	ſim	12	11	10	9	8	7	6	5
		300 208	297 139	294 84	291 43	288 16	285 3	282 4	279 19
Idem.	ſur	4	3	2	1	0			
		276 48	273 91	270 148	267 219	265 40			
101	ſur	101	100	99	98	97	96	95	94
		811 117	803 115	795 127	787 153	779 193	771 247	764 51	756 133
Idem.	ſur	93	92	91	90	89	88	87	86
		748 229	741 75	733 199	726 73	718 225	711 127	704 43	696 237
Idem.	ſur	85	84	83	82	81	80	79	78
		689 181	682 139	675 111	668 97	661 97	654 111	647 139	640 181
Idem.	ſur	77	76	75	74	73	72	71	70
		633 237	627 43	620 127	613 225	607 73	600 199	594 75	587 229
Idem.	ſur	69	68	67	66	65	64	63	62
		581 133	575 51	568 247	562 193	556 153	550 127	544 115	538 117
Idem.	ſur	61	60	59	58	57	56	55	54
		532 133	526 163	520 207	515 1	509 73	503 159	497 259	492 109
Idem.	ſur	53	52	51	50	49	48	47	46
		486 237	481 115	476 7	470 177	465 97	460 31	454 243	449 205
Idem.	ſur	45	44	43	42	41	40	39	38
		444 181	439 171	434 175	429 193	424 225	420 7	415 67	410 141
Idem.	ſur	37	36	35	34	33	32	31	30
		405 229	401 67	396 183	392 49	387 193	383 87	378 259	374 181
Idem.	ſur	29	28	27	26	25	24	23	22
		370 117	366 67	362 31	358 9	354 1	350 7	346 27	342 61
Idem.	ſur	21	20	19	18	17	16	15	14
		338 109	334 171	330 247	327 73	323 177	320 31	316 163	313 45
Idem.	ſur	13	12	11	10	9	8	7	6
		309 205	306 115	303 39	299 241	296 193	293 159	290 139	287 133
Idem.	ſur	5	4	3	2	1	0		
		284 141	281 163	278 199	275 249	273 49	270 127		
102	ſur	102	101	100	99	98	97	96	95
		827 356	819 133	811 124	803 129	795 148	787 181	779 228	772 25
Idem.	ſur	94	93	92	91	90	89	88	87
		764 100	756 185	749 28	741 145	734 12	726 157	719 52	711 225
Idem.	ſur	86	85	84	83	82	81	80	79
		704 148	697 85	690 36	683 1	675 244	668 237	661 244	655 1

Circonférence de l'autre bout exprimée par les chiffres supérieurs de chaque case. Des deux nombres inférieurs contenus dans chaque même case, celui à gauche renvoie à la Table VII, & celui à droite, à la Table II; Tables où se trouvent les solidités.

Circonférence du plus ros bout en ouces.									
Idem.	sur	78	77	76	75	74	73	72	71
		648 36	641 85	634 148	627 225	621 52	614 157	608 12	601 145
Idem.	sur	70	69	68	67	66	65	64	63
		595 28	588 189	582 100	576 25	569 228	563 181	557 148	551 129
Idem.	sur	62	61	60	59	58	57	56	55
		545 124	539 133	533 156	527 193	521 244	516 45	510 124	504 217
Idem.	sur	54	53	52	51	50	49	48	47
		499 60	493 181	488 52	482 201	477 100	472 13	466 204	461 145
Idem.	sur	46	45	44	43	42	41	40	39
		456 100	451 69	446 52	441 49	436 60	431 85	426 124	421 177
Idem.	sur	38	37	36	35	34	33	32	31
		416 244	412 61	407 156	403 1	398 124	393 261	389 148	385 49
Idem.	sur	30	29	28	27	26	25	24	23
		380 228	376 157	372 100	368 57	364 28	360 13	356 12	352 25
Idem.	sur	22	21	20	19	18	17	16	15
		348 52	344 93	340 148	336 217	333 36	329 133	325 244	322 105
Idem.	sur	14	13	12	11	10	9	8	7
		318 244	315 133	312 36	308 217	305 148	302 93	299 52	296 25
Idem.	sur	6	5	4	3	2	1	0	
		293 12	290 13	287 28	284 57	281 100	278 157	275 228	
103	sur	103	102	101	100	99	98	97	96
		843 237	835 193	827 163	819 147	811 145	803 157	795 183	787 223
Idem.	sur	95	94	93	92	91	90	89	88
		780 13	772 81	764 163	756 259	749 105	741 229	734 103	726 255
Idem.	sur	87	86	85	84	83	82	81	80
		719 157	712 73	705 3	697 211	690 169	683 141	676 127	669 127
Idem.	sur	79	78	77	76	75	74	73	72
		662 141	655 169	648 211	642 3	635 73	628 157	621 255	615 103
Idem.	sur	71	70	69	68	67	66	65	64
		608 229	602 105	595 259	589 163	583 81	577 13	570 223	564 183
Idem.	sur	63	62	61	60	59	58	57	56
		558 157	552 145	546 147	540 163	534 193	528 237	523 31	517 103
Idem.	sur	55	54	53	52	51	50	49	48
		511 189	506 25	500 139	495 3	489 145	484 37	478 207	473 117
Idem.	sur	47	46	45	44	43	42	41	40
		468 61	463 9	457 235	452 211	447 201	442 205	437 223	432 255

Circonférence du plus gros bout en pouces	Circonférence de l'autre bout, exprimée par les chiffres supérieurs de chaque cafe. Des deux nombres inférieurs contenus dans chaque même cafe, celui à gauche renvoie à la Table VII, & celui à droite à la Table II ; Tables où se trouvent les solidités.							
Idem.	fur	39	38	37	36	35	34	33	32
		428 37	423 97	418 171	413 259	409 97	404 213	400 79	395 223
Idem.	fur	31	30	29	28	27	26	25	24
		391 117	387 25	382 211	378 147	374 97	370 61	366 39	362 31
Idem.	fur	23	22	21	20	19	18	17	16
		358 37	354 57	350 91	346 139	342 201	339 13	335 103	331 207
Idem.	fur	15	14	13	12	11	10	9	8
		328 61	324 193	321 75	317 235	314 145	311 69	308 7	304 223
Idem.	fur	7	6	5	4	3	2	1	0
		301 189	298 169	295 163	292 171	289 193	286 229	284 15	281 79
104	fur	104	103	102	101	100	99	98	97
		860 96	852 31	843 244	835 207	827 184	819 175	811 180	803 199
Idem.	fur	95	95	94	93	92	91	90	89
		795 232	788 15	780 76	772 151	764 240	757 79	749 196	742 63
Idem.	fur	88	87	86	85	84	83	82	81
		734 208	727 103	720 12	712 199	705 136	698 87	691 52	684 31
Idem.	fur	80	79	78	77	76	75	74	73
		676 288	669 295	663 52	656 87	649 136	642 199	636 212	629 103
Idem.	fur	72	71	70	69	68	67	66	65
		622 208	616 63	609 196	603 79	596 240	590 151	584 76	578 15
Idem.	fur	64	63	62	61	60	59	58	57
		571 232	565 199	559 180	553 175	547 184	541 207	535 244	530 31
Idem.	fur	56	55	54	53	52	51	50	49
		524 96	518 175	513 4	507 111	501 232	496 103	490 252	485 151
Idem.	fur	48	47	46	45	44	43	42	41
		480 64	474 255	469 196	464 151	459 120	454 103	449 100	444 111
Idem.	fur	40	39	38	37	36	35	34	33
		439 136	434 175	429 228	425 31	420 112	415 207	411 52	406 175
Idem.	fur	32	31	30	29	28	27	26	25
		402 48	397 199	393 100	389 15	384 208	380 151	376 108	372 79
Idem.	fur	24	23	22	21	20	19	18	17
		368 64	364 63	360 76	356 163	352 144	348 199	345 4	341 87
Idem.	fur	16	15	14	13	12	11	10	9
		337 184	334 31	330 156	327 31	323 184	320 87	317 4	313 199
Idem.	fur	8	7	6	5	4	3	2	1
		310 144	307 103	304 76	301 63	298 64	295 79	292 108	289 151

BOIS RONDS.

Circonférence du plus gros bout en pouces.	Circonférence de l'autre bout, exprimée par les chiffres supérieurs de chaque case. Des deux nombres inférieurs contenus dans chaque même case, celui à gauche renvoie à la Table VII, & celui à droite à la Table II; Tables où se trouvent les solidités.							
Idem.	fur	0							
		286 208							
105	fur	105	104	103	102	101	100	99	98
		876 261	868 175	860 103	852 45	844 1	835 235	827 219	819 217
Idem.	fur	97	96	95	94	93	92	91	90
		811 229	803 255	796 31	788 85	780 153	772 235	765 67	757 177
Idem.	fur	89	88	87	86	85	84	83	82
		750 37	742 175	735 63	727 229	720 145	713 75	706 19	698 241
Idem.	fur	81	80	79	78	77	76	75	74
		691 213	684 199	677 199	670 213	663 241	657 19	650 75	643 145
Idem.	fur	73	72	71	70	69	68	67	66
		636 229	630 63	623 175	617 37	610 177	604 67	597 235	591 153
Idem.	fur	65	64	63	62	61	60	59	58
		585 85	579 31	572 255	566 229	560 217	554 219	548 235	543 1
Idem.	fur	57	56	55	54	53	52	51	50
		537 45	531 103	525 175	519 261	514 97	508 211	503 75	497 217
Idem.	fur	49	48	47	46	45	44	43	42
		492 109	487 15	481 199	476 133	471 81	466 43	461 19	456 9
Idem.	fur	41	40	39	38	37	36	35	34
		451 13	446 31	441 63	436 109	431 169	426 243	422 67	417 169
Idem.	fur	33	32	31	30	29	28	27	26
		413 21	408 151	404 31	399 189	395 97	391 19	386 219	382 169
Idem.	fur	25	24	23	22	21	20	19	18
		378 133	374 111	370 103	366 109	362 129	358 163	354 211	351 9
Idem.	fur	17	16	15	14	13	12	11	10
		347 85	343 175	340 15	336 133	333 1	329 147	326 43	322 217
Idem.	fur	9	8	7	6	5	4	3	2
		319 141	316 79	313 31	309 261	306 241	303 235	300 243	298 1
Idem.	fur	1	0						
		295 37	292 87						
106	fur	106	105	104	103	102	101	100	99
		893 204	885 97	877 4	868 189	860 124	852 73	844 36	836 13
Idem.	fur	98	97	96	95	94	93	92	91
		828 4	820 9	812 28	804 61	796 108	788 169	780 244	773 69
Idem.	fur	90	89	88	87	86	85	84	83
		765 172	758 25	750 156	743 37	735 196	728 105	721 28	713 229

TABLE I.

circonférence du plus gros bout en pouces.		Circonférence de l'autre bout, exprimée par les chiffres supérieurs de chaque case. Des deux nombres inférieurs contenus dans chaque même case, celui à gauche renvoie à la Table VII, & celui à droite à la Table II ; Tables où se trouvent les solidités.							
Idem.	fur	82	81	80	79	78	77	76	75
		706 180	699 145	692 124	685 117	678 124	671 145	664 180	657 229
Idem.	fur	74	73	72	71	70	69	68	67
		651 28	644 105	637 196	631 37	624 156	618 25	611 172	605 69
Idem.	fur	66	65	64	63	62	61	60	59
		598 244	592 169	586 108	580 61	574 28	568 9	562 4	556 13
Idem.	fur	58	57	56	55	54	53	52	51
		550 36	544 73	538 124	532 189	527 4	521 97	515 204	510 61
Idem.	fur	50	49	48	47	46	45	44	43
		504 196	499 81	493 244	488 157	483 84	478 25	472 244	467 213
Idem.	fur	42	41	40	39	38	37	36	35
		462 196	457 193	452 204	447 229	443 4	438 57	433 124	428 205
Idem.	fur	34	33	32	31	30	29	28	27
		424 36	419 145	415 4	410 141	406 28	401 193	397 108	393 37
Idem.	fur	26	25	24	23	22	21	20	19
		388 244	384 201	380 172	376 157	372 156	368 169	364 196	360 237
Idem.	fur	18	17	16	15	14	13	12	11
		357 28	353 97	349 180	346 13	342 124	338 249	335 124	332 13
Idem.	fur	10	9	8	7	6	5	4	3
		328 180	325 97	322 28	318 237	315 196	312 169	309 156	306 157
Idem.	fur	2	1	0					
		303 172	300 201	297 244					
107	fur	107	106	105	104	103	102	101	100
		910 189	902 61	893 211	885 111	877 25	868 217	860 159	852 115
Idem.	fur	99	98	97	96	95	94	93	92
		844 85	836 69	828 67	820 79	812 105	804 145	796 199	789 3
Idem.	fur	91	90	89	88	87	86	85	84
		781 85	773 181	766 27	758 151	751 25	743 177	736 79	728 259
Idem.	fur	83	82	81	80	79	78	77	76
		721 189	714 133	707 91	700 63	693 49	686 49	679 63	672 91
Idem.	fur	75	74	73	72	71	70	69	68
		665 133	658 189	651 259	645 79	638 177	632 25	625 151	619 27
Idem.	fur	67	66	65	64	63	62	61	60
		612 181	606 85	600 3	593 199	587 145	581 105	575 79	569 67
Idem.	fur	59	58	57	56	55	54	53	52
		563 69	557 85	551 115	545 159	539 217	534 25	528 111	522 211

Circonfé-rence du plus gros bout en pouces.		Circonférence de l'autre bout exprimée par les chiffres supérieurs de chaque case. Des deux nombres inférieurs contenus dans chaque même case, celui à gauche renvoie à la Table VII; & celui à droite à la Table II; Tables où se trouvent les solidités.							
Idem.	fur	102	101	100	99	98	97	96	95
		894 52	885 237	877 172	869 121	851 84	853 61	845 52	837 57
Idem.	fur	94	93	92	91	90	89	88	87
		829 76	821 109	813 156	865 217	798 28	790 117	782 220	775 73
Idem.	fur	86	85	84	83	82	81	80	79
		767 204	760 85	752 244	745 153	738 76	731 13	723 228	716 193
Idem.	fur	78	77	76	75	74	73	72	71
		709 172	702 165	695 172	688 193	681 228	675 13	668 76	661 153
Idem.	fur	70	69	68	67	66	65	64	63
		654 244	648 85	641 204	635 73	628 220	622 117	616 28	609 217
Idem.	fur	62	61	60	59	58	57	56	55
		603 156	597 109	591 76	585 57	579 52	573 61	567 84	561 121
Idem.	fur	54	53	52	51	50	49	48	47
		555 172	549 237	544 52	538 145	532 252	527 109	521 244	516 129
Idem.	fur	46	45	44	43	42	41	40	39
		511 28	505 205	500 132	495 73	490 28	484 261	479 244	474 241
Idem.	fur	38	37	36	35	34	33	32	31
		469 252	465 13	460 52	455 105	450 172	445 253	441 84	436 193
Idem.	fur	30	29	28	27	26	25	24	23
		432 52	427 189	423 76	418 241	414 156	410 85	406 28	401 249
Idem.	fur	22	21	20	19	18	17	16	15
		397 220	393 205	389 204	385 217	381 244	378 21	374 73	370 145
Idem.	fur	14	13	12	11	10	9	8	7
		366 228	363 61	359 172	356 33	352 172	349 61	345 228	342 145
Idem.	fur	6	5	4	3	2	1	0	
		339 76	336 21	332 244	329 217	326 204	323 205	320 220	
111	fur	111	110	109	108	107	106	105	104
		980 21	971 73	962 139	953 219	945 43	936 157	928 15	919 151
Idem.	fur	103	102	101	100	99	98	97	96
		911 37	902 201	894 115	886 43	877 249	869 205	861 175	853 159
Idem.	fur	95	94	93	92	91	90	89	88
		845 157	837 169	829 195	821 235	814 25	806 93	798 175	791 7
Idem.	fur	87	86	85	84	83	82	81	80
		783 117	775 241	768 115	761 3	753 169	746 85	739 15	731 223
Idem.	fur	79	78	77	76	75	74	73	72
		724 181	717 153	710 139	703 139	696 153	689 181	682 223	676 15

Circonférence du plus gros bout en pouces.		Circonférence de l'autre bout, exprimée par les chiffres supérieurs de chaque case. Des deux nombres inférieurs contenus dans chaque même case, celui à gauche renvoie à la Table VII, & celui à droite à la Table II ; Tables où se trouvent les solidités.							
Idem.	fur	71	70	69	68	67	66	65	64
		669 85	662 169	656 3	649 115	642 241	636 117	630 7	623 175
Idem.	fur	63	62	61	60	59	58	57	56
		617 93	611 25	604 235	598 19	592 169	586 157	580 159	574 175
Idem.	fur	55	54	53	52	51	50	49	48
		568 205	562 249	557 43	551 115	545 201	540 37	534 151	529 15
Idem.	fur	47	46	45	44	43	42	41	40
		523 157	518 49	512 219	507 139	502 73	497 21	491 247	486 223
Idem.	fur	39	38	37	36	35	34	33	32
		481 213	476 217	471 235	467 3	462 49	457 109	452 183	448 7
Idem.	fur	31	30	29	28	27	26	25	24
		443 109	438 225	434 91	429 235	425 129	421 37	416 223	412 159
Idem.	fur	23	22	21	20	19	18	17	16
		408 109	404 73	400 51	396 43	392 49	388 69	384 103	380 151
Idem.	fur	15	14	13	12	11	10	9	8
		376 213	373 25	369 115	365 219	362 73	358 205	355 87	351 247
Idem.	fur	7	6	5	4	3	2	1	0
		348 157	345 81	342 19	338 235	335 201	332 181	329 17	326 183
112	fur	112	111	110	109	108	107	106	105
		997 216	988 247	980 28	971 87	962 160	953 247	945 84	936 199
Idem.	fur	104	103	102	101	100	99	98	97
		928 64	919 207	911 100	903 7	894 192	886 127	878 76	870 39
Idem.	fur	96	95	94	93	92	91	90	89
		862 16	854 7	846 12	838 31	830 64	822 111	814 172	806 247
Idem.	fur	88	87	86	85	84	83	82	81
		799 72	791 175	784 28	776 159	769 40	761 199	754 108	747 31
Idem.	fur	80	79	78	77	76	75	74	73
		739 232	732 183	725 148	718 127	711 120	704 127	697 148	690 183
Idem.	fur	72	71	70	69	68	67	66	65
		683 232	677 31	670 108	663 199	657 40	650 159	644 28	637 175
Idem.	fur	64	63	62	61	60	59	58	57
		631 72	624 247	618 172	612 111	606 64	600 31	594 12	588 7
Idem.	fur	56	55	54	53	52	51	50	49
		582 16	576 39	570 76	564 127	558 192	553 7	547 100	541 207
Idem.	fur	48	47	46	45	44	43	42	41
		536 64	530 199	525 84	519 247	514 160	509 87	504 28	498 247

Circonférence du plus gros bout en pouces.		Circonférence de l'autre bout, exprimée par les chiffres supérieurs de chaque cafe. Des deux nombres inférieurs contenus dans chaque même cafe, celui à gauche renvoie à la Table VII, & celui à droite à la Table II; Tables où se trouvent les folidités.							
Idem.	fur	40 / 493 216	39 / 488 199	38 / 483 196	37 / 478 207	36 / 473 232	35 / 469 7	34 / 464 60	33 / 459 127
Idem.	fur	32 / 454 208	31 / 450 39	30 / 445 148	29 / 441 7	28 / 436 144	27 / 432 31	26 / 427 196	25 / 423 111
Idem.	fur	24 / 419 40	23 / 414 247	22 / 410 204	21 / 406 175	20 / 402 160	19 / 398 159	18 / 394 172	17 / 390 199
Idem.	fur	16 / 386 240	15 / 383 31	14 / 379 100	13 / 375 183	12 / 372 16	11 / 368 127	10 / 364 252	9 / 361 127
Idem.	fur	8 / 358 16	7 / 354 183	6 / 351 100	5 / 348 31	4 / 344 240	3 / 341 199	2 / 338 172	1 / 335 159
Idem.	fur	0 / 332 160							
113	fur	113 / 1015 189	112 / 1006 199	111 / 997 223	110 / 988 261	109 / 980 49	108 / 971 115	107 / 962 195	106 / 954 25
Idem.	fur	105 / 945 133	104 / 936 255	103 / 928 127	102 / 920 13	101 / 911 177	100 / 903 91	99 / 895 19	98 / 886 225
Idem.	fur	97 / 878 181	96 / 870 151	95 / 862 135	94 / 854 133	93 / 846 145	92 / 838 171	91 / 830 211	90 / 823 1
Idem.	fur	89 / 815 69	88 / 807 151	87 / 799 247	86 / 792 93	85 / 784 217	84 / 777 91	83 / 769 243	82 / 762 145
Idem.	fur	81 / 755 61	80 / 747 255	79 / 740 199	78 / 733 157	77 / 726 129	76 / 719 115	75 / 712 115	74 / 705 129
Idem.	fur	73 / 698 157	72 / 691 199	71 / 684 255	70 / 678 61	69 / 671 145	68 / 664 243	67 / 658 91	66 / 651 217
Idem.	fur	65 / 645 93	64 / 638 247	63 / 632 151	62 / 626 69	61 / 620 1	60 / 613 211	59 / 607 171	58 / 601 145
Idem.	fur	57 / 595 133	56 / 589 135	55 / 583 151	54 / 577 181	53 / 571 225	52 / 566 19	51 / 560 91	50 / 554 177
Idem.	fur	49 / 549 13	48 / 543 127	47 / 537 255	46 / 532 133	45 / 527 25	44 / 521 195	43 / 516 115	42 / 511 49
Idem.	fur	41 / 505 261	40 / 500 223	39 / 495 199	38 / 490 189	37 / 485 193	36 / 480 211	35 / 475 243	34 / 471 25
Idem.	fur	33 / 466 85	32 / 461 159	31 / 456 247	30 / 452 85	29 / 447 201	28 / 443 67	27 / 438 211	26 / 434 105
Idem.	fur	25 / 430 13	24 / 425 199	23 / 421 135	22 / 417 85	21 / 413 49	20 / 409 27	19 / 405 19	18 / 401 25

| Circonférence du plus gros bout en pouces. | | Circonférence de l'autre bout, exprimée par les chiffres supérieurs de chaque cafe. Des deux nombres inférieurs contenus dans chaque même cafe, celui à gauche renvoie à la Table VII, & celui à droite à la Table II; Tables où se trouvent les folidités. | | | | | | | |

		17	16	15	14	13	12	11	10
Idem.	sur	397 45	393 79	389 127	385 189	382 1	378 91	374 195	371 49

		9	8	7	6	5	4	3	2
Idem	sur	367 181	364 63	360 223	357 133	354 57	350 259	347 21	344 177

		1	0						
Idem.	sur	341 157	338 151						

		114	113	112	111	110	109	108	107
114	sur	1033 204	1024 193	1015 196	1006 213	997 244	989 25	980 84	971 157

		106	105	104	103	102	101	100	99
Idem.	sur	962 244	954 81	945 196	937 61	928 204	920 97	912 4	903 189

		98	97	96	95	94	93	92	91
Idem.	sur	895 124	887 73	879 36	871 13	863 4	855 9	847 28	839 61

		90	89	88	87	86	85	84	83
Idem.	sur	831 108	823 169	815 244	808 69	800 172	793 25	785 156	778 37

		82	81	80	79	78	77	76	75
Idem.	sur	770 196	763 105	756 28	748 229	741 180	734 145	727 124	720 117

		74	73	72	71	70	69	68	67
Idem.	sur	713 124	706 145	699 180	692 229	686 28	679 105	672 196	666 37

		66	65	64	63	62	61	60	59
Idem.	sur	559 156	653 25	646 172	640 69	633 244	627 169	621 108	615 61

		58	57	56	55	54	53	52	51
Idem.	sur	609 28	603 9	597 4	591 13	585 36	579 73	573 124	567 189

		50	49	48	47	46	45	44	43
Idem.	sur	562 4	556 97	550 204	545 61	539 196	534 81	528 244	523 157

		42	41	40	39	38	37	36	35
Idem.	sur	518 84	513 25	507 244	502 213	497 196	492 193	487 204	482 229

		34	33	32	31	30	29	28	27
Idem.	sur	478 4	473 57	468 124	463 205	459 36	454 145	450 4	445 141

		26	25	24	23	22	21	20	19
Idem.	sur	441 28	436 193	432 108	428 37	423 244	419 201	415 172	411 157

		18	17	16	15	14	13	12	11
Idem.	sur	407 156	403 169	399 196	395 237	392 28	388 97	384 180	381 13

		10	9	8	7	6	5	4	3
Idem.	sur	377 124	373 245	370 12	367 13	363 180	360 97	357 28	353 237

		2	1	0					
Idem.	sur	350 196	347 169	344 156					

AVERTISSEMENT

Relatif à la Table II.

Tout ce qui concerne la Table II est expliqué dans le Discours sur les Bois ronds, en tête de cette première partie. Ce que nous en dirions ici ne seroit donc qu'une répétition. Voyez (Discours cité) les articles 33, 34, 35, &c. jusqu'au 54.ᵉ inclusivement. Voyez, en outre, le titre de la Table II : ce titre en rappelle l'usage.

Base des Bois en fractions de pouce quarré $\frac{1}{64}$.

Longueur des bois en pieds	Solidité en pouc. de foliv.	lign. de foliv.	points de foliv.	44.iemes de point
1/4	.	.	.	1
1/2	.	.	.	2
3/4	.	.	.	3
1	.	.	.	4
2	.	.	.	8
3	.	.	.	12
4	.	.	.	16
5	.	.	.	20
6	.	.	.	24
7	.	.	.	28
8	.	.	.	32
9	.	.	.	36
10	.	.	.	40
11	.	.	1	.
12	.	.	1	4
13	.	.	1	8
14	.	.	1	12
15	.	.	1	16
16	.	.	1	20
17	.	.	1	24
18	.	.	1	28
19	.	.	1	32
20	.	.	1	36
21	.	.	1	40
22	.	.	2	.
23	.	.	2	4
24	.	.	2	8
25	.	.	2	12
26	.	.	2	16
27	.	.	2	20
28	.	.	2	24
29	.	.	2	28
30	.	.	2	32
31	.	.	2	36
32	.	.	2	40
33	.	.	3	.
34	.	.	3	4
35	.	.	3	8
36	.	.	3	12
37	.	.	3	16
38	.	.	3	20
39	.	.	3	24
40	.	.	3	28
41	.	.	3	32
42	.	.	3	36
43	.	.	3	40
44	.	.	4	.
45	.	.	4	4
46	.	.	4	8
47	.	.	4	12
48	.	.	4	16

Base des Bois en fractions de pouce quarré $\frac{2}{64}$.

Longueur des bois en pieds	Solidité en pouc. de foliv.	lign. de foliv.	points de foliv.	44.iemes de point
1/4	.	.	.	2
1/2	.	.	.	4
3/4	.	.	.	6
1	.	.	.	8
2	.	.	.	16
3	.	.	.	24
4	.	.	.	32
5	.	.	.	40
6	.	.	1	4
7	.	.	1	12
8	.	.	1	20
9	.	.	1	28
10	.	.	1	36
11	.	.	2	.
12	.	.	2	8
13	.	.	2	16
14	.	.	2	24
15	.	.	2	32
16	.	.	2	40
17	.	.	3	4
18	.	.	3	12
19	.	.	3	20
20	.	.	3	28
21	.	.	3	36
22	.	.	4	.
23	.	.	4	8
24	.	.	4	16
25	.	.	4	24
26	.	.	4	32
27	.	.	4	40
28	.	.	5	4
29	.	.	5	12
30	.	.	5	20
31	.	.	5	28
32	.	.	5	36
33	.	.	6	.
34	.	.	6	8
35	.	.	6	16
36	.	.	6	24
37	.	.	6	32
38	.	.	6	40
39	.	.	7	4
40	.	.	7	12
41	.	.	7	20
42	.	.	7	28
43	.	.	7	36
44	.	.	8	.
45	.	.	8	8
46	.	.	8	16
47	.	.	8	24
48	.	.	8	32

Base des Bois en fractions de pouce quarré $\frac{3}{64}$.

Longueur des bois en pieds	Solidité en pouc. de foliv.	lign. de foliv.	points de foliv.	44.iemes de point
1/4	.	.	.	3
1/2	.	.	.	6
3/4	.	.	.	9
1	.	.	.	12
2	.	.	.	24
3	.	.	.	36
4	.	.	1	4
5	.	.	1	16
6	.	.	1	28
7	.	.	1	40
8	.	.	2	8
9	.	.	2	20
10	.	.	2	32
11	.	.	3	.
12	.	.	3	12
13	.	.	3	24
14	.	.	3	36
15	.	.	4	4
16	.	.	4	16
17	.	.	4	28
18	.	.	4	40
19	.	.	5	8
20	.	.	5	20
21	.	.	5	32
22	.	.	6	.
23	.	.	6	12
24	.	.	6	24
25	.	.	6	36
26	.	.	7	4
27	.	.	7	16
28	.	.	7	28
29	.	.	7	40
30	.	.	8	8
31	.	.	8	20
32	.	.	8	32
33	.	.	9	.
34	.	.	9	12
35	.	.	9	24
36	.	.	9	36
37	.	.	10	4
38	.	.	10	16
39	.	.	10	28
40	.	.	10	40
41	.	.	11	8
42	.	.	11	20
43	.	.	11	32
44	.	1	.	.
45	.	1	.	12
46	.	1	.	24
47	.	1	.	36
48	.	1	1	4

Bafe des Bois en fractions de pouce quarré $\frac{4}{264}$

Longueur des bois en pieds	Solidité en			
	Pouc. de Soliv.	Lign. de Soliv.	points de Soliv.	44-ièmes de point.
1/4				4
1/2				8
3/4				12
1				16
2				32
3			1	4
4			1	20
5			1	36
6			2	8
7			2	24
8			2	40
9			3	12
10			3	28
11			4	.
12			4	16
13			4	32
14			5	4
15			5	20
16			5	36
17			6	8
18			6	24
19			6	40
20			7	12
21			7	28
22			8	.
23			8	16
24			8	32
25			9	4
26			9	20
27			9	36
28			10	8
29			10	24
30			10	40
31			11	12
32			11	28
33		1		.
34		1		16
35		1		32
36		1	1	4
37		1	1	20
38		1	1	36
39		1	2	8
40		1	2	24
41		1	2	40
42		1	3	12
43		1	3	28
44		1	4	.
45		1	4	16
46		1	4	32
47		1	5	4
48		1	5	20

Bafe des Bois en fractions de pouce quarré $\frac{5}{264}$

Longueur des bois en pieds	Solidité en			
	Pouc. de Soliv.	Lign. de Soliv.	points de Soliv.	44-ièmes de point.
1/4				5
1/2				10
3/4				15
1				20
2				40
3			1	16
4			1	36
5			2	12
6			2	32
7			3	8
8			3	28
9			4	4
10			4	24
11			5	.
12			5	20
13			5	40
14			6	16
15			6	36
16			7	12
17			7	32
18			8	8
19			8	28
20			9	4
21			9	24
22			10	.
23			10	20
24			10	40
25			11	16
26			11	36
27		1		12
28		1		32
29		1	1	8
30		1	1	28
31		1	2	4
32		1	2	24
33		1	3	.
34		1	3	20
35		1	3	40
36		1	4	16
37		1	4	36
38		1	5	12
39		1	5	32
40		1	6	8
41		1	6	28
42		1	7	4
43		1	7	24
44		1	8	.
45		1	8	20
46		1	8	40
47		1	9	16
48		1	9	36

Bafe des Bois en fractions de pouce quarré $\frac{6}{264}$

Longueur des bois en pieds	Solidité en			
	Pouc. de Soliv.	Lign. de Soliv.	points de Soliv.	44-ièmes de point.
1/4				6
1/2				12
3/4				18
1				24
2			1	4
3			1	28
4			2	8
5			2	32
6			3	12
7			3	36
8			4	16
9			4	40
10			5	20
11			6	.
12			6	24
13			7	4
14			7	28
15			8	8
16			8	32
17			9	12
18			9	36
19			10	16
20			10	40
21			11	20
22		1		.
23		1		24
24		1	1	4
25		1	1	28
26		1	2	8
27		1	2	32
28		1	3	12
29		1	3	36
30		1	4	16
31		1	4	40
32		1	5	20
33		1	6	.
34		1	6	24
35		1	7	4
36		1	7	28
37		1	8	8
38		1	8	32
39		1	9	12
40		1	9	36
41		1	10	16
42		1	10	40
43		1	11	20
44		2		.
45		2		24
46		2	1	4
47		2	1	28
48		2	2	8

Base des Bois en fractions de pouce quarré $\frac{7}{264}$.

Longueur des Bois en pieds.	Pouc. de Soliv.	Lign. de Soliv.	points de Soliv.	44.ièmes de point.
1/4				7
1/2				14
3/4				21
1				28
2			1	12
3			1	40
4			2	24
5			3	8
6			3	36
7			4	20
8			5	4
9			5	32
10			6	16
11			7	.
12			7	28
13			8	12
14			8	40
15			9	24
16			10	8
17			10	36
18			11	20
19		1	.	4
20		1	.	32
21		1	1	16
22		1	2	.
23		1	2	28
24		1	3	12
25		1	3	40
26		1	4	24
27		1	5	8
28		1	5	36
29		1	6	20
30		1	7	4
31		1	7	32
32		1	8	16
33		1	9	.
34		1	9	28
35		1	10	12
36		1	10	40
37		1	11	24
38		2	.	8
39		2	.	36
40		2	1	20
41		2	2	4
42		2	2	32
43		2	3	16
44		2	4	.
45		2	4	28
46		2	5	12
47		2	5	40
48		2	6	24

Base des Bois en fractions de pouce quarré $\frac{8}{264}$.

Longueur des bois en pieds.	Pouc. de Soliv.	Lign. de Soliv.	points de Soliv.	44.ièmes de point.
1/4				8
1/2				16
3/4				24
1				32
2			1	20
3			2	8
4			2	40
5			3	28
6			4	16
7			5	4
8			5	36
9			6	24
10			7	12
11			8	.
12			8	32
13			9	20
14			10	8
15			10	40
16			11	28
17		1	.	16
18		1	1	4
19		1	1	36
20		1	2	24
21		1	3	12
22		1	4	.
23		1	4	32
24		1	5	20
25		1	6	8
26		1	6	40
27		1	7	28
28		1	8	16
29		1	9	4
30		1	9	36
31		1	10	24
32		1	11	12
33		2	.	.
34		2	.	32
35		2	1	20
36		2	2	8
37		2	2	40
38		2	3	28
39		2	4	16
40		2	5	4
41		2	5	36
42		2	6	24
43		2	7	12
44		2	8	.
45		2	8	32
46		2	9	20
47		2	10	8
48		2	10	40

Base des Bois en fractions de pouce quarré $\frac{9}{264}$.

Longueur des bois en pieds.	Pouc. de Soliv.	Lign. de Soliv.	points de Soliv.	44.ièmes de point.
1/4				9
1/2				18
3/4				27
1				36
2			1	28
3			2	20
4			3	12
5			4	4
6			4	40
7			5	32
8			6	24
9			7	16
10			8	8
11			9	.
12			9	36
13			10	28
14			11	20
15		1	.	12
16		1	1	4
17		1	1	40
18		1	2	32
19		1	3	24
20		1	4	16
21		1	5	8
22		1	6	.
23		1	6	36
24		1	7	28
25		1	8	20
26		1	9	12
27		1	10	4
28		1	10	40
29		1	11	32
30		2	.	24
31		2	1	16
32		2	2	8
33		2	3	.
34		2	3	36
35		2	4	28
36		2	5	20
37		2	6	12
38		2	7	4
39		2	7	40
40		2	8	32
41		2	9	24
42		2	10	16
43		2	11	8
44		3	.	.
45		3	.	36
46		3	1	28
47		3	2	20
48		3	3	12

AVERTISSEMENT.

On observera qu'à la suite des intitulés : *Base des Bois en fractions de pouce quarré*, le Numérateur de la fraction n'a, d'un intitulé à l'autre, augmenté, jusqu'ici, que de 1, & qu'à l'avenir il augmentera de 10. Nous en avons déduit la raison dans le Discours qui commence la première partie, Article 47 & suivans.

	Base des Bois en fractions de pouce quarré $\frac{10}{64}$.			
Longueur des bois en pieds.	Solidité en			
	Pouc. de Soliv.	Lign. de Soliv.	points de Soliv.	44-ièmes de point.
1/4				10
1/3				20
1/2				30
1				40
2			1	36
3			2	32
4			3	28
5			4	24
6			5	20
7			6	16
8			7	12
9			8	8
10			9	4
11			10	.
12			10	40
13			11	36
14		1	.	32
15		1	1	28
16		1	2	24
17		1	3	20
18		1	4	16
19		1	5	12
20		1	6	8
21		1	7	4
22		1	7	.
23		1	8	40
24		1	9	36
25		1	10	32
26		1	11	28
27		2	.	24
28		2	1	20
29		2	2	16
30		2	3	12
31		2	4	8
32		2	5	4
33		2	6	.
34		2	6	40
35		2	7	36
36		2	8	32
37		2	9	28
38		2	10	24
39		2	11	20
40		3	.	16
41		3	1	12
42		3	2	8
43		3	3	4
44		3	4	.
45		3	4	40
46		3	5	36
47		3	6	32
48		3	7	28

	Base des Bois en fractions de pouce quarré $\frac{20}{64}$.			
Longueur des bois en pieds.	Solidité en			
	Pouc. de Soliv.	Lign. de Soliv.	points de Soliv.	44-ièmes de point.
1/4				20
1/3				40
1/2			1	16
1			1	36
2			3	28
3			5	20
4			7	12
5			9	4
6			10	40
7		1	.	32
8		1	1	24
9		1	4	16
10		1	6	8
11		1	8	.
12		1	9	36
13		1	11	28
14		2	1	20
15		2	3	12
16		2	5	4
17		2	6	40
18		2	8	32
19		2	10	24
20		3	.	16
21		3	2	8
22		3	4	.
23		3	5	36
24		3	7	28
25		3	9	20
26		3	11	12
27		4	1	4
28		4	2	40
29		4	4	32
30		4	6	24
31		4	8	16
32		4	10	8
33		5	.	.
34		5	1	36
35		5	3	28
36		5	5	20
37		5	7	12
38		5	8	4
39		5	10	40
40		6	.	32
41		6	2	24
42		6	4	16
43		6	6	8
44		6	8	.
45		6	9	36
46		6	11	28
47		7	1	20
48		7	3	12

Base des Bois en fractions de pouce quarré $\frac{30}{264}$

Longueur des bois en pieds	Solidité en			
	pouc. de Soliv.	Lign. de Soliv.	points de Soliv.	44.ièmes de point.
1/4	.	.	.	30
1/2	.	.	1	16
3/4	.	.	2	2
1	.	.	2	32
2	.	.	5	20
3	.	.	8	8
4	.	.	10	40
5	.	1	1	28
6	.	1	4	16
7	.	1	7	4
8	.	1	9	36
9	.	2	.	24
10	.	2	3	12
11	.	2	6	.
12	.	2	8	32
13	.	2	11	20
14	.	3	2	8
15	.	3	4	40
16	.	3	7	28
17	.	3	10	16
18	.	4	1	4
19	.	4	3	36
20	.	4	6	24
21	.	4	9	12
22	.	5	.	.
23	.	5	2	32
24	.	5	5	20
25	.	5	8	8
26	.	5	10	40
27	.	6	1	28
28	.	6	4	16
29	.	6	7	4
30	.	6	9	36
31	.	7	.	24
32	.	7	3	12
33	.	7	6	.
34	.	7	8	32
35	.	7	11	20
36	.	8	2	8
37	.	8	4	40
38	.	8	7	28
39	.	8	10	16
40	.	9	1	4
41	.	9	3	36
42	.	9	6	24
43	.	9	9	12
44	.	10	.	.
45	.	10	2	32
46	.	10	5	20
47	.	10	8	8
48	.	10	10	40

Base des Bois en fractions de pouce quarré $\frac{40}{264}$

Longueur des bois en pieds	Solidité en			
	Pouc. de Soliv.	Lign. de Soliv.	points de Soliv.	44.ièmes de point.
1/4	.	.	.	40
1/2	.	.	1	36
3/4	.	.	2	32
1	.	.	3	28
2	.	.	7	12
3	.	.	10	40
4	.	1	2	24
5	.	1	6	8
6	.	1	9	36
7	.	2	1	20
8	.	2	5	4
9	.	2	8	32
10	.	3	.	16
11	.	3	4	.
12	.	3	7	28
13	.	3	11	12
14	.	4	2	40
15	.	4	6	24
16	.	4	10	8
17	.	5	1	36
18	.	5	5	20
19	.	5	9	4
20	.	6	.	32
21	.	6	4	16
22	.	6	8	.
23	.	6	11	28
24	.	7	3	12
25	.	7	6	40
26	.	7	10	24
27	.	8	2	8
28	.	8	5	36
29	.	8	9	20
30	.	9	1	4
31	.	9	4	32
32	.	9	8	16
33	.	10	.	.
34	.	10	3	28
35	.	10	7	12
36	.	10	10	40
37	.	11	2	24
38	.	11	6	8
39	.	11	9	36
40	1	.	1	20
41	1	.	5	4
42	1	.	8	32
43	1	1	.	16
44	1	1	4	.
45	1	1	7	28
46	1	1	11	12
47	1	2	2	40
48	1	2	6	24

Base des Bois en fractions de pouce quarré $\frac{50}{264}$

Longueur des bois en pieds	Solidité en			
	Pouc. de Soliv.	Lign. de Soliv.	points de Soliv.	44.ièmes de point.
1/4	.	.	1	6
1/2	.	.	2	12
3/4	.	.	3	18
1	.	.	4	24
2	.	.	9	4
3	.	1	1	28
4	.	1	6	8
5	.	1	10	32
6	.	2	3	12
7	.	2	7	36
8	.	3	.	16
9	.	3	4	40
10	.	3	9	20
11	.	4	2	.
12	.	4	6	24
13	.	4	11	4
14	.	5	3	28
15	.	5	8	8
16	.	6	.	32
17	.	6	5	12
18	.	6	9	36
19	.	7	2	16
20	.	7	6	40
21	.	7	11	20
22	.	8	4	.
23	.	8	8	24
24	.	9	1	4
25	.	9	5	28
26	.	9	10	8
27	.	10	2	32
28	.	10	7	12
29	.	10	11	36
30	.	11	4	16
31	.	11	8	40
32	1	.	1	20
33	1	.	6	.
34	1	.	10	24
35	1	1	3	4
36	1	1	7	28
37	1	2	.	8
38	1	2	4	32
39	1	2	9	12
40	1	3	1	36
41	1	3	6	16
42	1	3	10	40
43	1	4	3	20
44	1	4	8	.
45	1	5	.	24
46	1	5	5	4
47	1	5	9	28
48	1	6	2	8

Base des Bois en fractions de pouce quarré $\frac{60}{264}$.

Longueur des bois en pieds.	Pouc. de Soliv.	Lign. de Soliv.	points de Soliv.	44.ièmes de point.
1/4	·	·	I	16
1/2	·	·	2	32
3/4	·	·	4	4
1	·	·	5	20
2	·	·	10	40
3	·	I	4	16
4	·	I	9	36
5	·	2	3	12
6	·	2	8	32
7	·	3	3	8
8	·	3	7	28
9	·	4	1	4
10	·	4	6	24
11	·	5	·	·
12	·	5	5	20
13	·	5	10	40
14	·	6	4	16
15	·	6	9	36
16	·	7	3	12
17	·	7	8	32
18	·	8	2	8
19	·	8	7	28
20	·	9	1	4
21	·	9	6	24
22	·	10	·	·
23	·	10	5	20
24	·	10	10	40
25	·	11	4	16
26	·	11	9	36
27	I	·	3	12
28	I	·	8	32
29	I	I	2	8
30	I	I	7	28
31	I	2	1	4
32	I	2	6	24
33	I	3	·	·
34	I	3	5	20
35	I	3	10	40
36	I	4	4	16
37	I	4	9	36
38	I	5	3	12
39	I	5	8	32
40	I	6	2	8
41	I	6	7	28
42	I	7	1	4
43	I	7	6	24
44	I	8	·	·
45	I	8	5	20
46	I	8	10	40
47	I	9	4	16
48	I	9	9	36

Base des Bois en fractions de pouce quarré $\frac{70}{264}$.

Longueur des bois en pieds.	Pouc. de Soliv.	Lign. de Soliv.	points de Soliv.	44.ièmes de point.
1/4	·	·	I	26
1/2	·	·	3	8
3/4	·	·	4	34
1	·	·	6	16
2	·	I	·	32
3	·	I	7	4
4	·	2	I	20
5	·	2	7	36
6	·	3	2	8
7	·	3	8	24
8	·	4	2	40
9	·	4	9	12
10	·	5	3	28
11	·	5	10	·
12	·	6	4	16
13	·	6	10	32
14	·	7	5	4
15	·	7	11	20
16	·	8	5	36
17	·	9	·	8
18	·	9	6	24
19	·	10	·	40
20	·	10	7	12
21	·	11	I	28
22	·	11	8	·
23	I	·	2	16
24	I	·	8	32
25	I	I	3	4
26	I	I	9	20
27	I	2	3	36
28	I	2	10	8
29	I	3	4	24
30	I	3	10	40
31	I	4	5	12
32	I	4	11	28
33	I	5	6	·
34	I	6	·	16
35	I	6	6	32
36	I	7	I	4
37	I	7	7	20
38	I	8	I	36
39	I	8	8	8
40	I	9	2	24
41	I	9	8	40
42	I	10	3	12
43	I	10	9	28
44	I	11	4	·
45	I	11	10	16
46	2	·	4	32
47	2	·	11	4
48	2	I	5	20

Base des Bois en fractions de pouce quarré $\frac{80}{264}$.

Longueur des bois en pieds.	Pouc. de Soliv.	Lign. de Soliv.	points de Soliv.	44.ièmes de point.
1/4	·	·	I	36
1/2	·	·	3	28
3/4	·	·	5	20
1	·	·	7	12
2	·	I	2	24
3	·	I	9	36
4	·	2	5	4
5	·	3	·	16
6	·	3	7	28
7	·	4	2	40
8	·	4	10	8
9	·	5	5	20
10	·	6	·	32
11	·	6	8	·
12	·	7	3	12
13	·	7	10	24
14	·	8	5	36
15	·	9	I	4
16	·	9	8	16
17	·	10	3	23
18	·	10	11	40
19	·	11	6	8
20	I	·	I	20
21	I	·	8	32
22	I	I	4	·
23	I	I	11	12
24	I	2	6	24
25	I	3	I	36
26	I	3	9	4
27	I	4	4	16
28	I	4	11	28
29	I	5	6	40
30	I	6	2	8
31	I	6	9	20
32	I	7	4	32
33	I	8	·	·
34	I	8	7	12
35	I	9	2	24
36	I	9	9	36
37	I	10	5	4
38	I	11	·	16
39	I	11	7	28
40	2	·	2	40
41	2	·	10	8
42	2	I	5	20
43	2	2	·	32
44	2	2	8	·
45	2	3	3	12
46	2	3	10	24
47	2	4	5	36
48	2	5	·	4

Base des Bois en fractions de pouce quarré $\frac{90}{264}$.

Longueur des bois en pieds.	Solidité en			
	Pouc. de Soliv.	Lign. de Soliv.	points de Soliv.	44.ièmes de point.
1/4	.	.	2	2
1/2	.	.	4	4
3/4	.	.	6	6
1	.	.	8	8
2	.	1	4	16
3	.	2	.	24
4	.	2	8	32
5	.	3	4	40
6	.	4	1	4
7	.	4	9	12
8	.	5	5	20
9	.	6	1	28
10	.	6	9	36
11	.	7	6	.
12	.	8	2	8
13	.	8	10	16
14	.	9	6	24
15	.	10	2	32
16	.	10	10	40
17	.	11	7	4
18	1	.	3	12
19	1	.	11	20
20	1	1	7	28
21	1	2	3	36
22	1	3	.	.
23	1	3	8	8
24	1	4	4	16
25	1	5	.	24
26	1	5	8	32
27	1	6	4	40
28	1	7	1	4
29	1	7	9	12
30	1	8	5	20
31	1	9	1	28
32	1	9	9	36
33	1	10	6	.
34	1	11	2	8
35	1	11	10	16
36	2	.	6	24
37	2	1	2	32
38	2	1	10	40
39	2	2	7	4
40	2	3	3	12
41	2	3	11	20
42	2	4	7	28
43	2	5	3	36
44	2	6	.	.
45	2	6	8	8
46	2	7	4	16
47	2	8	.	24
48	2	8	8	32

AVERTISSEMENT.

On observera qu'à la suite des intitulés : *Base des Bois en fractions de pouce quarré*, le Numérateur de la fraction, qui, d'un intitulé à l'autre, n'augmentoit que de 10, va augmenter de 100. Nous en avons donné la raison, Art. 47 & suivans du Discours en tête de la première Partie.

Base des Bois en fractions de pouce quarré $\frac{100}{264}$.

Longueur des bois en pieds.	Solidité en			
	Pouc. de Soliv.	Lign. de Soliv.	points de Soliv.	44.ièmes de point.
1/4	.	.	2	12
1/2	.	.	4	24
3/4	.	.	6	36
1	.	.	9	4
2	.	1	6	8
3	.	2	3	12
4	.	3	.	16
5	.	3	9	20
6	.	4	6	24
7	.	5	3	28
8	.	6	.	32
9	.	6	9	36
10	.	7	6	40
11	.	8	4	.
12	.	9	1	4
13	.	9	10	8
14	.	10	7	12
15	.	11	4	16
16	1	.	1	20
17	1	.	10	24
18	1	1	7	28
19	1	2	4	32
20	1	3	1	36
21	1	3	10	40
22	1	4	8	.
23	1	5	5	4
24	1	6	2	8
25	1	6	11	12
26	1	7	8	16
27	1	8	5	20
28	1	9	2	24
29	1	9	11	28
30	1	10	8	32
31	1	11	5	36
32	2	.	2	40
33	2	1	.	.
34	2	1	9	4
35	2	2	6	8
36	2	3	3	12
37	2	4	.	16
38	2	4	9	20
39	2	5	6	24
40	2	6	3	28
41	2	7	.	32
42	2	7	9	36
43	2	8	6	40
44	2	9	4	.
45	2	10	1	4
46	2	10	10	8
47	2	11	7	12
48	3	.	4	16

Base des Bois en fractions de pouce quarré $\frac{200}{264}$.				
Longueur des bois, en pieds.	Solidité en			
	Pouc. de Soliv.	Lign. de Soliv.	points de Soliv.	44.ièmes de point.
¼	.	.	4	24
½	.	.	9	4
¾	.	1	1	28
1	.	1	6	8
2	.	3	.	16
3	.	4	6	24
4	.	6	.	32
5	.	7	6	40
6	.	9	1	4
7	.	10	7	12
8	1	.	1	20
9	1	1	7	28
10	1	3	1	36
11	1	4	8	.
12	1	6	2	8
13	1	7	8	16
14	1	9	2	24
15	1	10	8	32
16	2	.	2	40
17	2	1	9	4
18	2	3	3	12
19	2	4	9	20
20	2	6	3	28
21	2	7	9	36
22	2	9	4	.
23	2	10	10	8
24	3	.	4	16
25	3	1	10	24
26	3	3	4	32
27	3	4	10	40
28	3	6	5	4
29	3	7	11	12
30	3	9	5	20
31	3	10	11	28
32	4	.	5	36
33	4	2	.	.
34	4	3	6	8
35	4	5	.	16
36	4	6	6	24
37	4	8	.	32
38	4	9	6	40
39	4	11	1	4
40	5	.	7	12
41	5	2	1	20
42	5	3	7	28
43	5	5	1	36
44	5	6	8	.
45	5	8	2	8
46	5	9	8	16
47	5	11	2	24
48	6	.	8	32

SECONDE PARTIE.

DEUXIÈME DISCOURS;

RELATIF AUX BOIS ÉQUARRIS DONT LA GROSSEUR VA EN DIMINUANT.

[55.] Si nous nous étions contentés de mefurer ces Bois, ainfi que l'ont fait Ozanam (a),
Méfange (b), MM. Audierne (c), Segondat (d),
&c., notre tâche eût été bientôt remplie; nous
euffions, comme eux, évité la grande Table III,
& la fuivante; mais, comme eux auffi, nous
offririons autant d'erreurs que de réfultats: on
en aura plus loin la preuve: voyez note (r).

[56.] Les Bois équarris, allant en diminuant
de groffeur, peuvent fe préfenter également (e):

1.° Sous la forme du coin entier (f) fig. 4.
2.° Sous la forme du coin tronqué, fig. 5.
3.° Sous la forme de la pyramide quarrée,
entière, fig. 6.
4.° Sous la forme de la pyramide quarrée,
tronquée, fig. 7.
5.° Sous la forme de la pyramide fimplement
quadrangulaire, entière, fig. 8.
6.° Sous la forme de la même pyramide quadrangulaire, tronquée, fig. 9.
7.° Enfin fous la forme de la fauffe pyramide
tronquée, fig. 10, & ce dernier cas eft le plus
ordinaire.

PROPOSITION I.

[57.] Déterminer géométriquement la folidité
d'une pièce ayant la forme du coin entier, fig. 4.

SOLUTION.

Pour déterminer géométriquement la folidité
de cette pièce, il faut évaluer en pouces courans
la largeur b c; évaluer de même l'épaiffeur a b;
prendre moitié des pouces de la largeur, les multiplier par la totalité des pouces de l'épaiffeur,
& le produit, par les pouces qui feront trouvés
fur la longueur e f; le fecond produit donnera,
en pouces cubes, la folidité cherchée (g).

EXEMPLE.

Soit b c large de 14 pouces, a b épais de
10, e f long de 96. La moitié de 14 égale 7 qui,
multipliés par 10, égalent 70, qui multipliés
par 96, égalent 6720: & telle eft effectivement,
en pouces cubes, la folidité de la pièce dont
s'agit.

PROPOSITION II.

[58.] Déterminer géométriquement la folidité
d'une pièce ayant la forme du coin tronqué,
fig. 5 (h).

SOLUTION.

Pour déterminer géométriquement la folidité
de cette pièce, il faut évaluer en pouces courans
les deux largeurs i k & m n; prendre moitié de
la fomme, la multiplier par la totalité des pouces
de l'épaiffeur h i; & le produit, par les pouces
qui feront trouvés fur la longueur q r; le fecond
produit donnera, en pouces cubes, la folidité
cherchée (i).

(a) Méthode facile pour arpenter, avec le toifé du bois
de charpente.
(b.) Traité de Charpenterie, ouvrage que nous avons
déjà cité, Difcours I.er, articles 20 & 27.
(c) Traité de l'Arpentage & du Toifé.
(d) Traité de la mesure des Bois.
(e) Nous nous fommes engagés aux détails fuivans, en
faveur des perfonnes qui voudroient elles-mêmes toifer
les bois. Quant au lecteur qui préférera des calculs faits,
nous le renvoyons à l'explication des Tables, art. 72 jufqu'an 76 ci-après. Ces Tables préfentent les pièces toutes
toifées, fans qu'on ait à chercher fi leur forme eft celle
du coin; celle de la pyramide, &c.
(f) Ce que nous appellons ici coin entier eft le prifme
droit triangulaire. Ses deux bafes a d g, b c f forment un
triangle ifofcèle; elles font d'ailleurs fuppofées femblables,
égales & parallèles. Nous avons employé le mot coin
comme plus familier que celui prifme.

(g) Si les bafes, au lieu d'offrir un triangle ifofcèle,
offroient un triangle rectangle; que, par exemple, les
angles, a & b fuffent droits, on ne prendroit pas de la
longueur e f pour multiplicateur, mais la longueur b f.
(h) La figure que nous nommons coin tronqué, eft
encore un prifme, dont les deux bafes h l o p, i k n m
préfentent deux trapèzes ifofcèles femblables, égaux &
parallèlement fitués. On peut appeler ce folide, prifme
trapèze ifofcèle.
(i) Si les bafes, au lieu d'offrir un trapèze ifofcèle,
offroient un trapèze rectangle; que, par exemple, les
angles h & i fuffent droits, on ne prendroit pas la longueur q r pour multiplicateur, mais la longueur i m.

EXEMPLE.

Soit *i k* large de 17 pouces; *m n* de 13. 17 plus 13 égalent 30, dont la moitié égale 15. Soit *hi* épais de 11. 11 multipliant 15 produifent 165. Soit enfin *q r* long de 72. 72 multipliant 165 produifent 11880 ; & telle eft effectivement, en pouces cubes, la folidité de la pièce dont s'agit.

PROPOSITION III.

[59.] Déterminer géométriquement la folidité d'une pièce ayant la forme de la *pyramide quarrée entière*, *fig.* 6.

SOLUTION.

Pour déterminer géométriquement la folidité de cette pièce, il faut évaluer, en pouces courans, la dimenfion *f t*, ou *t u* ; *quarrer* les pouces trouvés, en prendre le tiers, & le multiplier par l'axe (*k*) *x y* : le produit donnera, en pouces cubes, la folidité cherchée (*l*).

EXEMPLE.

Soit *s t*, ou *t u* de 9 pouces. Le quarré de 9 égale 81, & le tiers de 81 égale 27. Suppofons 120 pouces pour l'axe, ou la longueur *x y*. 120 multipliant 27 produiront 3240 ; & telle eft effectivement, en pouces cubes, la folidité de la pièce dont s'agit.

PROPOSITION IV.

[60.] Déterminer géométriquement la folidité d'une pièce ayant la forme de la *pyramide quarrée tronquée*, *fig.* 7.

SOLUTION.

Pour déterminer géométriquement la folidité de cette pièce, il faut, 1.° multiplier l'un des côtés de la grande bafe par l'un des côtés de la petite, comme *b c* par *e f* ; 2.° Quarrer le grand côté ; 3.° Quarrer de même le petit ; 4.° Additionner enfemble les trois produits ; 5.° Prendre le tiers de la fomme ; 6.° le multiplier par l'axe. Toutes ces évaluations étant fuppofées faites en pouces, la dernière multiplication donnera, en pouces cubes, la folidité cherchée (*m*).

EXEMPLE.

Soit *b c* de 12 pouces, & *e f* de 6. 6 multipliant 12 égale.......................... 72
12, quarré, égale................. 144
6, quarré, égale............... 36

Les trois produits, additionnés enfemble, égalent........................ 252

Laquelle fomme a pour tiers....... 84
Soit la longueur de l'axe 24 pieds, ou 288 pouces...................... 288

288 multipliant 84 produiront........ 24192

Et telle eft effectivement, en pouces cubes, la folidité de la pièce dont s'agit.

PROPOSITION V.

[61.] Déterminer géométriquement la folidité d'une pièce ayant la forme de la *pyramide* fimplement *quadrangulaire entière*, *fig.* 8.

SOLUTION.

Pour déterminer géométriquement la folidité de cette pièce, il faut multiplier les pouces d'un des grands côtés de la bafe par les pouces d'un des petits côtés ; prendre enfuite le tiers du produit, & le multiplier par les pouces de l'axe. On aura, en pouces cubes, la folidité cherchée (*n*).

EXEMPLE.

Soit *l m* de 16 pouces ; *m n* de 10. 10 multipliant 16 égalent 160, dont le tiers égale 53 plus ⅓. Soit 90 pouces pour l'axe *p q*. 90 multipliant 53 ⅓ égalent 4800 ; & telle eft effectivement, en pouces cubes, la folidité de la pièce dont s'agit.

PROPOSITION VI.

[62.] Déterminer géométriquement la folidité d'une pièce ayant la forme de la *pyramide* fimplement *quadrangulaire tronquée*, *fig.* 9.

SOLUTION.

Pour déterminer géométriquement la folidité de cette pièce, il faut, 1.° multiplier un des plus

---

(*k*) L'axe d'une pyramide entière eft une ligne droite qu'on fuppofe partir du fommet *y*, & aboutir au milieu *x* de fa bafe *f t u v* ; comme cette ligne eft intérieure, & par conféquent invifible, on ne peut en mefurer la longueur que par une autre qui lui foit parallèle.

(*l*) Une pyramide entière quelconque eft le tiers d'un prifme de même bafe & de même hauteur. Voyez la démonftration dans Bé idor, *Cours de Mathématiques*, page 150. Il fuit donc que, pour trouver la folidité de cette pyramide, il faut multiplier le tiers de fa bafe, par la longueur de la pyramide.

(*m*) Cette méthode évite l'alternative ou de finir la pyramide, ou de fe jetter dans l'extraction des racines quarrées. On la doit au beau problème de Lucas Va'érius, rapporté dans M. Savérien, tome 2, page 29 de fon Dictionnaire.

L'opération de multiplier un des petits côtés par un

des grands, donne la fuperficie de la bafe appellée *bafe moyenne proportionnelle géométrique*; l'opération de quarrer un des grands côtés *b c* donne celle de la bafe inférieure *c b c b* ; & l'opération de quarrer un des petits côtés *e f*, celle de la bafe fupérieure *e f e f*. Ces trois bafes additionnées, le total divifé par 3 ; & le quotient multiplié par l'axe, le produit amène la folidité de la pièce. Vous trouverez la démonftration dans M. de la Chapelle, *Inftitutions géométriques*, tome 2, page 104.

Obfervons qu'à l'égard des pyramides tronquées, l'axe eft la ligne qui, prenant naiffance au centre de la petite bafe, fe rend au centre de la grande.

(*n*) Voyez ci-deffus la note (*l*); tout ce que nous y avons dit fur la *pyramide quarrée entière*, eft de même appliquable à la *pyramide quadrangulaire*.

K 2

grands côtés de la grande base, par un des plus petits de la même base. 2.° Multiplier par un des plus petits côtés de la petite base un des plus grands côtés d'icelle (*o*). 3.° Multiplier un des plus petits côtés de la petite base par un des plus grands côtés de la grande. 4.° Additionner ensemble les trois produits. 5.° En prendre le tiers. 6.° Multiplier ce tiers par la longueur de l'axe. Toutes les évaluations étant supposées faites en pouces, le dernier produit exprimera, en pouces cubes, la solidité cherchée (*p*).

EXEMPLE.

Soit *s t* de 14 pouces; *s r* de 6. 14
multiplié par 6 égale................ 84
Soit *y x* de 3; *x v* de 7. 7 multiplié
par 3 égale........................ 21
S t, de 14, multipliant ensuite *y x*, de
3, égale.......................... 42

Les trois produits additionnés égaleront. 147
Laquelle somme a pour tiers.......... 49
Soit la longueur de l'axe........... 180

180 multipliant 49, produisent........ 8820

Ou 8820 pouces cubes; & telle est effectivement, en pouces cubes, la solidité de la pièce dont s'agit.

PROPOSITION VII.

[63.] Déterminer géométriquement la solidité d'une pièce ayant la forme de la *fausse pyramide tronquée*, fig. 10.

(*o*) Qu'on me permette l'emploi d'un pronom presque hors d'usage, & que regrette le Dictionnaire de l'Académie.
(*p*) Pour obtenir la solidité de la *pyramide quadrangulaire tronquée*, il faut, 1.° trouver la superficie de sa base inférieure; 2.° celle de sa base supérieure; 3.° celle d'une troisième moyenne *proportionnelle géométrique* entre la supérieure & l'inférieure.
L'opération de multiplier le grand côté d'une base par le petit côté, comme sa superficie; comme l'opération de multiplier un des plus petits côtés de la petite base par un des plus grands de la grande; donne la superficie de la moyenne proportionnelle. Ainsi, à l'aide de la simple multiplication, on a, dans l'instant, trois produits à additionner, pour le total être divisé par trois; & le quotient offre une surface qu'il ne reste plus qu'à multiplier par la longueur de la pièce.
Cette méthode est donc la même que celle enseignée ci-devant pour la *pyramide quarrée tronquée*, avec la seule différence qu'ici la base moyenne proportionnelle exige qu'on multiplie un des plus petits côtés de la petite base par un des plus grands de la grande.
D'après la plupart des Auteurs, il faudrait mesurer les surfaces des deux bases, multiplier ces deux surfaces l'une par l'autre; tirer la racine quarrée du produit; ajouter les deux surfaces à la racine; multiplier la somme par la hauteur; & prendre le tiers du produit.
Nous sauvons donc le plus difficile de l'opération, l'extraction des racines, qui n'étant que rarement exactes, obligent à chercher des approximations, travail toujours laborieux.

SOLUTION.

Pour déterminer géométriquement la solidité de cette pièce, il faut 1.° Ajouter au côté *b c* celui *f g*: diviser le total par 2, & multiplier le quotient par *f e*. 2.° Prendre la différence de *a b* à *f e*, la diviser également par 2, & multiplier le quotient par *f g*. 3.° Diviser encore la différence de *a b* à *f e*, mais par 3; & multiplier le quotient par la différence de *b c* à *f g*. 4.° Additionner ensemble les trois sommes. 5.° Enfin les multiplier par la longueur de l'axe. Ces diverses évaluations supposées faites en pouces, le dernier produit donnera, en pouces cubes, la solidité cherchée (*q*).

EXEMPLE.

Soit *b c* de 16 pouces, *f g*, de 8. 16
plus 8 égalent 24 qui, divisés par 2, égalent 12. Soit *f e* de 5. 5 multipliant 12
égalent......................... 60
Soit *a b* de 11. *f e* étant de 5, la différence sera 6 qui divisée par 2, égale 3.
f g étant de 8, 8 multipliant 3 égalent... 24
Enfin la différence de *a b* à *f e*, déjà trouvée de 6, & divisée maintenant par 3, sera 2. *b c* étant 16, *f g* 8, la différence sera 8; & 8, multipliant 2, égalera. 16

L'addition des trois sommes amènera... 100
qu'il reste à multiplier par la longueur de l'axe. Soit cette longueur de 7 pieds 6 pouces, ou 90 pouces........ 90
90 multipliant 100, produisent...... 9000

C'est-à-dire 9000 pouces cubes; & telle est effectivement, en pouces cubes, la solidité de la pièce dont s'agit (*r*).

(*q*) Voyez le Vocabulaire qui termine l'Ouvrage, au mot *fausse pyramide*.
(*r*) En parlant des divers Auteurs dont les Ouvrages, dans le même genre, ont précédé le nôtre, j'ai dit, (art. 55), que relativement aux pièces *équarries allant en diminuant de grosseur*, tous sans exception conduisoient à des résultats fautifs. D'après leur méthode, en effet, c'est toujours la surface ou base du milieu qu'il faut chercher dans les bois, & multiplier ensuite par la longueur; leurs Tables sont construites en conséquence; elles ne peuvent donc être applicables qu'aux seules pièces des articles 57 & 58. Prononçons leur inexactitude à l'égard des autres.
La pièce, art. 59, devoit évidemment produire 3240 pouces cubes; voyez le note (*l*). En partant de l'équarrissage du milieu, elle n'eût produit que 2430 de ces pouces, différence qui supprime justement un quart de sa solidité.
La pièce, art. 60, devoit produire 24192 pouces cubes. Elle n'eût produit que 23328 de ces pouces.
La pièce, art. 61, dont le véritable contenu est 4800 pouces cubes, n'en fourniroit que 3600.
La pièce, art. 62, 8505 au lieu de 8820.
Enfin la pièce, art. 63, seroit réduite à 8640 pouces cubes, tandis qu'elle en renferme réellement 9000.
Ces Auteurs, à la vérité, conviennent que, par leur

OBSERVATION.

[64.] La réduction des Bois en pouces cubes n'eſt qu'une opération préliminaire. Les Bois, comme nous l'avons remarqué (diſcours I.er, Articles 12 & 24), ne ſe vendent point au pouce cube. Leur meſure eſt la *Solive*, la *Cheville*, la *Somme*, &c; il faut donc les évaluer en ces meſures, ou du moins en celle uſitée dans la province qu'on habite. Rien ne ſera plus facile, à l'aide de la première réduction en pouces.

[65.] Nous ne traiterons ici que de la ſeule meſure à la ſolive. Voyez pour la *Cheville*, la *ſomme*, &c., les Tables VIII, IX, X, XI, XII & XIII.

DE LA SOLIVE.

[66.] Il nous paroît bien inutile de chercher à repréſenter la ſolive ſous une figure déterterminée (s). Quelles que ſoient les différentes formes des Bois, ils renferment toujours ou des ſolives, ou des parties de ſolive. Concevons donc tout ſimplement cette meſure comme un compoſé de trois pieds cubes, égaux à 5184 pouces cubes.

DIVISIONS DE LA SOLIVE.

[67.] La ſolive ſe diviſe en ſix parties (t) appellées *Pieds de ſolive*; le pied de ſolive,

en douze parties, appellées *Pouces de ſolive*; le pouce de ſolive, en douze parties, appellées *Lignes de ſolive*; & la ligne de ſolive, en douze autres parties appellées *Points de ſolive*.

SOLIDITÉ DE CHAQUE PARTIE.

[68.] La ſolive entière contenant en ſolidité............ 5184 pouces cubes.

Le pied de ſolive (ſixième de la ſolive) en contient........ 864

Le pouce de ſolive (douzième du pied de ſolive)........... 72

La ligne de ſolive, (douzième du pouce de ſolive).......... 6

Et le point de ſolive, (douzième de la ligne de ſolive)... $\frac{1}{2}$

Par conſéquent,

	pouces cubes
2 points de ſolive contiennent en ſolidité............	1
3 points.............	$1\frac{1}{2}$
4 points.............	2
5 points.............	$2\frac{1}{2}$
6 points.............	3
7 points.............	$3\frac{1}{2}$
8 points.............	4
9 points.............	$4\frac{1}{2}$
10 points.............	5
11 points.............	$5\frac{1}{2}$

[69.] Ce Tableau ſous les yeux, on changera, dans l'inſtant, en ſolives & parties de ſolive, les pouces cubes trouvés dans une pièce de bois.

Soit la pièce de la propoſition 1, dont le cube eſt 6720 pouces. 6720 pouces excèdent viſiblement la ſolive, puiſque la ſolive n'en contient que 5184. Diviſons donc, par le nombre 5184, le nombre 6720.................... dividende 6720 {5184 diviſeur. 5184 { 1 quotient. reſte 1536 {

Le quotient 1 indique premièrement une ſolive, ci............................ ſoliv. pieds. pouces. lignes. 1   "   "   "

Mais il reſte 1536, leſquels ſurpaſſent le pied de ſolive, qui ne contient que 864 pouces cubes. Diviſons donc par 864 le reſte 1536........ dividende 1536 {864 diviſeur. 864 { 1 quotient. reſte 672 {

Le quotient 1 indique un pied de ſolive, ci................................ "   1   "   "

Mais il reſte 672, leſquels ſurpaſſent le pouce de ſolive, qui ne contient que 72 pouces cubes. Diviſons donc par 72 le reſte 672...... dividende 672 {72 diviſeur. 648 { 9 quotient. reſte 24 {

---

marche, on n'obtient que des *à-peu-près*; mais pourquoi ſe borner à des à-peu-près? peut-on d'ailleurs enviſager comme tels des différences qui, ſur certaines pièces, annulent un quart de leur valeur?

Voyez *Mélange*, *Obſervations* en tête de ſon Tarif; M. Audierne, pages 399 & 400; M. Segondar, page 3.

(s) Les articles 66, 67 & 68 ne font qu'une

répétition des articles 25, 26 & 27 du premier Diſcours. Nous aurions pu ſans doute y renvoyer; mais ces trois articles occupent peu d'eſpace, & le lecteur trouvera plus commode de les avoir ici ſous les yeux.

(t) Il eſt une autre diviſion de la ſolive, mais beaucoup moins en uſage. Elle fait l'objet de la Table IX.

foliv. pieds. poucet. lignes,

Le quotient 9 indique neuf pouces de folive, ci . . . .　*ıı*　*ıı*　9　*ıı*
Mais il refte 24, lefquels furpaffent la ligne
de folive, qui ne contient que 6 pouces cubes.
Divifons donc par 6 le refte 24 . . . .　dividende　24 ⎰ 6 *divifeur.*
　　　　　　　　　　　　　　　　　　　　　　　　　24 ⎱ 4 *quotient·*
　　　　　　　　　　　　　　　　　refte　*ıı*

Le quotient 4 indique quatre lignes de folive, ci . . . .　*ıı*　*ıı*　*ıı*　4
Le refte, eft o.

Ainfi, en additionnant les quatre quotiens, on a, pour remplacement
des 6720 pouces cubes de la pièce propofée, *une folive, un pied, neuf
pouces, & quatre lignes de folive,* ci . . . .　1　1　9　4

	foliv.	pieds.	pouces.	lignes.
Par les mêmes opérations, on trouvera que la pièce, propofition II, renferme.	2	1	9	*ıı*
Celle, propofition III, ...	*ıı*	3	9	*ıı*
Celle, propofition IV, ...	4	4	*ıı*	*ıı*
Celle, propofition V, ...	*ıı*	5	6	8
Celle, propofition VI, ...	1	4	2	6
Et celle, propofition VII, ...	1	4	5	*ıı*

[70.] L'avertiffement préliminaire nous enga-
geoit au développement des principes. Nous avons
choifi les formules les plus fimples, & donné
toute notre attention à nous énoncer clairement :
mais ces foins, en mettant le lecteur fur la voie
d'opérer, ne l'exemptent ni de chercher d'abord
fi telle pièce propofée fait partie, ou du *coin*,
ou de la *vraie pyramide*, ou de la *fauffe*, &c ;
ni de la réduire enfuite en pouces cubes, ni enfin
de changer les pouces cubes en *folives*, &c. Nos
Tables fauveront abfolument toutes ces opérations : expliquons-en le fondement (*u*).

[71] On a vu (difcours 1.er Art. 2), qu'on
déterminoit la folidité d'un Cylindre en multipliant l'une de fes bafes par fa longueur ; &
l'on verra (difcours 3e. Art. 79), qu'on détermine de même la folidité des parallélipipèdes,
fig. 11. Le pourquoi fe conçoit fans peine. Ces
deux folides font compofés d'une infinité de
Plans égaux & femblables, en tout, à celui de
leurs bafes. Or, la dimenfion appellée *longueur*
exprimant la quantité de ces plans, il fuit que
pour mefurer le contenu de pareils corps, on
n'a befoin que de multiplier par leur longueur
la fuperficie d'une de leurs bafes.

Il n'en eft pas ainfi des Bois qui font le fujet
du difcours actuel. Engendrés, comme le parallélipipède & le cylindre, de plans unis les uns
aux autres, aucun de ces plans n'eft le modèle
précis des autres plans. Tous, abfolument tous,
différent entr'eux, d'abord par leur fuperficie, &
fouvent encore par leur figure. Il falloit donc,
parmi ces plans divers, en faifir un dont l'aire,

multipliée par la longueur de chaque pièce particulière, produisît fa folidité.

En conféquence, nous offrons dans une première
Table, 1.° les différentes pièces allant en diminuant de groffeur : 2.° L'aire qui doit être multipliée par leur longueur, cette aire évaluée en
pouces & fractions de pouce quarrés ; & les
fractions de pouce réduites, pour l'uniformité du
dénominateur, à des ⅛.

Il s'agiffoit enfuite de former d'autres Tables qui
repriffent toutes les aires ou furfaces multiplicandes ;
qui, en fecond lieu, préfentaffent (comme multiplicateurs) toutes les longueurs des Bois, depuis
les plus courtes jufqu'aux plus étendues ; qui
enfin d'après le produit calculé de chaque furface par chaque longueur, exprimaffent en folives
& parties de folive la folidité des pièces. C'eft
auffi ce que nous avons fait : nous allons entrer
dans tous les détails qu'on pourra defirer.

[72.] *Manière de trouver, par les Tables, le
contenu, ou la folidité des* Bois équarris *dont
la groffeur va en diminuant ; cette folidité évaluée
en folives & parties de la folive.*

Ces Bois occuppent trois Tables, favoir, celle
numérotée III, celle numérotée IV, & celle
numérotée VII (*v*).

Veut-on, fans embarras de calcul, & par leur
fecours feul, trouver en folives & parties de folive,
la folidité d'une pièce quelconque (*x*) ? on me-
furera, 1.° Le plus grand côté du plus fort bout,

_____

(*u*) Ceux qui pafferoient immédiatement à l'article 72,
trouveroient tout ce qu'il faut pour obtenir, par les
Tables, le contenu des bois dont s'agit, en folives, &c.
mais leur marche feroit purement mécanique. Il eft donc
prefque indifpenfable de concevoir l'explication que nous
annonçons.

_____

(*v*) La Table VII nous a déjà fervi pour les bois ronds.
Elle fervira pareillement pour les *bois équarris d'égale
groffeur d'un bout à l'autre* ; mais ici, nous n'avons à
la confidérer que comme relative aux bois dont on traite
maintenant.

(*x*) Si l'on vouloit cette folidité ou en *pieds cubes* ou
en *chevilles*, ou en *fommes*, &c., il faudroit recourir
aux Tables VIII, IX, X, &c.

par exemple *b c*, *fig.* 10 (*y*); 2.° Le côté correſpondant *f g* du petit bout, même face.

Soit, *b c* de 8 pouces, & *f g* de 6, on notera pour cette première face.. 8 & 6

Ces deux extrémités connues, il faut, 3.° revenir au gros bout & meſurer le côté de retour *b a*; puis 4.°, celui parallèle *f e* du petit bout (*z*).   *ſur*

Soit donc *b a* de 7 pouces, & *f e* de 5, on notera pour cette ſeconde face: 7 & 5 & dans l'intervalle des deux lignes de chiffres, on écrira le mot *ſur*, ainſi qu'on le voit en l'exemple ci-joint.

Il reſte encore à prendre la longueur de la pièce. Suppoſons-la de 29 *pieds*, on notera pareillement cette meſure.

Ces trois notes tenues, il eſt queſtion de chercher d'abord, Table III, les dimenſions 8 & 6 ſur 7 & 5 (*aa*). Or, la recherche dont je parle eſt tellement aiſée qu'un coup-d'œil porté ſur les deux intitulés de la table III pourroit preſqu'épargner toute autre explication.

En effet, la première colonne verticale, à La Table VII compoſée pour les nombres entiers, ou donnant d'après les pouces entiers de baſe (*gg*) & la longueur des Bois, la ſolidité de chaque pièce, en ſolives & parties de ſolive, on doit chercher, au haut de la Table, l'énoncé *baſe des Bois en pouces quarrés* 42 (*hh*). Ces 42 de baſe trouvés, il ne reſte qu'à deſcendre le long de la colonne intitulée: *longueur des Bois en pieds*, juſqu'à ce qu'on parvienne au nombre 29. Alors, ſur la droite, on voit pour le produit de 42 pouces de baſe multi-pliés par 29 pieds. 2   4   11   Ꝓ   ꝓ

On agira de même pour les ⅞ pouce quarré de baſe reſtans; mais on les cherchera Table IV, compoſée pour les fractions (*ii*), & ſous l'énoncé *baſe des Bois en fractions de pouce quarré* ⅞. En

main gauche de chaque page, portant en tête *grand côté du plus gros bout* (*bb*), & *côté du petit bout*, *même face*, *en pouces*, il eſt clair qu'on doit chercher dans cette colonne (*cc*) les dimenſions 8 & 6 d'une des faces de la pièce. Ces dimenſions ne ſe rencontrent point dans la première page; la ſeconde page ne les renferme pas encore; mais on les trouve au bas de la troiſième (*dd*) accompagnées du mot *ſur* à main droite. Suivez alors horizontalement la ligne, &, quelques caſes plus loin, vous arriverez aux dimenſions 7 & 5 de la face de retour (*ee*).

Obſervez que la même caſe, qui contient les dimenſions 7 & 5 préſente, en deſſous, deux autres nombres; ſavoir 42 à gauche, & 2 à droite: or, ces deux nombres déſignent que la pièce a pour ſurface moyenne à multiplier par ſa longueur (art. 71), 42 *pouces quarrés, plus la fraction* ⅞ (*ff*) *de pouce.*

Il s'agit de ſavoir ce que produiront, d'une part, 42 pouces quarrés de ſurface, &, d'autre part, la fraction ⅞ de pouce multipliés par les 29 *pieds* de longueur: voici le procédé.

La Table VII compoſée pour les nombres entiers, ou donnant d'après les pouces entiers de baſe (*gg*) & la longueur des Bois, la ſolidité de chaque pièce, en ſolives & parties de ſolive, on doit chercher, au haut de la Table, l'énoncé *baſe des Bois en pouces quarrés* 42 (*hh*). Ces 42 de baſe trouvés, il ne reſte qu'à deſcendre le long de la colonne intitulée: *longueur des Bois en pieds*, juſqu'à ce qu'on parvienne au nombre 29. Alors, ſur ſolives. pieds. pouces. lignes. points.

(*y*) En ſuppoſant, les deux côtés du plus gros bout d'égale longueur entr'eux, & ceux du petit bout de longueur inégale, on meſurera d'abord, le côté du gros bout qui répond au plus grand côté du petit.

(*z*) L'arrangement des Tables exige abſolument qu'en meſurant les pièces, on s'aſtreigne à l'ordre que nous traçons; s'il étoit interverti, les réſultats ceſſeroient d'être exacts. Il eſt au reſte aſſez ſimple pour qu'on ne s'y trompe point.

(*aa*) Au lieu de mettre l'un au-deſſus de l'autre, les deux rangs de chiffres & le mot *ſur* dans l'intervalle, on peut de même tenir la note de cette manière :

8 & 6 ſur 7 & 5. Longueur 29 pieds.

(*bb*) Si les deux côtés du plus gros bout ſont égaux, alors, malgré ſon intitulé, la première colonne verticale à main gauche contient celui des deux qui répond au plus grand côté du petit bout.

(*cc*) Nous conſervons tout ce que nous pouvons des explications déja données, relativement aux bois ronds. Au moyen de cette attention, le Lecteur qui aura préſent le premier Diſcours, lira le ſecond preſque couramment.

(*dd*) Les chiffres inſcrits dans la première colonne à gauche des pages, ſuivent l'ordre naturel 1 & 1, 2 & 2, 3 & 3, 4 & 4, &c. il eſt donc facile de tomber promptement ſur ceux qu'on deſire.

(*ee*) Je ſuppoſe que la pièce ait porté 8 & 6 ſur 7 & 4, vous trouveriez 7 & 4 dans la caſe d'après; je ſuppoſe qu'elle ait porté 8 & 6 ſur 7 & 3: 7 & 3 ſe rencontre-roient une caſe plus loin. La ſeule inſpection de la Table ne laiſſe à cet égard aucune difficulté.

On pourroit ſeulement être embarraſſé, ſi l'un des côtés du petit bout de la pièce, ou ſi tous deux enſemble avoient un pouce de moins que la moitié des côtés correſpondans du gros bout; car alors on ne trouveroit pas cette dimenſion dans la Table III; mais d'abord, ces cas ſont les plus rares, & quand ils ſe préſenteront, on n'aura que la peine de partager la longueur de la pièce par une trace à la craie, comme nous l'expliquerons, art. 74, & de la meſurer à pluſieurs repriſes.

(*ff*) Dans chaque petite caſe, le nombre inférieur à gauche exprime toujours des nombres entiers; ſavoir, des pouces quarrés; & le nombre inférieur à droite, toujours des ⅞ de pouce quarré. Le dénominateur étant conſtamment le même, nous ne marquons que le numérateur. Par-là nous évitons la confuſion dans les caſes. *Voyez* diſcours premier, note *y*.

(*gg*) Ce que nous avons appellé juſqu'ici *aire* ou *ſurface* à multiplier par la longueur des pièces, eſt abſolument la même choſe que cette baſe.

(*hh*) C'eſt donc à la Table VII que renvoie le nombre d'en-bas à gauche, comme c'eſt à la Table IV que renvoie le nombre d'en-bas à droite.

Si, dans l'exemple actuel, le nombre inférieur à gauche au lieu d'être 42, étoit 50, 60, &c., on chercheroit, Table VII, l'énoncé *baſe des bois en pouces quarrés* 50, 60, &c. rien n'eſt plus ſimple à concevoir.

(*ii*) Voyez la note (*δ*), Diſcours relatif aux *Bois ronds.*

descendant, comme dans la Table VII, le long de la colonne *longueur des Bois en pieds*, on s'arrêtera au nombre 29, & sur la droite, on lira . .

Il n'est donc question que d'ajouter aux deux solives quatre pieds onze pouces de solive ci-dessus, un pouce, sept lignes, quatre points ; & l'on aura pour solidité de la pièce proposée, deux solives, cinq pieds, sept lignes, quatre points de solive (*kk*), ci . . . .

		1	7	4
2	5	"	7	4

Autre Exemple.

[73] Soit *i k*, fig. 5, large de 14 pouces, & *m n* de 9 : *h i* haut de 8 ; *m p* également de 8. Que la longueur *q r* soit enfin de 16 pieds : je tiens la note suivante, *14 & 9 sur 8 & 8. Longueur 16 pieds.*

Je cherche ensuite, Table III, première colonne verticale, 1.° l'équarrissage 14 & 9 d'une des faces. Cet équarrissage trouvé, je cherche, 2.° l'équarrissage 8 & 8 de la seconde face, ou face de retour : il doit s'offrir, ou dans le même rang de cases, ou dans un des autres rangs plus bas. Je l'apperçois effectivement vers la fin du cinquième rang ; & la case qui le renferme, renferme aussi le nombre inférieur 92 de base, à main gauche. A droite est un zéro. Or, tout nombre inférieur à gauche, ainsi qu'on vient de le dire (art. 72, & note *hh*), ainsi que le répète le grand intitulé de la Table III, exprime des pouces quarrés, & renvoie toujours à la Table VII. Cherchons donc, Table VII, l'énoncé *base des Bois en pouces quarrés* 92 ; & suivons la colonne *longueur des Bois en pieds*, jusqu'à ce que nous parvenions aux 16 pieds, longueur de la pièce. Sur la même ligne en trouvera . . . .

Solives.	Pieds.	Pouces.	Lignes de Soliv.
3	2	5	4

Telle est la solidité de la pièce proposée.

Dans cet exemple, on n'a point eu à recourir à la Table IV, puisque la petite case,

Table III, n'a présenté pour base, ou surface multiplicande de la pièce, que le seul nombre inférieur 92 à gauche, & que le nombre à droite étoit o. *Voyez* note (*hh*).

Autre Exemple,

Pour les pièces qu'on ne peut trouver dans la Table III, qu'en partageant leur longueur.

[74] Soit *b c*, fig. 10 large de 12 pouces ; *f g* large de 6 ; *a b* épais de 8 ; & *f e* épais de 2.

Nous avons déja annoncé (note *ee*) qu'on ne trouvoit point dans la Table III, les pièces dont l'un des côtés du petit bout avoit un pouce de moins que la moitié du côté correspondant du gros bout (*ll*). Ici, l'un des côtés du gros bout fournit 8 pouces, & son côté correspondant, au petit bout, seulement 2. Cette pièce n'est donc pas comprise dans la Table III ; mais une opération bien simple l'y fera trouver. Il s'agit d'en diviser la longueur (*mm*), de manière qu'au point de la division, l'équarrissage ne soit pas inférieur à la moitié de l'équarrissage du gros bout. Dans notre exemple, le gros bout portant 8 pouces, on pourra tracer une ligne où l'équarrissage en porte 4, ou 5 comme en *i k*. Alors toute la peine se réduit à mesurer la pièce en deux fois.

Soit donc *b c* large de 12 pouces, & *k l* de 9. Soit *a b* épais de 8 pouces, & *i k* de 5 (*nn*). Soit la longueur de la pièce (depuis sa grande base jusqu'à la trace) de 14 pieds.

Vous cherchez, Table III, les dimensions 12 & 9 sur 8 & 5 (art. 72) & vous trouvez dans la même case qui contient le 8 & le 5, le nombre inférieur 69 à main gauche. Vous recourez donc à l'intitulé de la Table VII (note *hh*), base des Bois en pouces quarrés 69 ; & vous suivez la colonne *longueur des Bois en pieds*, tant que vous arriviez aux 14 pieds. Sur la droite vous voyez . . . .

Solives.	Pieds.	Pouces.	Lignes de soliv.
2	1	5	

La première portion mesurée, on passe à la mesure de la seconde portion.

(*kk*) En additionnant les deux sommes, on n'a pas dû écrire 12 pouces ; il a fallu retenir 1 solive, comme on auroit retenu 1 solive, si le nombre des pieds avoit surpassé 5. Voyez, plus haut, l'article 67.

[*ll*] A plus forte raison quand les deux côtés du petit bout sont inférieurs, de plus de moitié, aux deux côtés correspondans du gros.

Dans les pièces équarties, chaque bout présente quatre côtés. Si nous parlons toujours de 2, c'est que pour désigner l'équarrissage de ces bois, on n'a effectivement que deux côtés des bases à considérer, savoir deux côtés perpendiculaires l'un à l'autre.

(*mm*) Par une trace à la craie. Cette trace doit être parallèle aux bases.

(*nn*) J'ai préféré de tracer la marque au point où l'équarrissage porte 5 pouces, parce qu'en cet endroit la longueur qu'on laisse à la pièce depuis sa grande base, est de 14 pieds justes ; & que, par cette raison, on en trouvera plus vite la solidité dans la table VII. Voyez premier Discours, art. 55.

Si cependant en traçant *i k*, j'avois remarqué que *k l* ne fût pas composé de pouces entiers ; qu'au lieu, par exemple, de neuf pouces pleins, il eût fourni des pouces & des lignes, j'aurois tâtonné jusqu'à ce que les traces *i k* & *k l* eussent toutes deux donné des pouces entiers, du moins à très-peu-près.

K l

K *l* étant large de 9 pouces, & *fg* de 6 ; *i k* épais de 5 & *e f* de 2, il reste encore à connoître la longueur que conserve la pièce, depuis la trace jusqu'à la petite base. Suppofons cette longueur également de 14 pieds.

En cherchant maintenant, table III, les dimensions 9 & 6 fur 5 & 2, nous trouvons dans la cafe qui renferme ces derniers chiffres, le nombre inférieur 27. Comme il est à main gauche, il faut recourir à la Table VII (*hh*). Parvenu à fon intitulé *bafe des Bois en pouces quarrés* 27, & descendu dans la colonne *longueur des Bois en pieds*, aux 14 pieds suppofés, on voit en ligne............. 5 3 //

En réunissant donc cette fomme à la précédente, on a pour folidi-té totale de la pièce en question............. 3 // 8 //

Ou *trois folives*, o pied, *huit pouces*, o ligne de folive.

Autre Exemple.

[75.] Soit *b c* (même *fig.* 10.) large de 16 pouces, & *f g* de 4. Soit l'épaisseur *a b* de 4 pouces, & celle *e f* de 1. Cette pièce exige nécessairement encore qu'on la partage. J'essaie de divifer la face *b c g f* au point où sa largeur a 8 pouces, moitié des 16 du gros bout ; & je trouve qu'en cet endroit *m n*, la face de retour *a b f e* conserve 2 pouces francs *n o*. J'ai donc pour la première portion de la pièce un équar-riffage de *16* & *8* fur *4* & *2*, équarriffage que doit contenir la Table III (*ce*). Il reste à mesurer la longueur ; suppofons-la de *10 pieds*, & nous aurons tout ce qu'il faut pour chercher la valeur de cette première portion.

Quant à la seconde portion, son équarriffage est déjà connu. Il est de 8 & 4 fur 2 & 1 ; la Table III doit pareillement le contenir : ainsi, nous n'avons que la feule longueur à toifer ; suppofons-la de *5 pieds*.

Pour l'équarriffage de *16* & *8* fur *4* & *2*, la Table III préfente, dans la même cafe où font le 4 & le 2, les autres nombres inférieus 37 & 2 ; 37 à gauche, & 2 à droite. Le nombre inférieur à gauche, exprimant des pouces quarrés de bafe (*ff*), & renvoyant à la Table VII (*hh*), on cherche, Table VII, l'intitulé *bafe des Bois en pouces quarrés* 37, & dans la colonne *longueur des Bois en pieds*, on lit vis-à-vis les *10 pieds*.....

folives.	pieds.	pouces.	lignes.	points.
//	5	1	8	//

Le nombre inférieur à droite exprimant des 2/5 de pouce quarré de bafe (*ff*), & renvoyant à la Table IV (*hh*), on cherche, Table IV, l'intitulé *bafe des Bois en fractions de pouce quarré* 2/5 ; &, dans la colonne *longueur des Bois en pieds*, on lit vis-à-vis les 10 pieds.....

//	//	//	6	8

Ces deux fommes offrent en folives & parties de folive la valeur de la grande portion *a b c d*, *m n o*.

En fuivant la même marche, on obtiendra pour la portion reftante *m n o*, *e f g h* (*oo*).............

o	//	7	9	4

Il n'est donc question que d'additionner ensemble ces folidités, & pour folidité totale de la pièce, on aura.............

//	5	10	//	//

[76] Telle est la voie de trouver, par les Tables, le contenu des *Bois équarris dont la grosseur va en diminuant* ; ce contenu évalué en folives & parties de la folive. *Voyez* Discours I.er Art. *53* & *54*.

Les premiers bois qu'on voudra mesurer exigeront, fans doute, une certaine attention, celle qu'entraîne toujours une opération nouvelle. Mais à peine aura-t-on travaillé fur quatre ou cinq pièces, que les Tables déjà feront devenues familières, & qu'en un inftant on y faura trouver toutes les dimensions des Bois ; & les folives, pieds, pouces, lignes, points de folive qu'ils renferment. *Voyez l'Avertissement relatif à la Table III.*

À l'égard du changement des folives en *pieds cubes*, en *chevilles*, en *fommes*, en *marques*, en *gouées*, voyez les Tables VIII, IX, X, XI, XII & XIII.

(*oo*) On trouvera dans la Table III que les dimensions 8 & 4 fur 2 & 1 donnent pour bafe multiplicande 9 plus 2/5 de pouce quarrés. Or 9 pouces quarrés multipliés par 5 pieds de longueur, produisent 7 pouces 6 lignes de folive ; & 2/5 de pouce quarré multipliés par les mêmes 5 pieds, produisent 3 lignes 4 points de folive : donc les 9 pouces plus 2/5 de pouce quarrés, 7 pouces 9 lignes 4 points de folive.

AVERTISSEMENT

Relatif à la Table III.

APRÈS LES DÉTAILS contenus dans le Difcours précédent, depuis l'article 70 jufqu'au dernier, il nous refte peu de chofe à dire touchant la Table III.

Cette Table offre deux intitulés diftinɛts, dont l'un, *Grand côté du plus gros bout, & côté du plus petit bout, même face, en pouces*, applicable feulement à la première colonne verticale, à main gauche; & le fecond, *Autre côté du plus gros bout, & côté du petit bout, même face*, applicable aux deux nombres que chaque petite cafe préfente vers le haut.

Les mêmes petites cafes renferment, en outre, deux nombres placés vers le bas, l'un à gauche & l'autre à droite.

Celui à gauche exprime, en pouces quarrés, la bafe des bois ou la furface qu'il faut multiplier par leur longueur, pour le produit être changé en folives & parties de folive *(pp)*.

Et comme, dans les *bois équarris allant en diminuant de groffeur*, la bafe à multiplier n'eft prefque jamais compofée de feuls pouces quarrés fans acceffoires de fraɛtions, le nombre à droite exprime ces fraɛtions *(qq)*, qui rigoureufement ne doivent point être négligées *(rr)*.

Les Tables VII & IV, faites l'une & l'autre pour feconder & completter la Table III, épargneront toute efpèce de calcul. Voyez, dans le corps du Difcours précédent, l'article 70 jufqu'au 75 compris; voyez particulièrement celui 72.

J'avois pouffé la Table III jufqu'à 20 pouces d'équarriffage au plus gros bout. Dans l'état où je la publie, elle ne va que jufqu'à 18, & cet équarriffage eft certainement l'un des plus forts qu'on rencontrera. Si cependant il s'offroit une pièce qui l'excédât, il faudroit en divifer la largeur ou l'épaiffeur, peut-être l'une & l'autre, & mefurer chaque portion féparément *(ss)*.

(pp) L'opération de trouver ce qu'une pièce contient de folives, & parties de folive, n'entraînera pas plus de calcul que l'opération de trouver cette bafe ou furface: il fuffit de pratiquer ce qui eft enfeigné *article* 72.

(qq) Quoique dans les cafes rien n'annonce de fraɛtions, le Leɛteur a été prévenu (art. 72 & note *ff*) que le dénominateur, conftamment 6, eft fous entendu; & que le nombre à droite ne retrace que le numérateur. Ainfi, quand il lit (Table III, fol. 1, premier rang horizontal des cafes) 1 & 1 fur 1 & 0, & qu'en-deffous de 0 il voit 3, c'eft même chofe que s'il lifoit ⅜. Quand (dernier rang horizontal des cafes) il lit 5 & 3 fur 5 & 3, & qu'en-deffous du 3 il voit un 2, c'eft même chofe que s'il y avoit ⅔, &c. On n'eût fait que furcharger inutilement la Table, en répétant fans ceffe un chiffre qui nulle part n'auroit varié. Il fuffit que le Leɛteur foit averti.

(rr) Je dis *rigoureufement*, car en fuppofant qu'on néglige de tenir compte de la fraɛtion, l'erreur dans le réfultat n'ira jamais au-delà de 6 pouces 8 lignes de folive; & pour que l'erreur fût telle, il faudroit que la fraɛtion fût ⅚ de pouce de bafe & que la pièce portât 48 pieds de longueur; au refte, cette erreur feroit purement volontaire, puifque nous donnons les moyens de l'éviter.

(ss) Si les dimenfions de la pièce permettent qu'on la divife, foit en deux, foit en quatre, on n'aura qu'une portion à mefurer. La folidité de cette portion une fois connue, on la doublera fi la divifion s'eft faite en deux: on la quadruplera fi la divifion s'eft faite en quatre.

Table III. **Bois équarris, dont la grosseur va en diminuant.** 83

Grand côté du plus gros bout; & côté du petit bout, même face. Pouces.	Autre côté du plus gros bout, & côté du petit bout, même face; exprimés par les chiffres supérieurs de chaque case. Des deux nombres inférieurs contenus dans chaque même case, celui à gauche renvoie à la Table VII, & celui à droite, à la Table IV; Tables où se trouvent les solidités.								
1 & 1	sur	1 & 0 / 0 3							
1 & 0	sur	1 & 0 / 0 2							
2 & 2	sur	2 & 1 / 3 0							
2 & 1	sur	2 & 1 / 2 2	1 & 1 / 1 3						
3 & 3	sur	3 & 2 / 7 3	3 & 1 / 6 0	2 & 1 / 4 3					
3 & 2	sur	3 & 2 / 6 2	3 & 1 / 5 1	2 & 2 / 5 0	2 & 1 / 3 5	1 & 1 / 2 3			
3 & 1	sur	3 & 1 / 4 2	2 & 2 / 4 0	2 & 1 / 3 1	1 & 1 / 2 0				
4 & 4	sur	4 & 3 / 14 0	4 & 2 / 12 c	3 & 2 / 10 0	3 & 1 / 8 0	2 & 1 / 6 c			
4 & 3	sur	4 & 3 / 12 2	4 & 2 / 10 4	3 & 3 / 10 3	3 & 2 / 8 5	3 & 1 / 7 1	2 & 2 / 7 0	2 & 1 / 5 2	1 & 1 / 3 3
4 & 2	sur	4 & 2 / 9 2	3 & 3 / 9 0	3 & 2 / 7 4	3 & 1 / 6 2	2 & 2 / 6 c	2 & 1 / 4 4	1 & 1 / 3 0	
5 & 5	sur	5 & 4 / 22 3	5 & 3 / 20 0	5 & 2 / 17 3	4 & 3 / 17 3	4 & 2 / 15 0	3 & 2 / 12 3	3 & 1 / 10 0	2 & 1 / 7 3
5 & 4	sur	5 & 4 / 20 2	5 & 3 / 18 1	5 & 2 / 16 0	4 & 4 / 18 0	4 & 3 / 15 5	4 & 2 / 13 4	3 & 3 / 13 3	3 & 2 / 11 2
Idem.	sur	3 & 1 / 9 1	2 & 2 / 9 c	2 & 1 / 6 5	1 & 1 / 4 3				
5 & 3	sur	5 & 3 / 16 2	5 & 2 / 14 3	4 & 4 / 16 0	4 & 3 / 14 1	4 & 2 / 12 2	3 & 3 / 12 0	3 & 2 / 10 1	3 & 1 / 3 2

Grand côté du plus gros bout ; & côté du petit bout, même face. Pouces.		Autre côté du plus gros bout, & côté du petit bout, même face ; exprimés par les chiffres supérieurs de chaque case. Des deux nombres inférieurs contenus dans chaque même case, celui à gauche renvoie à la Table VII, & celui à droite, à la Table IV ; Tables où se trouvent les solidités.							
Idem.	sur	2 & 2 — 8 0	2 & 1 — 6 0	1 & 1 — 4 0					
5 & 2	sur	5 & 2 — 13 0	4 & 4 — 14 0	4 & 3 — 12 3	4 & 2 — 11 0	3 & 3 — 10 3	3 & 2 — 9 0	3 & 1 — 7 3	2 & 2 — 7 0
Idem.	sur	2 & 1 — 5 3	1 & 1 — 3 3						
6 & 6	sur	6 & 5 — 33 0	6 & 4 — 30 0	6 & 3 — 27 0	5 & 4 — 27 0	5 & 3 — 24 0	5 & 2 — 21 0	4 & 3 — 21 0	4 & 2 — 18 0
Idem.	sur	3 & 2 — 15 0	3 & 1 — 12 0	2 & 1 — 9 0					
6 & 5	sur	6 & 5 — 30 2	6 & 4 — 27 4	6 & 3 — 25 0	5 & 5 — 27 3	5 & 4 — 24 5	5 & 3 — 22 1	5 & 2 — 19 3	4 & 4 — 22 0
Idem.	sur	4 & 3 — 19 2	4 & 2 — 16 4	3 & 3 — 16 3	3 & 2 — 13 5	3 & 1 — 11 1	2 & 2 — 11 0	2 & 1 — 8 2	1 & 1 — 5 3
6 & 4	sur	6 & 4 — 25 2	6 & 3 — 23 0	5 & 5 — 25 0	5 & 4 — 22 4	5 & 3 — 20 2	5 & 2 — 18 0	4 & 4 — 20 0	4 & 3 — 17 4
Idem.	sur	4 & 2 — 15 2	3 & 3 — 15 0	3 & 2 — 12 4	3 & 1 — 10 2	2 & 2 — 10 0	2 & 1 — 7 4	1 & 1 — 5 0	
6 & 3	sur	6 & 3 — 21 0	5 & 5 — 22 3	5 & 4 — 20 3	5 & 3 — 18 3	5 & 2 — 16 3	4 & 4 — 18 0	4 & 3 — 16 0	4 & 2 — 14 0
Idem.	sur	3 & 3 — 13 3	3 & 2 — 11 3	3 & 1 — 9 3	2 & 2 — 9 0	2 & 1 — 7 0	1 & 1 — 4 3		
7 & 7	sur	7 & 6 — 45 3	7 & 5 — 42 0	7 & 4 — 38 3	7 & 3 — 35 0	6 & 5 — 38 3	6 & 4 — 35 0	6 & 3 — 31 3	5 & 4 — 31 3
Idem.	sur	5 & 3 — 28 0	5 & 2 — 24 3	4 & 3 — 24 3	4 & 2 — 21 0	3 & 3 — 17 3	3 & 2 — 14 0	3 & 1 — 10 3	2 & 1
7 & 6	sur	7 & 6 — 42 2	7 & 5 — 39 1	7 & 4 — 36 0	7 & 3 — 32 5	6 & 6 — 39 0	6 & 5 — 35 5	6 & 4 — 32 4	6 & 3 — 29 3
Idem.	sur	5 & 5 — 32 3	5 & 4 — 29 2	5 & 3 — 26 1	5 & 2 — 23 0	4 & 4 — 26 0	4 & 3 — 22 5	4 & 2 — 19 4	5 & 3 — 19 3
Idem.	sur	3 & 2 — 16 2	3 & 1 — 13 1	2 & 2 — 13 0	2 & 1 — 9 5	1 & 1 — 6 3			

Table III. Bois équarris, dont la grosseur va en diminuant. 85

Grand côté du plus gros bout; & côté du petit bout même face. Pouces.	Autre côté du plus gros bout, & côté du petit bout, même face; exprimés par les chiffres supérieurs de chaque case. Des deux nombres inférieurs contenus dans chaque même case, celui à gauche renvoie à la Table VII, & celui à droite, à la Table IV; Tables où se trouvent les solidités.							
7 & 5	fur	7 & 5 — 36 2	7 & 4 — 33 3	7 & 3 — 30 4	6 & 6 — 36 0	6 & 5 — 33 1	6 & 4 — 30 2	6 & 3 — 27 3	5 & 5 — 30 0
Idem	fur	5 & 4 — 27 1	5 & 3 — 24 2	5 & 2 — 21 3	4 & 4 — 24 0	4 & 3 — 21 1	4 & 2 — 18 2	3 & 3 — 18 0	3 & 2 — 15 1
Idem.	fur	3 & 1 — 12 2	2 & 2 — 12 0	2 & 1 — 9 1	1 & 1 — 6 0				
7 & 4	fur	7 & 4 — 31 0	7 & 3 — 28 3	6 & 6 — 33 0	6 & 5 — 30 3	6 & 4 — 28 0	6 & 3 — 25 3	5 & 5 — 27 3	5 & 4 — 25 0
Idem.	fur	5 & 3 — 22 3	5 & 2 — 20 0	4 & 4 — 22 0	4 & 3 — 19 3	4 & 2 — 17 c	3 & 3 — 16 3	3 & 2 — 14 0	3 & 1 — 11 3
Idem.	fur	2 & 2 — 11 0	2 & 1 — 8 3	1 & 1 — 5 3					
7 & 3	fur	7 & 3 — 26 2	6 & 6 — 30 0	6 & 5 — 27 5	6 & 4 — 25 4	6 & 3 — 23 3	5 & 5 — 25 0	5 & 4 — 22 5	5 & 3 — 20 4
Idem.	fur	5 & 2 — 18 3	4 & 4 — 20 0	4 & 3 — 17 5	4 & 2 — 15 4	3 & 3 — 15 0	3 & 2 — 12 5	3 & 1 — 10 4	2 & 2 — 10 0
Idem.	fur	2 & 1 — 7 5	1 & 1 — 5 0						
8 & 8	fur	8 & 7 — 60 0	8 & 6 — 56 0	8 & 5 — 52 0	8 & 4 — 48 0	7 & 6 — 52 0	7 & 5 — 48 0	7 & 4 — 44 c	7 & 3 — 40 0
Idem.	fur	6 & 5 — 44 0	6 & 4 — 40 0	6 & 3 — 36 c	5 & 4 — 36 0	5 & 3 — 32 0	5 & 2 — 28 0	4 & 3 — 28 c	4 & 2 — 24 0
Idem.	fur	3 & 2 — 20 0	3 & 1 — 16 0	2 & 1 — 12 0					
8 & 7	fur	8 & 7 — 56 2	8 & 6 — 52 4	8 & 5 — 49 0	8 & 4 — 45 2	7 & 7 — 52 3	7 & 6 — 48 5	7 & 5 — 45 1	7 & 4 — 41 3
Idem.	fur	7 & 3 — 37 5	6 & 6 — 45 0	6 & 5 — 41 2	6 & 4 — 37 4	6 & 3 — 34 0	5 & 5 — 37 3	5 & 4 — 33 5	5 & 3 — 30 1
Idem.	fur	5 & 2 — 26 3	4 & 4 — 30 0	4 & 3 — 26 2	4 & 2 — 22 4	3 & 3 — 22 3	3 & 2 — 18 5	3 & 1 — 15 1	2 & 2 — 15 c
Idem.	fur	2 & 1 — 11 2	1 & 1 — 7 3						
8 & 6	fur	8 & 6 — 49 2	8 & 5 — 46 0	8 & 4 — 42 4	7 & 7 — 49 0	7 & 6 — 45 4	7 & 5 — 42 2	7 & 4 — 39 0	7 & 3 — 35 4

Grand côté du plus gros bout; & côté du petit bout même face. Pouces.		Autre côté du plus gros bout, & côté du petit bout, même face; exprimés par les chiffres supérieurs de chaque case. Des deux nombres inférieurs contenus dans chaque même case, celui à gauche renvoie à la Table VII, & celui à droite, à la Table IV; Tables où se trouvent les solidités.							
Idem.	sur	6 & 6	6 & 5	6 & 4	6 & 3	5 & 5	5 & 4	5 & 3	5 & 2
		42 0	38 4	35 2	32 0	35 0	31 4	28 2	25 0
Idem.	sur	4 & 4	4 & 3	4 & 2	3 & 2	3 & 2	3 & 1	2 & 2	2 & 1
		28 0	24 4	21 2	21 ⊙	17 4	14 2	14 0	10 4
Idem.	sur	1 & 1							
		7 0							
8 & 5	sur	8 & 5	8 & 4	7 & 7	7 & 6	7 & 5	7 & 4	7 & 3	6 & 6
		43 0	40 0	45 3	42 3	39 3	36 3	33 3	39 0
Idem.	sur	6 & 5	6 & 4	6 & 3	5 & 5	5 & 4	5 & 3	5 & 2	4 & 4
		36 0	33 0	30 0	32 3	29 3	26 3	23 3	26 0
Idem.	sur	4 & 3	4 & 2	3 & 3	3 & 2	3 & 1	2 & 2	2 & 1	1 & 1
		23 0	20 0	19 3	16 3	13 3	13 0	10 0	6 3
8 & 4	sur	8 & 4	7 & 7	7 & 6	7 & 5	7 & 4	7 & 3	6 & 6	6 & 5
		37 2	42 0	39 2	36 4	34 ⊙	31 2	36 0	33 2
Idem.	sur	6 & 4	6 & 3	5 & 5	5 & 4	5 & 3	5 & 2	4 & 4	4 & 3
		30 4	28 0	30 0	27 2	24 4	22 0	24 0	21 2
Idem.	sur	4 & 2	3 & 3	3 & 2	3 & 1	2 & 2	2 & 1	1 & 1	
		18 4	18 0	15 2	12 4	12 0	9 2	6 0	
9 & 9	sur	9 & 8	9 & 7	9 & 6	9 & 5	9 & 4	8 & 7	8 & 6	8 & 5
		76 3	72 0	67 3	63 0	58 3	67 3	63 0	58 3
Idem.	sur	8 & 4	7 & 6	7 & 5	7 & 4	7 & 3	6 & 5	6 & 4	6 & 3
		54 0	58 3	54 0	49 3	45 0	49 3	45 0	40 3
Idem.	sur	5 & 4	5 & 3	5 & 2	4 & 3	4 & 2	3 & 2	3 & 1	2 & 1
		40 3	36 0	31 3	31 3	27 ⊙	22 3	18 0	13 3
9 & 8	sur	9 & 8	9 & 7	9 & 6	9 & 5	9 & 4	8 & 8	8 & 7	8 & 6
		72 2	68 1	64 0	59 5	55 4	68 0	63 5	59 4
Idem.	sur	8 & 5	8 & 4	7 & 7	7 & 6	7 & 5	7 & 4	7 & 3	6 & 6
		55 3	51 2	59 3	55 2	51 1	47 0	42 5	51 0
Idem.	sur	6 & 5	6 & 4	6 & 3	5 & 5	5 & 4	5 & 3	5 & 2	4 & 4
		46 5	42 4	38 3	42 3	38 2	34 1	30 0	34 0
Idem.	sur	4 & 3	4 & 2	3 & 3	3 & 2	3 & 1	2 & 2	2 & 1	1 & 1
		29 5	25 4	25 3	21 2	17 1	17 0	12 5	8 3
9 & 7	sur	9 & 7	9 & 6	9 & 5	9 & 4	8 & 8	8 & 7	8 & 6	8 & 5
		64 2	60 3	56 4	52 5	64 0	60 1	56 2	52 3

Table III. Bois équarris, dont la grosseur và en diminuant. 87

Grand côté du plus gros bout; & côté du petit bout même face. Pouces.	Autre côté du plus gros bout, & côté du petit bout, même face; exprimés par les chiffres supérieurs de chaque case. Des deux nombres inférieurs contenus dans chaque même case, celui à gauche renvoie à la Table VII, & celui à droite, à la Table IV; Tables où se trouvent les solidités.							
Idem. sur	8 & 4	7 & 7	7 & 6	7 & 5	7 & 4	7 & 3	6 & 6	6 & 5
	48 4	56 0	52 1	48 2	44 3	40 4	48 0	44 1
Idem. sur	6 & 4	6 & 3	5 & 5	5 & 4	5 & 3	5 & 2	4 & 4	4 & 3
	40 2	36 3	40 0	36 1	32 2	28 3	32 0	28 1
Idem. sur	4 & 2	3 & 3	3 & 2	3 & 1	2 & 2	2 & 1	1 & 1	
	24 2	24 0	20 1	16 2	16 0	12 1	8 0	
9 & 6 sur	9 & 6	9 & 5	9 & 4	8 & 8	8 & 7	8 & 6	8 & 5	8 & 4
	57 0	53 3	50 0	60 0	56 3	53 0	49 3	46 0
Idem. sur	7 & 7	7 & 6	7 & 5	7 & 4	7 & 3	6 & 6	6 & 5	6 & 4
	52 3	49 0	45 3	42 0	38 3	45 0	41 3	38 0
Idem. sur	6 & 3	5 & 5	5 & 4	5 & 3	5 & 2	4 & 4	4 & 3	4 & 2
	34 3	37 3	34 0	30 3	27 0	30 0	26 3	23 0
Idem. sur	3 & 3	3 & 2	3 & 1	2 & 2	2 & 1	1 & 1		
	22 3	19 0	15 3	15 0	11 3	7 3		
9 & 5 sur	9 & 5	9 & 4	8 & 8	8 & 7	8 & 6	8 & 5	8 & 4	7 & 7
	50 2	47 1	56 0	52 5	49 4	46 3	43 2	49 0
Idem. sur	7 & 6	7 & 5	7 & 4	7 & 3	6 & 6	6 & 5	6 & 4	6 & 3
	45 5	42 4	39 3	36 2	42 0	38 5	35 4	32 3
Idem. sur	5 & 5	5 & 4	5 & 3	5 & 2	4 & 4	4 & 3	4 & 2	3 & 3
	35 0	31 5	28 4	25 3	28 0	24 5	21 4	21 0
Idem. sur	3 & 2	3 & 1	2 & 2	2 & 1	1 & 1			
	17 5	14 4	14 0	10 5	7 0			
9 & 4 sur	9 & 4	8 & 8	8 & 7	8 & 6	8 & 5	8 & 4	7 & 7	7 & 6
	44 2	52 0	49 1	46 2	43 3	40 4	45 4	42 4
Idem. sur	7 & 5	7 & 4	7 & 3	6 & 6	6 & 5	6 & 4	6 & 3	5 & 5
	39 5	37 0	34 1	39 0	36 1	33 2	30 3	32 3
Idem. sur	5 & 4	5 & 3	5 & 2	4 & 4	4 & 3	4 & 2	3 & 3	3 & 2
	29 4	26 5	24 0	26 0	23 1	20 2	19 3	16 4
Idem. sur	3 & 1	2 & 2	2 & 1	1 & 1				
	13 5	13 0	10 1	6 3				
10 & 10 sur	10 & 9	10 & 8	10 & 7	10 & 6	10 & 5	9 & 8	9 & 7	9 & 6
	95 0	90 0	85 0	80 0	75 0	85 0	80 0	75 0
Idem. sur	9 & 5	9 & 4	8 & 7	8 & 6	8 & 5	8 & 4	7 & 6	7 & 5
	70 0	65 0	75 0	70 0	65 0	60 0	65 0	60 0

Grand côté du plus gros bout; & côté du petit bout, même face. Pouces.		Autre côté du plus gros bout, & côté du petit bout, même face; exprimés par les chiffres supérieurs de chaque case. Des deux nombres inférieurs contenus dans chaque même case, celui à gauche renvoie à la Table VII, & celui à droite, à la Table IV; Tables où se trouvent les solidités.							
Idem.	sur	7 & 4 — 55 0	7 & 3 — 50 0	6 & 5 — 55 0	6 & 4 — 50 0	6 & 3 — 45 0	5 & 4 — 45 0	5 & 3 — 40 0	5 & 2 — 35 0
Idem.	sur	4 & 3 — 35 0	4 & 2 — 30 0	3 & 2 — 25 0	3 & 1 — 20 0	2 & 1 — 15 0			
10 & 9	sur	10 & 9 — 90 2	10 & 8 — 85 4	10 & 7 — 81 0	10 & 6 — 76 2	10 & 5 — 71 4	9 & 9 — 85 3	9 & 8 — 80 5	9 & 7 — 76 1
Idem.	sur	9 & 6 — 71 3	9 & 5 — 66 5	9 & 4 — 62 1	8 & 8 — 76 0	8 & 7 — 71 2	8 & 6 — 66 4	8 & 5 — 62 0	8 & 4 — 57 2
Idem.	sur	7 & 7 — 66 3	7 & 6 — 61 5	7 & 5 — 57 1	7 & 4 — 52 3	7 & 3 — 47 5	6 & 6 — 57 0	6 & 5 — 52 2	6 & 4 — 47 4
Idem.	sur	6 & 3 — 43 0	5 & 5 — 47 3	5 & 4 — 42 5	5 & 3 — 38 1	5 & 2 — 33 3	4 & 4 — 38 0	4 & 3 — 33 2	4 & 2 — 28 4
Idem.	sur	3 & 3 — 28 3	3 & 2 — 23 5	3 & 1 — 19 1	2 & 2 — 19 0	2 & 1 — 14 2	1 & 1 — 9 3		
10 & 8	sur	10 & 8 — 81 2	10 & 7 — 77 0	10 & 6 — 72 4	10 & 5 — 68 2	9 & 9 — 81 0	9 & 8 — 76 4	9 & 7 — 72 2	9 & 6 — 68 0
Idem.	sur	9 & 5 — 63 4	9 & 4 — 59 2	8 & 8 — 72 0	8 & 7 — 67 4	8 & 6 — 63 2	8 & 5 — 59 0	8 & 4 — 54 4	7 & 7 — 63 0
Idem.	sur	7 & 6 — 58 4	7 & 5 — 54 2	7 & 4 — 50 0	7 & 3 — 45 4	6 & 6 — 54 0	6 & 5 — 49 4	6 & 4 — 45 2	6 & 3 — 41 0
Idem.	sur	5 & 5 — 45 0	5 & 4 — 40 4	5 & 3 — 36 2	5 & 2 — 32 0	4 & 4 — 36 0	4 & 3 — 31 4	4 & 2 — 27 2	3 & 3 — 27 0
Idem.	sur	3 & 2 — 22 4	3 & 1 — 18 2	2 & 2 — 18 0	2 & 1 — 13 4	1 & 1 — 9 0			
10 & 7	sur	10 & 7 — 73 0	10 & 6 — 69 0	10 & 5 — 65 0	9 & 9 — 76 3	9 & 8 — 72 3	9 & 7 — 68 3	9 & 6 — 64 5	9 & 5 — 60 3
Idem.	sur	9 & 4 — 56 3	8 & 8 — 68 0	8 & 7 — 64 0	8 & 6 — 60 0	8 & 5 — 56 0	8 & 4 — 52 0	7 & 7 — 59 3	7 & 6 — 55 3
Idem.	sur	7 & 5 — 51 3	7 & 4 — 47 3	7 & 3 — 43 3	6 & 6 — 51 0	6 & 5 — 47 0	6 & 4 — 43 0	6 & 3 — 39 0	5 & 5 — 42 3
Idem.	sur	5 & 4 — 38 3	5 & 3 — 34 3	5 & 2 — 30 3	4 & 4 — 34 0	4 & 3 — 30 0	4 & 2 — 26 0	3 & 3 — 25 3	3 & 2 — 21 3
Idem.	sur	3 & 1 — 17 3	2 & 2 — 17 0	2 & 1 — 13 0	1 & 1 — 8 3				
10 & 6	sur	10 & 6 — 65 2	10 & 5 — 61 4	9 & 9 — 72 0	9 & 8 — 68 2	9 & 7 — 64 4	9 & 6 — 61 0	9 & 5 — 57 2	9 & 4 — 53 4

Table III. Bois équarris, dont la grosseur va en diminuant. 89

Grand côté du plus gros bout; & côté du petit bout, même face. Pouces.	Autre côté du plus gros bout, & côté du petit bout, même face; exprimés par les chiffres supérieurs de chaque case. Des deux nombres inférieurs contenus dans chaque même case, celui à gauche renvoie à la Table VII, & celui à droite à la Table IV; Tables où se trouvent les solidités.							
Idem.	sur	8 & 8 · 64 c	8 & 7 · 60 2	8 & 6 · 56 4	8 & 5 · 53 c	8 & 4 · 49 2	7 & 7 · 56 c	7 & 6 · 52 2	7 & 5 · 48 4
Idem.	sur	7 & 4 · 45 0	7 & 3 · 41 2	6 & 6 · 48 0	6 & 5 · 44 2	6 & 4 · 40 6	6 & 3 · 37 0	5 & 5 · 40 0	5 & 4 · 36 2
Idem.	sur	5 & 3 · 32 4	5 & 2 · 29 0	4 & 4 · 32 c	4 & 3 · 28 2	4 & 2 · 24 4	3 & 3 · 24 c	3 & 2 · 20 2	3 & 1 · 16 4
Idem.	sur	2 & 2 · 16 0	2 & 1 · 12 2	1 & 1 · 8 0					
19 & 5	sur	10 & 5 · 58 2	9 & 5 · 67 3	9 & 8 · 64 1	9 & 7 · 60 5	9 & 6 · 57 3	9 & 5 · 54 1	9 & 4 · 50 5	8 & 8 · 60 c
Idem.	sur	8 & 7 · 56 4	8 & 6 · 53 2	8 & 5 · 50 0	8 & 4 · 46 4	7 & 7 · 52 3	7 & 6 · 49 1	7 & 5 · 45 5	7 & 4 · 42 3
Idem.	sur	7 & 3 · 39 1	6 & 6 · 45 0	6 & 5 · 41 4	6 & 4 · 38 2	6 & 3 · 35 0	5 & 5 · 37 3	5 & 4 · 34 1	5 & 3 · 30 5
Idem.	sur	5 & 2 · 27 3	4 & 4 · 30 0	4 & 3 · 26 4	4 & 2 · 23 2	3 & 3 · 22 3	3 & 2 · 19 1	3 & 1 · 15 5	2 & 2 · 15 0
Idem.	sur	2 & 1 · 11 4	1 & 1 · 7 3						
11 & 11	sur	11 & 10 · 115 3	11 & 9 · 110 0	11 & 8 · 104 3	11 & 7 · 99 0	11 & 6 · 93 3	11 & 5 · 88 c	10 & 9 · 104 3	10 & 8 · 99 0
Idem.	sur	10 & 7 · 93 3	10 & 6 · 88 c	10 & 5 · 82 3	9 & 8 · 93 3	9 & 7 · 88 0	9 & 6 · 82 3	9 & 5 · 77 c	9 & 4 · 71 3
Idem.	sur	8 & 7 · 82 3	8 & 6 · 77 c	8 & 5 · 71 3	8 & 4 · 56 0	7 & 6 · 71 3	7 & 5 · 66 0	7 & 4 · 60 3	7 & 3 · 55 0
Idem.	sur	6 & 5 · 60 3	6 & 4 · 55 0	6 & 3 · 49 3	5 & 4 · 49 3	5 & 3 · 44 c	5 & 2 · 38 3	4 & 3 · 38 3	4 & 2 · 33 c
Idem.	sur	3 & 2 · 27 3	3 & 1 · 22 0	2 & 1 · 16 3					
11 & 10	sur	11 & 10 · 110 2	11 & 9 · 105 1	11 & 8 · 100 0	11 & 7 · 94 5	11 & 6 · 89 4	11 & 5 · 84 3	10 & 10 · 105 5	10 & 9 · 99 5
Idem.	sur	10 & 8 · 94 4	10 & 7 · 89 3	10 & 6 · 84 2	10 & 5 · 79 1	9 & 9 · 94 3	9 & 8 · 89 2	9 & 7 · 84 1	9 & 6 · 79 0
Idem.	sur	9 & 5 · 73 5	9 & 4 · 68 4	8 & 8 · 84 0	8 & 7 · 78 5	8 & 6 · 73 4	8 & 5 · 68 3	8 & 4 · 53 2	7 & 7 · 73 3

Grand côté du plus gros bout; & côté du petit bout même face. Pouces.		Autre côté du plus gros bout, & côté du petit bout, même face; exprimés par les chiffres supérieurs de chaque case. Des deux nombres inférieurs contenus dans chaque même case, celui à gauche renvoie à la Table VII, & celui à droite, à la Table IV; Tables où se trouvent les solidités.							
Idem.	sur	7 & 6	7 & 5	7 & 4	7 & 3	6 & 6	6 & 5	6 & 4	6 & 3
		68 | 2	63 | 1	58 | 0	52 | 5	63 | 0	57 | 5	52 | 4	47 | 3
Idem.	sur	5 & 5	5 & 4	5 & 3	5 & 2	4 & 4	4 & 3	4 & 2	3 & 3
		52 | 3	47 | 2	42 | 1	37 | 0	42 | 0	36 | 5	31 | 4	31 | 3
Idem.	sur	3 & 2	3 & 1	2 & 2	2 & 1	1 & 1			
		26 | 2	21 | 1	21 | 0	15 | 5	10 | 3			
11 & 9	sur	11 & 9	11 & 8	11 & 7	11 & 6	11 & 5	10 & 10	10 & 9	10 & 8
		100 | 2	95 | 3	90 | 4	85 | 5	81 | 0	100 | 0	95 | 1	90 | 2
Idem.	sur	10 & 7	10 & 6	10 & 5	9 & 9	9 & 8	9 & 7	9 & 6	9 & 5
		85 | 3	80 | 4	75 | 5	90 | 0	85 | 1	80 | 2	75 | 3	70 | 4
Idem.	sur	9 & 4	8 & 8	8 & 7	8 & 6	8 & 5	8 & 4	7 & 7	7 & 6
		65 | 5	80 | 0	75 | 1	70 | 2	65 | 3	60 | 4	70 | 0	65 | 1
Idem.	sur	7 & 5	7 & 4	7 & 3	6 & 6	6 & 5	6 & 4	6 & 3	5 & 5
		60 | 2	55 | 3	50 | 4	60 | 0	55 | 1	50 | 2	45 | 3	50 | 0
Idem.	sur	5 & 4	5 & 3	5 & 2	4 & 4	4 & 3	4 & 2	3 & 3	3 & 2
		45 | 1	40 | 2	35 | 3	40 | 0	35 | 1	30 | 2	30 | 0	25 | 1
Idem.	sur	3 & 1	2 & 2	2 & 1	1 & 1				
		20 | 2	20 | 0	15 | 1	10 | 0				
11 & 8	sur	11 & 8	11 & 7	11 & 6	11 & 5	10 & 10	10 & 9	10 & 8	10 & 7
		91 | 0	86 | 3	82 | 0	77 | 3	95 | 0	90 | 3	86 | 0	81 | 3
Idem.	sur	10 & 6	10 & 5	9 & 9	9 & 8	9 & 7	9 & 6	9 & 5	9 & 4
		77 | 0	72 | 3	85 | 3	81 | 0	76 | 3	72 | 0	67 | 3	63 | 0
Idem.	sur	8 & 8	8 & 7	8 & 6	8 & 5	8 & 4	7 & 7	7 & 6	7 & 5
		76 | 0	71 | 3	67 | 0	62 | 3	58 | 0	66 | 3	62 | 0	57 | 3
Idem.	sur	7 & 4	7 & 3	6 & 6	6 & 5	6 & 4	6 & 3	5 & 5	5 & 4
		53 | 0	48 | 3	57 | 0	52 | 3	48 | 0	43 | 3	47 | 3	43 | 0
Idem.	sur	5 & 3	5 & 2	4 & 4	4 & 3	4 & 2	3 & 3	3 & 2	3 & 1
		38 | 3	34 | 0	38 | 0	33 | 3	29 | 0	28 | 3	24 | 0	19 | 3
Idem.	sur	2 & 2	2 & 1	1 & 1					
		19 | 0	14 | 3	9 | 3					
11 & 7	sur	11 & 7	11 & 6	11 & 5	10 & 10	10 & 9	10 & 8	10 & 7	10 & 6
		82 | 2	78 | 1	74 | 0	90 | 0	85 | 5	81 | 4	77 | 3	73 | 2
Idem.	sur	10 & 5	9 & 9	9 & 8	9 & 7	9 & 6	9 & 5	9 & 4	8 & 8
		69 | 1	81 | 0	76 | 5	72 | 4	68 | 3	64 | 2	60 | 1	72 | 0
Idem.	sur	8 & 7	8 & 6	8 & 5	8 & 4	7 & 7	7 & 6	7 & 5	7 & 4
		67 | 5	63 | 4	59 | 3	55 | 2	63 | 0	58 | 5	54 | 4	50 | 3

Table III. Bois équarris, dont la grosseur va en diminuant. 91

Grand côté du plus gros bout; & côté du petit bout même face. Pouces.		Autre côté du plus gros bout, & côté du petit bout, même face; exprimés par les chiffres supérieurs de chaque case. Des deux nombres inférieurs contenus dans chaque même case, celui à gauche renvoie à la Table VII, & celui à droite à la Table IV; Tables où se trouvent les solidités.							
Idem.	sur	7 & 3 · 46 2	6 & 6 · 54 0	6 & 5 · 49 5	6 & 4 · 45 4	6 & 3 · 41 3	5 & 5 · 45 0	5 & 4 · 40 5	5 & 3 · 36 4
Idem.	sur	5 & 2 · 32 3	4 & 4 · 36 0	4 & 3 · 31 5	4 & 2 · 27 4	3 & 3 · 27 0	3 & 2 · 22 5	3 & 1 · 18 4	2 & 2 · 18 0
Idem.	sur	2 & 1 · 13 5	1 & 1 · 9 0						
11 & 6	sur	11 & 6 · 74 2	11 & 5 · 70 3	10 & 10 · 85 0	10 & 9 · 81 1	10 & 8 · 77 2	10 & 7 · 73 3	10 & 6 · 69 4	10 & 5 · 65 5
Idem.	sur	9 & 9 · 76 3	9 & 8 · 72 4	9 & 7 · 68 5	9 & 6 · 65 0	9 & 5 · 61 1	9 & 4 · 57 2	8 & 8 · 68 0	8 & 7 · 64 1
Idem.	sur	8 & 6 · 60 2	8 & 5 · 56 3	8 & 4 · 52 4	7 & 7 · 59 3	7 & 6 · 55 4	7 & 5 · 51 5	7 & 4 · 48 0	7 & 3 · 44 1
Idem.	sur	6 & 6 · 51 0	6 & 5 · 47 1	6 & 4 · 43 2	6 & 3 · 39 3	5 & 5 · 42 3	5 & 4 · 38 4	5 & 3 · 34 5	5 & 2 · 31 0
Idem.	sur	4 & 4 · 34 0	4 & 3 · 30 1	4 & 2 · 26 2	3 & 3 · 25 3	3 & 2 · 21 4	3 & 1 · 17 5	2 & 2 · 17 0	2 & 1 · 13 1
Idem.	sur	1 & 1 · 8 3							
11 & 5	sur	11 & 5 · 67 0	10 & 10 · 80 0	10 & 9 · 76 3	10 & 8 · 73 0	10 & 7 · 69 3	10 & 6 · 66 0	10 & 5 · 62 3	9 & 9 · 72 0
Idem.	sur	9 & 8 · 68 3	9 & 7 · 65 0	9 & 6 · 61 3	9 & 5 · 58 0	9 & 4 · 54 3	8 & 8 · 64 0	8 & 7 · 60 3	8 & 6 · 57 0
Idem.	sur	8 & 5 · 53 3	8 & 4 · 50 0	7 & 7 · 56 0	7 & 6 · 52 3	7 & 5 · 49 0	7 & 4 · 45 3	7 & 3 · 42 0	6 & 6 · 48 0
Idem.	sur	6 & 5 · 44 3	6 & 4 · 41 0	6 & 3 · 37 3	5 & 5 · 40 0	5 & 4 · 36 3	5 & 3 · 33 0	5 & 2 · 29 3	4 & 4 · 32 0
Idem.	sur	4 & 3 · 28 3	4 & 2 · 25 0	3 & 3 · 24 0	3 & 2 · 20 3	3 & 1 · 17 0	2 & 2 · 16 0	2 & 1 · 12 3	1 & 1 · 8 0
12 & 12	sur	12 & 11 · 138 0	12 & 10 · 132 0	12 & 9 · 126 0	12 & 8 · 120 0	12 & 7 · 114 0	12 & 6 · 108 0	11 & 10 · 126 0	11 & 9 · 120 0
Idem.	sur	11 & 8 · 114 0	11 & 7 · 108 0	11 & 6 · 102 0	11 & 5 · 96 0	10 & 9 · 114 0	10 & 8 · 108 0	10 & 7 · 102 0	10 & 6 · 96 0
Idem.	sur	10 & 5 · 90 0	9 & 8 · 102 0	9 & 7 · 96 0	9 & 6 · 90 0	9 & 5 · 84 0	9 & 4 · 78 0	8 & 7 · 90 0	8 & 6 · 84 0

Grand côté du plus gros bout, & côté du petit bout, même face. Pouces.		Autre côté du plus gros bout, & côté du petit bout, même face ; exprimés par les chiffres supérieurs de chaque case. Des deux nombres inférieurs contenus dans chaque même case, celui à gauche renvoie à la Table VII, & celui à droite à la Table IV ; Tables où se trouvent les solidités.							
Idém	fur	8 & 5 78 0	8 & 4 72 0	7 & 6 78 0	7 & 5 72 0	7 & 4 66 0	7 & 3 50 0	6 & 5 65 0	6 & 4 60 0
Idém	fur	6 & 3 54 0	5 & 4 54 0	5 & 3 48 0	5 & 2 42 0	4 & 3 42 0	4 & 2 36 0	3 & 2 30 0	3 & 1 24 0
Idém	fur	2 & 1 18 0							
12 & 11	fur	12 & 11 132 2	12 & 10 126 4	12 & 9 121 0	12 & 8 115 2	12 & 7 109 4	12 & 6 104 0	11 & 11 126 3	11 & 10 120 5
Idém	fur	11 & 9 115 1	11 & 8 109 3	11 & 7 103 5	11 & 6 98 1	11 & 5 92 3	10 & 10 115 0	10 & 9 109 2	10 & 8 103 4
Idém	fur	10 & 7 98 0	10 & 6 92 2	10 & 5 86 4	9 & 9 103 3	9 & 8 97 5	9 & 7 92 1	9 & 6 86 3	9 & 5 80 5
Idém	fur	9 & 4 75 1	8 & 8 92 0	8 & 7 86 2	8 & 6 80 4	8 & 5 75 0	8 & 4 69 2	7 & 7 80 3	7 & 6 74 5
Idém	fur	7 & 5 69 1	7 & 4 63 3	7 & 3 57 5	5 & 6 69 0	6 & 5 63 2	6 & 4 57 4	6 & 3 52 0	5 & 5 57 3
Idém	fur	5 & 4 51 5	5 & 3 46 1	5 & 2 40 3	4 & 4 46 0	4 & 3 40 2	4 & 2 34 4	3 & 3 34 3	3 & 2 28 5
Idém	fur	3 & 1 23 1	2 & 2 23 0	2 & 1 17 2	1 & 1 11 3				
12 & 10	fur	12 & 10 121 2	12 & 9 116 0	12 & 8 110 4	12 & 7 105 2	12 & 6 100 0	11 & 11 121 0	11 & 10 115 4	11 & 9 110 2
Idém	fur	11 & 8 105 0	11 & 7 99 4	11 & 6 94 2	11 & 5 89 0	10 & 10 110 0	10 & 9 104 4	10 & 8 99 2	10 & 7 94 0
Idém	fur	10 & 6 88 4	10 & 5 83 2	9 & 9 99 0	9 & 8 93 4	9 & 7 88 2	9 & 6 83 0	9 & 5 77 4	9 & 4 72 2
Idém	fur	8 & 8 88 0	8 & 7 82 4	8 & 6 77 2	8 & 5 72 0	8 & 4 66 4	7 & 7 77 0	7 & 6 71 4	7 & 5 66 2
Idém	fur	7 & 4 61 0	7 & 3 55 4	6 & 6 66 0	6 & 5 60 4	6 & 4 55 0	6 & 3 50 0	5 & 5 55 0	5 & 4 49 4
Idém	fur	5 & 3 44 2	5 & 2 39 0	4 & 4 44 0	4 & 3 38 4	4 & 2 33 2	3 & 3 33 0	3 & 2 27 4	3 & 1 22 2
Idém	fur	2 & 2 22 0	2 & 1 16 4	1 & 1 11 0					
12 & 9	fur	12 & 9 111 0	12 & 8 106 0	12 & 7 101 0	12 & 6 96 0	11 & 11 115 3	11 & 10 110 3	11 & 9 105 3	11 & 8 100 1

Table III. Bois équarris, dont la grosseur va en diminuant. 93

Grand côté du plus gros bout, & côté du petit bout, même face. Pouces.	Autre côté du plus gros bout, & côté du petit bout, même face; exprimés par les chiffres supérieurs de chaque case. Des deux nombres inférieurs contenus dans chaque même case, celui à gauche renvoie à la Table VII, & celui à droite à la Table IV; Tables où se trouvent les solidités.							
Idem.	sur	11 & 7 / 95 3	11 & 6 / 90 3	11 & 5 / 85 3	10 & 10 / 105 0	10 & 9 / 100 0	10 & 8 / 95 0	10 & 7 / 90 0	10 & 6 / 85 0
Idem.	sur	10 & 5 / 80 0	9 & 9 / 94 3	9 & 8 / 89 3	9 & 7 / 84 3	9 & 6 / 79 3	9 & 5 / 74 3	9 & 4 / 69 3	8 & 8 / 84 0
Idem.	sur	8 & 7 / 79 0	8 & 6 / 74 0	8 & 5 / 69 0	8 & 4 / 64 0	7 & 7 / 73 3	7 & 6 / 68 3	7 & 5 / 63 3	7 & 4 / 58 3
Idem.	sur	7 & 3 / 53 3	6 & 6 / 63 0	6 & 5 / 58 0	6 & 4 / 53 0	6 & 3 / 48 0	5 & 5 / 52 3	5 & 4 / 47 3	5 & 3 / 42 3
Idem.	sur	5 & 2 / 37 3	4 & 4 / 42 0	4 & 3 / 37 0	4 & 2 / 32 0	3 & 3 / 31 3	3 & 2 / 26 3	3 & 1 / 21 3	2 & 2 / 21 0
Idem.	sur	2 & 1 / 16 0	1 & 1 / 10 3						
12 & 8	sur	12 & 8 / 101 2	12 & 7 / 96 4	12 & 6 / 92 0	11 & 11 / 110 0	11 & 10 / 105 2	11 & 9 / 100 4	11 & 8 / 96 0	11 & 7 / 91 2
Idem.	sur	11 & 6 / 86 4	11 & 5 / 82 0	10 & 10 / 100 0	10 & 9 / 95 2	10 & 8 / 90 4	10 & 7 / 86 0	10 & 6 / 81 2	10 & 5 / 76 4
Idem.	sur	9 & 9 / 90 0	9 & 8 / 85 2	9 & 7 / 80 4	9 & 6 / 76 0	9 & 5 / 71 2	9 & 4 / 66 4	8 & 8 / 80 0	8 & 7 / 75 2
Idem.	sur	8 & 6 / 70 4	8 & 5 / 66 0	8 & 4 / 61 2	7 & 7 / 70 0	7 & 6 / 65 2	7 & 5 / 60 4	7 & 4 / 56 0	7 & 3 / 51 2
Idem.	sur	6 & 6 / 60 0	6 & 5 / 55 2	6 & 4 / 50 4	6 & 3 / 46 0	5 & 5 / 50 0	5 & 4 / 45 2	5 & 3 / 40 4	5 & 2 / 36 0
Idem.	sur	4 & 4 / 40 0	4 & 3 / 35 2	4 & 2 / 30 4	3 & 3 / 30 0	3 & 2 / 25 2	3 & 1 / 20 4	2 & 2 / 20 0	2 & 1 / 15 2
Idem.	sur	1 & 1 / 10 0							
12 & 7	sur	12 & 7 / 92 2	12 & 6 / 88 0	11 & 11 / 104 3	11 & 10 / 100 1	11 & 9 / 95 5	11 & 8 / 91 3	11 & 7 / 87 1	11 & 6 / 82 5
Idem.	sur	11 & 5 / 78 3	10 & 10 / 95 0	10 & 9 / 90 4	10 & 8 / 86 2	10 & 7 / 82 0	10 & 6 / 77 4	10 & 5 / 73 2	9 & 9 / 85 3
Idem.	sur	9 & 8 / 81 1	9 & 7 / 76 5	9 & 6 / 72 3	9 & 5 / 68 1	9 & 4 / 63 5	8 & 8 / 76 0	8 & 7 / 71 4	8 & 6 / 67 2
Idem.	sur	8 & 5 / 63 0	8 & 4 / 58 4	7 & 7 / 66 3	7 & 6 / 62 1	7 & 5 / 57 5	7 & 4 / 53 3	7 & 3 / 49 1	6 & 6 / 57 0
Idem.	sur	6 & 5 / 52 4	6 & 4 / 48 2	6 & 3 / 44 0	5 & 5 / 47 3	5 & 4 / 43 1	5 & 3 / 38 5	5 & 2 / 34 3	4 & 4 / 38 0

Grand côté ou plus gros bout; & côté du petit bout même face. Pouces.	Autre côté du plus gros bout, & côté du petit bout, même face; exprimés par les chiffres supérieurs de chaque case. Des deux nombres inférieurs contenus dans chaque même case, celui à gauche renvoie à la Table VII, & celui à droite à la Table IV; Tables où se trouvent les solidités.								
Idem.	sur	4 & 3 / 33 4	4 & 2 / 29 2	3 & 3 / 28 3	3 & 2 / 24 1	3 & 1 / 19 5	2 & 2 / 19 0	2 & 1 / 14 4	1 & 1 / 9 3
12 & 6	sur	12 & 6 / 84 0	11 & 11 / 99 0	11 & 10 / 95 0	11 & 9 / 91 0	11 & 8 / 87 0	11 & 7 / 83 0	11 & 6 / 79 0	11 & 5 / 75 0
Idem.	sur	10 & 10 / 90 0	10 & 9 / 86 0	10 & 8 / 82 0	10 & 7 / 78 0	10 & 6 / 74 0	10 & 5 / 70 0	9 & 9 / 81 0	9 & 8 / 77 0
Idem.	sur	9 & 7 / 73 0	9 & 6 / 69 0	9 & 5 / 65 0	9 & 4 / 61 0	8 & 8 / 72 0	8 & 7 / 68 0	8 & 6 / 64 0	8 & 5 / 60 0
Idem.	sur	8 & 4 / 56 0	7 & 7 / 63 0	7 & 6 / 59 0	7 & 5 / 55 0	7 & 4 / 51 0	7 & 3 / 47 0	6 & 6 / 54 0	6 & 5 / 50 0
Idem.	sur	6 & 4 / 46 0	6 & 3 / 42 0	5 & 5 / 45 0	5 & 4 / 41 0	5 & 3 / 37 0	5 & 2 / 33 0	4 & 4 / 36 0	4 & 3 / 32 0
Idem.	sur	4 & 2 / 28 0	3 & 3 / 27 0	3 & 2 / 23 0	3 & 1 / 19 0	2 & 2 / 18 0	2 & 1 / 14 0	1 & 1 / 9 0	
13 & 13	sur	13 & 12 / 162 3	13 & 11 / 156 0	13 & 10 / 149 3	13 & 9 / 143 0	13 & 8 / 136 3	13 & 7 / 130 0	13 & 6 / 123 3	12 & 11 / 149 0
Idem.	sur	12 & 10 / 143 0	12 & 9 / 136 3	12 & 8 / 130 0	12 & 7 / 123 3	12 & 6 / 117 0	11 & 10 / 136 3	11 & 9 / 130 0	11 & 8 / 123 3
Idem.	sur	11 & 7 / 117 0	11 & 6 / 110 3	11 & 5 / 104 0	10 & 9 / 123 3	10 & 8 / 117 0	10 & 7 / 110 3	10 & 6 / 104 0	10 & 5 / 97 3
Idem.	sur	9 & 8 / 110 3	9 & 7 / 104 0	9 & 6 / 97 3	9 & 5 / 91 0	9 & 4 / 84 3	8 & 7 / 97 3	8 & 6 / 91 0	8 & 5 / 84 3
Idem.	sur	8 & 4 / 78 0	7 & 6 / 84 3	7 & 5 / 78 0	7 & 4 / 71 3	7 & 3 / 65 0	6 & 5 / 71 3	6 & 4 / 65 0	6 & 3 / 58 3
Idem.	sur	5 & 4 / 58 3	5 & 3 / 52 0	5 & 2 / 45 3	4 & 3 / 45 3	4 & 2 / 39 0	3 & 2 / 32 3	3 & 1 / 26 0	2 & 1 / 19 3
13 & 12	sur	13 & 12 / 156 2	13 & 11 / 150 1	13 & 10 / 144 0	13 & 9 / 137 5	13 & 8 / 131 4	13 & 7 / 125 3	13 & 6 / 119 2	12 & 12 / 150 0
Idem.	sur	12 & 11 / 143 5	12 & 10 / 137 4	12 & 9 / 131 3	12 & 8 / 125 2	12 & 7 / 119 1	12 & 6 / 113 0	11 & 11 / 137 3	11 & 10 / 131 2
Idem.	sur	11 & 9 / 125 1	11 & 8 / 119 0	11 & 7 / 112 5	11 & 6 / 106 4	11 & 5 / 100 3	10 & 10 / 125 0	10 & 9 / 118 5	10 & 8 / 112 4
Idem.	sur	10 & 7 / 106 3	10 & 6 / 100 1	10 & 5 / 94 1	9 & 9 / 112 3	9 & 8 / 106 2	9 & 7 / 100 1	9 & 6 / 94 0	9 & 5 / 87 5

Table III. Bois équartis dont la grosseur va en diminuant. 95

Grand côté du plus gros bout, & côté du petit bout, même face. Pouces.	Autre côté du plus gros bout, & côté du petit bout, même face; exprimés par les chiffres supérieurs de chaque case. Des deux nombres inférieurs contenus dans chaque même case, celui à gauche renvoie à la Table VII, & celui à droite à la Table IV; Tables où se trouvent les solidités.							
Idem.	sur	9 & 4	8 & 8	8 & 7	8 & 6	8 & 5	8 & 4	7 & 7	7 & 6
		81　4	100　0	93　5	87　4	81　3	75　2	87　3	81　2
Idem.	sur	7 & 5	7 & 4	7 & 3	6 & 6	6 & 5	6 & 4	6 & 3	5 & 5
		75　1	69　0	62　5	75　0	68　5	62　4	56　3	62　3
Idem.	sur	5 & 4	5 & 3	5 & 2	4 & 4	4 & 3	4 & 2	3 & 3	3 & 2
		56　2	50　1	44　0	50　0	43　5	37　4	37　3	31　2
Idem.	sur	3 & 1	2 & 2	2 & 1	1 & 1				
		25　1	25　0	18　5	12　3				
13 & 11	sur	13 & 11	13 & 10	13 & 9	13 & 8	13 & 7	13 & 6	12 & 12	12 & 11
		144　2	138　3	132　4	126　5	121　0	115　1	144　0	138　1
Idem.	sur	12 & 10	12 & 9	12 & 8	12 & 7	12 & 6	11 & 11	11 & 10	11 & 9
		132　2	126　3	120　4	114　5	109　0	132　0	126　1	120　2
Idem.	sur	11 & 8	11 & 7	11 & 6	11 & 5	10 & 10	10 & 9	10 & 8	10 & 7
		114　3	108　4	102　5	97　0	120　0	114　1	108　2	102　3
Idem.	sur	10 & 6	10 & 5	9 & 9	9 & 8	9 & 7	9 & 6	9 & 5	9 & 4
		96　4	90　5	108　0	102　1	96　2	90　3	84　4	78　5
Idem.	sur	8 & 8	8 & 7	8 & 6	8 & 5	8 & 4	7 & 7	7 & 6	7 & 5
		96　0	90　1	84　2	78　3	72　4	84　0	78　1	72　2
Idem.	sur	7 & 4	7 & 3	6 & 6	6 & 5	6 & 4	6 & 3	5 & 5	5 & 4
		66　3	60　4	72　0	66　1	60　2	54　3	60　0	54　1
Idem.	sur	5 & 3	5 & 2	4 & 4	4 & 3	4 & 2	3 & 3	3 & 2	3 & 1
		48　2	42　3	48　0	42　1	36　2	36　0	30　1	24　2
Idem.	sur	2 & 1	2 & 1	1 & 1					
		24　0	18　1	12　0					
13 & 10	sur	13 & 10	13 & 9	13 & 8	13 & 7	13 & 6	12 & 12	12 & 11	12 & 10
		133　0	127　3	122　0	116　3	111　0	138　0	132　3	127　0
Idem.	sur	12 & 9	12 & 8	12 & 7	12 & 6	11 & 11	11 & 10	11 & 9	11 & 8
		121　3	116　0	110　3	105　0	126　3	121　0	115　3	110　0
Idem.	sur	11 & 7	11 & 6	11 & 5	10 & 10	10 & 9	10 & 8	10 & 7	10 & 6
		104　3	99　0	93　3	115　0	109　3	104　0	98　3	93　0
Idem.	sur	10 & 5	9 & 9	9 & 8	9 & 7	9 & 6	9 & 5	9 & 4	8 & 8
		87　3	103　3	98　0	92　3	87　0	81　3	76　0	92　0
Idem.	sur	8 & 7	8 & 6	8 & 5	8 & 4	7 & 7	7 & 6	7 & 5	7 & 4
		86　3	81　0	75　3	70　0	80　3	75　0	69　3	64　0
Idem.	sur	7 & 3	6 & 6	6 & 5	6 & 4	6 & 3	5 & 5	5 & 4	5 & 3
		58　3	69　0	63　3	58　0	52　3	57　3	52　0	46　3

Grand côté du plus gros bout, & côté du petit bout, même face. Pouces.		Autre côté du plus gros bout, & côté du petit bout, même face; exprimés par les chiffres supérieurs de chaque case. Des deux nombres inférieurs contenus dans chaque même case, celui à gauche renvoie à la Table VII, & celui à droite à la Table IV; Tables où se trouvent les solidités.							
Idem.	fur	5 & 2 — 41 / c	4 & 4 — 45 / 0	4 & 3 — 40 / 3	4 & 2 — 35 / c	3 & 3 — 34 / 3	3 & 2 — 29 / 0	3 & 1 — 23 / 3	2 & 2 — 23 / 0
Idem.	fur	2 & 1 — 17 / 3	1 & 1 — 11 / 3						
13 & 9	fur	13 & 9 — 122 / 2	13 & 8 — 117 / 1	13 & 7 — 112 / 0	13 & 6 — 106 / 5	12 & 12 — 132 / 0	12 & 11 — 126 / 5	12 & 10 — 121 / 4	12 & 9 — 116 / 3
Idem.	fur	12 & 8 — 111 / 2	12 & 7 — 106 / 1	12 & 6 — 101 / 10	11 & 11 — 121 / 0	11 & 10 — 115 / 5	11 & 9 — 110 / 4	11 & 8 — 105 / 3	11 & 7 — 100 / 2
Idem.	fur	11 & 6 — 95 / 1	11 & 5 — 90 / 0	10 & 10 — 110 / 0	10 & 9 — 104 / 5	10 & 8 — 99 / 4	10 & 7 — 94 / 3	10 & 6 — 89 / 2	10 & 5 — 84 / 1
Idem.	fur	9 & 9 — 99 / 0	9 & 8 — 93 / 5	9 & 7 — 88 / 4	9 & 6 — 83 / 3	9 & 5 — 78 / 2	9 & 4 — 73 / 1	8 & 8 — 88 / 0	8 & 7 — 82 / 5
Idem.	fur	8 & 6 — 77 / 4	8 & 5 — 72 / 3	8 & 4 — 67 / 2	7 & 7 — 77 / 0	7 & 6 — 71 / 5	7 & 5 — 66 / 4	7 & 4 — 61 / 3	7 & 3 — 56 / 2
Idem.	fur	6 & 6 — 66 / 0	6 & 5 — 60 / 5	6 & 4 — 55 / 4	6 & 3 — 50 / 3	5 & 5 — 55 / c	5 & 4 — 49 / 5	5 & 3 — 44 / 4	5 & 2 — 39 / 2
Idem.	fur	4 & 4 — 44 / 0	4 & 3 — 38 / 5	4 & 2 — 33 / 4	3 & 3 — 33 / c	3 & 2 — 27 / 5	3 & 1 — 22 / 4	2 & 2 — 22 / 0	2 & 1 — 16 / 5
Idem.	fur	1 & 1 — 11 / 0							
13 & 8	fur	13 & 8 — 112 / 2	13 & 7 — 107 / 3	13 & 6 — 102 / 4	12 & 12 — 126 / 0	12 & 11 — 121 / 1	12 & 10 — 116 / 2	12 & 9 — 111 / 3	12 & 8 — 106 / 4
Idem.	fur	12 & 7 — 101 / 5	12 & 6 — 97 / 0	11 & 11 — 115 / 3	11 & 10 — 110 / 4	11 & 9 — 105 / 5	11 & 8 — 101 / c	11 & 7 — 96 / 1	11 & 6 — 91 / 2
Idem.	fur	11 & 5 — 86 / 3	10 & 10 — 105 / c	10 & 9 — 100 / 1	10 & 8 — 95 / 2	10 & 7 — 90 / 3	10 & 6 — 85 / 4	10 & 5 — 80 / 5	9 & 9 — 94 / 3
Idem.	fur	9 & 8 — 89 / 4	9 & 7 — 84 / 5	9 & 6 — 80 / 0	9 & 5 — 75 / 1	9 & 4 — 70 / 2	8 & 8 — 84 / c	8 & 7 — 79 / 1	8 & 6 — 74 / 2
Idem.	fur	8 & 5 — 59 / 3	8 & 4 — 54 / 4	7 & 7 — 73 / 3	7 & 6 — 68 / 4	7 & 5 — 63 / 5	7 & 4 — 59 / c	7 & 3 — 54 / 1	6 & 6 — 63 / 0
Idem.	fur	6 & 5 — 58 / 1	6 & 4 — 53 / 2	6 & 3 — 48 / 3	5 & 5 — 52 / 3	5 & 4 — 47 / 4	5 & 3 — 42 / 5	5 & 2 — 38 / c	4 & 4 — 2 / 0
Idem.	fur	4 & 3 — 37 / 1	4 & 2 — 32 / 2	3 & 3 — 31 / 3	3 & 2 — 26 / 4	3 & 1 — 21 / 5	2 & 2 — 21 / c	2 & 1 — 16 / 1	1 & 1 — 10 / 3
13 & 7	fur	13 & 7 — 103 / c	13 & 6 — 98 / 3	12 & 12 — 120 / 0	12 & 11 — 115 / 3	12 & 10 — 111 / 0	12 & 9 — 106 / 3	12 & 8 — 102 / 0	12 & 7 — 97 / 3

Grand côté du plus gros bout, & côté du petit bout, même face. Pouces.		Autre côté du plus gros bout, & côté du petit bout, même face; exprimés par les chiffres supérieurs de chaque case. Des deux nombres inférieurs contenus dans chaque même case, celui à gauche renvoie à la Table VII, & celui à droite à la Table IV; Tables où se trouvent les solidités.							
Idem.	sur	12 & 6	11 & 11	11 & 10	11 & 9	11 & 8	11 & 7	11 & 6	11 & 5
		93 0	110 0	105 3	101 0	96 3	92 0	87 3	83 0
Idem.	sur	10 & 10	10 & 9	10 & 8	10 & 7	10 & 6	10 & 5	9 & 9	9 & 8
		100 0	95 3	91 0	86 3	82 0	77 3	90 0	85 3
Idem.	sur	9 & 7	9 & 6	9 & 5	9 & 4	8 & 8	8 & 7	8 & 6	8 & 5
		81 0	76 3	72 0	67 3	80 0	75 -	71 0	66 3
Idem.	sur	8 & 4	7 & 7	7 & 6	7 & 5	7 & 4	7 & 3	6 & 6	6 & 5
		62 0	70 0	65 3	61 0	56 3	52 0	60 0	55 3
Idem.	sur	6 & 4	6 & 3	5 & 5	5 & 4	5 & 3	5 & 2	4 & 4	4 & 3
		51 0	46 3	50 0	45 3	41 0	36 3	40 0	35 3
Idem.	sur	4 & 2	3 & 3	3 & 2	3 & 1	2 & 2	2 & 1	1 & 1	
		31 0	30 0	25 3	21 0	20 0	15 3	10 0	
13 & 6	sur	13 & 6	12 & 12	12 & 11	12 & 10	12 & 9	12 & 8	12 & 7	12 & 6
		94 2	114 0	109 5	105 4	101 3	97 2	93 1	89 0
Idem.	sur	11 & 11	11 & 10	11 & 9	11 & 8	11 & 7	11 & 6	11 & 5	10 & 10
		104 3	100 2	96 1	92 0	87 5	83 4	79 3	95 0
Idem.	sur	10 & 9	10 & 8	10 & 7	10 & 6	10 & 5	9 & 9	9 & 8	9 & 7
		90 5	86 4	82 3	78 2	74 1	85 3	81 2	77 1
Idem.	sur	9 & 6	9 & 5	9 & 4	8 & 8	8 & 7	8 & 6	8 & 5	8 & 4
		73 0	68 5	64 4	76 0	71 5	67 4	63 3	59 2
Idem.	sur	7 & 7	7 & 6	7 & 5	7 & 4	7 & 3	6 & 6	6 & 5	6 & 4
		66 3	62 2	58 1	54 0	49 5	57 0	52 5	48 4
Idem.	sur	6 & 3	5 & 5	5 & 4	5 & 3	5 & 2	4 & 4	4 & 3	4 & 2
		44 3	47 3	43 2	39 1	35 0	38 0	33 5	29 4
Idem.	sur	3 & 3	3 & 2	3 & 1	2 & 2	2 & 1	1 & 1		
		28 3	24 2	20 1	19 0	14 5	9 3		
14 & 14	sur	14 & 13	14 & 12	14 & 11	14 & 10	14 & 9	14 & 8	14 & 7	13 & 12
		189 0	182 0	175 0	168 0	161 0	154 0	147 0	175 0
Idem.	sur	13 & 11	13 & 10	13 & 9	13 & 8	13 & 7	13 & 6	12 & 11	12 & 10
		168 0	161 0	154 0	147 0	140 0	133 0	161 0	154 0
Idem.	sur	12 & 9	12 & 8	12 & 7	12 & 6	11 & 10	11 & 9	11 & 8	11 & 7
		147 0	140 0	133 0	126 0	147 0	140 0	133 0	126 0
Idem.	sur	11 & 6	11 & 5	10 & 9	10 & 8	10 & 7	10 & 6	10 & 5	9 & 8
		119 0	112 0	133 0	126 0	119 0	112 0	105 0	119 0

Grand côté du plus gros bout, & côté du petit bout, même face. Pouces.		Autre côté du plus gros bout, & côté du petit bout, même face; exprimés par les chiffres supérieurs de chaque case. Des deux nombres inférieurs contenus dans chaque même case, celui à gauche renvoie à la Table VII; & celui à droite à la Table IV; Tables où se trouvent les solidités.							
Idem.	sur	9 & 7	9 & 6	9 & 5	9 & 4	8 & 7	8 & 6	8 & 5	8 & 4
		112 0	105 0	98 0	91 0	105 0	98 0	91 0	84 0
Idem.	sur	7 & 6	7 & 5	7 & 4	7 & 3	6 & 5	6 & 4	6 & 3	5 & 4
		91 0	84 0	77 0	70 0	77 0	70 0	63 0	63 0
Idem.	sur	5 & 3	5 & 2	4 & 3	4 & 2	3 & 2	3 & 1	2 & 1	
		56 0	49 0	49 0	42 0	35 0	28 0	21 0	
14 & 13	sur	14 & 13	14 & 12	14 & 11	14 & 10	14 & 9	14 & 8	14 & 7	13 & 13
		182 2	175 4	169 0	162 2	155 4	149 0	142 2	175 3
Idem.	sur	13 & 12	13 & 11	13 & 10	13 & 9	13 & 8	13 & 7	13 & 6	12 & 12
		168 5	162 1	155 3	148 5	142 1	135 3	128 5	162 0
Idem.	sur	12 & 11	12 & 10	12 & 9	12 & 8	12 & 7	12 & 6	11 & 11	11 & 10
		155 2	148 4	142 0	135 2	128 4	222 0	148 3	141 5
Idem.	sur	11 & 9	11 & 8	11 & 7	11 & 6	11 & 5	10 & 10	10 & 9	10 & 8
		135 1	128 3	121 5	115 1	108 3	135 0	128 2	121 4
Idem.	sur	10 & 7	10 & 6	10 & 5	9 & 9	9 & 8	9 & 7	9 & 6	9 & 5
		115 0	108 2	101 4	121 3	114 5	108 1	101 3	94 5
Idem.	sur	9 & 4	8 & 8	8 & 7	8 & 6	8 & 5	8 & 4	7 & 7	7 & 6
		88 1	108 0	101 2	94 4	88 0	81 2	94 3	87 5
Idem.	sur	7 & 5	7 & 4	7 & 3	6 & 6	6 & 5	6 & 4	6 & 3	5 & 5
		81 1	74 3	67 5	81 0	74 2	67 4	61 0	67 3
Idem.	sur	5 & 4	5 & 3	5 & 2	4 & 4	4 & 3	4 & 2	3 & 3	3 & 2
		60 5	54 1	47 3	54 0	47 2	40 4	40 3	33 5
Idem.	sur	3 & 1	2 & 2	2 & 1	1 & 1				
		27 1	27 0	20 2	13 3				
14 & 12	sur	14 & 12	14 & 11	14 & 10	14 & 9	14 & 8	14 & 7	13 & 13	13 & 12
		169 2	163 0	156 4	150 2	144 0	137 4	169 0	162 4
Idem.	sur	13 & 11	13 & 10	13 & 9	13 & 8	13 & 7	13 & 6	12 & 12	12 & 11
		156 2	150 0	143 4	137 2	131 0	124 4	156 0	149 4
Idem.	sur	12 & 10	12 & 9	12 & 8	12 & 7	12 & 6	11 & 11	11 & 10	11 & 9
		143 2	137 0	130 4	124 2	118 0	143 0	136 4	130 2
Idem.	sur	11 & 8	11 & 7	11 & 6	11 & 5	10 & 10	10 & 9	10 & 8	10 & 7
		124 0	117 4	111 2	105 0	130 0	123 4	117 2	111 0
Idem.	sur	10 & 6	10 & 5	9 & 9	9 & 8	9 & 7	9 & 6	9 & 5	9 & 4
		104 4	98 2	117 0	110 4	104 2	98 0	91 4	85 2
Idem.	sur	8 & 8	8 & 7	8 & 6	8 & 5	8 & 4	7 & 7	7 & 6	7 & 5
		104 0	97 4	91 2	85 0	78 4	91 0	84 4	78 2

Table III. Bois équarris, dont la grosseur va en diminuant. 99

Grand côté du plus gros bout; & côté du petit bout, même face. Pouces.		Autre côté du plus gros bout, & côté du petit bout, même face; exprimés par les chiffres supérieurs de chaque case. Des deux nombres inférieurs contenus dans chaque même case, celui à gauche renvoie à la Table VII, & celui à droite, à la Table IV; Tables où se trouvent les solidités.							
Idem.	sur	7 & 4 72 0	7 & 3 65 4	6 & 6 78 0	6 & 5 71 4	6 & 4 65 2	6 & 3 59 0	5 & 5 65 0	5 & 4 58 4
Idem.	sur	5 & 3 52 2	5 & 2 46 0	4 & 4 52 0	4 & 3 45 4	4 & 2 39 2	3 & 3 39 0	3 & 2 32 4	3 & 1 26 2
Idem.	sur	2 & 2 26 0	2 & 1 19 4	1 & 1 13 0					
14 & 11	sur	14 & 11 157 0	14 & 10 151 0	14 & 9 145 0	14 & 8 139 0	14 & 7 133 0	13 & 13 162 3	13 & 12 156 3	13 & 11 150 3
Idem.	sur	13 & 10 144 3	13 & 9 138 3	13 & 8 132 3	13 & 7 126 3	13 & 6 120 3	12 & 12 150 0	12 & 11 144 0	12 & 10 138 0
Idem.	sur	12 & 9 132 0	12 & 8 126 0	12 & 7 120 0	12 & 6 114 0	11 & 11 137 3	11 & 10 131 3	11 & 9 125 3	11 & 8 119 3
Icem.	sur	11 & 7 113 3	11 & 6 107 3	11 & 5 101 3	10 & 10 125 0	10 & 9 119 0	10 & 8 113 0	10 & 7 107 0	10 & 6 101 0
Idem.	sur	10 & 5 95 0	9 & 9 112 3	9 & 8 106 3	9 & 7 100 3	9 & 6 94 3	9 & 5 88 3	9 & 4 82 3	8 & 8 100 0
Idem.	sur	8 & 7 94 0	8 & 6 88 0	8 & 5 82 0	8 & 4 76 0	7 & 7 87 3	7 & 6 81 3	7 & 5 75 3	7 & 4 69 3
Idem.	sur	7 & 3 63 3	6 & 6 75 0	6 & 5 69 0	6 & 4 63 0	6 & 3 57 0	5 & 5 62 3	5 & 4 56 3	5 & 3 50 3
Idem.	sur	5 & 2 44 3	4 & 4 50 0	4 & 3 44 0	4 & 2 38 0	3 & 3 37 3	3 & 2 31 3	3 & 1 25 3	2 & 2 25 0
Idem.	sur	2 & 1 19 0	1 & 1 12 3						
14 & 10	sur	14 & 10 145 2	14 & 9 139 4	14 & 8 134 0	14 & 7 128 2	13 & 13 156 0	13 & 12 150 2	13 & 11 144 4	13 & 10 139 0
Iedm.	sur	13 & 9 133 2	13 & 8 127 4	13 & 7 122 0	13 & 6 116 2	12 & 12 144 0	12 & 11 138 2	12 & 10 132 4	12 & 9 127 0
Idem.	sur	12 & 8 121 2	12 & 7 115 4	12 & 6 110 0	11 & 11 132 0	11 & 10 126 2	11 & 9 120 4	11 & 8 115 0	11 & 7 109 2
Idem.	sur	11 & 6 103 4	11 & 5 98 0	10 & 10 120 0	10 & 9 114 2	10 & 8 108 4	10 & 7 103 0	10 & 6 97 2	10 & 5 91 4
Idem.	sur	9 & 9 108 0	9 & 8 102 2	9 & 7 96 4	9 & 6 91 0	9 & 5 85 2	9 & 4 79 4	8 & 8 96 0	8 & 7 90 2
Idem.	sur	8 & 6 84 4	8 & 5 79 0	8 & 4 73 2	7 & 7 84 0	7 & 6 78 2	7 & 5 72 4	7 & 4 67 0	7 & 3 61 2

Grand côté du plus gros bout; & côté du petit bout même face. Pouces.		Autre côté du plus gros bout, & côté du petit bout, même face ; exprimés par les chiffres supérieurs de chaque case. Des deux nombres inférieurs contenus dans chaque même case, celui à gauche renvoie à la Table VII, & celui à droite, à la Table IV ; Tables où se trouvent les solidités.							
Idem.	sur	6 & 6 / 72 · 0	6 & 5 / 66 · 2	6 & 4 / 60 · 4	6 & 3 / 55 · 0	5 & 5 / 60 · 0	5 & 4 / 54 · 2	5 & 3 / 48 · 4	5 & 2 / 43 · 0
Idem.	sur	4 & 4 / 48 · 0	4 & 3 / 42 · 2	4 & 2 / 36 · 4	3 & 3 / 36 · 0	3 & 2 / 30 · 2	3 & 1 / 24 · 4	2 & 2 / 24 · 0	2 & 1 / 18 · 2
Idem.	sur	1 & 1 / 12 · 0							
14 & 9	sur	14 & 9 / 134 · 2	14 & 8 / 129 · 0	14 & 7 / 123 · 4	13 & 13 / 149 · 3	13 & 12 / 144 · 1	13 & 11 / 138 · 5	13 & 10 / 333 · 3	13 & 9 / 128 · 1
Idem.	sur	13 & 8 / 122 · 5	13 & 7 / 117 · 3	13 & 6 / 112 · 1	12 & 12 / 138 · 0	12 & 11 / 132 · 4	12 & 10 / 127 · 2	12 & 9 / 122 · 0	12 & 8 / 116 · 4
Idem.	sur	12 & 7 / 111 · 2	12 & 6 / 106 · 0	11 & 11 / 126 · 3	11 & 10 / 121 · 1	11 & 9 / 115 · 5	11 & 8 / 110 · 3	11 & 7 / 105 · 1	11 & 6 / 99 · 5
Idem.	sur	11 & 5 / 94 · 3	11 & 10 / 115 · 0	10 & 9 / 109 · 4	10 & 8 / 104 · 2	10 & 7 / 99 · 0	10 & 6 / 93 · 4	10 & 5 / 88 · 2	9 & 9 / 103 · 3
Idem.	sur	9 & 8 / 98 · 1	9 & 7 / 92 · 5	9 & 6 / 87 · 3	9 & 5 / 82 · 1	9 & 4 / 76 · 5	8 & 8 / 92 · 0	8 & 7 / 86 · 4	8 & 6 / 81 · 2
Idem.	sur	8 & 5 / 76 · 0	8 & 4 / 70 · 4	7 & 7 / 80 · 3	7 & 6 / 75 · 1	7 & 5 / 69 · 5	7 & 4 / 64 · 3	7 & 3 / 59 · 1	6 & 6 / 69 · 0
Idem.	sur	6 & 5 / 63 · 4	6 & 4 / 58 · 2	6 & 3 / 53 · 0	5 & 5 / 57 · 3	5 & 4 / 52 · 1	5 & 3 / 46 · 5	5 & 2 / 41 · 3	4 & 4 / 46 · 0
Idem.	sur	4 & 3 / 40 · 4	4 & 2 / 35 · 2	3 & 3 / 34 · 3	3 & 2 / 29 · 1	3 & 1 / 23 · 5	2 & 2 / 23 · 0	2 & 1 / 17 · 4	1 & 1 / 11 · 3
14 & 8	sur	14 & 8 / 124 · 0	14 & 7 / 119 · 0	13 & 13 / 143 · 0	13 & 12 / 138 · 0	13 & 11 / 133 · 0	13 & 10 / 128 · 0	13 & 9 / 123 · 0	13 & 8 / 118 · 0
Idem.	sur	13 & 7 / 113 · 0	13 & 6 / 108 · 0	12 & 12 / 132 · 0	12 & 11 / 127 · 0	12 & 10 / 122 · 0	12 & 9 / 117 · 0	12 & 8 / 112 · 0	12 & 7 / 107 · 0
Idem.	sur	12 & 6 / 102 · 0	11 & 11 / 121 · 0	11 & 10 / 116 · 0	11 & 9 / 111 · 0	11 & 8 / 106 · 0	11 & 7 / 101 · 0	11 & 6 / 96 · 0	11 & 5 / 91 · 0
Idem.	sur	10 & 10 / 110 · 0	10 & 9 / 105 · 0	10 & 8 / 100 · 0	10 & 7 / 95 · 0	10 & 6 / 90 · 0	10 & 5 / 85 · 0	9 & 9 / 99 · 0	9 & 8 / 94 · 0
Idem.	sur	9 & 7 / 89 · 0	9 & 6 / 84 · 0	9 & 5 / 79 · 0	9 & 4 / 74 · 0	8 & 8 / 88 · 0	8 & 7 / 83 · 0	8 & 6 / 78 · 0	8 & 5 / 73 · 0
Idem.	sur	8 & 4 / 68 · 0	7 & 7 / 77 · 0	7 & 6 / 72 · 0	7 & 5 / 67 · 0	7 & 4 / 62 · 0	7 & 3 / 57 · 0	6 & 6 / 66 · 0	6 & 5 / 61 · 0
Idem.	sur	6 & 4 / 56 · 0	6 & 3 / 51 · 0	5 & 5 / 55 · 0	5 & 4 / 50 · 0	5 & 3 / 45 · 0	5 & 2 / 40 · 0	4 & 4 / 44 · 0	4 & 3 / 39 · 0

Table III. Bois équarris, dont la grosseur va en diminuant. 101

Grand côté du plus gros bout; & côté du petit bout même face. Pouces.		Autre côté du plus gros bout, & côté du petit bout, même face; exprimés par les chiffres supérieurs de chaque case. Des deux nombres inférieurs contenus dans chaque même case, celui à gauche renvoie à la Table VII, & celui à droite, à la Table IV; Tables où se trouvent les solidités.							
Idem.	sur	4 & 2 / 34 0	3 & 3 / 33 0	3 & 2 / 28 0	3 & 1 / 23 0	2 & 2 / 22 0	2 & 1 / 17 0	1 & 1 / 11 0	
14 & 7	sur	14 & 7 / 114 2	13 & 13 / 136 3	13 & 12 / 131 5	14 & 11 / 127 1	13 & 10 / 122 3	13 & 9 / 117 5	13 & 8 / 113 1	13 & 7 / 108 3
Idem.	sur	13 & 6 / 103 5	12 & 12 / 126 0	12 & 11 / 121 2	12 & 10 / 116 4	12 & 9 / 112 0	12 & 8 / 107 2	12 & 7 / 102 4	12 & 6 / 98 0
Idem.	sur	11 & 11 / 115 3	11 & 10 / 110 5	11 & 9 / 106 1	11 & 8 / 101 3	11 & 7 / 96 5	11 & 6 / 92 1	11 & 5 / 87 3	10 & 10 / 105 0
Idem.	sur	10 & 9 / 100 2	10 & 8 / 95 4	10 & 7 / 91 0	10 & 6 / 86 2	10 & 5 / 81 4	9 & 5 / 94 3	9 & 8 / 89 5	9 & 7 / 85 1
Idem.	sur	9 & 6 / 80 3	9 & 5 / 75 5	9 & 4 / 71 1	8 & 8 / 84 0	8 & 7 / 79 2	8 & 6 / 74 4	8 & 5 / 70 0	8 & 4 / 65 2
Idem.	sur	7 & 7 / 73 3	7 & 6 / 68 5	7 & 5 / 64 1	7 & 4 / 59 3	7 & 3 / 54 5	6 & 6 / 63 0	6 & 5 / 58 2	6 & 4 / 53 4
Idem.	sur	6 & 3 / 49 0	5 & 5 / 52 3	5 & 4 / 47 5	5 & 3 / 43 1	5 & 2 / 38 3	4 & 4 / 42 0	4 & 3 / 37 2	4 & 2 / 32 4
Idem.	sur	3 & 3 / 31 3	3 & 2 / 26 5	3 & 1 / 22 1	2 & 2 / 21 0	2 & 1 / 16 2	1 & 1 / 10 3		
15 & 15	sur	15 & 14 / 217 3	15 & 13 / 210 0	15 & 12 / 202 3	15 & 11 / 195 0	15 & 10 / 187 3	15 & 9 / 180 0	15 & 8 / 172 3	15 & 7 / 165 0
Idem.	sur	14 & 13 / 202 3	14 & 12 / 195 0	14 & 11 / 187 3	14 & 10 / 180 0	14 & 9 / 172 3	14 & 8 / 165 0	14 & 7 / 157 3	13 & 12 / 187 3
Idem.	sur	13 & 11 / 180 0	13 & 10 / 172 3	13 & 9 / 165 0	13 & 8 / 157 3	13 & 7 / 150 0	13 & 6 / 142 3	12 & 11 / 172 3	12 & 10 / 165 0
Idem.	sur	12 & 9 / 157 3	12 & 8 / 150 0	12 & 7 / 142 3	12 & 6 / 135 0	11 & 10 / 157 3	11 & 9 / 150 0	11 & 8 / 142 3	11 & 7 / 135 0
Idem.	sur	11 & 6 / 127 3	11 & 5 / 120 0	10 & 9 / 142 3	10 & 8 / 135 0	10 & 7 / 127 3	10 & 6 / 120 0	10 & 5 / 112 3	9 & 8 / 127 3
Idem.	sur	9 & 7 / 120 0	9 & 6 / 112 3	9 & 5 / 105 0	9 & 4 / 97 3	8 & 7 / 112 3	8 & 6 / 105 0	8 & 5 / 97 3	8 & 4 / 90 0
Idem.	sur	7 & 6 / 97 3	7 & 5 / 90 0	7 & 4 / 82 3	7 & 3 / 75 0	6 & 5 / 82 3	6 & 4 / 75 0	6 & 3 / 67 3	5 & 4 / 67 3
Idem.	sur	5 & 3 / 60 0	5 & 2 / 52 3	4 & 3 / 52 3	4 & 2 / 45 0	3 & 2 / 37 3	3 & 1 / 30 0	2 & 1 / 22 3	

Grand côté du plus gros bout; & côté du petit bout, même face. Pouces.		Autre côté du plus gros bout, & côté du petit bout, même face; exprimés par les chiffres supérieurs de chaque case. Des deux nombres inférieurs contenus dans chaque même case, celui à gauche renvoie à la Table VII, & celui à droite, à la Table IV; Tables où se trouvent les solidités.							
15 & 14	sur	15 & 14 / 210 2	15 & 13 / 203 1	15 & 12 / 196 0	15 & 11 / 188 5	15 & 10 / 181 4	15 & 9 / 174 3	15 & 8 / 167 2	15 & 7 / 160 1
Idem.	sur	14 & 14 / 203 0	14 & 13 / 195 5	14 & 12 / 188 4	14 & 11 / 181 3	14 & 10 / 174 2	14 & 9 / 167 1	14 & 8 / 160 0	14 & 7 / 152 5
Idem.	sur	13 & 13 / 188 3	13 & 12 / 181 2	13 & 11 / 174 1	13 & 10 / 167 0	13 & 9 / 159 5	13 & 8 / 152 4	13 & 7 / 145 3	13 & 6 / 138 2
Idem.	sur	12 & 12 / 174 0	12 & 11 / 166 5	12 & 10 / 159 4	12 & 9 / 152 3	12 & 8 / 145 2	12 & 7 / 138 1	12 & 6 / 131 0	11 & 11 / 159 3
Idem.	sur	11 & 10 / 152 2	11 & 9 / 145 1	11 & 8 / 138 0	11 & 7 / 130 5	11 & 6 / 123 4	11 & 5 / 116 3	10 & 10 / 145 0	10 & 9 / 137 5
Idem.	sur	10 & 8 / 130 4	10 & 7 / 123 3	10 & 6 / 116 2	10 & 5 / 109 1	9 & 9 / 130 3	9 & 8 / 123 2	9 & 7 / 116 1	9 & 6 / 109 0
Idem.	sur	9 & 5 / 101 5	9 & 4 / 94 4	8 & 8 / 116 0	8 & 7 / 108 5	8 & 6 / 101 4	8 & 5 / 94 3	8 & 4 / 87 2	7 & 7 / 101 3
Idem.	sur	7 & 6 / 94 2	7 & 5 / 87 1	7 & 4 / 80 0	7 & 3 / 72 5	6 & 6 / 87 0	6 & 5 / 79 5	6 & 4 / 72 4	6 & 3 / 65 3
Idem.	sur	5 & 5 / 72 3	5 & 4 / 65 2	5 & 3 / 58 1	5 & 2 / 51 0	4 & 4 / 58 0	4 & 3 / 50 5	4 & 2 / 43 4	3 & 3 / 43 3
Idem.	sur	3 & 2 / 36 2	3 & 1 / 29 1	2 & 2 / 29 0	2 & 1 / 21 5	1 & 1 / 14 3			
15 & 13	sur	15 & 13 / 196 2	15 & 12 / 189 3	15 & 11 / 182 4	15 & 10 / 175 5	15 & 9 / 169 0	15 & 8 / 162 1	15 & 7 / 155 2	14 & 14 / 196 0
Idem.	sur	14 & 13 / 189 1	14 & 12 / 182 2	14 & 11 / 175 3	14 & 10 / 168 4	14 & 9 / 161 5	14 & 8 / 155 0	14 & 7 / 148 4	13 & 13 / 182 0
Idem.	sur	13 & 12 / 175 1	13 & 11 / 168 2	13 & 10 / 161 3	13 & 9 / 154 4	13 & 8 / 147 5	13 & 7 / 141 0	13 & 6 / 134 1	12 & 12 / 168 0
Idem.	sur	12 & 11 / 161 1	12 & 10 / 154 2	12 & 9 / 147 3	12 & 8 / 140 4	12 & 7 / 133 5	12 & 6 / 127 0	11 & 11 / 154 0	11 & 10 / 147 0
Idem.	sur	11 & 9 / 140 2	11 & 8 / 133 3	11 & 7 / 126 4	11 & 6 / 119 5	11 & 5 / 113 0	10 & 10 / 140 0	10 & 9 / 133 1	10 & 8 / 126 2
Idem.	sur	10 & 7 / 119 3	10 & 6 / 112 4	10 & 5 / 105 5	9 & 9 / 126 0	9 & 8 / 119 1	9 & 7 / 112 2	9 & 6 / 105 3	9 & 5 / 98 4
Idem.	sur	9 & 4 / 91 5	8 & 8 / 112 0	8 & 7 / 105 1	8 & 6 / 98 2	8 & 5 / 91 3	8 & 4 / 84 4	7 & 7 / 98 0	7 & 6 / 91 1
Idem.	sur	7 & 5 / 84 2	7 & 4 / 77 3	7 & 3 / 70 4	6 & 6 / 84 0	6 & 5 / 77 1	6 & 4 / 70 2	6 & 3 / 63 3	5 & 5 / 70 0

Table III. Bois équarris, dont la grosseur va en diminuant. 153

Grand côté du plus gros bout, & côté du petit bout, même face. Pouces.

Autre côté du plus gros bout, & côté du petit bout, même face; exprimés par les chiffres supérieurs de chaque case.

Des deux nombres inférieurs contenus dans chaque même case, celui à gauche renvoie à la Table VII, & celui à droite, à la Table IV; Tables où se trouvent les solidités.

Pouces	sur								
Idem	sur	5 & 4	5 & 3	5 & 2	4 & 4	4 & 3	4 & 2	3 & 3	3 & 2
		63 1	56 2	49 3	56 0	49 1	42 2	42 0	35 1
Idem.	sur	3 & 1	2 & 2	2 & 1	1 & 1				
		28 2	28 0	21 1	14 0				
15 & 12	sur	15 & 12	15 & 11	15 & 10	15 & 9	15 & 8	15 & 7	14 & 14	14 & 13
		183 0	176 3	170 0	163 3	157 0	150 3	189 0	182 3
Idem.	sur	14 & 12	14 & 11	14 & 10	14 & 9	14 & 8	14 & 7	13 & 13	13 & 12
		176 0	169 3	163 0	156 3	150 0	143 3	175 3	169 0
Idem.	sur	13 & 11	13 & 10	13 & 9	13 & 8	13 & 7	13 & 6	12 & 12	12 & 11
		162 3	156 0	149 3	143 0	136 3	130 0	162 0	155 3
Idem.	sur	12 & 10	12 & 9	12 & 8	12 & 7	12 & 6	11 & 11	11 & 10	11 & 9
		149 0	142 3	136 0	129 3	123 0	148 3	142 0	135 3
Idem.	sur	11 & 8	11 & 7	11 & 6	11 & 5	10 & 10	10 & 9	10 & 8	10 & 7
		129 0	122 3	116 0	109 3	135 0	128 3	122 0	115 3
Idem.	sur	10 & 6	10 & 5	9 & 9	9 & 8	9 & 7	9 & 6	9 & 5	9 & 4
		109 0	102 3	121 3	115 0	108 3	102 0	95 3	89 0
Idem.	sur	8 & 8	8 & 7	8 & 6	8 & 5	8 & 4	7 & 7	7 & 6	7 & 5
		108 0	101 3	95 0	88 3	82 0	94 3	88 0	81 3
Idem.	sur	7 & 4	7 & 3	6 & 6	6 & 5	6 & 4	6 & 3	5 & 5	5 & 4
		75 0	68 3	81 1	74 3	68 0	61 3	67 3	61 0
Idem.	sur	5 & 3	5 & 2	4 & 4	4 & 3	4 & 2	3 & 3	3 & 2	3 & 1
		54 3	48 0	54 0	47 3	41 0	40 3	34 0	27 3
Idem.	sur	2 & 2	2 & 1	1 & 1					
		27 0	20 3	13 3					
15 & 11	sur	15 & 11	15 & 10	15 & 9	15 & 8	15 & 7	14 & 14	14 & 13	14 & 12
		170 2	164 1	158 0	151 5	145 4	182 0	175 5	169 4
Idem.	sur	14 & 11	14 & 10	14 & 9	14 & 8	14 & 7	13 & 13	13 & 12	13 & 11
		163 3	157 2	151 1	145 0	138 5	169 0	162 5	156 4
Idem.	sur	13 & 10	13 & 9	13 & 8	13 & 7	13 & 6	12 & 12	12 & 11	12 & 10
		150 3	144 2	138 1	132 0	125 5	156 0	149 5	143 4
Idem.	sur	12 & 9	12 & 8	12 & 7	12 & 6	11 & 11	11 & 10	11 & 9	11 & 8
		137 3	131 2	125 1	119 0	143 0	136 5	130 4	124 3
Idem.	sur	11 & 7	11 & 6	11 & 5	10 & 10	10 & 9	10 & 8	10 & 7	10 & 6
		118 2	112 1	106 0	130 0	123 5	117 4	111 3	105 2
Idem.	sur	10 & 5	9 & 9	9 & 8	9 & 7	9 & 6	9 & 5	9 & 4	8 & 8
		99 1	117 0	110 5	104 4	98 3	92 2	86 1	104 0

Grand côté du plus gros bout; & côté du petit bout, même face. Pouces.		Autre côté du plus gros bout, & côté du petit bout, même face; exprimés par les chiffres supérieurs de chaque case. Des deux nombres inférieurs contenus dans chaque même case, celui à gauche renvoie à la Table VII, & celui à droite, à la Table IV; Tables où se trouvent les solidités.							
Idem.	sur	8 & 7	8 & 6	8 & 5	8 & 4	7 & 7	7 & 6	7 & 5	7 & 4
		97 · 5	91 · 4	85 · 3	79 · 2	91 · 0	84 · 5	78 · 4	72 · 3
Idem.	sur	7 & 3	6 & 6	6 & 5	6 & 4	6 & 3	5 & 5	5 & 4	5 & 3
		66 · 2	78 · 0	71 · 5	65 · 4	59 · 3	65 · 0	58 · 5	52 · 4
Idem.	sur	5 & 2	4 & 4	4 & 3	4 & 2	3 & 3	3 & 2	3 & 1	2 & 2
		46 · 3	52 · 0	45 · 5	39 · 4	39 · 0	32 · 5	26 · 4	26 · 0
Idem.	sur	2 & 1	1 & 1						
		19 · 5	13 · 0						
15 & 10	sur	15 & 10	15 & 9	15 & 8	15 & 7	14 & 14	14 & 13	14 & 12	14 & 11
		158 · 2	152 · 3	146 · 4	140 · 5	175 · 0	169 · 1	163 · 2	157 · 3
Idem.	sur	14 & 10	14 & 9	14 & 8	14 & 7	13 & 13	13 & 12	13 & 11	13 & 10
		151 · 4	145 · 5	140 · 0	134 · 1	162 · 3	156 · 4	150 · 5	145 · 0
Idem.	sur	13 & 9	13 & 8	13 & 7	13 & 6	12 & 12	12 & 11	12 & 10	12 & 9
		139 · 1	133 · 2	127 · 3	121 · 4	150 · 0	144 · 1	138 · 2	132 · 3
Idem.	sur	12 & 8	12 & 7	12 & 6	11 & 11	11 & 10	11 & 9	11 & 8	11 & 7
		126 · 4	120 · 5	115 · 0	137 · 3	131 · 4	125 · 5	120 · 0	114 · 1
Idem.	sur	11 & 6	11 & 5	10 & 10	10 & 9	10 & 8	10 & 7	10 & 6	10 & 5
		108 · 2	102 · 3	125 · 0	119 · 1	113 · 2	107 · 3	101 · 4	95 · 5
Idem.	sur	9 & 9	9 & 8	9 & 7	9 & 6	9 & 5	9 & 4	8 & 8	8 & 7
		112 · 3	106 · 4	100 · 5	95 · 0	89 · 1	83 · 2	100 · 0	94 · 1
Idem.	sur	8 & 6	8 & 5	8 & 4	7 & 7	7 & 6	7 & 5	7 & 4	7 & 3
		88 · 2	82 · 3	76 · 4	87 · 3	81 · 4	75 · 5	70 · 0	64 · 1
Idem.	sur	6 & 6	6 & 5	6 & 4	6 & 3	5 & 5	5 & 4	5 & 3	5 & 2
		75 · 0	69 · 1	63 · 2	57 · 3	62 · 3	56 · 4	50 · 5	45 · 0
Idem.	sur	4 & 4	4 & 3	4 & 2	3 & 3	3 & 2	3 & 1	2 & 2	2 & 1
		50 · 0	44 · 1	38 · 2	37 · 3	31 · 4	25 · 5	25 · 0	19 · 1
Idem.	sur	1 & 1							
		12 · 3							
15 & 9	sur	15 & 9	15 & 8	15 & 7	14 & 14	14 & 13	14 & 12	14 & 11	14 & 10
		147 · 0	141 · 3	136 · 0	168 · 0	162 · 3	157 · 0	151 · 3	146 · 0
Idem.	sur	14 & 9	14 & 8	14 & 7	13 & 13	13 & 12	13 & 11	13 & 10	13 & 9
		140 · 3	135 · 0	129 · 3	156 · 0	150 · 3	145 · 0	139 · 3	134 · 0
Idem.	sur	13 & 8	13 & 7	13 & 6	12 & 12	12 & 11	12 & 10	12 & 9	12 & 8
		128 · 3	123 · 0	117 · 3	144 · 0	138 · 3	133 · 0	127 · 3	122 · 0
Idem.	sur	12 & 7	12 & 6	11 & 11	11 & 10	11 & 9	11 & 8	11 & 7	11 & 6
		116 · 3	111 · 0	132 · 0	126 · 3	121 · 0	115 · 3	110 · 0	104 · 3

Idem. sur 11 & 5

Table III. Bois équarris, dont la grosseur va en diminuant. 105

Grand côté du plus gros bout; & côté du petit bout, même face. Pouces.	Autre côté du plus gros bout, & côté du petit bout, même face; exprimés par les chiffres supérieurs de chaque case. Des deux nombres inférieurs contenus dans chaque même case, celui à gauche renvoie à la Table VII, & celui à droite à la Table IV; Tables où se trouvent les solidités.							
Idem.	sur	11 & 5	10 & 10	10 & 9	10 & 8	10 & 7	10 & 6	10 & 5	9 & 9
		99 0	120 0	114 3	109 c	103 3	98 0	92 3	108 0
Idem.	sur	9 & 8	9 & 7	9 & 6	9 & 5	9 & 4	8 & 8	8 & 7	8 & 6
		102 3	97 0	91 3	86 0	80 3	96 0	90 3	85 0
Idem.	sur	8 & 5	8 & 4	7 & 7	7 & 6	7 & 5	7 & 4	7 & 3	6 & 6
		79 3	74 0	84 c	78 3	73 0	67 3	62 c	72 0
Idem.	sur	6 & 5	6 & 4	6 & 3	5 & 5	5 & 4	5 & 3	5 & 2	4 & 4
		66 3	61 0	55 3	60 0	54 3	49 0	43 3	48 0
Idem.	sur	4 & 3	4 & 2	3 & 3	3 & 3	3 & 2	3 & 1	2 & 2	1 & 1
		42 3	37 0	36 0	30 3	25 0	24 0	18 3	12 0
15 & 8	sur	15 & 8	15 & 7	14 & 14	14 & 13	14 & 12	14 & 11	14 & 10	14 & 9
		136 2	131 1	161 0	155 5	150 4	145 3	140 2	135 1
Idem.	sur	14 & 8	14 & 7	13 & 13	13 & 12	13 & 11	13 & 10	13 & 9	13 & 8
		130 0	124 5	149 3	144 2	139 1	134 0	128 5	123 4
Idem.	sur	13 & 7	13 & 6	12 & 12	12 & 11	12 & 10	12 & 9	12 & 8	12 & 7
		118 3	113 2	138 0	132 5	127 4	122 3	117 2	112 1
Idem.	sur	12 & 6	11 & 11	11 & 10	11 & 9	11 & 8	11 & 7	11 & 6	11 & 5
		107 0	126 3	121 2	116 1	111 0	105 5	100 4	95 3
Idem.	sur	10 & 10	10 & 9	10 & 8	10 & 7	10 & 6	10 & 5	9 & 9	9 & 8
		115 0	109 5	104 4	99 3	94 2	89 1	103 3	98 2
Idem.	sur	9 & 7	9 & 6	9 & 5	9 & 4	8 & 8	8 & 7	8 & 6	8 & 5
		93 1	88 0	82 5	77 4	92 0	86 5	81 4	76 3
Idem.	sur	8 & 4	7 & 7	7 & 6	7 & 5	7 & 4	7 & 3	6 & 6	6 & 5
		71 2	80 3	75 2	70 1	65 0	59 5	69 0	63 5
Idem.	sur	6 & 4	6 & 3	5 & 5	5 & 4	5 & 3	5 & 2	4 & 4	4 & 3
		58 4	53 3	57 3	52 2	47 1	42 0	46 0	40 5
Idem.	sur	4 & 2	3 & 3	3 & 2	3 & 1	2 & 2	2 & 1	1 & 1	
		35 4	34 3	29 2	24 1	23 c	17 5	11 3	
15 & 7	sur	15 & 7	14 & 14	14 & 13	14 & 12	14 & 11	14 & 10	14 & 9	14 & 8
		126 2	154 0	149 1	144 2	139 3	134 4	129 5	125 0
Idem.	sur	14 & 7	13 & 13	13 & 12	13 & 11	13 & 10	13 & 9	13 & 8	13 & 7
		120 1	143 0	138 1	133 2	128 3	123 4	118 5	114 0
Idem.	sur	13 & 6	12 & 12	12 & 11	12 & 10	12 & 9	12 & 8	12 & 7	12 & 6
		109 1	132 0	127 1	122 2	117 3	112 4	107 5	103 0
Idem.	sur	11 & 11	11 & 10	11 & 9	11 & 8	11 & 7	11 & 6	11 & 5	10 & 10
		121 0	116 1	111 2	106 3	101 4	96 5	92 0	110 0

Grand côté du plus gros bout, & côté du petit bout, même face. Pouces.		Autre côté du plus gros bout; & côté du petit bout, même face; exprimés par les chiffres supérieurs de chaque case. Des deux nombres inférieurs contenus dans chaque même case, celui à gauche renvoie à la Table VII, & celui à droite à la Table IV; Tables où se trouvent les solidités.							
Idem.	fur	10 & 9	10 & 8	10 & 7	10 & 6	10 & 5	9 & 9	9 & 8	9 & 7
		105 1	100 2	95 3	90 4	85 5	99 0	94 1	89 2
Idem.	fur	9 & 6	9 & 5	9 & 4	8 & 8	8 & 7	8 & 6	8 & 5	8 & 4
		84 3	79 4	74 5	88 0	83 1	78 2	73 3	68 4
Idem.	fur	7 & 7	7 & 6	7 & 5	7 & 4	7 & 3	6 & 6	6 & 5	6 & 4
		77 0	72 1	67 2	62 3	57 4	66 0	61 1	56 2
Idem.	fur	6 & 3	5 & 5	5 & 4	5 & 3	5 & 2	4 & 4	4 & 3	4 & 2
		51 3	55 0	50 1	45 2	40 3	44 0	39 1	34 2
Idem.	fur	3 & 3	3 & 2	3 & 1	2 & 2	2 & 1	1 & 1		
		33 0	28 1	23 2	22 0	17 1	11 0		
16 & 16	fur	16 & 15	16 & 14	16 & 13	16 & 12	16 & 11	16 & 10	16 & 9	16 & 8
		248 0	240 0	232 0	224 0	216 0	208 0	200 0	192 0
Idem.	fur	15 & 14	15 & 13	15 & 12	15 & 11	15 & 10	15 & 9	15 & 8	15 & 7
		232 0	224 0	216 0	208 0	200 0	192 0	184 0	176 0
Idem.	fur	14 & 13	14 & 12	14 & 11	14 & 10	14 & 9	14 & 8	14 & 7	13 & 12
		216 0	208 0	200 0	192 0	184 0	176 0	168 0	200 0
Idem.	fur	13 & 11	13 & 10	13 & 9	13 & 8	13 & 7	13 & 6	12 & 11	12 & 10
		192 0	184 0	176 0	168 0	160 0	152 0	184 0	176 0
Idem.	fur	12 & 9	12 & 8	12 & 7	12 & 6	11 & 10	11 & 9	11 & 8	11 & 7
		168 0	160 0	152 0	144 0	168 0	160 0	152 0	144 0
Idem.	fur	11 & 6	11 & 5	10 & 9	10 & 8	10 & 7	10 & 6	10 & 5	9 & 8
		136 0	128 0	152 0	144 0	136 0	128 0	120 0	136 0
Idem.	fur	9 & 7	9 & 6	9 & 5	9 & 4	8 & 7	8 & 6	8 & 5	8 & 4
		128 0	120 0	112 0	104 0	120 0	112 0	104 0	96 0
Idem.	fur	7 & 6	7 & 5	7 & 4	7 & 3	6 & 5	6 & 4	6 & 3	5 & 4
		104 0	96 0	88 0	80 0	88 0	80 0	72 0	72 0
Idem.	fur	5 & 3	5 & 2	4 & 3	4 & 2	3 & 2	3 & 1	2 & 1	
		64 0	56 0	56 0	48 0	40 0	32 0	24 0	
16 & 15	fur	16 & 15	16 & 14	16 & 13	16 & 12	16 & 11	16 & 10	16 & 9	16 & 8
		240 2	232 4	225 0	217 2	209 4	202 0	194 2	186 4
Idem.	fur	15 & 15	15 & 14	15 & 13	15 & 12	15 & 11	15 & 10	15 & 9	15 & 8
		232 3	224 5	217 1	209 3	201 5	194 1	186 3	178 5
Idem.	fur	15 & 7	14 & 14	14 & 13	14 & 12	14 & 11	14 & 10	14 & 9	14 & 8
		171 1	217 0	209 2	201 4	194 0	186 2	178 4	171 0

Table III. Bois équarris, dont la grosseur va en diminuant. 107

Grand côté du plus gros bout, & côté du petit bout, même face. Pouces.	Autre côté du plus gros bout, & côté du petit bout, même face; exprimés par les chiffres supérieurs de chaque case. Des deux nombres inférieurs contenus dans chaque même case, celui à gauche renvoie à la Table VII, & celui à droite à la Table IV; Tables où se trouvent les solidités.								
Idem.	fur	14 & 7	13 & 13	13 & 12	13 & 11	13 & 10	13 & 9	13 & 8	13 & 7
		163 2	201 3	193 5	186 1	178 3	170 5	163 1	155 3
Idem.	fur	13 & 6	12 & 12	12 & 11	12 & 10	12 & 9	12 & 8	12 & 7	12 & 6
		147 5	186 0	178 2	170 4	163 0	155 .2	147 4	140 0
Idem.		11 & 11	11 & 10	11 & 9	11 & 8	11 & 7	11 & 6	11 & 5	10 & 10
		170 3	162 5	155 1	147 3	139 5	132 1	124 3	155 0
Idem.	fur	10 & 9	10 & 8	10 & 7	10 & 6	10 & 5	9 & 9	9 & 8	9 & 7
		147 2	139 4	132 0	124 2	116 4	139 3	131 5	124 1
Idem.	fur	9 & 6	9 & 5	9 & 4	8 & 8	8 & 7	8 & 6	8 & 5	8 & 4
		116 3	108 5	101 1	124 0	116 2	108 4	101 0	93 2
Idem.	fur	7 & 7	7 & 6	7 & 5	7 & 4	7 & 3	6 & 6	6 & 5	6 & 4
		108 3	100 5	93 1	85 3	77 5	93 0	85 2	77 4
Idem.	fur	6 & 3	5 & 5	5 & 4	5 & 3	5 & 2	4 & 4	4 & 3	4 & 2
		70 0	77 3	69 5	62 1	54 3	62 0	54 2	46 4
Idem.	fur	3 & 3	3 & 2	3 & 1	2 & 2	2 & 1	1 & 1		
		46 3	38 5	31 1	31 0	23 2	15 3		
16 & 1	fur	16 & 14	16 & 13	16 & 12	16 & 11	16 & 10	16 & 9	16 & 8	15 & 15
		225 2	218 0	210 4	203 2	196 0	188 4	181 2	225 0
Idem.	fur	15 & 14	15 & 13	15 & 12	15 & 11	15 & 10	15 & 9	15 & 8	15 & 7
		217 4	210 2	203 0	195 4	188 2	181 0	173 4	166 2
Idem.	fur	14 & 14	14 & 13	14 & 12	14 & 11	14 & 10	14 & 9	14 & 8	14 & 7
		210 0	202 4	195 2	188 0	180 4	173 2	166 0	158 4
Idem.	fur	13 & 13	13 & 12	13 & 11	13 & 10	13 & 9	13 & 8	13 & 7	13 & 6
		195 0	187 4	180 2	173 0	165 4	158 2	151 0	143 4
Idem.	fur	12 & 12	12 & 11	12 & 10	12 & 9	12 & 8	12 & 7	12 & 6	11 & 11
		180 0	172 4	165 2	158 0	150 4	143 2	136 0	165 0
Idem.	fur	11 & 10	11 & 9	11 & 8	11 & 7	11 & 6	11 & 5	10 & 10	10 & 9
		157 4	150 2	143 0	135 4	128 2	121 0	150 0	142 4
Idem.	fur	10 & 8	10 & 7	10 & 6	10 & 5	9 & 9	9 & 8	9 & 7	9 & 6
		135 2	128 0	120 4	113 2	135 0	127 4	120 2	113 0
Idem.	fur	9 & 5	9 & 4	8 & 8	8 & 7	8 & 6	8 & 5	8 & 4	7 & 7
		105 4	98 2	120 0	112 4	105 2	98 0	90 4	105 0
Idem.	fur	7 & 6	7 & 5	7 & 4	7 & 3	6 & 6	6 & 5	6 & 4	6 & 3
		97 4	90 2	83 0	75 4	90 0	82 4	75 2	68 0
Idem.	fur	5 & 5	5 & 4	5 & 3	5 & 2	4 & 4	4 & 3	4 & 2	3 & 3
		75 0	67 4	60 2	53 0	60 0	52 4	45 2	45 0

Grand côté du plus gros bout, & côté du petit bout, même face. Pouces.		Autre côté du plus gros bout, & côté du petit bout, même face; exprimés par les chiffres supérieurs de chaque case. Des deux nombres inférieurs contenus dans chaque même case, celui à gauche renvoie à la Table VII, & celui à droite à la Table IV; Tables où se trouvent les solidités.							
Idem.	sur	3 & 2	3 & 1	2 & 2	2 & 1	1 & 1			
		37 4	30 2	30 0	22 4	15 0			
16 & 13	sur	16 & 13	16 & 12	16 & 11	16 & 10	16 & 9	16 & 8	15 & 15	15 & 14
		211 0	204 0	197 0	190 0	183 0	176 0	217 3	210 3
Idem.	sur	15 & 13	15 & 12	15 & 11	15 & 10	15 & 9	15 & 8	15 & 7	14 & 14
		203 3	196 3	189 3	182 3	175 3	168 3	161 3	203 0
Idem.	sur	14 & 13	14 & 12	14 & 11	14 & 10	14 & 9	14 & 8	14 & 7	13 & 13
		196 0	189 0	182 0	175 0	168 0	161 0	154 0	188 3
Idem.	sur	13 & 12	13 & 11	13 & 10	13 & 9	13 & 8	13 & 7	13 & 6	12 & 12
		181 3	174 3	167 3	160 3	153 3	146 3	139 3	174 0
Idem.	sur	12 & 11	12 & 10	12 & 9	12 & 8	12 & 7	12 & 6	11 & 11	11 & 10
		167 0	160 0	153 0	146 0	139 0	132 0	159 3	152 3
Idem.	sur	11 & 9	11 & 8	11 & 7	11 & 6	11 & 5	10 & 10	10 & 9	10 & 8
		145 3	138 3	131 3	124 3	117 3	145 0	138 0	131 0
Idem.	sur	10 & 7	10 & 6	10 & 5	9 & 9	9 & 8	9 & 7	9 & 6	9 & 5
		124 0	117 0	110 0	130 3	123 3	116 3	109 3	102 3
Idem.	sur	9 & 4	8 & 8	8 & 7	8 & 6	8 & 5	8 & 4	7 & 7	7 & 6
		95 3	116 0	109 0	102 0	95 0	88 0	101 3	94 3
Idem.	sur	7 & 5	7 & 4	7 & 3	6 & 6	6 & 5	6 & 4	6 & 3	5 & 5
		87 3	80 3	73 3	87 0	80 0	73 0	66 0	72 3
Idem.	sur	5 & 4	5 & 3	5 & 2	4 & 4	4 & 3	4 & 2	3 & 3	3 & 2
		65 3	58 3	51 3	58 0	51 0	44 0	43 3	36 3
Idem.	sur	3 & 1	2 & 2	2 & 1	1 & 1				
		29 3	29 0	22 0	14 3				
16 & 12	sur	16 & 12	16 & 11	16 & 10	16 & 9	16 & 8	15 & 15	15 & 14	15 & 13
		197 2	190 4	184 0	177 2	170 4	210 0	203 2	196 4
Idem.	sur	15 & 12	15 & 11	15 & 10	15 & 9	15 & 8	15 & 7	14 & 14	14 & 13
		190 0	183 2	176 4	170 0	163 2	156 4	196 0	189 2
Idem.	sur	14 & 12	14 & 11	14 & 10	14 & 9	14 & 8	14 & 7	13 & 13	13 & 12
		182 4	176 0	169 2	162 4	156 0	149 2	182 0	175 2
Idem.	sur	13 & 11	13 & 10	13 & 9	13 & 8	13 & 7	13 & 6	12 & 12	12 & 11
		168 4	162 0	155 2	148 4	142 0	135 2	168 0	161 2
Idem.	sur	12 & 10	12 & 9	12 & 8	12 & 7	12 & 6	11 & 11	11 & 10	11 & 9
		154 4	148 0	141 2	134 4	128 0	154 0	147 2	140 4
Idem.	sur	11 & 8	11 & 7	11 & 6	11 & 5	10 & 10	10 & 9	10 & 8	10 & 7
		134 0	127 2	120 4	114 0	140 0	133 2	126 4	120 0

Table III. Bois équarris, dont la grosseur va en diminuant. 109

Grand côté du plus gros bout; & côté du petit bout même face. Pouces.	Autre côté du plus gros bout, & côté du petit bout, même face; exprimés par les chiffres supérieurs de chaque case. Des deux nombres inférieurs contenus dans chaque même case, celui à gauche renvoie à la Table VII, & celui à droite à la Table IV; Tables où se trouvent les solidités.								
Idem.	sur	10 & 6	10 & 5	9 & 9	9 & 8	9 & 7	9 & 6	9 & 5	9 & 4
		113 2	106 4	126 0	119 2	112 4	106 0	99 2	92 4
Idem.	sur	8 & 8	8 & 7	8 & 6	8 & 5	8 & 4	7 & 7	7 & 6	7 & 5
		112 0	105 2	98 4	92 0	85 2	98 0	91 2	84 4
Idem.	sur	7 & 4	7 & 3	6 & 6	6 & 5	6 & 4	6 & 3	5 & 5	5 & 4
		78 0	71 2	84 0	77 2	70 4	64 0	70 0	63 2
Idem.	sur	5 & 3	5 & 2	4 & 4	4 & 3	4 & 2	3 & 3	3 & 2	3 & 1
		56 4	50 0	56 0	49 2	42 4	42 0	35 2	28 4
Idem.	sur	2 & 2	2 & 1	1 & 1					
		28 0	21 2	14 0					
16 & 11	sur	16 & 11	16 & 10	16 & 9	16 & 8	15 & 15	15 & 14	15 & 13	15 & 12
		184 2	178 0	171 4	165 2	202 3	196 1	189 5	183 3
Idem.	sur	15 & 11	15 & 10	15 & 9	15 & 8	15 & 7	14 & 14	14 & 13	14 & 12
		177 1	170 5	164 3	158 1	151 5	189 0	182 4	176 2
Idem.	sur	14 & 11	14 & 10	14 & 9	14 & 8	14 & 7	13 & 13	13 & 12	13 & 11
		170 0	163 4	157 2	151 0	144 4	175 3	169 1	162 5
Idem.	sur	13 & 10	13 & 9	13 & 8	13 & 7	13 & 6	12 & 12	12 & 11	12 & 10
		156 3	150 1	143 5	137 3	131 1	162 0	155 4	149 2
Idem.	sur	12 & 9	12 & 8	12 & 7	12 & 6	11 & 11	11 & 10	11 & 9	11 & 8
		143 0	136 4	130 2	124 0	148 3	142 1	135 5	129 3
Idem.	sur	11 & 7	11 & 6	11 & 5	10 & 10	10 & 9	10 & 8	10 & 7	10 & 6
		123 1	116 5	110 3	135 0	128 4	122 2	116 0	109 4
Idem.	sur	10 & 5	9 & 9	9 & 8	9 & 7	9 & 6	9 & 5	9 & 4	8 & 8
		103 2	121 3	115 1	108 5	102 3	96 1	89 5	108 0
Idem.	sur	8 & 7	8 & 6	8 & 5	8 & 4	7 & 7	7 & 6	7 & 5	7 & 4
		101 4	95 2	89 0	82 4	94 3	88 1	81 5	75 3
Idem.	sur	7 & 3	6 & 6	6 & 5	6 & 4	6 & 3	5 & 5	5 & 4	5 & 3
		69 1	81 0	74 4	68 2	62 0	67 3	61 1	54 5
Idem.	sur	5 & 2	4 & 4	4 & 3	4 & 2	3 & 3	3 & 2	3 & 1	2 & 2
		48 3	54 0	47 4	41 2	40 3	34 1	27 5	27 0
Idem.	sur	2 & 1	1 & 1						
		20 4	13 3						
16 & 10	sur	16 & 10	16 & 9	16 & 8	15 & 15	15 & 14	15 & 13	15 & 12	15 & 11
		172 0	166 0	160 0	195 0	139 0	183 0	177 0	171 0
Idem.	sur	15 & 10	15 & 9	15 & 8	15 & 7	14 & 14	14 & 13	14 & 12	14 & 11
		165 0	159 0	153 0	147 0	182 0	176 0	170 0	164 0

Grand côté du plus gros bout; & côté du petit bout même face. Pouces.		Autre côté du plus gros bout, & côté du petit bout, même face ; exprimés par les chiffres supérieurs de chaque case. Des deux nombres inférieurs contenus dans chaque même case, celui à gauche renvoie à la Table VII, & celui à droite à la Table IV ; Tables où se trouvent les solidités.							
Idem.	sur	14 & 10	14 & 9	14 & 8	14 & 7	13 & 13	13 & 12	13 & 11	13 & 10
		158 0	152 0	146 0	140 0	169 0	163 0	157 0	151 0
Idem.	sur	13 & 9	13 & 8	13 & 7	13 & 6	12 & 12	12 & 11	12 & 10	12 & 9
		145 0	139 0	133 0	127 0	156 0	150 0	144 0	138 0
Idem.	sur	12 & 8	12 & 7	12 & 6	11 & 11	11 & 10	11 & 9	11 & 8	11 & 7
		132 0	126 0	120 0	143 0	137 0	131 0	125 0	119 0
Idem.	sur	11 & 6	11 & 5	10 & 10	10 & 9	10 & 8	10 & 7	10 & 6	10 & 5
		113 0	107 0	130 0	124 0	118 0	112 0	106 0	100 0
Idem.	sur	9 & 9	9 & 8	9 & 7	9 & 6	9 & 5	9 & 4	8 & 8	8 & 7
		117 0	111 0	105 0	99 0	93 0	87 0	104 0	98 0
Idem.	sur	8 & 6	8 & 5	8 & 4	7 & 7	7 & 6	7 & 5	7 & 4	7 & 3
		92 0	86 0	80 0	91 0	85 0	79 0	73 0	67 0
Idem.	sur	6 & 6	6 & 5	6 & 4	6 & 3	5 & 5	5 & 4	5 & 3	5 & 2
		78 0	72 0	66 0	60 0	65 0	59 0	53 0	47 0
Idem.	sur	4 & 4	4 & 3	4 & 2	3 & 3	3 & 2	3 & 1	2 & 2	2 & 1
		52 0	46 0	40 0	39 0	33 0	27 0	26 0	20 0
Idem.	sur	1 & 1							
		13 0							
16 & 9	sur	16 & 9	16 & 8	15 & 15	15 & 14	15 & 13	15 & 12	15 & 11	15 & 10
		160 2	154 4	187 3	181 5	176 1	170 3	164 5	159 1
Idem.	sur	15 & 9	15 & 8	15 & 7	14 & 14	14 & 13	14 & 12	14 & 11	14 & 10
		153 3	147 5	142 1	175 0	169 2	163 4	158 0	152 2
Idem.	sur	14 & 9	14 & 8	14 & 7	13 & 13	13 & 12	13 & 11	13 & 10	13 & 9
		146 4	141 0	135 2	162 3	156 5	151 1	145 3	139 5
Idem.	sur	13 & 8	13 & 7	13 & 6	12 & 12	12 & 11	12 & 10	12 & 9	12 & 8
		134 1	128 3	122 5	150 0	144 2	138 4	133 0	127 2
Idem.	sur	12 & 7	12 & 6	11 & 11	11 & 10	11 & 9	11 & 8	11 & 7	11 & 6
		121 4	116 0	137 3	131 5	126 1	120 3	114 5	109 1
Idem.	sur	11 & 5	10 & 10	10 & 9	10 & 8	10 & 7	10 & 6	10 & 5	9 & 9
		103 3	125 5	119 2	113 4	108 0	102 2	96 4	112
Idem.	sur	9 & 8	9 & 7	9 & 6	9 & 5	9 & 4	8 & 8	8 & 7	8 & 6
		106 5	101 1	95 3	89 5	84 1	100 0	94 2	88 4
Idem.	sur	8 & 5	8 & 4	7 & 7	7 & 6	7 & 5	7 & 4	7 & 3	6 & 6
		83 0	77 2	87 3	81 5	76 1	70 3	64 5	75 0
Idem.	sur	6 & 5	6 & 4	6 & 3	5 & 5	5 & 4	5 & 3	5 & 2	4 & 4
		69 2	63 4	58 0	62 3	56 5	51 1	45 3	50 0

Table III. Bois équarris, dont la grosseur va en diminuant. 111

Grand côté du plus gros bout; & côté du petit bout même face. Pouces.		Autre côté du plus gros bout, & côté du petit bout, même face; exprimés par les chiffres supérieurs de chaque case. Des deux nombres inférieurs contenus dans chaque même case, celui à gauche renvoie à la Table VII, & celui à droite, à la Table IV; Tables où se trouvent les solidités.							
Idem.	sur	4 & 3 / 44 2	4 & 2 / 38 4	3 & 3 / 37 3	3 & 2 / 31 5	3 & 1 / 26 1	2 & 2 / 25 0	2 & 1 / 19 2	1 & 1 / 12 5
16 & 8	sur	16 & 8 / 149 2	15 & 15 / 180 0	15 & 14 / 174 4	15 & 13 / 169 2	15 & 12 / 164 0	15 & 11 / 158 4	15 & 10 / 153 2	15 & 9 / 148 0
Idem.	sur	15 & 8 / 142 4	15 & 7 / 137 2	14 & 14 / 168 0	14 & 13 / 162 4	14 & 12 / 157 2	14 & 11 / 152 0	14 & 10 / 146 4	14 & 9 / 141 2
Idem.	sur	14 & 8 / 136 5	14 & 7 / 130 4	13 & 13 / 156 0	13 & 12 / 150 4	13 & 11 / 145 2	13 & 10 / 140 0	13 & 9 / 134 4	13 & 8 / 129 2
Idem.	sur	13 & 7 / 124 0	13 & 6 / 118 4	12 & 12 / 144 0	12 & 11 / 138 4	12 & 10 / 133 2	12 & 9 / 128 0	12 & 8 / 122 4	12 & 7 / 117 2
Idem.	sur	12 & 6 / 112 0	11 & 11 / 132 0	11 & 10 / 126 4	11 & 9 / 121 2	11 & 8 / 116 0	11 & 7 / 110 4	11 & 6 / 105 2	11 & 5 / 100 0
Idem.	sur	10 & 10 / 120 0	10 & 9 / 114 4	10 & 8 / 109 2	10 & 7 / 104 0	10 & 6 / 98 4	10 & 5 / 93 2	9 & 9 / 108 0	9 & 8 / 102 4
Idem.	sur	9 & 7 / 97 2	9 & 6 / 92 0	9 & 5 / 86 4	9 & 4 / 81 2	8 & 8 / 96 0	8 & 7 / 90 4	8 & 6 / 85 2	8 & 5 / 80 0
Idem.	sur	8 & 4 / 74 4	7 & 7 / 84 0	7 & 6 / 78 4	7 & 5 / 73 2	7 & 4 / 68 0	7 & 3 / 62 4	6 & 6 / 72 0	6 & 5 / 66 4
Idem.	sur	6 & 4 / 61 2	6 & 3 / 56 0	5 & 5 / 60 0	5 & 4 / 54 4	5 & 3 / 49 2	5 & 2 / 44 0	4 & 4 / 48 0	4 & 3 / 42 4
Idem.	sur	4 & 2 / 37 2	3 & 3 / 36 0	3 & 2 / 30 4	3 & 1 / 25 2	2 & 2 / 24 0	2 & 1 / 18 4	1 & 1 / 12 0	
17 & 17	sur	17 & 16 / 280 3	17 & 15 / 272 0	17 & 14 / 263 3	17 & 13 / 255 0	17 & 12 / 246 3	17 & 11 / 238 0	17 & 10 / 229 3	17 & 9 / 221 0
Idem.	sur	17 & 8 / 212 3	16 & 15 / 263 3	16 & 14 / 255 0	16 & 13 / 246 3	16 & 12 / 238 0	16 & 11 / 229 3	16 & 10 / 221 0	16 & 9 / 212 3
Idem.	sur	16 & 8 / 204 0	15 & 14 / 246 3	15 & 13 / 238 0	15 & 12 / 229 3	15 & 11 / 221 0	15 & 10 / 112 3	15 & 9 / 204 0	15 & 8 / 195 3
Idem.	sur	15 & 7 / 187 0	14 & 13 / 229 3	14 & 12 / 221 0	14 & 11 / 212 3	14 & 10 / 204 0	14 & 9 / 195 3	14 & 8 / 187 0	14 & 7 / 178 3
Idem.	sur	13 & 12 / 212 3	13 & 11 / 204 0	13 & 10 / 195 3	13 & 9 / 187 0	13 & 8 / 178 3	13 & 7 / 170 0	13 & 6 / 161 3	12 & 11 / 195 3
Idem.	sur	12 & 10 / 187 0	12 & 9 / 178 3	12 & 8 / 170 0	12 & 7 / 161 3	12 & 6 / 153 0	11 & 10 / 178 3	11 & 9 / 170 0	11 & 8 / 161 3

Grand côté du plus gros bout, & côté du petit bout, même face. Pouces.	Autre côté du plus gros bout, & côté du petit bout, même face ; exprimés par les chiffres supérieurs de chaque case. Des deux nombres inférieurs contenus dans chaque même case, celui à gauche renvoie à la Table VII, & celui à droite à la Table IV ; Tables où se trouvent les solidités.							
Idem.	sur	11 & 7	11 & 6	11 & 5	10 & 9	10 & 8	10 & 7	10 & 6	10 & 5
		153 0	144 3	136 0	161 3	153 0	144 3	136 0	127 3
Idem.	sur	9 & 8	9 & 7	9 & 6	9 & 5	9 & 4	8 & 7	8 & 6	8 & 5
		144 3	136 0	127 3	119 0	110 3	127 3	119 0	110 3
Idem.	sur	8 & 4	7 & 6	7 & 5	7 & 4	7 & 3	6 & 5	6 & 4	6 & 3
		102 0	110 3	102 0	93 3	85 0	93 3	85 0	76 3
Idem.	sur	5 & 4	5 & 3	5 & 2	4 & 3	4 & 2	3 & 2	3 & 1	2 & 1
		76 3	68 0	59 3	59 3	51 0	42 3	34 0	25 3
17 & 16	sur	17 & 16	17 & 15	17 & 14	17 & 13	17 & 12	17 & 11	17 & 10	17 & 9
		272 2	264 1	256 0	247 5	239 4	231 3	223 2	215 1
Idem.	sur	17 & 8	16 & 16	16 & 15	16 & 14	16 & 13	16 & 12	16 & 11	16 & 10
		207 0	264 0	255 5	247 4	239 3	231 2	223 1	215 0
Idem.	sur	16 & 9	16 & 8	15 & 15	15 & 14	15 & 13	15 & 12	15 & 11	15 & 10
		206 5	198 4	247 3	239 2	231 1	223 0	214 5	206 4
Idem.	sur	15 & 9	15 & 8	15 & 7	14 & 14	14 & 13	14 & 12	14 & 11	14 & 10
		198 3	190 2	182 1	231 0	222 5	214 4	206 3	198 2
Idem.	sur	14 & 9	14 & 8	14 & 7	13 & 13	13 & 12	13 & 11	13 & 10	13 & 9
		190 1	182 0	173 5	214 3	206 2	198 1	190 0	181 5
Idem.	sur	13 & 8	13 & 7	13 & 6	12 & 12	12 & 11	12 & 10	12 & 9	12 & 8
		173 4	165 3	157 2	198 0	189 5	181 4	173 3	165 2
Idem.	sur	12 & 7	12 & 6	11 & 11	11 & 10	11 & 9	11 & 8	11 & 7	11 & 6
		157 1	149 0	181 3	173 2	165 1	157 0	148 5	140 4
Idem.	sur	11 & 5	10 & 10	10 & 9	10 & 8	10 & 7	10 & 6	10 & 5	9 & 4
		132 3	165 0	156 5	148 4	140 3	132 2	124 1	148 3
Idem.	sur	9 & 8	9 & 7	9 & 6	9 & 5	9 & 4	8 & 8	8 & 7	8 & 6
		140 2	132 1	124 0	115 5	107 4	132 0	123 5	115 4
Idem.	sur	8 & 5	8 & 4	7 & 7	7 & 6	7 & 5	7 & 4	7 & 3	6 & 6
		107 3	99 2	115 3	107 2	99 1	91 0	82 5	99 0
Idem.	sur	6 & 5	6 & 4	6 & 3	5 & 5	5 & 4	5 & 3	5 & 2	4 & 4
		90 5	82 4	74 3	82 3	74 2	66 1	58 0	66 0
Idem.	sur	4 & 3	4 & 2	3 & 3	3 & 2	3 & 1	2 & 2	2 & 1	1 & 1
		57 5	49 4	49 3	41 2	33 1	33 0	24 5	16 3
17 & 15	sur	17 & 15	17 & 14	17 & 13	17 & 12	17 & 11	17 & 10	17 & 9	17 & 8
		256 2	248 3	240 4	232 5	225 0	217 1	209 2	201 3
Idem.	sur	16 & 16	16 & 15	16 & 14	16 & 13	16 & 12	16 & 11	16 & 10	16 & 9
		256 0	248 1	240 2	232 3	224 4	216 5	209 0	201 1

Idem. sur 16 & 8

Table III. Bois équarris, dont la grosseur va en diminuant. 113

Grand côté du plus gros bout; & côté du petit bout même face. Pouces.	Autre côté du plus gros bout, & côté du petit bout, même face; exprimés par les chiffres supérieurs de chaque case. Des deux nombres inférieurs contenus dans chaque même case, celui à gauche renvoie à la Table VII, & celui à droite, à la Table IV; Tables où se trouvent les solidités.							
Idem.	sur	16 & 8	15 & 15	15 & 14	15 & 13	15 & 12	15 & 11	15 & 10	15 & 9
		193 2	240 0	232 1	224 2	216 3	208 4	200 5	193 0
Idem.	sur	15 & 8	15 & 7	14 & 14	14 & 13	14 & 12	14 & 11	14 & 10	14 & 9
		185 1	177 2	224 0	216 1	208 2	200 3	192 4	184 5
Idem.	sur	14 & 8	14 & 7	13 & 13	13 & 12	13 & 11	13 & 10	13 & 9	13 & 8
		177 0	169 1	208 0	200 1	192 2	184 3	176 4	168 5
Idem.	sur	13 & 7	13 & 6	12 & 12	12 & 11	12 & 10	12 & 9	12 & 8	12 & 7
		161 0	153 1	192 0	184 1	176 2	168 3	160 4	152 5
Idem.	sur	12 & 6	11 & 11	11 & 10	11 & 9	11 & 8	11 & 7	11 & 6	11 & 5
		145 0	176 0	168 1	160 2	152 3	144 4	136 5	129 0
Idem.	sur	10 & 10	10 & 9	10 & 8	10 & 7	10 & 6	10 & 5	9 & 9	9 & 8
		160 0	152 1	144 2	136 3	128 4	120 5	144 0	136 1
Idem.	sur	9 & 7	9 & 6	9 & 5	9 & 4	8 & 8	8 & 7	8 & 6	8 & 5
		128 2	120 3	112 4	104 5	128 0	128 1	112 2	104 3
Idem.	sur	8 & 4	7 & 7	7 & 6	7 & 5	7 & 4	7 & 3	6 & 6	6 & 5
		96 4	112 0	104 1	96 2	88 3	80 4	96 0	88 1
Idem.	sur	6 & 4	6 & 3	5 & 5	5 & 4	5 & 3	5 & 2	4 & 4	4 & 3
		80 2	72 3	80 0	72 1	64 2	56 3	64 0	56 1
Idem.	sur	4 & 2	3 & 3	3 & 2	3 & 1	2 & 2	2 & 1	1 & 1	
		48 2	48 0	40 1	32 2	32 0	24 1	16 0	
17 & 14	sur	17 & 14	17 & 13	17 & 12	17 & 11	17 & 10	17 & 9	17 & 8	16 & 16
		241 0	233 3	226 0	218 3	211 0	203 3	196 0	248 0
Idem.	sur	16 & 15	16 & 14	16 & 13	16 & 12	16 & 11	16 & 10	16 & 9	16 & 8
		240 3	233 0	225 3	218 0	210 3	203 0	195 3	188 0
Idem.	sur	15 & 15	15 & 14	15 & 13	15 & 12	15 & 11	15 & 10	15 & 9	15 & 8
		232 3	225 0	217 3	210 0	202 3	195 0	187 3	80 0
Idem.	sur	15 & 7	14 & 14	14 & 13	14 & 12	14 & 11	14 & 10	14 & 9	14 & 8
		172 3	217 0	209 3	202 0	194 3	187 0	179 3	172 0
Idem.	sur	14 & 7	13 & 13	13 & 12	13 & 11	13 & 10	13 & 9	13 & 8	13 & 7
		164 3	201 3	194 0	186 3	179 0	171 3	164 0	156 3
Idem.	sur	13 & 6	12 & 12	12 & 11	12 & 10	12 & 9	12 & 8	12 & 7	12 & 6
		149 0	186 0	178 3	171 0	163 3	156 0	148 3	141 0
Idem.	sur	11 & 11	11 & 10	11 & 9	11 & 8	11 & 7	11 & 6	11 & 5	10 & 10
		170 3	163 0	155 3	148 0	140 3	133 0	125 3	155 0
Idem.	sur	10 & 9	10 & 8	10 & 7	10 & 6	10 & 5	9 & 9	9 & 8	9 & 7
		147 3	140 0	132 3	125 0	117 3	139 3	132 0	121 3

Grand côté du plus gros bout; & côté du petit bout même face. Pouces.		Autre côté du plus gros bout, & côté du petit bout, même face; exprimés par les chiffres supérieurs de chaque case. Des deux nombres inférieurs contenus dans chaque même case, celui à gauche renvoie à la Table VII, & celui à droite, à la Table IV; Tables où se trouvent les solidités.							
Idem.	sur	9 & 6 / 117 0	9 & 5 / 109 3	9 & 4 / 102 0	8 & 8 / 124 0	8 & 7 / 116 3	8 & 6 / 109 0	8 & 5 / 101 3	8 & 4 / 94 0
Idem.	sur	7 & 7 / 108 3	7 & 6 / 101 0	7 & 5 / 93 3	7 & 4 / 86 0	7 & 3 / 78 3	5 & 6 / 93 0	6 & 5 / 85 3	6 & 4 / 78 0
Idem.	sur	6 & 3 / 70 3	5 & 5 / 77 3	5 & 4 / 70 0	5 & 3 / 62 3	5 & 2 / 55 0	4 & 4 / 62 0	4 & 3 / 54 3	4 & 2 / 47 0
Idem.	sur	3 & 3 / 46 3	3 & 2 / 39 0	3 & 1 / 31 3	2 & 2 / 31 0	2 & 1 / 23 3	1 & 1 / 15 3		
17 & 13	sur	17 & 13 / 226 2	17 & 12 / 219 1	17 & 11 / 212 0	17 & 10 / 204 5	17 & 9 / 197 4	17 & 8 / 190 3	16 & 16 / 240 0	16 & 15 / 232 5
Idem.	sur	16 & 14 / 225 4	16 & 13 / 218 3	16 & 12 / 211 2	16 & 11 / 204 1	16 & 10 / 197 0	16 & 9 / 189 5	16 & 8 / 182 4	15 & 15 / 225 0
Idem.	sur	15 & 14 / 217 5	15 & 13 / 210 4	15 & 12 / 203 3	15 & 11 / 196 2	15 & 10 / 189 1	15 & 9 / 182 0	15 & 8 / 174 5	15 & 7 / 167 4
Idem.	sur	14 & 14 / 210 0	14 & 13 / 202 5	14 & 12 / 195 4	14 & 11 / 188 3	14 & 10 / 181 2	14 & 9 / 174 1	14 & 8 / 167 0	14 & 7 / 159 5
Idem.	sur	13 & 13 / 195 0	13 & 12 / 187 5	13 & 11 / 180 4	13 & 10 / 173 3	13 & 9 / 166 2	13 & 8 / 159 1	13 & 7 / 152 0	13 & 6 / 144 5
Idem.	sur	12 & 12 / 180 0	12 & 11 / 172 5	12 & 10 / 165 4	12 & 9 / 158 3	12 & 8 / 151 2	12 & 7 / 144 1	12 & 6 / 137 0	11 & 11 / 165 0
Idem.	sur	11 & 10 / 157 5	11 & 9 / 150 4	11 & 8 / 143 3	11 & 7 / 136 2	11 & 6 / 129 1	11 & 5 / 122 0	10 & 10 / 150 0	10 & 9 / 142 5
Idem.	sur	10 & 8 / 135 4	10 & 7 / 128 3	10 & 6 / 121 2	10 & 5 / 114 1	9 & 9 / 135 0	9 & 8 / 127 5	9 & 7 / 120 4	9 & 6 / 113 3
Idem.	sur	9 & 5 / 106 2	9 & 4 / 99 1	8 & 8 / 120 0	8 & 7 / 112 5	8 & 6 / 105 4	8 & 5 / 98 3	8 & 4 / 91 2	7 & 7 / 105 0
Idem.	sur	7 & 6 / 97 5	7 & 5 / 90 4	7 & 4 / 83 3	7 & 3 / 76 2	6 & 6 / 90 0	6 & 5 / 82 5	6 & 4 / 75 4	6 & 3 / 68 3
Idem.	sur	5 & 5 / 75 0	5 & 4 / 67 5	5 & 3 / 60 4	5 & 2 / 53 3	4 & 4 / 60 0	4 & 3 / 52 5	4 & 2 / 45 4	3 & 3 / 45 0
Idem.	sur	3 & 2 / 37 5	3 & 1 / 30 4	2 & 2 / 30 0	2 & 1 / 22 5	1 & 1 / 15 0			
17 & 12	sur	17 & 12 / 212 2	17 & 11 / 205 3	17 & 10 / 198 4	17 & 9 / 191 5	17 & 8 / 185 0	16 & 16 / 232 0	16 & 15 / 225 1	16 & 14 / 218 2
Idem.	sur	16 & 13 / 211 3	16 & 12 / 204 4	16 & 11 / 197 5	16 & 10 / 191 0	16 & 9 / 184 1	16 & 8 / 177 2	15 & 15 / 217 3	15 & 14 / 210 4

Table III. Bois équarris, dont la grosseur va en diminuant. 115

Grand côté du plus gros bout, & côté du petit bout, même face. Pouces.

Autre côté du plus gros bout, & côté du petit bout, même face; exprimés par les chiffres supérieurs de chaque case.

Des deux nombres inférieurs contenus dans chaque même case, celui à gauche renvoie à la Table VII, & celui à droite à la Table IV; Tables où se trouvent les solidités.

Idem.	sur	15 & 13 — 203 5	15 & 12 — 197 0	15 & 11 — 190 1	15 & 10 — 183 2	15 & 9 — 176 3	15 & 8 — 169 4	15 & 7 — 162 5	14 & 14 — 203 0
Idem.	sur	14 & 13 — 196 1	14 & 12 — 189 2	14 & 11 — 182 3	14 & 10 — 175 4	14 & 9 — 168 5	14 & 8 — 162 0	14 & 7 — 155 1	13 & 13 — 188 3
Idem.	sur	13 & 12 — 181 4	13 & 11 — 174 5	13 & 10 — 168 0	13 & 9 — 161 1	13 & 8 — 154 2	13 & 7 — 147 3	13 & 6 — 140 4	12 & 12 — 174 0
Idem.	sur	12 & 11 — 167 1	12 & 10 — 160 2	12 & 9 — 153 3	12 & 8 — 146 4	12 & 7 — 139 5	12 & 6 — 133 0	11 & 11 — 159 3	11 & 10 — 152 4
Idem.	sur	11 & 9 — 145 5	11 & 8 — 139 0	11 & 7 — 132 1	11 & 6 — 125 2	11 & 5 — 118 3	10 & 10 — 145 0	10 & 9 — 138 1	10 & 8 — 131 2
Idem.	sur	10 & 7 — 124 3	10 & 6 — 117 4	10 & 5 — 110 5	9 & 9 — 130 3	9 & 8 — 123 4	9 & 7 — 116 5	9 & 6 — 110 0	9 & 5 — 103 1
Idem.	sur	9 & 4 — 96 2	8 & 8 — 116 0	8 & 7 — 109 1	8 & 6 — 102 2	8 & 5 — 95 3	8 & 4 — 88 4	7 & 7 — 101 3	7 & 6 — 94 4
Idem.	sur	7 & 5 — 87 5	7 & 4 — 81 0	7 & 3 — 74 1	6 & 6 — 87 0	6 & 5 — 80 1	6 & 4 — 73 2	6 & 3 — 66 3	5 & 5 — 72 3
Idem.	sur	5 & 4 — 65 4	5 & 3 — 58 5	5 & 2 — 52 0	4 & 4 — 58 0	4 & 3 — 51 1	4 & 2 — 44 2	3 & 3 — 43 3	3 & 2 — 36 4
Idem.	sur	3 & 1 — 29 5	2 & 2 — 29 0	2 & 1 — 22 1	1 & 1 — 14 3				
17 & 11	sur	17 & 11 — 199 0	17 & 10 — 192 3	17 & 9 — 186 0	17 & 8 — 179 3	16 & 16 — 224 0	16 & 15 — 217 3	16 & 14 — 211 0	16 & 13 — 204 3
Idem.	sur	16 & 12 — 198 0	16 & 11 — 191 3	16 & 10 — 185 0	16 & 9 — 178 3	16 & 8 — 172 0	15 & 15 — 210 0	15 & 14 — 203 3	15 & 13 — 197 0
Idem.	sur	15 & 12 — 190 3	15 & 11 — 184 0	15 & 10 — 177 3	15 & 9 — 171 0	15 & 8 — 164 3	15 & 7 — 158 0	14 & 14 — 196 0	14 & 13 — 189 3
Idem.	sur	14 & 12 — 183 0	14 & 11 — 176 3	14 & 10 — 170 0	14 & 9 — 163 3	14 & 8 — 157 0	14 & 7 — 150 3	13 & 13 — 182 0	13 & 12 — 175 3
Idem.	sur	13 & 11 — 169 0	13 & 10 — 162 3	13 & 9 — 156 0	13 & 8 — 142 3	13 & 7 — 143 0	13 & 6 — 136 3	12 & 12 — 168 0	12 & 11 — 161 3
Idem.	sur	12 & 10 — 155 0	12 & 9 — 148 3	12 & 8 — 142 0	12 & 7 — 135 3	12 & 6 — 129 0	11 & 11 — 154 0	11 & 10 — 147 3	11 & 9 — 141 0
Idem.	sur	11 & 8 — 134 3	11 & 7 — 128 0	11 & 6 — 121 3	11 & 5 — 115 0	10 & 10 — 140 0	10 & 9 — 133 3	10 & 8 — 127 0	10 & 7 — 120 3
Idem.	sur	10 & 6 — 114 0	10 & 5 — 107 3	9 & 9 — 126 0	9 & 8 — 119 3	9 & 7 — 113 0	9 & 6 — 106 3	9 & 5 — 100 0	9 & 4 — 93 3

P ij

Grand côté du plus gros bout; & côté du petit bout, même face. Pouces.	Autre côté du plus gros bout, & côté du petit bout, même face; exprimés par les chiffres supérieurs de chaque case. Des deux nombres inférieurs contenus dans chaque même case, celui à gauche renvoie à la Table VII, & celui à droite, à la Table IV; Tables où se trouvent les solidités.							
Idem.	sur	8 & 8	8 & 7	8 & 6	8 & 5	8 & 4	7 & 7	7 & 6
		112 0	105 3	99 0	92 3	86 0	98 0	91 3
Idem.	sur	7 & 4	7 & 3	6 & 6	6 & 5	6 & 4	5 & 3	5 & 5
		78 3	72 0	84 0	77 3	71 0	64 3	70 0
Idem.	sur	5 & 3	5 & 2	4 & 4	4 & 3	4 & 2	3 & 3	3 & 2
		57 0	50 3	56 0	49 3	43 0	42 0	35 3
Idem.	sur	2 & 2	2 & 1	1 & 1				
		28 0	21 3	14 0				
17 & 10	sur	17 & 10	17 & 9	17 & 8	16 & 16	16 & 15	16 & 14	16 & 13
		186 2	180 1	174 0	216 0	209 5	203 4	197 3
Idem.	sur	16 & 11	16 & 10	16 & 9	16 & 8	15 & 15	15 & 14	15 & 13
		185 1	179 0	172 5	166 4	202 3	196 2	190 1
Idem.	sur	15 & 11	15 & 10	15 & 9	15 & 8	15 & 7	14 & 14	14 & 13
		177 5	171 4	165 3	159 2	153 1	189 0	182 5
Idem.	sur	14 & 11	14 & 10	14 & 9	14 & 8	14 & 7	13 & 13	13 & 12
		170 3	164 2	158 1	152 0	145 5	175 3	169 2
Idem.	sur	13 & 10	13 & 9	13 & 8	13 & 7	13 & 6	12 & 12	12 & 11
		157 0	150 5	144 4	138 3	132 2	162 0	155 5
Idem.	sur	12 & 9	12 & 8	12 & 7	12 & 6	11 & 11	11 & 10	11 & 9
		143 3	137 2	131 1	125 0	148 3	142 2	136 1
Idem.	sur	11 & 7	11 & 6	11 & 5	10 & 10	10 & 9	10 & 8	10 & 7
		123 5	117 4	111 3	135 0	128 0	122 4	116 3
Idem.	sur	10 & 5	9 & 9	9 & 8	9 & 7	9 & 6	9 & 5	9 & 4
		104 1	121 3	115 2	109 1	103 0	96 5	93 4
Idem.	sur	8 & 7	8 & 6	8 & 5	8 & 4	7 & 7	7 & 6	7 & 5
		101 5	95 4	89 3	83 2	94 3	88 2	82 1
Idem.	sur	7 & 3	6 & 6	6 & 5	6 & 4	6 & 3	5 & 5	5 & 4
		69 5	81 0	74 5	68 4	62 3	67 3	61 2
Idem.	sur	5 & 2	4 & 4	4 & 3	4 & 2	3 & 3	3 & 2	3 & 1
		49 0	54 0	47 5	41 4	40 3	34 2	28 1
Idem.	sur	2 & 1	1 & 1					
		20 5	13 3					
17 & 9	sur	17 & 9	17 & 8	16 & 16	16 & 15	16 & 14	16 & 13	16 & 12
		174 2	168 3	208 0	202 1	196 2	190 3	184 4
Idem.	sur	16 & 10	16 & 9	16 & 8	15 & 15	15 & 14	15 & 13	15 & 12
		173 0	167 1	161 2	195 0	189 1	183 2	177 3

(colonne supplémentaire à droite : 7 & 5 / 85 0 ; 5 & 4 / 63 3 ; 3 & 1 / 29 0 ; 16 & 12 / 191 2 ; 15 & 12 / 184 0 ; 14 & 12 / 176 4 ; 13 & 11 / 163 1 ; 12 & 10 / 149 4 ; 11 & 8 / 130 0 ; 10 & 6 / 110 2 ; 8 & 8 / 108 0 ; 7 & 4 / 76 0 ; 5 & 3 / 55 1 ; 2 & 2 / 27 0 ; 16 & 11 / 178 5 ; 15 & 11 / 171 4)

Table III. Bois équarris, dont la grosseur va en diminuant. 117

Grand côté du plus gros bout, & côté du petit bout, même face. Pouces.	Autre côté du plus gros bout, & côté du petit bout, même face; exprimés par les chiffres supérieurs de chaque case. Des deux nombres inférieurs contenus dans chaque même case, celui à gauche renvoie à la Table VII, & celui à droite à la Table IV; Tables où se trouvent les solidités.							
Idem.	sur	15 & 10	15 & 9	15 & 8	15 & 7	14 & 14	14 & 13	14 & 12	14 & 11
		165 5	160 0	154 1	148 2	182 0	176 1	170 2	164 3
Idem.	sur	14 & 10	14 & 9	14 & 8	14 & 7	13 & 13	13 & 12	13 & 11	13 & 10
		158 4	152 5	147 0	141 1	169 0	163 1	157 2	151 3
Idem.	sur	13 & 9	13 & 8	13 & 7	13 & 6	12 & 12	12 & 11	12 & 10	12 & 9
		145 4	139 5	134 0	128 1	156 0	150 1	144 2	138 3
Idem.	sur	12 & 8	12 & 7	12 & 6	11 & 11	11 & 10	11 & 9	11 & 8	11 & 7
		132 4	126 5	121 0	143 0	137 1	131 2	125 3	119 4
Idem.	sur	11 & 6	11 & 5	10 & 10	10 & 9	10 & 8	10 & 7	10 & 6	10 & 5
		113 5	108 0	130 0	124 1	118 2	112 3	106 4	100 5
Idem.	sur	9 & 9	9 & 8	9 & 7	9 & 6	9 & 5	9 & 4	8 & 8	8 & 7
		117 0	111 1	105 2	99 3	93 4	87 5	104 0	98 1
Idem.	sur	8 & 6	8 & 5	8 & 4	7 & 7	7 & 6	7 & 5	7 & 4	7 & 3
		92 2	86 3	80 4	91 0	85 1	79 2	73 3	67 4
Idem.	sur	6 & 6	6 & 5	6 & 4	6 & 3	5 & 5	5 & 4	5 & 3	5 & 2
		78 0	72 1	66 2	60 3	65 0	59 1	53 2	47 3
Idem.	sur	4 & 4	4 & 3	4 & 2	3 & 3	3 & 2	3 & 1	2 & 2	2 & 1
		52 0	46 1	40 2	39 0	33 1	27 2	26 0	20 1
Idem.	sur	1 & 1							
		13 0							
17 & 8	sur	17 & 8	16 & 16	16 & 15	16 & 14	16 & 13	16 & 12	16 & 11	16 & 10
		163 0	200 0	194 3	189 0	183 3	178 0	172 3	167 0
Idem.	sur	16 & 9	16 & 8	15 & 15	15 & 14	15 & 13	15 & 12	15 & 11	15 & 10
		161 3	156 0	187 3	182 0	176 3	171 0	165 3	160 0
Idem.	sur	15 & 9	15 & 8	15 & 7	14 & 14	14 & 13	14 & 12	14 & 11	14 & 10
		154 3	149 0	143 3	175 0	169 3	164 0	158 3	153 0
Idem.	sur	14 & 9	14 & 8	14 & 7	13 & 13	13 & 12	13 & 11	13 & 10	13 & 9
		147 3	142 0	136 3	162 3	157 0	151 3	146 0	140 3
Idem.	sur	13 & 8	13 & 7	13 & 6	12 & 12	12 & 11	12 & 10	12 & 9	12 & 8
		135 0	129 3	124 0	150 0	144 3	139 0	133 3	128 0
Idem.	sur	12 & 7	12 & 6	11 & 11	11 & 10	11 & 9	11 & 8	11 & 7	11 & 6
		122 3	117 0	137 3	132 0	126 3	121 0	115 3	110 0
Idem.	sur	11 & 5	10 & 10	10 & 9	10 & 8	10 & 7	10 & 6	10 & 5	9 & 9
		104 3	125 0	119 3	114 0	108 3	103 0	97 3	112 3
Idem.	sur	9 & 8	9 & 7	9 & 6	9 & 5	9 & 4	8 & 8	8 & 7	8 & 6
		107 0	101 3	96 0	90 3	85 0	100 0	94 3	89 0

Grand côté du plus gros bout; & côté du petit bout même face. Pouces.	Autre côté du plus-gros bout, & côté du petit bout, même face; exprimés par les chiffres supérieurs de chaque case. Des deux nombres inférieurs contenus dans chaque même case, celui à gauche renvoie à la Table VII, & celui à droite à la Table IV; Tables où se trouvent les solidités.							
Idem.	sur	8 & 5 83 3	8 & 4 78 0	7 & 7 87 3	7 & 6 82 0	7 & 5 76 3	7 & 4 71 0	7 & 3 65 3	6 & 6 75 0
Idem.	sur	6 & 5 69 3	6 & 4 64 0	6 & 3 58 3	5 & 5 62 3	5 & 4 57 0	5 & 3 51 3	5 & 2 46 0	4 & 4 5 0
Idem.	sur	4 & 3 44 3	4 & 2 39 0	3 & 3 37 3	3 & 2 32 0	3 & 1 26 3	2 & 2 25 0	2 & 1 19 3	1 & 1 12 3
18 & 18	sur	18 & 17 315 0	18 & 16 306 0	18 & 15 297 0	18 & 14 288 0	18 & 13 279 0	18 & 12 270 0	18 & 11 261 0	18 & 10 252 0
Idem.	sur	18 & 9 243 0	17 & 16 297 0	17 & 15 288 0	17 & 14 279 0	17 & 13 270 0	17 & 12 261 0	17 & 11 252 0	17 & 10 243 0
Idem.	sur	17 & 9 234 0	17 & 8 225 0	16 & 15 279 0	16 & 14 270 0	16 & 13 261 0	16 & 12 252 0	16 & 11 243 0	16 & 10 234 0
Idem.	sur	16 & 9 225 0	16 & 8 216 0	15 & 14 261 0	15 & 13 252 0	15 & 12 243 0	15 & 11 234 0	15 & 10 225 0	15 & 9 216 0
Idem.	sur	15 & 8 207 0	15 & 7 198 0	14 & 13 243 0	14 & 12 234 0	14 & 11 225 0	14 & 10 216 0	14 & 9 207 0	14 & 8 198 0
Idem.	sur	14 & 7 189 0	13 & 12 225 0	13 & 11 216 0	13 & 10 207 0	13 & 9 198 0	13 & 8 189 0	13 & 7 180 0	13 & 6 171 0
Idem.	sur	12 & 11 207 0	12 & 10 198 0	12 & 9 189 0	12 & 8 180 0	12 & 7 171 0	12 & 6 162 0	11 & 10 189 0	11 & 9 180 0
Idem.	sur	11 & 8 171 0	11 & 7 162 0	11 & 6 153 0	11 & 5 144 0	10 & 9 171 0	10 & 8 162 0	10 & 7 153 0	10 & 6 144 0
Idem.	sur	10 & 5 135 0	9 & 8 153 0	9 & 7 144 0	9 & 6 135 0	9 & 5 126 0	9 & 4 117 0	8 & 7 135 0	8 & 6 126 0
Idem.	sur	8 & 5 117 0	8 & 4 108 0	7 & 6 117 0	7 & 5 108 0	7 & 4 99 0	7 & 3 90 0	6 & 5 99 0	6 & 4 90 0
Idem.	sur	6 & 3 81 0	5 & 4 81 0	5 & 3 72 0	5 & 2 63 0	4 & 3 63 0	4 & 3 54 0	3 & 2 45 0	3 & 1 36 0
Idem.	sur	2 & 1 27 0							
18 & 17	sur	18 & 17 306 2	18 & 16 297 4	18 & 15 289 0	18 & 14 280 2	18 & 13 271 4	18 & 12 263 0	18 & 11 254 2	18 & 10 245 4
Idem.	sur	18 & 9 237 0	17 & 17 297 3	17 & 16 288 5	17 & 15 280 1	17 & 14 271 3	17 & 13 262 5	17 & 12 254 1	17 & 11 245 3

Table III. Bois équarris; dont la grosseur va en diminuant. 119

Autre côté du plus gros bout, & côté du petit bout, même face; exprimés par les chiffres supérieurs de chaque case.
Des deux nombres inférieurs contenus dans chaque même case, celui à gauche renvoie à la Table VII, & celui à droite, à la Table IV; Tables où se trouvent les solidités.

Grand côté du plus gros bout; & côté du petit bout même face. Pouces.									
Idem.	fur	17 & 10	17 & 9	17 & 8	16 & 16	16 & 15	16 & 14	16 & 13	16 & 12
		236 5	228 1	219 3	280 0	271 2	262 4	254 0	245 2
Idem.	fur	16 & 11	16 & 10	16 & 9	16 & 8	15 & 15	15 & 14	15 & 13	15 & 12
		236 4	228 0	219 2	210 4	262 3	253 5	245 1	236 3
Idem.	fur	15 & 11	15 & 10	15 & 9	15 & 8	15 & 7	14 & 14	14 & 13	14 & 12
		227 5	219 1	210 3	201 5	193 1	245 0	236 2	227 4
Idem.	fur	14 & 11	14 & 10	14 & 9	14 & 8	14 & 7	13 & 13	13 & 12	13 & 11
		219 0	210 2	201 4	193 0	184 2	227 3	218 5	210 1
Idem.	fur	13 & 10	13 & 9	13 & 8	13 & 7	13 & 6	12 & 12	12 & 11	12 & 10
		201 3	192 5	184 1	175 3	166 5	210 0	201 2	192 4
Idem.	fur	12 & 9	12 & 8	12 & 7	12 & 6	11 & 11	11 & 10	11 & 9	11 & 8
		184 0	175 2	166 4	158 0	192 3	183 5	175 1	166 3
Idem.	fur	11 & 7	11 & 6	11 & 5	10 & 10	10 & 9	10 & 8	10 & 7	10 & 6
		157 5	149 1	140 3	175 0	166 2	157 4	149 6	140 2
Idem.	fur	10 & 5	9 & 9	9 & 8	9 & 7	9 & 6	9 & 5	9 & 4	8 & 8
		131 4	157 3	148 5	140 1	131 3	122 5	114 1	140 0
Idem.	fur	8 & 7	8 & 6	8 & 5	8 & 4	7 & 7	7 & 6	7 & 5	7 & 4
		131 2	122 4	114 0	105 2	122 3	113 5	105 1	96 3
Idem.	fur	7 & 3	6 & 6	6 & 5	6 & 4	6 & 3	5 & 5	5 & 4	5 & 3
		87 5	105 0	96 2	87 4	79 0	87 3	78 5	70 1
Idem.	fur	5 & 2	4 & 4	4 & 3	4 & 2	3 & 3	3 & 2	3 & 1	2 & 2
		61 3	70 0	61 2	52 4	52 3	43 5	35 1	35 0
Idem.	fur	2 & 1	1 & 1						
		26 2	17 3						
18 & 16	fur	18 & 16	18 & 15	18 & 14	18 & 13	18 & 12	18 & 11	18 & 10	18 & 9
		289 2	281 0	272 4	264 2	256 0	247 4	239 2	231 0
Idem.	fur	17 & 17	17 & 16	17 & 15	17 & 14	17 & 13	17 & 12	17 & 11	17 & 10
		289 0	280 4	272 2	264 0	255 4	247 2	239 0	230 4
Idem.	fur	17 & 9	17 & 8	16 & 16	16 & 15	16 & 14	16 & 13	16 & 12	16 & 11
		222 2	214 0	272 0	263 4	255 2	247 0	238 4	230 2
Idem.	fur	16 & 10	16 & 9	16 & 8	15 & 15	15 & 14	15 & 13	15 & 12	15 & 11
		222 0	213 4	205 2	255 0	246 4	238 2	230 0	227 4
Idem.	fur	15 & 10	15 & 9	15 & 8	15 & 7	14 & 14	14 & 13	14 & 12	14 & 11
		213 2	205 0	196 4	188 2	238 0	229 4	221 2	213 0
Idem.	fur	14 & 10	14 & 9	14 & 8	14 & 7	13 & 13	13 & 12	13 & 11	13 & 10
		204 4	196 2	188 0	179 4	221 0	212 4	204 2	196 0

Grand côté du plus gros bout, & côté du petit bout, même face. Pouces.	Autre côté du plus gros bout, & côté du petit bout, même face; exprimés par les chiffres supérieurs de chaque case. Des deux nombres inférieurs contenus dans chaque même case, celui à gauche renvoie à la Table VII, & celui à droite à la Table IV; Tables où se trouvent les solidités.							
Idem.	sur	13 & 9 / 187 4	13 & 8 / 179 2	13 & 7 / 171 0	13 & 6 / 162 4	12 & 12 / 204 0	12 & 11 / 195 4	12 & 10 / 187 2	12 & 9 / 179 0
Idem.	sur	12 & 8 / 170 4	12 & 7 / 162 2	12 & 6 / 154 0	11 & 11 / 187 0	11 & 10 / 178 4	11 & 9 / 170 2	11 & 8 / 162 0	11 & 7 / 153 4
Idem.	sur	11 & 6 / 145 2	11 & 5 / 137 0	10 & 10 / 170 0	10 & 9 / 161 4	10 & 8 / 153 2	10 & 7 / 145 0	10 & 6 / 136 4	10 & 5 / 128 2
Idem.	sur	9 & 9 / 153 0	9 & 8 / 144 4	9 & 7 / 136 2	9 & 6 / 128 0	9 & 5 / 119 4	9 & 4 / 111 2	8 & 8 / 136 0	8 & 7 / 127 4
Idem.	sur	8 & 6 / 119 2	8 & 5 / 111 0	8 & 4 / 102 4	7 & 7 / 119 0	7 & 6 / 110 4	7 & 5 / 102 2	7 & 4 / 94 0	7 & 3 / 85 4
Idem.	sur	6 & 6 / 102 0	6 & 5 / 93 4	6 & 4 / 85 2	6 & 3 / 77 0	5 & 5 / 85 0	5 & 4 / 76 4	5 & 3 / 68 2	5 & 2 / 60 0
Idem.	sur	4 & 4 / 68 0	4 & 3 / 59 4	4 & 2 / 51 2	3 & 3 / 51 0	3 & 2 / 42 4	3 & 1 / 34 2	2 & 2 / 34 0	2 & 1 / 25 4
Idem.	sur	1 & 1 / 17 0							
18 & 15	sur	18 & 15 / 273 0	18 & 14 / 265 0	18 & 13 / 257 0	18 & 12 / 249 0	18 & 11 / 241 0	18 & 10 / 233 0	18 & 9 / 225 0	17 & 17 / 280 3
Idem.	sur	17 & 16 / 272 3	17 & 15 / 264 3	17 & 14 / 256 3	17 & 13 / 248 3	17 & 12 / 240 3	17 & 11 / 232 3	17 & 10 / 224 3	17 & 9 / 216 3
Idem.	sur	17 & 8 / 208 3	16 & 16 / 264 0	16 & 15 / 256 0	16 & 14 / 248 0	16 & 13 / 240 0	16 & 12 / 232 0	16 & 11 / 224 0	16 & 10 / 216 0
Idem.	sur	16 & 9 / 208 0	16 & 8 / 200 0	15 & 15 / 247 3	15 & 14 / 239 3	15 & 13 / 231 3	15 & 12 / 223 3	15 & 11 / 215 3	15 & 10 / 207 3
Idem.	sur	15 & 9 / 199 3	15 & 8 / 191 3	15 & 7 / 183 3	14 & 14 / 231 0	14 & 13 / 223 0	14 & 12 / 215 0	14 & 11 / 207 0	14 & 10 / 199 0
Idem.	sur	14 & 9 / 191 0	14 & 8 / 183 0	14 & 7 / 175 0	13 & 13 / 214 3	13 & 12 / 206 3	13 & 11 / 198 3	13 & 10 / 190 3	13 & 9 / 182 3
Idem.	sur	13 & 8 / 174 3	13 & 7 / 166 3	13 & 6 / 158 3	12 & 12 / 198 0	12 & 11 / 190 0	12 & 10 / 182 0	12 & 9 / 174 0	12 & 8 / 166 0
Idem.	sur	12 & 7 / 158 0	12 & 6 / 150 0	11 & 11 / 181 3	11 & 10 / 173 3	11 & 9 / 165 3	11 & 8 / 157 3	11 & 7 / 149 3	11 & 6 / 141 3
Idem.	sur	11 & 5 / 133 3	10 & 10 / 165 0	10 & 9 / 157 0	10 & 8 / 149 0	10 & 7 / 141 0	10 & 6 / 133 0	10 & 5 / 125 0	9 & 9 / 148 3
Idem.	sur	9 & 8 / 140 3	9 & 7 / 132 3	9 & 6 / 124 3	9 & 5 / 116 3	9 & 4 / 108 3	8 & 8 / 132 0	8 & 7 / 124 0	8 & 6 / 116 0

Idem. sur 8 & 5

Table III. Bois équarris, dont la grosseur va en diminuant.   171

Grand côté du plus gros bout; & côté du petit bout, même face. Pouces.	Autre côté du plus gros bout, & côté du petit bout, même face; exprimés par les chiffres supérieurs de chaque case. Des deux nombres inférieurs contenus dans chaque même case, celui à gauche renvoie à la Table VII, & celui à droite à la Table IV; Tables où se trouvent les solidités.							
Idem.	sur 8 & 5 / 108 0	8 & 4 / 100 0	7 & 7 / 115 3	7 & 6 / 107 3	7 & 5 / 99 3	7 & 4 / 91 3	7 & 3 / 83 3	6 & 6 / 99 0
Idem.	sur 6 & 5 / 91 0	6 & 4 / 83 0	6 & 3 / 75 0	5 & 5 / 82 3	5 & 4 / 74 3	5 & 3 / 66 3	5 & 2 / 58 3	4 & 4 / 66 c
Idem.	sur 4 & 3 / 58 0	4 & 2 / 50 0	3 & 3 / 49 3	3 & 2 / 41 3	3 & 1 / 33 3	2 & 2 / 33 0	2 & 1 / 25 c	1 & 1 / 16 3
18 & 14	sur 18 & 14 / 257 2	18 & 13 / 249 4	18 & 12 / 242 0	18 & 11 / 234 2	18 & 10 / 226 4	18 & 9 / 219 c	17 & 17 / 272 c	17 & 16 / 264 2
Idem.	sur 17 & 15 / 256 4	17 & 14 / 249 0	17 & 13 / 241 2	17 & 12 / 233 4	17 & 11 / 226 c	17 & 10 / 218 2	17 & 9 / 210 4	17 & 8 / 203 c
Idem.	sur 16 & 16 / 256 0	16 & 15 / 247 2	16 & 14 / 240 4	16 & 13 / 233 0	16 & 12 / 225 2	16 & 11 / 217 4	16 & 10 / 210 0	16 & 9 / 202 2
Idem.	sur 16 & 8 / 194 4	15 & 15 / 240 0	15 & 14 / 232 2	15 & 13 / 224 4	15 & 12 / 217 0	15 & 11 / 209 2	15 & 10 / 201 4	15 & 9 / 194 0
Idem.	sur 15 & 8 / 186 2	15 & 7 / 178 4	14 & 14 / 224 0	14 & 13 / 216 2	14 & 12 / 208 4	14 & 11 / 201 0	14 & 10 / 193 2	14 & 9 / 185 4
Idem.	sur 14 & 8 / 178 0	14 & 7 / 170 2	13 & 13 / 208 0	13 & 12 / 200 2	13 & 11 / 192 4	13 & 10 / 185 0	13 & 9 / 177 2	13 & 8 / 169 4
Idem.	sur 13 & 7 / 162 0	13 & 6 / 154 2	12 & 12 / 192 0	12 & 11 / 184 2	12 & 10 / 176 4	12 & 9 / 169 c	12 & 8 / 161 2	12 & 7 / 153 4
Idem.	sur 12 & 6 / 146 0	11 & 11 / 176 0	11 & 10 / 168 2	11 & 9 / 160 4	11 & 8 / 153 0	11 & 7 / 145 2	11 & 6 / 137 4	11 & 5 / 130 0
Idem.	sur 10 & 10 / 160 0	10 & 9 / 152 2	10 & 8 / 144 4	10 & 7 / 137 0	10 & 6 / 129 2	10 & 5 / 121 4	9 & 9 / 144 0	9 & 8 / 136 2
Idem.	sur 9 & 7 / 128 4	9 & 6 / 121 0	9 & 5 / 113 2	9 & 4 / 105 4	8 & 8 / 128 0	8 & 7 / 120 2	8 & 6 / 112 4	8 & 5 / 105 0
Idem.	sur 8 & 4 / 97 2	7 & 7 / 112 0	7 & 6 / 104 2	7 & 5 / 96 4	7 & 4 / 89 0	7 & 3 / 81 2	6 & 6 / 96 c	6 & 5 / 88 2
Idem.	sur 6 & 4 / 80 4	6 & 3 / 73 0	5 & 5 / 80 c	5 & 4 / 72 2	5 & 3 / 64 4	5 & 2 / 57 0	4 & 4 / 64 c	4 & 3 / 56 2
Idem.	sur 4 & 2 / 48 4	3 & 3 / 48 0	3 & 2 / 40 2	3 & 1 / 32 4	2 & 2 / 32 c	2 & 1 / 24 2	1 & 1 / 16 c	
18 & 13	sur 18 & 13 / 242 2	18 & 12 / 235 0	18 & 11 / 227 4	18 & 10 / 220 2	18 & 9 / 213 0	17 & 17 / 263 3	17 & 16 / 256 1	17 & 15 / 248 5
Idem.	sur 17 & 14 / 241 3	17 & 13 / 234 1	17 & 12 / 226 5	17 & 11 / 219 3	17 & 10 / 212 1	17 & 9 / 204 5	17 & 8 / 197 3	16 & 16 / 248 0

Table III. Bois équarris dont la grosseur va en diminuant.

Grand côté du plus gros bout, & côté du petit bout, même face. Pouces.	Autre côté du plus gros bout, & côté du petit bout, même face; exprimés par les chiffres supérieurs de chaque case. Des deux nombres inférieurs contenus dans chaque même case, celui à gauche renvoie à la Table VII., & celui à droite à la Table IV; Tables où se trouvent les solidités.							
Idem. sur	16 & 15	16 & 14	16 & 13	16 & 12	16 & 11	16 & 10	16 & 9	16 & 8
	240 4	233 2	226 0	218 4	211 2	204 0	196 4	189 2
Idem. sur	15 & 15	15 & 14	15 & 13	15 & 12	15 & 11	15 & 10	15 & 9	15 & 8
	232 3	225 1	217 5	210 3	203 1	195 5	188 3	181 1
Idem. sur	15 & 7	14 & 14	14 & 13	14 & 12	14 & 11	14 & 10	14 & 9	14 & 8
	173 5	217 0	209 4	202 2	195 0	187 4	180 2	173 0
Idem. sur	14 & 7	13 & 13	13 & 12	13 & 11	13 & 10	13 & 9	13 & 8	13 & 7
	165 4	201 3	194 1	186 5	179 3	172 1	164 5	157 3
Idem. sur	13 & 6	12 & 12	12 & 11	12 & 10	12 & 9	12 & 8	12 & 7	12 & 6
	150 1	186 0	178 4	171 2	164 0	156 4	149 2	142 0
Idem. sur	11 & 11	11 & 10	11 & 9	11 & 8	11 & 7	11 & 6	11 & 5	10 & 10
	170 3	163 1	155 5	148 3	141 1	133 5	126 3	155 0
Idem. sur	10 & 9	10 & 8	10 & 7	10 & 6	10 & 5	9 & 9	9 & 8	9 & 7
	147 4	140 2	133 0	125 4	118 2	139 3	132 1	124 5
Idem. sur	9 & 6	9 & 5	9 & 4	8 & 8	8 & 7	8 & 6	8 & 5	8 & 4
	117 3	110 1	102 5	124 0	116 4	109 2	102 0	94 4
Idem. sur	7 & 7	7 & 6	7 & 5	7 & 4	7 & 3	6 & 6	6 & 5	6 & 4
	108 3	101 1	93 5	86 3	79 1	93 0	85 4	78 2
Idem. sur	6 & 3	5 & 5	5 & 4	5 & 3	5 & 2	4 & 4	4 & 3	4 & 2
	71 0	77 3	70 1	62 5	55 3	62 0	54 4	47 2
Idem. sur	3 & 3	3 & 2	3 & 1	2 & 2	2 & 1	1 & 1		
	46 3	39 1	31 5	31 0	23 4	15 3		
18 & 12 sur	18 & 12	18 & 11	18 & 10	18 & 9	17 & 17	17 & 16	17 & 15	17 & 14
	228 0	221 0	214 0	207 0	255 0	248 0	241 0	234 0
Idem. sur	17 & 13	17 & 12	17 & 11	17 & 10	17 & 9	17 & 8	16 & 16	16 & 15
	227 0	220 0	213 0	206 0	199 0	192 0	240 0	233 0
Idem. sur	16 & 14	16 & 13	16 & 12	16 & 11	16 & 10	16 & 9	16 & 8	15 & 15
	226 0	219 0	215 0	205 0	198 0	191 0	184 0	225 0
Idem. sur	15 & 14	15 & 13	15 & 12	15 & 11	15 & 10	15 & 9	15 & 8	15 & 7
	218 0	211 0	204 0	197 0	190 0	183 0	176 0	169 0
Idem. sur	14 & 14	14 & 13	14 & 12	14 & 11	14 & 10	14 & 9	14 & 8	14 & 7
	210 0	203 0	196 0	189 0	182 0	175 0	168 0	161 0
Idem. sur	13 & 13	13 & 12	13 & 11	13 & 10	13 & 9	13 & 8	13 & 7	13 & 6
	195 0	188 0	181 0	174 0	167 0	160 0	153 0	146 0
Idem. sur	12 & 12	12 & 11	12 & 10	12 & 9	12 & 8	12 & 7	12 & 6	11 & 11
	180 0	173 0	166 0	159 0	152 0	145 0	138 0	165 0

Table III. Bois équarris, dont la grosseur va en diminuant. 123

Grand côté du plus gros bout, & côté du petit bout, même face. Pouces.	Autre côté du plus gros bout, & côté du petit bout, même face; exprimés par les chiffres supérieurs de chaque case. Des deux nombres inférieurs contenus dans chaque même case, celui à gauche renvoie à la Table VII, & celui à droite à la Table IV; Tables où se trouvent les solidités.

Idem.	fur	11 & 10	11 & 9	11 & 8	11 & 7	11 & 6	11 & 5	10 & 10	10 & 9
		158 | 0	151 | 0	144 | 0	137 | 0	130 | 0	123 | 0	150 | 0	143 | 0
Idem.	fur	10 & 8	10 & 7	10 & 6	10 & 5	9 & 9	9 & 8	9 & 7	9 & 6
		136 | 0	129 | 0	122 | 0	115 | 0	135 | 0	128 | 0	121 | 0	114 | 0
Idem.	fur	9 & 5	9 & 4	8 & 8	8 & 7	8 & 6	8 & 5	8 & 4	7 & 7
		107 | 0	100 | 0	120 | 0	113 | 0	106 | 0	99 | 0	92 | 0	105 | 0
Idem.	fur	7 & 6	7 & 5	7 & 4	7 & 3	6 & 6	6 & 5	6 & 4	6 & 3
		98 | 0	91 | 0	84 | 0	77 | 0	90 | 0	83 | 0	76 | 0	69 | 0
Idem.	fur	5 & 5	5 & 4	5 & 3	5 & 2	4 & 4	4 & 3	4 & 2	3 & 3
		75 | 0	68 | 0	61 | 0	54 | 0	60 | 0	51 | 0	46 | 0	45 | 0
Idem.	fur	3 & 2	3 & 1	2 & 2	2 & 1	1 & 1			
		38 | 0	31 | 0	30 | 0	23 | 0	15 | 0			
18 & 11	fur	18 & 11	18 & 10	18 & 9	17 & 17	17 & 16	17 & 15	17 & 14	17 & 13
		214 | 2	207 | 4	201 | 0	246 | 3	239 | 5	233 | 1	226 | 3	219 | 5
Idem.	fur	17 & 12	17 & 11	17 & 10	17 & 9	17 & 8	16 & 16	16 & 15	16 & 14
		213 | 1	206 | 3	199 | 5	193 | 1	186 | 3	232 | 0	225 | 2	218 | 4
Idem.	fur	16 & 13	16 & 12	16 & 11	16 & 10	16 & 9	16 & 8	15 & 15	15 & 14
		212 | 0	205 | 2	198 | 4	192 | 0	185 | 2	178 | 4	217 | 3	210 | 5
Idem.	fur	15 & 13	15 & 12	15 & 11	15 & 10	15 & 9	15 & 8	15 & 7	14 & 14
		204 | 1	197 | 3	190 | 5	184 | 1	177 | 3	170 | 5	164 | 1	203 | 0
Idem.	fur	14 & 13	14 & 12	14 & 11	14 & 10	14 & 9	14 & 8	14 & 7	13 & 13
		196 | 2	189 | 4	183 | 0	176 | 2	169 | 4	163 | 0	156 | 2	188 | 3
Idem.	fur	13 & 12	13 & 11	13 & 10	13 & 9	13 & 8	13 & 7	13 & 6	12 & 12
		181 | 5	175 | 1	168 | 3	161 | 5	155 | 1	148 | 3	141 | 5	174 | 0
Idem.	fur	12 & 11	12 & 10	12 & 9	12 & 8	12 & 7	12 & 6	11 & 11	11 & 10
		167 | 2	160 | 4	154 | 0	147 | 2	140 | 4	134 | 0	159 | 3	152 | 5
Idem.	fur	11 & 9	11 & 8	11 & 7	11 & 6	11 & 5	10 & 10	10 & 9	10 & 8
		146 | 1	139 | 3	132 | 5	126 | 1	119 | 3	145 | 0	138 | 2	131 | 4
Idem.	fur	10 & 7	10 & 6	10 & 5	9 & 9	9 & 8	9 & 7	9 & 6	9 & 5
		125 | 0	118 | 2	111 | 4	130 | 3	123 | 5	117 | 1	110 | 3	103 | 5
Idem.	fur	9 & 4	8 & 8	8 & 7	8 & 6	8 & 5	8 & 4	7 & 7	7 & 6
		97 | 1	116 | 0	109 | 2	102 | 4	96 | 0	89 | 2	101 | 3	94 | 5
Idem.	fur	7 & 5	7 & 4	7 & 3	6 & 6	6 & 5	6 & 4	6 & 3	5 & 5
		88 | 1	81 | 3	74 | 5	87 | 0	80 | 2	73 | 4	67 | 0	72 | 3
Idem.	fur	5 & 4	5 & 3	5 & 2	4 & 4	4 & 3	4 & 2	3 & 3	3 & 2
		65 | 5	59 | 1	52 | 3	58 | 0	51 | 2	44 | 4	43 | 3	36 | 5

Grand côté du plus gros bout; & côté du petit bout, même face. Pouces.		Autre côté du plus gros bout, & côté du petit bout, même face; exprimés par les chiffres supérieurs de chaque case. Des deux nombres inférieurs contenus dans chaque même case, celui à gauche renvoie à la Table VII, & celui à droite, à la Table IV; Tables où se trouvent les solidités.							
Idem.	sur	3 & 1	2 & 2	2 & 1	1 & 1				
		30 1	29 0	22 2	14 3				
18 & 10	sur	18 & 10	18 & 9	17 & 17	17 & 16	17 & 15	17 & 14	17 & 13	17 & 12
		201 2	195 0	238 0	231 4	225 2	219 c	212 4	206 2
Idem.	sur	17 & 11	17 & 10	17 & 9	17 & 8	16 & 16	16 & 15	16 & 14	16 & 13
		200 0	193 4	187 2	181 0	224 0	217 4	211 2	205 0
Idem.	sur	16 & 12	16 & 11	16 & 10	16 & 9	16 & 8	15 & 15	15 & 14	15 & 13
		198 4	192 2	186 0	179 4	173 2	210 0	203 4	197 2
Idem.	sur	15 & 12	15 & 11	15 & 10	15 & 9	15 & 8	15 & 7	14 & 14	14 & 13
		191 0	184 4	178 2	172 0	165 4	159 2	196 0	189 4
Idem.	sur	14 & 12	14 & 11	14 & 10	14 & 9	14 & 8	14 & 7	13 & 13	13 & 12
		183 2	177 0	170 4	164 2	158 0	151 4	182 0	175 4
Idem.	sur	13 & 11	13 & 10	13 & 9	13 & 8	13 & 7	13 & 6	12 & 12	12 & 11
		169 2	163 0	156 4	150 2	144 0	137 4	168 c	161 4
Idem.	sur	12 & 10	12 & 9	12 & 8	12 & 7	12 & 6	11 & 11	11 & 10	11 & 9
		155 2	149 0	142 4	136 2	130 c	154 c	147 4	141 2
Idem.	sur	11 & 8	11 & 7	11 & 6	11 & 5	10 & 10	10 & 9	10 & 8	10 & 7
		135 0	128 4	122 2	116 0	140 0	133 4	127 2	121 0
Idem.	sur	10 & 6	10 & 5	9 & 9	9 & 8	9 & 7	9 & 6	9 & 5	9 & 4
		114 4	108 2	126 c	119 4	113 2	107 c	100 4	94 2
Idem.	sur	8 & 8	8 & 7	8 & 6	8 & 5	8 & 4	7 & 7	7 & 6	7 & 5
		112 0	105 4	99 2	93 0	86 4	98 0	91 4	85 2
Idem.	sur	7 & 4	7 & 3	5 & 6	6 & 5	5 & 4	6 & 3	5 & 5	5 & 4
		79 0	72 4	84 0	77 4	71 2	65 0	70 c	53 4
Idem.	sur	5 & 3	5 & 2	4 & 4	4 & 3	4 & 2	3 & 3	3 & 2	3 & 1
		57 2	51 0	56 0	49 4	43 2	42 c	35 4	29 2
Idem.	sur	2 & 2	2 & 1	1 & 1					
		28 0	21 4	14 0					
18 & 9	sur	18 & 9	17 & 17	17 & 16	17 & 15	17 & 14	17 & 13	17 & 12	17 & 11
		189 c	229 3	223 3	217 3	211 3	205 3	199 3	193 3
Idem.	sur	17 & 10	17 & 9	17 & 8	16 & 16	16 & 15	16 & 14	16 & 13	16 & 12
		187 3	181 3	175 3	216 0	210 0	204 0	198 0	192 0
Idem.	sur	16 & 11	16 & 10	16 & 9	16 & 8	15 & 15	15 & 14	15 & 13	15 & 12
		186 c	180 c	174 c	168 0	202 3	196 3	190 3	184 3
Idem.	sur	15 & 11	15 & 10	15 & 9	15 & 8	15 & 7	14 & 14	14 & 13	14 & 12
		178 3	172 3	166 3	160 3	154 3	189 0	183 0	177 0

Table III. Bois équarris, dont la grosseur va en diminuant. 125

Grand côté du plus gros bout; & côté du petit bout même face. Pouces.		Autre côté du plus gros bout, & côté du petit bout, même face; exprimés par les chiffres supérieurs de chaque case. Des deux nombres inférieurs contenus dans chaque même case, celui à gauche renvoie à la Table VII, & celui à droite à la Table IV; Tables où se trouvent les solidités.							
Idem.	sur	14 & 11	14 & 10	14 & 9	14 & 8	14 & 7	13 & 13	13 & 12	13 & 11
		171 0	165 0	159 0	153 0	147 0	175 3	169 3	163 3
Idem.	sur	13 & 10	13 & 9	13 & 8	13 & 7	13 & 6	12 & 12	12 & 11	12 & 10
		157 3	151 3	145 3	139 3	133 3	162 0	156 0	150 0
Idem.	sur	12 & 9	12 & 8	12 & 7	12 & 6	11 & 11	11 & 10	11 & 9	11 & 8
		144 0	138 0	132 0	126 0	148 3	142 3	136 3	130 3
Idem.	sur	11 & 7	11 & 6	11 & 5	10 & 10	10 & 9	10 & 8	10 & 7	10 & 6
		124 3	118 3	112 3	135 0	129 0	123 0	117 0	111 0
Idem.	sur	10 & 5	9 & 9	9 & 8	9 & 7	9 & 6	9 & 5	9 & 4	8 & 8
		105 0	121 3	115 3	109 3	103 3	97 3	91 3	108 0
Idem.	sur	8 & 7	8 & 6	8 & 5	8 & 4	7 & 7	7 & 6	7 & 5	7 & 4
		102 0	96 0	90 0	84 0	94 3	88 3	82 3	76 3
Idem.	sur	7 & 3	6 & 6	6 & 5	6 & 4	6 & 3	5 & 5	5 & 4	5 & 3
		70 3	81 0	75 0	69 0	63 0	67 3	61 3	55 3
Idem.	sur	5 & 2	4 & 4	4 & 3	4 & 2	3 & 3	3 & 2	3 & 1	2 & 2
		49 3	54 0	48 0	42 0	40 3	34 3	28 3	27 0
Idem.	sur	2 & 1	1 & 1						
		21 0	13 3						

AVERTISSEMENT

Relatif à la Table IV.

LE deuxième Difcours, relatif aux *Bois équarris dont la groffeur va en diminuant*, explique avec toute l'étendue néceffaire, l'ufage de la Table IV. Voyez les Articles 71, 72, 73 & 75 de ce Difcours.

Le titre particulier qui accompagne la Table IV, rappelle en outre, en raccourci, les explications données dans les articles que nous citons.

Base des Bois en fractions de pouce quarré 1/8.

Longueur des Bois en pieds.	Pouc. de Soliv.	Lign. de Soliv.	points de Soliv.
1/8			
1/4			1
1/2			2
3/4			3
1			4
2			8
3		1	.
4		1	4
5		1	8
6		2	.
7		2	4
8		2	8
9		3	.
10		3	4
11		3	8
12		4	.
13		4	4
14		4	8
15		5	.
16		5	4
17		5	8
18		6	.
19		6	4
20		6	8
21		7	.
22		7	4
23		7	8
24		8	.
25		8	4
26		8	8
27		9	.
28		9	4
29		9	8
30		10	.
31		10	4
32		10	8
33		11	.
34		11	4
35		11	8
36	1	.	.
37	1	.	4
38	1	.	8
39	1	1	.
40	1	1	4
41	1	1	8
42	1	2	.
43	1	2	4
44	1	2	8
45	1	3	.
46	1	3	4
47	1	3	8
48	1	4	.

Base des Bois en fractions de pouce quarré 1/4.

Longueur des bois en pieds.	Pouc. de Soliv.	Lign. de Soliv.	points de Soliv.
1/8			1
1/4			2
1/2			4
3/4			6
1			8
2		1	4
3		2	.
4		2	8
5		3	4
6		4	.
7		4	8
8		5	4
9		6	.
10		6	8
11		7	4
12		8	.
13		8	8
14		9	4
15		10	.
16		10	8
17		11	4
18	1	.	.
19	1	.	8
20	1	1	4
21	1	2	.
22	1	2	8
23	1	3	4
24	1	4	.
25	1	4	8
26	1	5	4
27	1	6	.
28	1	6	8
29	1	7	4
30	1	8	.
31	1	8	8
32	1	9	4
33	1	10	.
34	1	10	8
35	1	11	4
36	2	.	.
37	2	.	8
38	2	1	4
39	2	2	.
40	2	2	8
41	2	3	4
42	2	4	.
43	2	4	8
44	2	5	4
45	2	6	.
46	2	6	8
47	2	7	4
48	2	8	.

Base des Bois en fractions de pouce quarré 3/8.

Longueur des bois en pieds.	Pouc. de Soliv.	Lign. de Soliv.	points de Soliv.
1/8			2
1/4			3
1/2			6
3/4			9
1		1	.
2		2	.
3		3	.
4		4	.
5		5	.
6		6	.
7		7	.
8		8	.
9		9	.
10		10	.
11		11	.
12	1	.	.
13	1	1	.
14	1	2	.
15	1	3	.
16	1	4	.
17	1	5	.
18	1	6	.
19	1	7	.
20	1	8	.
21	1	9	.
22	1	10	.
23	1	11	.
24	2	.	.
25	2	1	.
26	2	2	.
27	2	3	.
28	2	4	.
29	2	5	.
30	2	6	.
31	2	7	.
32	2	8	.
33	2	9	.
34	2	10	.
35	2	11	.
36	3	.	.
37	3	1	.
38	3	2	.
39	3	3	.
40	3	4	.
41	3	5	.
42	3	6	.
43	3	7	.
44	3	8	.
45	3	9	.
46	3	10	.
47	3	11	.
48	4	.	.

Base des Bois en fractions de pouce quarré 4/8.

Longueur des bois, en pieds.	Pouc. de Soliv.	Lign. de Soliv.	points de Soliv.
¼			4
½			8
¾		1	
1		1	4
2		2	8
3		4	
4		5	4
5		6	8
6		8	
7		9	4
8		10	8
9	1		
10	1	1	4
11	1	2	8
12	1	4	
13	1	5	4
14	1	6	8
15	1	8	
16	1	9	4
17	1	10	8
18	2		
19	2	1	4
20	2	2	8
21	2	4	
22	2	5	4
23	2	6	8
24	2	8	
25	2	9	4
26	2	10	8
27	3		
28	3	1	4
29	3	2	8
30	3	4	
31	3	5	4
32	3	6	8
33	3	8	
34	3	9	4
35	3	10	8
36	4		
37	4	1	4
38	4	2	8
39	4	4	
40	4	5	4
41	4	6	8
42	4	8	
43	4	9	4
44	4	10	8
45	5		
46	5	1	4
47	5	2	8
48	5	4	

Base des Bois en fractions de pouce quarré 5/8.

Longueur des bois, en pieds.	Pouc. de Soliv.	Lign. de Soliv.	points de Soliv.
¼			5
½			10
¾		1	3
1		1	8
2		3	4
3		5	
4		6	8
5		8	4
6		10	
7		11	8
8	1	1	4
9	1	3	
10	1	4	8
11	1	6	4
12	1	8	
13	1	9	8
14	1	11	4
15	2	1	
16	2	2	8
17	2	4	4
18	2	6	
19	2	7	8
20	2	9	4
21	2	11	
22	3		8
23	3	2	4
24	3	4	
25	3	5	8
26	3	7	4
27	3	9	
28	3	10	8
29	4		4
30	4	2	
31	4	3	8
32	4	5	4
33	4	7	
34	4	8	8
35	4	10	4
36	5		
37	5	1	8
38	5	3	4
39	5	5	
40	5	6	8
41	5	8	4
42	5	10	
43	5	11	8
44	6	1	4
45	6	3	
46	6	4	8
47	6	6	4
48	6	8	

TROISIÈME PARTIE.

TROISIÈME DISCOURS;

RELATIF AUX BOIS ÉQUARRIS,

D'ÉGALE GROSSEUR D'UN BOUT A L'AUTRE,

(77) DE TOUS LES BOIS dont on peut avoir à mesurer la solidité, il n'en est pas de plus simples que ceux à-la-fois *équarris* & *d'égale grosseur d'un bout à l'autre.*

Nous allons, comme nous l'avons fait à l'égard des bois *cylindriques, coniques, pyramidaux,* &c. enseigner, d'après les règles géométriques, la méthode d'évaluer en *solives* & parties de la solive, le contenu de ces bois équarris (*a*).

Le développement des principes est la première tâche à laquelle le titre de notre ouvrage nous assujétit, & dont peu de lecteurs d'ailleurs nous auroient dispensés. S'il s'en rencontre, qui ne veuillent qu'obtenir mécaniquement le *foliyage* des pièces, nos tables, en leur épargnant toute espèce de calcul, les satisferont pleinement; & dès-lors ils doivent passer à l'article 90 ci-après.

(78) Les bois équarris d'égale grosseur d'un bout à l'autre, sont de véritables *parallélipipèdes.*

On définit le parallélipipède un solide compris sous six parallélogrammes dont les opposés sont semblables, égaux & parallèles. Voyez dans le Vocabulaire, *parallélogramme* & *parallèle.*

Le solide, *figure 11*, est un parallélipipède. 1.° Il est compris sous six parallélogrammes *i k l m, n o p q, i k o n, k l p o, l p q m* & *i m q n;* 2.° les parallélogrammes opposés *i k l m* & *n o p q, i m q n* & *k l p o, i k o n* & *m l p q,* sont semblables, égaux & parallèlement situés.

Les figures 12 & 13 offrent encore des parallélipipèdes. Passons à la manière de déterminer la solidité de l'un d'eux, & nous saurons mesurer tous les bois qui font l'objet du discours actuel.

PROPOSITION.

(79) *Déterminer géométriquement la solidité du parallélipipède. (Fig. 11.)*

SOLUTION.

La solidité d'un parallélipipède quelconque est égale au produit de la surface d'une de ses bases *i k l m,* ou *n o p q* (*b*) multiplié par la longueur *l p* (*c*) du parallélipipède.

La première opération consiste donc à chercher la surface d'une base; opération bien facile, sans doute, puisqu'il s'agit uniquement de multiplier un des côtés horizontaux de cette base, par exemple *k l,* par un des côtés verticaux *l m,* ou *k i;* le produit donnera en mesures quarrées (*d*) la surface cherchée.

Il est question ensuite d'évaluer en mesures courantes (*e*) la longueur *l p* (*note c*), puis de multiplier le nombre des mesures quarrées, trouvées dans la base, par le nombre des mesures courantes trouvées dans la longueur; & ce second produit amènera la solidité du parallélipipède.

(*b*) Quand le parallélipipède n'est point un *cube,* ses bases sont toujours les plus petits plans qui le terminent. Le parallélipipède, *fig. 11,* a donc pour bases les plans *i k l m, n o p q.* Le parallélipipède, *fig. 12,* les plans *r s t u, v x y t.* Le cube a pour base le plan sur lequel il repose, tous six étant égaux en superficie.

(*c*) On peut également prendre celle *m q,* ou celle *k o,* ou enfin *i n;* puisque ces différentes longueurs sont semblables.

La mesure des longueurs étant une simple mesure linéaire, ou courante, il s'agit d'approcher une toise sur la longueur qu'on mesure.

(*d*) Nous avons déjà dit que le *quarré* étoit le modèle auquel on rapportoit les surfaces pour en évaluer l'étendue. Voyez la note (*c*), discours premier; & les mots *Mesure* & *Surface,* dans le vocabulaire.

(*e*) En pieds-courans, si la base étoit évaluée en pieds-quarrés; en pouces-courans, si elle est évaluée en pouces-quarrés.

(*a*) On verra que les bois une fois évalués en *Solives,* se feront à l'instant en *pieds cubes,* en *chevilles,* en *sommes,* en *marques,* &c.; à l'aide des tables VIII, IX, X, XI, &c.

Dictionn. des Bois & Forêts. Tome Ier, IIe Partie.   R

EXEMPLE.

(80) On demande la solidité du parallélipipède, ou *pièce équarrie d'égale grosseur d'un bout à l'autre*, fig. 12; cette solidité exprimée en pouces-cubes (*f*)?

Soit 1.º le côté *f t* de 8 pouces, & le côté *r f* de 3. 3 multipliant 8 donnent 24, ou 24 pouces quarrés ; & telle est la surface de la base *r f t u*.

Soit 2.º la longueur de *f x* de 4 pieds 6 pouces, équivalant 54 pouces. 24 pouces quarrés de base multipliés par 54 pouces de longueur, amènent 1296, ou 1296 pouces cubes; & telle est, en pouces cubes, la solidité de la pièce proposée.

AUTRE EXEMPLE.

(81) On demande, également en pouces cubes, la solidité d'une seconde pièce dont la largeur & l'épaisseur porteroient chacune 10 pouces, & la longueur 47 pieds.

10 pouces d'épaisseur multipliant 10 pouces de largeur produisent 100 pouces quarrés de base.

Les 47 pieds de longueur, réduits en pouces, fournissent 564 pouces de longueur ; & 564 multipliant 100 produiront, pour la solidité cherchée, 56400 pouces cubes.

OBSERVATION.

(82) Rien, comme on le voit, n'est plus aisé que d'évaluer, en pouces cubes, les bois qui ont la forme du parallélipipède. Mais, nous l'avons déjà remarqué dans les deux discours précédens, les bois ne se vendent point au pouce cube. Leur mesure est la *Solive*, le *Pied cube* & ses parties, la *Cheville*, la *Somme*, la *Marque*, la *Gouée* ; il faut, par conséquent, savoir encore ramener leur contenu à ces diverses mesures ou tout au moins à celle en usage dans la province où l'on achète, & c'est à quoi va nous conduire la réduction préliminaire en pouces cubes.

Nous n'aurons à traiter ici que de la seule mesure à la *Solive*. Les autres ont ailleurs leur Explication, leur Table particulière : toute la quatrième partie de cet ouvrage leur est consacrée.

Voyez les Tables numérotées VIII, IX, X, XI, XII, XIII, & les avertissemens qui les accompagnent.

DE LA SOLIVE.

(83) C'est à tort qu'en définissant la solive (*g*) on a prétendu la représenter sous une figure fixe & déterminée (*h*). Quelques soient les différentes formes des Bois, ils renferment toujours ou des solives, ou des parties de solive. Concevons donc tout simplement cette mesure comme un composé de trois pieds cubes, égaux à 5184 pouces cubes.

DIVISIONS DE LA SOLIVE.

(84) La solive se divise en six parties (*i*) appellées *Pieds de solive* ; le pied de solive en douze parties, appellées *Pouces de solive*, le pouce de solive, en douze parties, appellées *Lignes de solive* ; & la ligne de solive en douze autres parties appellées *Points de solive*.

SOLIDITÉ DE CHAQUE PARTIE.

(85) La solive entière contenant en solidité

	pouces cubes.
La solive entière contenant en solidité	5184
Le pied de solive (sixième de la solive) en contient	864
Le pouce de solive (douzième du pied de solive)	72
La ligne de solive, (douzième du pouce de solive)	6
Et le point de solive, (douzième de la ligne de solive)	$\frac{1}{2}$

(*f*) Les solides ne pouvant être mesurés que par d'autres solides auxquels on les compare, & le *cube* étant le plus simple de tous, il est, pour la mesure de ces corps, le type qu'on devoit adopter, & qu'on adopte en effet. Voyez dans le Discours premier, la note (*c*) ; & dans le vocabulaire, les mots *Solide*, *Mesure* & *Cube*.

Les solides d'un grand volume se rapportent à de grands cubes, comme à la *toise-cube*. Mais ces modèles n'auroient, avec le volume des bois, aucune proportion ; on en prend donc d'inférieurs ; tels que le *pied-cube*, &c. Nous choisissons ici le *pouce-cube*, & l'on ne tardera pas à voir combien il sera facile de ramener cette petite typesse toutes les autres mesures en usage pour les bois.

(*g*) On auroit pu supprimer ici les articles 83, 84, 85 & 86, puisqu'ils se trouvent déjà dans les premiers discours ; mais en considérant le peu d'espace qu'ils occupent, nous n'avons pas hésité de les reproduire ; de l'explication en sera moins interrompu.

Nous prévenons encore le lecteur, qu'ayant à répéter, pour les *bois parallélipipèdes*, une infinité de choses, également relatives aux autres bois ; nous répétons, autant qu'il est possible, la même marche, les mêmes phrases, & souvent les mêmes expressions. Au moyen de cette uniformité, le second & le troisième discours ne coûteront aucune étude à qui aura conçu le premier.

(*h*) La *solive*, disent les uns, est un *parallélipipède de deux toises de long, sur six pouces d'équarrissage*. Suivant d'autres, il faut se la représenter *longue de six pieds, sur un équarrissage de 12 & 6 pouces*. On veut encore que la solive ait, pour figure, une *toise quarrée de surface, sur un pouce d'épaisseur*, &c. &c. Tous ces modèles reviennent sans doute au même pour le contenu de la *solive*. Mais puisque les bois se font des corps, & que les corps se mesurent en rapportant leur volume à des cubes convenus (note *f*), étoit-il besoin de chercher, à l'égard des bois seuls, des modèles nouveaux, modèles bien moins faciles d'ailleurs à saisir que le cube ?

M. Audierne (page 395 de son traité de l'arpentage & du toisé) définit la solive *un prisme rectangle d'une toise de longueur*, sur 72 pouces d'équarrissage. M. Audierne a voulu dire 72 pouces de base ; car les autres dimensions produiroient 72 fois la valeur de la solive.

(*i*) La *solive*, en quelques endroits, subit une autre division. Voyez la table IX, & son avertissement.

Conféquemment,
2 points de folive contiennent en
folidité 1
3 points. . . . . 1 ½
4 points. 2
5 points. . . . . 2 ½

6 points. 3
7 points. . . . . 3 ½
8 points. 4
9 points. . . . . 4 ½
10 points. 5
11 points. . . . . 5 ½

(86) Aidé de ce Tableau, il ne fera pas difficile de changer en folives & parties de folive, les pouces cubes trouvés dans une pièce de bois.

(87) Soit celle, art. 81, dont le cube eft 56400 pouces.

56400 pouces cubes excèdent évidemment la folive, puifque la folive n'en renferme que 5184. Divifons donc, par 5184, le nombre 56400. . . . .

dividende 56400 { 5184 divifeur.
                    5184 { 10 quotient.
            refte 4560 {

	foliv.	pieds.	pouces.	lignes.

Le quotient 10 indique premièrement 10 folives, ci.   10   "   "   "

Mais il refte 4560 pouces cubes, lefquels furpaffent le pied de folive, qui n'en renferme que 864. Divifons donc par 864, le nombre 4560.

dividende 4560 { 864 divifeur.
                  4320 { 5 quotient.
          refte 240 {

Le quotient 5 indique 5 pieds de folive, ci. . . . .   "   5   "   "

Mais il refte 240 pouces cubes, lefquels furpaffent le pouce de folive, qui n'en renferme que 72. Divifons donc, par 72, le nombre 240.

dividende 240 { 72 divifeur.
                 216 { 3 quotient.
         refte 24 {

Le quotient 3 indique 3 pouces de folive, ci. . . . .   "   "   3   "

Mais il refte 24 pouces cubes, lefquels furpaffent la ligne de folive, qui n'en renferme que 6. Divifons donc, par 6, le nombre 24.

dividende 24 { 6 divifeur.
                24 { 4 quotient.
        refte 0 {

Le quotient 4 indique 4 lignes de folive, ci. . . . .   "   "   "   4

Et le refte eft 0.

Ainfi, en additionnant enfemble les quatre quotients, on aura pour les 56400 pouces cubes trouvés dans la pièce, art. 81, *dix folives, cinq pieds trois pouces & quatre lignes de folive*, ci.   10   5   3   4

[88] Réduifons à la même mefure la pièce, art. 80; pièce dont la folidité égale feulement 1296 pouces cubes.

Cette pièce, ne produifant pas 5184 pouces cubes, eft inférieure à la folive : mais furpaffant 864 de ces pouces, elle contient plus que le pied. Divifons donc les 1296 pouces cubes de la pièce, par les 864 du pied de folive, & le quotient 1 donnera 1 pied de folive, ci. . . . .

	foliv.	pieds.	pouces.	lignes.
	"	1	"	"

Il reftera 432 pouces cubes, lefquels contiennent plus que le pouce de folive qui n'en renferme que 72. Divifons donc le refte 432 par 72, & le fecond quotient 6, fera 6 pouces de folive, ci. . . . .   "   "   6   "

Ainfi, la fomme des deux quotients additionnés offrira pour remplacement des 1296 pouces cubes contenus dans la pièce, *un pied*, plus *fix pouces de folive*, ci. . . . .   "   1   6   "

(89) On voit que l'évaluation des Bois *parallélipipèdes* (j) en solives & parties de la solive, n'exige absolument que les connoissances élémentaires d'arithmétique. Cependant, nous n'acquitterions qu'une moitié de notre engagement, si nous nous en tenions au seul développement des principes (k). Nous avons annoncé des calculs tout faits, & nous allons remplir cette annonce. Les Tables que nous avons imaginées & construites n'augmenteront d'ailleurs l'ouvrage que de huit pages, & toutes les pièces parallélipipèdes possibles s'y trouveront reprises. Les mêmes bois (l) occupent 80 pages dans Ozanam & dans M. Audierne; 90 dans le petit traité de la Solive, imprimé chez Devérité, libraire à Abbeville; près de 400 dans M. Segondat; au-delà de 550 dans Mésange; & tous ces tarifs sont loin d'embrasser ce qu'embrasse le nôtre. Le plus volumineux d'entr'eux, le tarif de Mésange, ne prend les pièces qu'à 2 pouces d'épaisseur; il ne fait ensuite mention ni de celles qui, à l'épaisseur de 2, 3, 4 pouces, présenteroient une addition de $\frac{1}{4}$ $\frac{1}{2}$ ou $\frac{1}{4}$ de pouce; ni de celles qui surpassant 2 pouces, jusqu'à 21, excéderoient 30 pouces de largeur, &c. M. Segondat s'arrête où les pièces épaisses de $\frac{1}{4}$ de pouce, jusqu'à 2 pouces, atteignent en largeur 20 pouces; où celles épaisses de 2 pouces, jusqu'à 3, en atteignent 21. La pièce de 10 pouces d'épaisseur, est conduite jusqu'à 29 de largeur, tandis que celle épaisse de 15 pouces n'est conduite que jusqu'à 26; & celle épaisse de 18, jusqu'à 25 seulement. Ce n'est pas, au reste, que nous regardions ces dernières tables comme incomplètes; il est peu d'équarrissages qu'on ne puisse

---

(j) Ou *équarris, d'égale grosseur d'un bout à l'autre.*

(k) La méthode que nous venons d'offrir pour l'évaluation des *bois parallélipipèdes* en solives, est celle que nous nous sommes faite à nous-mêmes. Divers Auteurs en ont donné d'autres. Peut-être le Lecteur nous saura-t-il gré de les rapprocher ici, & de le mettre à portée de choisir. La suivante est extraite de M. Secondat.
«On a vu, dit-il, que la toise-cube contenoit 216 pieds-»cubes, & que la solive, qui ne contenoit que 3 pieds-»cubes, étoit la soixante-douzième partie d'une toise-»cube; par conséquent, si on avoit calculé les dimen-»sions de la pièce comme toise & partie de toise, il »faudroit en multiplier la solidité par 72 pour avoir »des solives.
»Soit une pièce de 43 pieds de longueur, 8 pouces »de largeur & 7 pouces d'épaisseur.
»Exprimant les dimensions de cette pièce en toises, »on aura 7 toises 1 pied de longueur, 8 pouces de »largeur & 7 pouces d'épaisseur.
»Toisant cette pièce par la méthode des parties ali-»quotes, on aura 5 pouces 6 lignes 10 points & $\frac{4}{?}$ »point de toise-cube, qu'il faut multiplier par 72, pour »avoir 5 solives 3 pieds 5 pouces 4 lignes de solive.

OPÉRATION.

	Toises.	Pieds.			
»Longueur	7	1	0	0	0
»Largeur	0	8	0	0	
	4	8	0	0	
»Pour I le $\frac{1}{9}$	0	1	4	0	
»Base	4	9	4	0	
»Epaisseur	0	7	0	0	
»Pour 6 pouces le $\frac{1}{12}$	4	9	4		
»Pour I le $\frac{1}{9}$	0	9	6$\frac{1}{2}$		
»Solidité en toise-cube	5	6	10$\frac{1}{2}$		
»A multiplier par 72 ou 6 fois 12	72				
»Par 12	5	0	6	10	8
»Par 6	5sol.	3pi.	5po.	4lig.	

»Remarquez que ne pouvant tout d'un coup multi-»plier par 72, j'ai fait un faux produit par 12, & en-»suite j'ai multiplié ce produit par 6, qui m'a donné »le véritable de 5 solives 3 pieds 5 pouces 4 lignes de »solive». *Nouveau Toisé des Bois*, pages 38—40.
Celle à laquelle nous allons passer appartient à M. Bézout, de l'Académie Royale des Sciences, *Cours de Mathématiques*, pages 221 & suivantes.
»La solive contenant 3 pieds-cubes, ou la 27.e partie »d'une toise-cube, & les subdivisions étant les mêmes »que celles de la toise-cube en toise-toise-pieds, &c.; »il s'ensuit que le nombre qui exprimeroit un solide »quelconque en solives & parties de solive, est 72 fois

»plus grand que celui qui l'exprimeroit en toise-cubes, »toise-toise-pieds, &c. Ainsi, pour évaluer la solidité »d'un corps en solives, il n'y a qu'à l'évaluer en toise-»cubes, toise-toise-pieds, &c., & multiplier ensuite le »produit par 72. Mais on peut éviter cette multiplica-»tion en faisant une réflexion assez simple. Il n'y a qu'à »regarder l'une des dimensions comme douze fois plus »grande, c'est-à-dire, regarder les lignes comme expri-»mant des pouces, les pouces comme exprimant des »pieds, & ainsi de suite. Regarder pareillement une autre »des trois dimensions comme six fois plus grande, ou »les lignes comme exprimant des demi-pouces, les pou-»ces comme exprimant des demi-pieds: alors multipliant »ces deux nouvelles dimensions entr'elles, & le produit »par la troisième, on aura tout de suite la solidité en »solives, pieds de solive, &c. Par exemple, si l'on a »une pièce de bois de 8 toises 5 pieds 6 pouces de »long, sur 1 P 7 p de large, & 1 P 5 p d'épaisseur; au »lieu de 1 pied 7 pouces, je prends 3 T. 1 p., c'est-à-»dire, douze fois plus; & au lieu de 1 P. 5 p., je prends »1 T. 2 P. 6 p., c'est-à-dire, six fois plus; & multipliant »3 T. 5 P. 6p. par 3 T. 1 P., puis le produit par 1 T. »2 P. 6 p., je trouve 40 TTT. 0 TTP. 0 TTp. 1 TTl. »qu'il faut compter pour 40 solives 0 pied 0 pouce »1 ligne, dont les pieds, pouces, &c., sont des pieds, »pouces, &c. de solive.»

(l) Nous disons *les mêmes bois*; car toutes les tables, tous les tarifs imprimés & répandus jusqu'à présent, n'ont trait qu'aux seuls *bois équarris d'égale grosseur d'un bout à l'autre.* Tout ce qu'on a écrit sur *les bois ronds,* & sur ceux équarris, qui ne sont pas des parallélipipèdes, se réduit à quelques renseignemens sur la manière de les mesurer, renseignemens d'ailleurs très-inexacts, & qui ne conduisent qu'à des résultats fautifs. Voyez, dans le discours premier, les articles 20 & 21; & dans le second, l'article 55 & la note (r).

mefurer par leur fecours (*m*) : mais nous avions à prouver que les nôtres, quoique renfermées dans un cadre très-circonfcrit, laifferoient moins encore, ou plutôt ne laifferoient exactement rien à defirer. Toutes les pièces, en effet, à commencer par les plus minces, par celles qui n'ont que 3 lignes d'épaiffeur, font menées de pouce en pouce, jufqu'à trois pieds de largeur ; & de quart de pouce en quart de pouce, de demi-pouce en demi-pouce, ou tout au plus de pouce en pouce, nous portons l'épaiffeur également à trois pieds. Il n'exifte aucun bois équarri qui paffe ces dimenfions. Remarquons encore que l'ouvrage de M. Segondat ne contient que la feule réduction en pieds cubes ; comme celui de Méfange, la feule réduction à la folive (*n*).

C'eft pareillement à la folive qu'Ozanam & M. Audierne réduifent les pièces. Le petit Traité d'Abbeville donne fes évaluations en folives & *chevilles* ; mais ces trois tarifs manquent abfolument d'étendue : & fur les équarriffages les plus ordinaires on fe trouve arrêté.

P R I N C I P E S *d'après lefquels nos Tables font conftruites*, ou *Idée générale de ces Tables.*

(90) ON a vu ci-devant (art. 79.) qu'on déterminoit la folidité d'un parallélipipède quelconque, *en multipliant l'une de fes bafes par fa longueur*. Nous raffemblons donc dans une première Table, toutes les bafes que peuvent offrir les bois parallélipipèdes, ces bafes évaluées en pouces & fractions de pouce quarrés.

Mais puifqu'on n'obtient la folidité des parallélipipèdes qu'en multipliant la furface d'une bafe par leur longueur, il nous reftoit à former d'autres Tables qui d'abord recueilliffent toutes ces furfaces multiplicandes ; qui, en fecond lieu, préfentaffent (comme multiplicateurs) les différentes longueurs des bois depuis les plus courtes jufqu'aux plus étendues ; qui enfin d'après le produit, tout calculé, de chaque furface particulière par chaque longueur, exprimaffent en folives & parties de folive la folidité des pièces (*o*). Telle eft la marche que nous avons fuivie.

M A N I È R E *de trouver, par les Tables, le contenu, ou la folidité des bois parallélipipèdes, ou équarris, d'égale groffeur d'un bout à l'autre ; cette folidité évaluée en folives & parties de la folive.*

(91) LES bois dont il s'agit, occupent trois Tables dans l'ouvrage : Celle numérotée V, celle numérotée VI & celle numérotée VII (*p*).

Veut-on, par leur fecours & fans aucun calcul, trouver en folives & parties de folive la folidité d'une pièce parallélipipède? Mefurez-en fucceffivement la largeur, l'épaiffeur & la longueur. Suppofons que la largeur foit de 36 pouces, l'épaiffeur de 2 pouces $\frac{1}{2}$ & la longueur de 18 pieds (*q*). Ces dimenfions notées, il eft queftion de chercher d'abord (Table V) la *largeur* 36 *pouces,* & *l'épaiffeur* 2 *pouces* $\frac{1}{2}$. Or, la recherche dont je parle eft tellement aifée, qu'un fimple coup-d'œil jetté fur les deux intitulés de cette Table V, pourroit prefqu'épargner toute explication.

En effet, la première colonne verticale, à main gauche, portant en tête *largeur des pièces en pouces*, il eft clair qu'on doit y chercher les 36 pouces, largeur de la pièce propofée. Vous les trouvez tout au bas de la colonne.

Le premier rang horizontal des cafes renfermant les *épaiffeurs* (*r*), il eft également clair qu'on doit chercher, dans ce rang fupérieur, les 2 $\frac{1}{2}$ pouces, épaiffeur de la pièce ; & vous les trouvez au milieu du rang (*s*).

La petite cafe qui répond aux deux nombres 36 & 2 $\frac{1}{2}$, qui, par fa pofition, forme avec eux, la pointe d'un angle droit, cette cafe, difons-nous, contient la bafe de la pièce, bafe qui, dans l'exemple préfent, a pour fuperficie 90 pouces (*t*).

(*m*) Nous n'entendons toutefois parler que des pièces parallélipipèdes. Voyez la note précédente.

(*n*) Si quelqu'un de nos lecteurs eft en poffeffion du volume de Méfange, nous le prévenons, par occafion, que la page 227, dernière colonne, renferme dix-neuf fautes, dont aucune n'eft corrigée dans l'errata. A cette erreur près, le travail nous en a paru fort exact ; & nous rendons le même hommage à M. Segondat.

(*o*) Voyez, au commencement du difcours, la note (*a*).

(*p*) La table VII nous a déjà fervi pour les bois *ronds*, & pour ceux *équarris, allant en diminuant de groffeur.* Mais il fuffit ici que nous la confidérions comme applicable aux feules pièces parallélipipèdes.

(*q*) Lorfqu'on fait ufage des tables, la largeur ainfi que l'épaiffeur, doivent fe mefurer en pouces, & la longueur en pieds, en $\frac{1}{2}$, en $\frac{1}{3}$ & $\frac{3}{4}$ de pied.

(*r*) Voyez le grand intitulé de la table V.

(*s*) Seconde page de la table V. Mais fi l'épaiffeur, au lieu d'être de 2 pouces $\frac{1}{2}$, étoit de 3, 4, 5, 6 pouc. &c. on fent que ne rencontrant pas ces nombres dans la feconde page, il faudroit recourir aux pages fuivantes.

(*t*) La table V eft exactement une table de multiplication. On y a trouvé pour bafe de la pièce propofée, 90 pouces, parce qu'on a vraiment multiplié, l'une par l'autre, les deux dimenfions 36 & 2 $\frac{1}{2}$ de cette bafe.

Il s'agit de favoir maintenant ce que produiront 90 pouces de bafe multipliés par 18 pieds de longueur ? Voici le procédé.

La Table VII compofée pour les nombres entiers, ou, si l'on veut, donnant d'après les pouces entiers de bafe & la longueur des bois, la folidité de chaque pièce en folives & parties de folive, on cherchera, au haut de cette Table, l'énoncé *bafe des bois en pouces quarrées 90* (*u*). Ces 90 de bafe trouvés, il ne refte qu'à defcendre le long de la colonne intitulée *longueur des bois en pieds* jufqu'à ce que l'on arrive au nombre 18. Alors, à main droite, on voit pour le produit de 90 pouces de bafe multipliés par 33 pieds.....

folives.	pieds.	pouces.	lignes de foliv.
3	4	6	"

Telle eft en folives & parties de folive la folidité de la pièce.

(92) Mais comme la bafe n'a préfenté que des pouces entiers, fans fractions de pouce, prenons un autre équarriffage qui engendre à-la-fois des pouces & des fractions.

(*u*) Si, dans l'exemple actuel, la bafe avoit été 91 pouces, il eft tout fimple qu'il eût fallu chercher, table VII, l'énoncé *bafe des bois en pouces quarrés* 91, &c. &c.

Il eft à remarquer cependant que la table VII, dans fes intitulés *bafe des bois en pouces quarrés* 1, 2, 3, 4, &c., ne va, fans interruption, que depuis 1 pouce de bafe, jufqu'à 100 ; & qu'à la fuite de 100 fe préfente immédiatement l'intitulé pour 200, puis pour 300, 400, 500, 600, 700, 800, 900 & 1000 pouces de bafe. On ne peut donc trouver, dans la table VII, une pièce dont la bafe furpaffe 100, 200, 300 pouces, &c. qu'en féparant tout ce qui excède les centaines ou le mille ; qu'en formant par conféquent deux nombres diftincts, qu'on cherchera l'un après l'autre. Ainfi, fuppofons qu'on foit renvoyé, par les cafes de la table V, au nombre 144 de la table VII, il s'agit d'y chercher d'abord *bafe des bois en pouces quarrés* 100, & enfuite, *bafe des bois en pouces quarrés* 44. Suppofons, au lieu du renvoi 144, le renvoi 759 ; on cherchera de même *bafe des bois*, &c. 700, & de-là, *bafe des bois*, &c. 59. Cet arrangement qui, pour tout embarras, n'oblige qu'à ouvrir une feule page de plus, en épargne à l'ouvrage entier plus de 400 d'impreffion.

Qu'il foit, par exemple, de 19 pouces fur 4 & ¾ : il réfultera de ces dimenfions une bafe portant 90 pouces ¼.

En ne changeant point la longueur, en attribuant à la nouvelle pièce les 18 pieds de la précédente, on n'a plus à s'occuper des 90 pouces de bafe multipliés par 18 pieds, puifqu'ils ont fourni ci-devant................

Solives.	Pieds.	Pouces.	Lignes.
3	4	6	0

Il n'eft donc queftion que d'obtenir pareillement la valeur du ¼ de pouce additionnel des 90. Toute l'opération fe réduit à recourir à la Table VI (Table où fe trouvent les ¼, les ½, les ¾ de pouce de bafe multipliés par les différentes longueur des bois), comme on l'a fait à la Table VII pour les pouces entiers qui s'y trouvent multipliés de même (*v*).

Cherchons donc, Table VI, l'énoncé *bafe des bois en fractions de pouce quarré* ¼ ; & defcendons, ainfi que dans la Table VII, le long de la colonne *longueur de bois en pieds* en s'arrêtant au nombre 18, on lira, fur la droite..

0	0	0	3

Il ne refte qu'à joindre enfemble les deux fommes, & l'on aura, pour folidité de la pièce propofée../..............

3	4	6	9

(93) Soit une troifième pièce large de 33 pouces, épaiffe de 23, & longue de 48 pieds.

33 de largeur multipliant 23 d'épaiffeur, me donnent, fuivant la Table V, 759 pouces de bafe, nombre formé d'entiers, & que par cette raifon on doit trouver dans la feule Table VII.

(*v*) Ainfi, c'eft toujours à la table VII qu'il faut recourir pour les nombres entiers qui feront trouvés dans les cafes de la table V ; comme c'eft à la table VI qu'il faut recourir pour les ¼, les ½, & les ¾ qu'on trouvera dans les cafes de la même table V.

Mais, j'ai prévenu (note *u*) qu'on n'obtenoit de cette Table la solidité des pièces dont la base surpassoit 100, 200, 300, 400, 500, 600, 700, 800, 900 & 1000 pouces; qu'en séparant tout ce qui excédoit les centaines ou le mille, qu'en composant par conséquent deux nombres distincts qu'on y chercheroit l'un après l'autre. Détachons donc 700 de 59, & voyons (Table VII), à l'énoncé *base des bois en pouces quarrés* 700, ce qu'amènera cette base multipliée par 48 pieds de longueur? .. on trouve ..

	Solives.	Pieds.	Pouces.	Lignes.
	77	4	8	0

Revenons (même Table) à l'énoncé *base des bois en pouces quarrés* 59, & voyons ce que vaudront les 59 pouces de base restans? ..... En suivant la colonne *longueur des bois en pieds*, jusqu'à 48, on trouvera ....

	6	3	4	//

La solidité totale de la 3.e pièce sera donc .....

	84	2	//	//

On ne peut guères d'opération plus simple (*x*).

[94] Pour compléter le Discours actuel, il reste à lire l'article 53 & sa note *bb*, Discours I.er

---

(*x*) La pièce qui vient de fournir 84 *solives* 2 *pieds de solive*, est une de celles que M. Audierne a prises également pour exemple. Transcrivons son explication; par-là nous donnerons une idée précise & de ses tables & des tables de M. Ozanam, qui sont absolument les mêmes. » On propose de trouver la solidité d'une pièce » de bois de charpente, qui a 48 pieds de longueur, » & dont l'équarrissage est de 23 pouces sur 33. --- On

Quant au changement des *solives* & parties de *solive*, en *pieds cubes*, en *chevilles*, en *sommes*, en *marques*, en grandes & petites *gouées*, voyez les Tables numérotées VIII, IX, X, XI, XII, XIII, & les avertissemens qui les précédent.

» trouve dans la table les longueurs de 48 pieds; mais » on n'y trouve pas l'équarrissage de 23 sur 33. --- Pour » savoir ce que l'on doit faire en de pareilles circons- » tances, il faut considérer que l'équarrissage d'une pièce » de bois de charpente est un rectangle, qui a pour lon- » gueur la largeur de cette pièce, & pour hauteur l'é- » paisseur de cette même pièce. Ainsi, l'équarrissage » proposé est un rectangle qui a 33 pouces de longueur » sur 23 de largeur. Or, comme on trouve dans la table » un équarrissage de 23 sur 23, on voit que si d'un point » pris sur la longueur de ce rectangle, à 23 pouces de » distance de l'un des bouts de cette longueur, on tiroit » une parallèle à la largeur; on diviseroit ce rectangle » en deux autres, dont l'un auroit 23 pouces de longueur » sur autant de largeur, & dont l'autre auroit 10 pouces » de largeur sur 23 pouces de longueur. Par conséquent, » la pièce proposée peut être considérée comme si elle » étoit de deux pièces, qui auroient chacune 48 pieds » de longueur, mais dont la première auroit 23 pouces » sur 23 pouces d'équarrissage, & dont l'équarrissage de » la seconde seroit de 10 pouces sur 23. Or, on trouve, » dans la table, 58 *solives*, 4 *pieds* & 8 *pouces* pour la » solidité d'une pièce qui a 48 pieds de longueur, & » dont l'équarrissage est de 23 pouces sur 23 pouces. » --- Il s'agit à présent de trouver la solidité de la se- » conde pièce, c'est-à-dire, de celle qui a 48 pieds de » longueur, & dont l'équarrissage est de 10 pouces sur » 23. Or, cet équarrissage n'est point encore dans la » table; mais comme on y trouve celui de 10 sur 10, » on voit que si d'un point pris sur la longueur du se- » cond rectangle, à 10 pouces de distance de l'un des » bouts de cette longueur; on tiroit une parallèle à la » largeur, on diviseroit ce rectangle en deux autres, » dont l'un auroit 10 pouces de longueur sur autant de » largeur; & dont l'autre auroit 10 pouces de largeur » sur 13 de longueur: Par conséquent, cette seconde » pièce peut être considérée comme si elle étoit com- » posée de deux autres, qui auroient chacune 48 pieds » de longueur, mais dont la première auroit 10 pouces » sur 10 pouces d'équarrissage; & dont celui de la se- » conde seroit de 10 pouces sur 13. Or, on trouve, » dans la table, 11 *solives* 0 *pieds* 8 *pouces*, pour la » solidité d'une pièce qui a 48 pieds de longueur, » & dont l'équarrissage est de 10 pouces sur 10 pouces. » On y trouve aussi 14 *solives* 2 *pieds* 8 *pouces* pour la » solidité d'une autre pièce, qui a 48 pieds de longueur, » & dont l'équarrissage est de 10 pouces sur 13. --- Ainsi, » l'on ajoute ensemble ces trois solidités, & l'on trouve » 84 *solives* & 2 *pieds* pour la solidité demandée. »

AVERTISSEMENT
RELATIF A LA TABLE V.

Les Articles 91, 92 & 93, contenus dans le Difcours précédent, expliquent la deftination de la Table V. Voyez ces trois Articles, ainfi que les notes qui les accompagnent. Voyez encore les titres de la Table V ; ils rappellent, en abrégé, les explications données dans les Articles auxquels nous renvoyons.

Largeur $\frac{1}{4}$

TABLE V. *Bois équarris d'égale grosseur d'un bout à l'autre.* 137

ÉPAISSEUR des pièces en pouces & parties de pouce ; première ligne horizontale d'en-haut. Tout nombre entier, renfermé dans les petites cases, renvoie à la Table VII. Les fractions $\frac{1}{4}$, $\frac{1}{2}$, $\frac{3}{4}$, renvoient à la Table VI, Tables où se trouvent les solidités.

Largeur des pièces, en pouces.	$\frac{1}{4}$	$\frac{1}{2}$	$\frac{3}{4}$	I	I $\frac{1}{4}$	I $\frac{1}{2}$	I $\frac{3}{4}$
I	$\frac{1}{4}$	$\frac{1}{2}$	$\frac{3}{4}$	I	I $\frac{1}{4}$	I $\frac{1}{2}$	I $\frac{3}{4}$
2	$\frac{1}{2}$	I	I $\frac{1}{2}$	2	2 $\frac{1}{2}$	3	3 $\frac{1}{2}$
3	$\frac{3}{4}$	I $\frac{1}{2}$	2 $\frac{1}{4}$	3	3 $\frac{3}{4}$	4 $\frac{1}{2}$	5 $\frac{1}{4}$
4	I	2	3	4	5	6	7
5	I $\frac{1}{4}$	2 $\frac{1}{2}$	3 $\frac{3}{4}$	5	6 $\frac{1}{4}$	7 $\frac{1}{2}$	8 $\frac{3}{4}$
6	I $\frac{1}{2}$	3	4 $\frac{1}{2}$	6	7 $\frac{1}{2}$	9	10 $\frac{1}{2}$
7	I $\frac{3}{4}$	3 $\frac{1}{2}$	5 $\frac{1}{4}$	7	8 $\frac{3}{4}$	10 $\frac{1}{2}$	12 $\frac{1}{4}$
8	2	4	6	8	10	12	14
9	2 $\frac{1}{4}$	4 $\frac{1}{2}$	6 $\frac{3}{4}$	9	11 $\frac{1}{4}$	13 $\frac{1}{2}$	15 $\frac{3}{4}$
10	2 $\frac{1}{2}$	5	7 $\frac{1}{2}$	10	12 $\frac{1}{2}$	15	17 $\frac{1}{2}$
11	2 $\frac{3}{4}$	5 $\frac{1}{2}$	8 $\frac{1}{4}$	11	13 $\frac{3}{4}$	16 $\frac{1}{2}$	19 $\frac{1}{4}$
12	3	6	9	12	15	18	21
13	3 $\frac{1}{4}$	6 $\frac{1}{2}$	9 $\frac{3}{4}$	13	16 $\frac{1}{4}$	19 $\frac{1}{2}$	22 $\frac{1}{4}$
14	3 $\frac{1}{2}$	7	10 $\frac{1}{2}$	14	17 $\frac{1}{2}$	21	24 $\frac{1}{2}$
15	3 $\frac{3}{4}$	7 $\frac{1}{2}$	11 $\frac{1}{4}$	15	18 $\frac{3}{4}$	22 $\frac{1}{2}$	26 $\frac{1}{4}$
16	4	8	12	16	20	24	28
17	4 $\frac{1}{4}$	8 $\frac{1}{2}$	12 $\frac{3}{4}$	17	21 $\frac{1}{4}$	25 $\frac{1}{2}$	29 $\frac{3}{4}$
18	4 $\frac{1}{2}$	9	13 $\frac{1}{2}$	18	22 $\frac{1}{2}$	27	31 $\frac{1}{2}$
19	4 $\frac{3}{4}$	9 $\frac{1}{2}$	14 $\frac{1}{4}$	19	23 $\frac{3}{4}$	28 $\frac{1}{2}$	33 $\frac{1}{4}$
20	5	10	15	20	25	30	35
21	5 $\frac{1}{4}$	10 $\frac{1}{2}$	15 $\frac{3}{4}$	21	26 $\frac{1}{4}$	31 $\frac{1}{2}$	36 $\frac{3}{4}$
22	5 $\frac{1}{2}$	11	16 $\frac{1}{2}$	22	27 $\frac{1}{2}$	33	38 $\frac{1}{2}$
23	5 $\frac{3}{4}$	11 $\frac{1}{2}$	17 $\frac{1}{4}$	23	28 $\frac{3}{4}$	34 $\frac{1}{2}$	40 $\frac{1}{4}$
24	6	12	18	24	30	36	42
25	6 $\frac{1}{4}$	12 $\frac{1}{2}$	18 $\frac{3}{4}$	25	31 $\frac{1}{4}$	37 $\frac{1}{2}$	43 $\frac{3}{4}$
26	6 $\frac{1}{2}$	13	19 $\frac{1}{2}$	26	32 $\frac{1}{2}$	39	45 $\frac{1}{2}$
27	6 $\frac{3}{4}$	13 $\frac{1}{2}$	20 $\frac{1}{4}$	27	33 $\frac{3}{4}$	40 $\frac{1}{2}$	47 $\frac{1}{4}$
28	7	14	21	28	35	42	49
29	7 $\frac{1}{4}$	14 $\frac{1}{2}$	21 $\frac{1}{4}$	29	36 $\frac{1}{4}$	43 $\frac{1}{2}$	50 $\frac{3}{4}$
30	7 $\frac{1}{2}$	15	22 $\frac{1}{2}$	30	37 $\frac{1}{2}$	45	52 $\frac{1}{2}$
31	7 $\frac{3}{4}$	15 $\frac{1}{2}$	23 $\frac{1}{4}$	31	38 $\frac{3}{4}$	46 $\frac{1}{2}$	54 $\frac{1}{4}$
32	8	16	24	32	40	48	56
33	8 $\frac{1}{4}$	16 $\frac{1}{2}$	24 $\frac{3}{4}$	33	41 $\frac{1}{4}$	49 $\frac{1}{2}$	57 $\frac{3}{4}$
34	8 $\frac{1}{2}$	17	25 $\frac{1}{2}$	34	42 $\frac{1}{2}$	51	59 $\frac{1}{2}$
35	8 $\frac{3}{4}$	17 $\frac{1}{2}$	26 $\frac{1}{4}$	35	43 $\frac{3}{4}$	52 $\frac{1}{2}$	61 $\frac{1}{4}$
36	9	18	27	36	45	54	63

TABLE V. *Bois équarris d'égale grosseur d'un bout à l'autre.*

ÉPAISSEUR des pièces en pouces & parties de pouce; première ligne horizontale d'en-haut. Tout nombre entier, renfermé dans les petites cases, renvoie à la Table VII. Les fractions $\frac{1}{4}, \frac{1}{2}, \frac{3}{4}$, renvoient à la Table VI, Tables où se trouvent les solidités.

Largeur des pièces, en pouces.	2	2 $\frac{1}{4}$	2 $\frac{1}{2}$	2 $\frac{3}{4}$	3	3 $\frac{1}{4}$	3 $\frac{1}{2}$
1	2	2 $\frac{1}{4}$	2 $\frac{1}{2}$	2 $\frac{3}{4}$	3	3 $\frac{1}{4}$	3 $\frac{1}{2}$
2	4	4 $\frac{1}{2}$	5	5 $\frac{1}{2}$	6	6 $\frac{1}{2}$	7
3	6	6 $\frac{3}{4}$	7 $\frac{1}{2}$	8 $\frac{1}{4}$	9	9 $\frac{3}{4}$	10 $\frac{1}{2}$
4	8	9	10	11	12	13	14
5	10	11 $\frac{1}{4}$	12 $\frac{1}{2}$	13 $\frac{3}{4}$	15	16 $\frac{1}{4}$	17 $\frac{1}{2}$
6	12	13 $\frac{1}{2}$	15	16 $\frac{1}{2}$	18	19 $\frac{1}{2}$	21
7	14	15 $\frac{3}{4}$	17 $\frac{1}{2}$	19 $\frac{1}{4}$	21	22 $\frac{3}{4}$	24 $\frac{1}{2}$
8	16	18	20	22	24	26	28
9	18	20 $\frac{1}{4}$	22 $\frac{1}{2}$	24 $\frac{3}{4}$	27	29 $\frac{1}{4}$	31 $\frac{1}{2}$
10	20	22 $\frac{1}{2}$	25	27 $\frac{1}{2}$	30	32 $\frac{1}{2}$	35
11	22	24 $\frac{3}{4}$	27 $\frac{1}{2}$	30 $\frac{1}{4}$	33	35 $\frac{3}{4}$	38 $\frac{1}{2}$
12	24	27	30	33	36	39	42
13	26	29 $\frac{1}{4}$	32 $\frac{1}{2}$	35 $\frac{3}{4}$	39	42 $\frac{1}{4}$	45 $\frac{1}{2}$
14	28	31 $\frac{1}{2}$	35	38 $\frac{1}{2}$	42	45 $\frac{1}{2}$	49
15	30	33 $\frac{3}{4}$	37 $\frac{1}{2}$	41 $\frac{1}{4}$	45	48 $\frac{3}{4}$	52 $\frac{1}{2}$
16	32	36	40	44	48	52	56
17	34	38 $\frac{1}{4}$	42 $\frac{1}{2}$	46 $\frac{3}{4}$	51	55 $\frac{1}{4}$	59 $\frac{1}{2}$
18	36	40 $\frac{1}{2}$	45	49 $\frac{1}{2}$	54	58 $\frac{1}{2}$	63
19	38	42 $\frac{3}{4}$	47 $\frac{1}{2}$	52 $\frac{1}{4}$	57	61 $\frac{3}{4}$	66 $\frac{1}{2}$
20	40	45	50	55	60	65	70
21	42	47 $\frac{1}{4}$	52 $\frac{1}{2}$	57 $\frac{3}{4}$	63	68 $\frac{1}{4}$	73 $\frac{1}{2}$
22	44	49 $\frac{1}{2}$	55	60 $\frac{1}{2}$	66	71 $\frac{1}{2}$	77
23	46	51 $\frac{3}{4}$	57 $\frac{1}{2}$	63 $\frac{1}{4}$	69	74 $\frac{3}{4}$	80 $\frac{1}{2}$
24	48	54	60	66	72	78	84
25	50	56 $\frac{1}{4}$	62 $\frac{1}{2}$	68 $\frac{3}{4}$	75	81 $\frac{1}{4}$	87 $\frac{1}{2}$
26	52	58 $\frac{1}{2}$	65	71 $\frac{1}{2}$	78	84 $\frac{1}{2}$	91
27	54	60 $\frac{3}{4}$	67 $\frac{1}{2}$	74 $\frac{1}{4}$	81	87 $\frac{3}{4}$	94 $\frac{1}{2}$
28	56	63	70	77	84	91	98
29	58	65 $\frac{1}{4}$	72 $\frac{1}{2}$	79 $\frac{3}{4}$	87	94 $\frac{1}{4}$	101 $\frac{1}{2}$
30	60	67 $\frac{1}{2}$	75	82 $\frac{1}{2}$	90	97 $\frac{1}{2}$	105
31	62	69 $\frac{3}{4}$	77 $\frac{1}{2}$	85 $\frac{1}{4}$	93	100 $\frac{1}{4}$	108 $\frac{1}{2}$
32	64	72	80	88	96	104	112
33	66	74 $\frac{1}{4}$	82 $\frac{1}{2}$	90 $\frac{3}{4}$	99	107 $\frac{1}{4}$	115 $\frac{1}{2}$
34	68	76 $\frac{1}{2}$	85	93 $\frac{1}{2}$	102	110 $\frac{1}{2}$	119
35	70	78 $\frac{3}{4}$	87 $\frac{1}{2}$	96 $\frac{1}{4}$	105	113 $\frac{1}{4}$	122 $\frac{1}{2}$
36	72	81	90	99	108	117	126

EPAISSEUR des pièces en pouces & parties de pouce; première ligne horizontale d'en-haut. Tout nombre entier, renfermé dans les petites cases, renvoie à la Table VII. Les fractions ¼, ½, ¾, renvoient à la Table VI, Tables où se trouvent les solidités.

Largeur des pièces, en pouces.	3 ¾	4	4 ¼	4 ½	4 ¾	5	5 ½
1	3 ¾	4	4 ¼	4 ½	4 ¾	5	5 ½
2	7 ½	8	8 ½	9	9 ½	10	11
3	11 ¼	12	12 ¾	13 ½	14 ¼	15	16 ½
4	15	16	17	18	19	20	22
5	18 ¾	20	21 ¼	22 ½	23 ¾	25	27 ½
6	22 ½	24	25 ½	27	28 ½	30	33
7	26 ¼	28	29 ¾	31 ½	33 ¼	35	38 ½
8	30	32	34	36	38	40	44
9	33 ¾	36	38 ¼	40 ½	42 ¾	45	49 ½
10	37 ½	40	42 ½	45	47 ½	50	55
11	41 ¼	44	46 ¾	49 ½	52 ¼	55	60 ½
12	45	48	51	54	57	60	66
13	48 ¾	52	55 ¼	58 ½	61 ¾	65	71 ½
14	52 ½	56	59 ½	63	66 ½	70	77
15	56 ¼	60	63 ¾	67 ½	71 ¼	75	82 ½
16	60	64	68	72	76	80	88
17	63 ¾	68	72 ¼	76 ½	80 ¾	85	93 ½
18	67 ½	72	76 ½	81	85 ½	90	99
19	71 ¼	76	80 ¾	85 ½	90 ¼	95	104 ½
20	75	80	85	90	95	100	110
21	78 ¾	84	89 ¼	94 ½	99 ¾	105	115 ½
22	82 ½	88	93 ½	99	104 ½	110	121
23	86 ¼	92	96 ¾	103 ½	109 ¼	115	126 ½
24	90	96	102	108	114	120	132
25	93 ¾	100	106 ¼	112 ½	118 ¾	125	137 ½
26	97 ½	104	110 ½	117	123 ½	130	143
27	101 ¼	108	114 ¾	121 ½	128 ¼	135	148 ½
28	105	112	119	126	133	140	154
29	108 ¾	116	123 ¼	130 ½	137 ¾	145	159 ½
30	112 ½	120	127 ½	135	142 ½	150	165
31	116 ¼	124	131 ¾	139 ½	147 ¼	155	170 ½
32	120	128	136	144	152	160	176
33	123 ¾	132	140 ¼	148 ½	156 ¾	165	181 ½
34	127 ½	136	144 ½	153	161 ½	170	187
35	131 ¼	140	148 ¾	157 ½	166 ¼	175	192 ½
36	135	144	153	162	171	180	198

TABLE V. *Bois équarris d'égale groſſeur d'un bout à l'autre.*

EPAISSEUR des pièces en pouces & parties de pouce; première ligne horizontale d'en-haut. Tout nombre entier, renfermé dans les petites caſes, renvoie à la Table VII. Les fractions $\frac{1}{4}, \frac{1}{2}, \frac{3}{4}$, renvoient à la Table VI, Tables où ſe trouvent les ſolidités.

Largeur des pièces en pouces.	6	6 ½	7	7 ½	8	8 ½	9
1	6	6 ½	7	7 ½	8	8 ½	9
2	12	13	14	15	16	17	18
3	18	19 ½	21	22 ½	24	25 ½	27
4	24	26	28	30	32	34	36
5	30	32 ½	35	37 ½	40	42 ½	45
6	36	39	42	45	48	51	54
7	42	45 ½	49	52 ½	56	59 ½	63
8	48	52	56	60	64	68	72
9	54	58 ½	63	67 ½	72	76 ½	81
10	60	65	70	75	80	85	90
11	66	71 ½	77	82 ½	88	93 ½	99
12	72	78	84	90	96	102	108
13	78	84 ½	91	97 ½	104	110 ½	117
14	84	91	98	105	112	119	126
15	90	97 ½	105	112 ½	120	127 ½	135
16	96	104	112	120	128	136	144
17	102	110 ½	119	127 ½	136	144 ½	153
18	108	117	126	135	144	153	162
19	114	123 ½	133	142 ½	152	161 ½	171
20	120	130	140	150	160	170	180
21	126	136 ½	147	157 ½	168	178 ½	189
22	132	143	154	165	176	187	198
23	138	149 ½	161	172 ½	184	195 ½	207
24	144	156	168	180	192	204	216
25	150	162 ½	175	187 ½	200	212 ½	225
26	156	169	182	195	208	221	234
27	162	175 ½	189	202 ½	216	229 ½	243
28	168	182	196	210	224	238	252
29	174	188 ½	203	217 ½	232	146 ½	261
30	180	195	210	225	240	255	270
31	186	201 ½	217	232 ½	248	263 ½	279
32	192	208	224	240	256	272	288
33	198	214 ½	231	247 ½	264	280 ½	297
34	204	221	238	255	272	289	306
35	210	227 ½	245	262 ½	280	297 ½	315
36	216	234	252	270	288	306	324

TABLE V. *Bois équarris d'égale groffeur d'un bout à l'autre.* 141

EPAISSEUR des pièces en pouces & parties de pouce; première ligne horizontale d'en-haut. Tout nombre entier, renfermé dans les petites cafes, renvoie à la Table VII. Les fractions $\frac{1}{4}$, $\frac{1}{2}$, $\frac{3}{4}$, renvoient à la Table VI, Tables où fe trouvent les folidités.

Largeur des pièces, en pouces.	9 $\frac{1}{2}$	10	11	12	13	14	15
1	9 $\frac{1}{2}$	10	11	12	13	14	15
2	19	20	22	24	26	28	30
3	28 $\frac{1}{2}$	30	33	36	39	42	45
4	38	40	44	48	52	56	60
5	47 $\frac{1}{2}$	50	55	60	65	70	75
6	57	60	66	72	78	84	90
7	66 $\frac{1}{2}$	70	77	84	91	98	105
8	76	80	88	96	104	112	120
9	85 $\frac{1}{2}$	90	99	108	117	126	135
10	95	100	110	120	130	140	150
11	104 $\frac{1}{2}$	110	121	132	143	154	165
12	114	120	132	144	156	168	180
13	123 $\frac{1}{2}$	130	143	156	169	182	195
14	133	140	154	168	182	196	210
15	142 $\frac{1}{2}$	150	165	180	195	210	225
16	152	160	176	192	208	224	240
17	161 $\frac{1}{2}$	170	187	204	221	238	255
18	171	180	198	216	234	252	270
19	180 $\frac{1}{2}$	190	209	228	247	266	285
20	190	200	220	240	260	280	300
21	199 $\frac{1}{2}$	210	231	252	273	294	315
22	209	220	242	264	286	308	330
23	218 $\frac{1}{2}$	230	253	276	299	322	345
24	228	240	264	288	312	336	360
25	237 $\frac{1}{2}$	250	275	300	325	350	375
26	247	260	286	312	338	364	390
27	256 $\frac{1}{2}$	270	297	324	351	378	405
28	266	280	308	336	364	392	420
29	275 $\frac{1}{2}$	290	319	348	377	406	435
30	285	300	330	360	390	420	450
31	294 $\frac{1}{2}$	310	341	372	403	434	465
32	304	320	352	384	416	448	480
33	313 $\frac{1}{2}$	330	363	396	429	462	495
34	323	340	374	408	442	476	510
35	332 $\frac{1}{2}$	350	385	420	455	490	525
36	342	360	396	432	468	504	540

TABLE V. *Bois équarris d'égale grosseur d'un bout à l'autre.*

EPAISSEUR des pièces en pouces & parties de pouce ; première ligne herizontale d'en-haut. Tout nombre entier, renfermé dans les petites cafes, renvoie à la Table VII. Les fractions $\frac{1}{4}, \frac{1}{2}, \frac{3}{4}$, renvoient à la Table VI, Tables où fe trouvent les folidités.

Largeur des pièces, en pouces.	16	17	18	19	20	21	22
1	16	17	18	19	20	21	22
2	32	34	36	38	40	42	44
3	48	51	54	57	60	63	66
4	64	68	72	76	80	84	88
5	80	85	90	95	100	105	110
6	96	102	108	114	120	126	132
7	112	119	126	133	140	147	154
8	128	136	144	152	160	168	176
9	144	153	162	171	180	189	198
10	160	170	180	190	200	210	220
11	176	187	198	209	220	231	242
12	192	204	216	228	240	252	264
13	208	221	234	247	260	273	286
14	224	238	252	266	280	294	308
15	240	255	270	285	300	315	330
16	256	272	288	304	320	336	352
17	272	289	306	323	340	357	374
18	288	306	324	342	360	378	356
19	304	323	342	361	380	399	418
20	320	340	360	380	400	420	440
21	336	357	378	399	420	441	462
22	352	374	396	418	440	462	484
23	368	391	414	437	460	483	506
24	384	408	432	456	480	504	528
25	400	425	450	475	500	525	550
26	416	442	468	494	520	546	572
27	432	459	486	513	540	567	594
28	448	476	504	532	560	588	616
29	464	493	522	551	580	609	638
30	480	510	540	570	600	630	660
31	496	527	558	589	620	651	682
32	512	544	576	608	640	672	704
33	528	561	594	627	660	693	726
34	544	578	612	646	680	714	748
35	560	595	630	665	700	735	770
36	576	612	648	684	720	756	792

TABLE V. *Bois équarris d'égale grosseur d'un bout à l'autre.* 143

Épaisseur des pièces en pouces & parties de pouce ; première ligne horizontale d'en-haut.
Tout nombre entier , renfermé dans les petites cafes, renvoie à la Table VII.
Les fractions $\frac{1}{4}, \frac{1}{2}, \frac{3}{4}$, renvoient à la Table VI, Tables où se trouvent les solidités.

Largeur des pièces, en pouces.	23	24	25	26	27	28	29
1	23	24	25	26	27	28	29
2	46	48	50	52	54	56	58
3	69	72	75	78	81	84	87
4	92	96	100	104	108	112	116
5	115	120	125	130	135	140	145
6	138	144	150	156	162	168	174
7	161	168	175	182	189	196	203
8	184	192	200	208	216	224	232
9	207	216	225	234	243	252	261
10	230	240	250	260	270	280	290
11	253	264	275	286	297	308	319
12	276	288	300	312	324	336	348
13	299	312	325	338	351	364	377
14	322	336	350	364	378	392	406
15	345	360	375	390	405	420	435
16	368	384	400	416	432	448	464
17	391	408	425	442	459	476	493
18	414	432	450	468	486	504	522
19	437	456	475	494	513	532	551
20	460	480	500	520	540	560	580
21	483	504	525	546	567	588	609
22	506	528	550	572	594	616	638
23	529	552	575	598	621	644	667
24	552	576	600	624	648	672	696
25	575	600	625	650	675	700	725
26	598	624	650	676	702	728	754
27	621	648	675	702	729	756	783
28	644	672	700	728	756	784	812
29	667	696	725	754	783	812	841
30	690	720	750	780	810	840	870
31	713	744	775	806	837	868	899
32	736	768	860	832	864	896	928
33	759	792	825	858	891	924	957
34	782	816	850	884	918	952	986
35	805	840	875	910	945	980	1015
36	828	864	900	936	972	1008	1044

TABLE V. *Bois équarris d'égale grosseur d'un bout à l'autre.*

EPAISSEUR des pièces en pouces & parties de pouce ; première ligne horizontale d'en-haut. Tout nombre entier, renfermé dans les petites cases , renvoie à la Table VII. Les fractions $\frac{1}{4}$, $\frac{1}{2}$, $\frac{3}{4}$, renvoient à la Table VI, Tables où se trouvent les solidités.

Largeur des pièces, en pouces.	30	31	32	33	34	35	36
1	30	31	32	33	34	35	36
2	60	62	64	66	68	70	72
3	90	93	96	99	102	105	108
4	120	124	128	132	136	140	144
5	150	155	160	165	170	175	180
6	180	186	192	198	204	210	216
7	210	217	224	231	238	245	252
8	240	248	256	264	272	280	288
9	270	279	288	297	306	315	324
10	300	310	320	330	340	350	360
11	330	341	352	363	374	385	396
12	360	372	384	396	408	420	432
13	390	403	416	429	442	455	468
14	420	434	448	462	476	490	504
15	450	465	480	495	510	525	540
16	480	496	512	528	544	560	576
17	510	527	544	561	578	595	612
18	540	558	576	594	612	630	648
19	570	589	608	627	646	665	684
20	600	620	640	660	680	700	720
21	630	651	672	693	714	735	756
22	660	682	704	726	748	770	792
23	690	713	736	759	782	805	828
24	720	744	768	792	816	840	864
25	750	775	800	825	850	875	900
26	780	806	832	858	884	910	936
27	810	837	864	891	918	945	972
28	840	868	896	924	952	980	1008
29	870	899	928	957	986	1015	1044
30	900	930	960	990	1020	1050	1080
31	930	961	992	1023	1054	1085	1116
32	960	992	1024	1056	1088	1120	1152
33	990	1023	1056	1089	1122	1155	1188
34	1020	1054	1088	1122	1156	1190	1224
35	1050	1085	1120	1155	1190	1225	1260
36	1080	1116	1152	1188	1224	1260	1296

AVERTISSEMENT

AVERTISSEMENT

RELATIF A LA TABLE VI.

On trouvera dans le troifième Difcours, Articles 91, 92 & 93, mais particulièrement Article 92, tout ce qui concerne la Table VI. C'eft donc là qu'il faut en chercher l'ufage.

Peut-être fera-t-on furpris que la cinquième colonne de cette Table porte, pour intitulé, des 44èmes de point de folive, qui pouvoient être réduits à des $\frac{1}{2}$, puifque le numérateur eft conftamment 22. En voici la raifon : La Table II, dans fa colonne cinquième, préfente forcément ces 44èmes de point ; or, nous n'avons pas regardé comme indifférent de faire cadrer la Table VI avec la Table II : car fuppofons qu'on veuille réunir enfemble la folidité d'une pièce de *Bois ronde* & la folidité d'une autre pièce *parallélipipède* ; l'addition fera plus facile, le dénominateur étant le même pour les deux efpèces de Bois.

Dictionn. des Bois & Forêts. Tome Ier, IIe Partie.

T

Bafe des Bois en fractions de pouce quarré ¼.

Longueur des bois, en pieds.	Pouc. de Soliv.	Lign. de Soliv.	points de Soliv.	44-èmes de point
¼	.	.	1	22
½	.	.	3	.
¾	.	.	4	22
1	.	.	6	.
2	.	1	.	.
3	.	1	6	.
4	.	2	.	.
5	.	2	6	.
6	.	3	.	.
7	.	3	6	.
8	.	4	.	.
9	.	4	6	.
10	.	5	.	.
11	.	5	6	.
12	.	6	.	.
13	.	6	6	.
14	.	7	.	.
15	.	7	6	.
16	.	8	.	.
17	.	8	6	.
18	.	9	.	.
19	.	9	6	.
20	.	10	.	.
21	.	10	6	.
22	.	11	.	.
23	.	11	6	.
24	1	.	.	.
25	1	.	6	.
26	1	1	.	.
27	1	1	6	.
28	1	2	.	.
29	1	2	6	.
30	1	3	.	.
31	1	3	6	.
32	1	4	.	.
33	1	4	6	.
34	1	5	.	.
35	1	5	6	.
36	1	6	.	.
37	1	6	6	.
38	1	7	.	.
39	1	7	6	.
40	1	8	.	.
41	1	8	6	.
42	1	9	.	.
43	1	9	6	.
44	1	10	.	.
45	1	10	6	.
46	1	11	.	.
47	1	11	6	.
48	2	.	.	.

Bafe des Bois en fractions de pouce quarré ½.

Longueur des bois, en pieds.	Pouc. de Soliv.	Lign. de Soliv.	points de Soliv.	44-èmes de point
¼	.	.	3	.
½	.	.	6	.
¾	.	.	9	.
1	.	1	.	.
2	.	2	.	.
3	.	3	.	.
4	.	4	.	.
5	.	5	.	.
6	.	6	.	.
7	.	7	.	.
8	.	8	.	.
9	.	9	.	.
10	.	10	.	.
11	.	11	.	.
12	1	.	.	.
13	1	1	.	.
14	1	2	.	.
15	1	3	.	.
16	1	4	.	.
17	1	5	.	.
18	1	6	.	.
19	1	7	.	.
20	1	8	.	.
21	1	9	.	.
22	1	10	.	.
23	1	11	.	.
24	2	.	.	.
25	2	1	.	.
26	2	2	.	.
27	2	3	.	.
28	2	4	.	.
29	2	5	.	.
30	2	6	.	.
31	2	7	.	.
32	2	8	.	.
33	2	9	.	.
34	2	10	.	.
35	2	11	.	.
36	3	.	.	.
37	3	1	.	.
38	3	2	.	.
39	3	3	.	.
40	3	4	.	.
41	3	5	.	.
42	3	6	.	.
43	3	7	.	.
44	3	8	.	.
45	3	9	.	.
46	3	10	.	.
47	3	11	.	.
48	4	.	.	.

Bafe des Bois en fractions de pouce quarré ¾.

Longueur des bois, en pieds.	Pouc. de Soliv.	Lign. de Soliv.	points de Soliv.	44-èmes de point
¼	.	.	4	22
½	.	.	9	.
¾	.	1	1.	22
1	.	1	6	.
2	.	3	.	.
3	.	4	6	.
4	.	6	.	.
5	.	7	6	.
6	.	9	.	.
7	.	10	6	.
8	1	.	.	.
9	1	1	6	.
10	1	3	.	.
11	1	4	6	.
12	1	6	.	.
13	1	7	6	.
14	1	9	.	.
15	1	10	6	.
16	.	.	.	.
17	2	1	6	.
18	2	3	.	.
19	2	4	6	.
20	2	6	.	.
21	2	7	.	.
22	2	9	.	.
23	2	10	6	.
24	3	.	.	.
25	3	1	6	.
26	3	3	.	.
27	3	4	6	.
28	3	6	.	.
29	3	7	6	.
30	3	9.	.	.
31	3	10	6	.
32	4	.	.	.
33	4	1	6	.
34	4	3	.	.
35	4	4	6	.
36	4	6	.	.
37	4	7	6	.
38	4	9	.	.
39	4	10	6	.
40	5	.	.	.
41	5	1	6	.
42	5	3	.	.
43	5	4	6	.
44	5	6	.	.
45	5	7	6	.
46	5	9	.	.
47	5	10	6	.
48	6	.	.	.

AVERTISSEMENT

RELATIF A LA TABLE VII.

QUELLE que soit la forme des Bois, il faudra, pour les réduire en *Solives* & parties de solive, recourir également à la Table VII.

Nos trois Discours renferment sur cette Table les plus grands détails.

S'il s'agit donc de pièces *rondes*, on consultera le premier; Articles 33 jusqu'au 54 compris.

S'il s'agit de pièces *équarries allant en diminuant de grosseur*, on consultera le deuxième; Articles 70 jusqu'au 76.

S'il s'agit enfin de pièces *équarries d'égale grosseur d'un bout à l'autre*, on consultera le troisième Discours; Articles 90 jusqu'au 94.

Les intitulés de la Table VII exposent en raccourci sa destination; mais, en supposant toutefois qu'on ait lu les Discours. Sans cette lecture préliminaire, ils serviroient imparfaitement de guide.

Base des Bois en pouces quarrés. 1.

Solidité en :

Longueur des bois, en pieds.	Soliv.	Pieds.	Pouc.	Lign.
¼				½
½				1
¾				1½
1				2
2				4
3				6
4				8
5				10
6			1	
7			1	2
8			1	4
9			1	6
10			1	8
11			1	10
12			2	
13			2	2
14			2	4
15			2	6
16			2	8
17			2	10
18			3	
19			3	2
20			3	4
21			3	6
22			3	8
23			3	10
24			4	
25			4	2
26			4	4
27			4	6
28			4	8
29			4	10
30			5	
31			5	2
32			5	4
33			5	6
34			5	8
35			5	10
36			6	
37			6	2
38			6	4
39			6	6
40			6	8
41			6	10
42			7	
43			7	2
44			7	4
45			7	6
46			7	8
47			7	10
48			8	

Base des Bois en pouces quarrés. 2.

Solidité en :

Longueur des bois, en pieds.	Soliv.	Pieds.	Pouc.	Lign.
¼				1
½				2
¾				3
1				4
2				8
3			1	
4			1	4
5			1	8
6			2	
7			2	4
8			2	8
9			3	
10			3	4
11			3	8
12			4	
13			4	4
14			4	8
15			5	
16			5	4
17			5	8
18			6	
19			6	4
20			6	8
21			7	
22			7	4
23			7	8
24			8	
25			8	4
26			8	8
27			9	
28			9	4
29			9	8
30			10	
31			10	4
32			10	8
33			11	
34			11	4
35			11	8
36		1		
37		1		4
38		1		8
39		1	1	
40		1	1	4
41		1	1	8
42		1	2	
43		1	2	4
44		1	2	8
45		1	3	
46		1	3	4
47		1	3	8
48		1	4	

Base des Bois en pouces quarrés. 3.

Solidité en :

Longueur des bois, en pieds.	Soliv.	Pieds.	Pouc.	Lign.
¼				1½
½				3
¾				4½
1				6
2			1	
3			1	6
4			2	
5			2	6
6			3	
7			3	6
8			4	
9			4	6
10			5	
11			5	6
12			6	
13			6	6
14			7	
15			7	6
16			8	
17			8	6
18			9	
19			9	6
20			10	
21			10	6
22			11	
23			11	6
24		1		
25		1		6
26		1	1	
27		1	1	6
28		1	2	
29		1	2	6
30		1	3	
31		1	3	6
32		1	4	
33		1	4	6
34		1	5	
35		1	5	6
36		1	6	
37		1	6	6
38		1	7	
39		1	7	6
40		1	8	
41		1	8	6
42		1	9	
43		1	9	6
44		1	10	
45		1	10	6
46		1	11	
47		1	11	6
48		2		

Base des Bois en pouces quarrés. 4.

Longueur des bois en pieds.	Soliv.	Pieds.	Pouc.	Lign.
1/4	.	.	.	2
1/2	.	.	.	4
3/4	.	.	.	6
1	.	.	.	8
2	.	.	1	4
3	.	.	2	.
4	.	.	2	8
5	.	.	3	4
6	.	.	4	.
7	.	.	4	8
8	.	.	5	4
9	.	.	6	.
10	.	.	6	8
11	.	.	7	4
12	.	.	8	.
13	.	.	8	8
14	.	.	9	4
15	.	.	10	.
16	.	.	10	8
17	.	.	11	4
18	.	1	.	.
19	.	1	.	8
20	.	1	1	4
21	.	1	2	.
22	.	1	2	8
23	.	1	3	4
24	.	1	4	.
25	.	1	4	8
26	.	1	5	4
27	.	1	6	.
28	.	1	6	8
29	.	1	7	4
30	.	1	8	.
31	.	1	8	8
32	.	1	9	4
33	.	1	10	.
34	.	1	10	8
35	.	1	11	4
36	.	2	.	.
37	.	2	.	8
38	.	2	1	4
39	.	2	2	.
40	.	2	2	8
41	.	2	3	4
42	.	2	4	.
43	.	2	4	8
44	.	2	5	4
45	.	2	6	.
46	.	2	6	8
47	.	2	7	4
48	.	2	8	.

Base des Bois en pouces quarrés. 5.

Longueur des bois en pieds.	Soliv.	Pieds.	Pouc.	Lign.
1/4	.	.	.	2½
1/2	.	.	.	5
3/4	.	.	.	7½
1	.	.	.	10
2	.	.	1	8
3	.	.	2	6
4	.	.	3	4
5	.	.	4	2
6	.	.	5	.
7	.	.	5	10
8	.	.	6	8
9	.	.	7	6
10	.	.	8	4
11	.	.	9	2
12	.	.	10	.
13	.	.	10	10
14	.	.	11	8
15	.	1	.	6
16	.	1	1	4
17	.	1	2	2
18	.	1	3	.
19	.	1	3	10
20	.	1	4	8
21	.	1	5	6
22	.	1	6	4
23	.	1	7	2
24	.	1	8	.
25	.	1	8	10
26	.	1	9	8
27	.	1	10	6
28	.	1	11	4
29	.	2	.	2
30	.	2	1	.
31	.	2	1	10
32	.	2	2	8
33	.	2	3	6
34	.	2	4	4
35	.	2	5	2
36	.	2	6	.
37	.	2	6	10
38	.	2	7	8
39	.	2	8	6
40	.	2	9	4
41	.	2	10	2
42	.	2	11	.
43	.	2	11	10
44	.	3	.	8
45	.	3	1	6
46	.	3	2	4
47	.	3	3	2
48	.	3	4	.

Base des Bois en pouces quarrés. 6.

Longueur des bois en pieds.	Soliv.	Pieds.	Pouc.	Lign.
1/4	.	.	.	3
1/2	.	.	.	6
3/4	.	.	.	9
1	.	.	1	.
2	.	.	2	.
3	.	.	3	.
4	.	.	4	.
5	.	.	5	.
6	.	.	6	.
7	.	.	7	.
8	.	.	8	.
9	.	.	9	.
10	.	.	10	.
11	.	.	11	.
12	.	1	.	.
13	.	1	1	.
14	.	1	2	.
15	.	1	3	.
16	.	1	4	.
17	.	1	5	.
18	.	1	6	.
19	.	1	7	.
20	.	1	8	.
21	.	1	9	.
22	.	1	10	.
23	.	1	11	.
24	.	2	.	.
25	.	2	1	.
26	.	2	2	.
27	.	2	3	.
28	.	2	4	.
29	.	2	5	.
30	.	2	6	.
31	.	2	7	.
32	.	2	8	.
33	.	2	9	.
34	.	2	10	.
35	.	2	11	.
36	.	3	.	.
37	.	3	1	.
38	.	3	2	.
39	.	3	3	.
40	.	3	4	.
41	.	3	5	.
42	.	3	6	.
43	.	3	7	.
44	.	3	8	.
45	.	3	9	.
46	.	3	10	.
47	.	3	11	.
48	.	4	.	.

Base des Bois en pouces quarrés. 7.

Longueur des Bois en pieds	Soliv.	Pieds	Pouc.	Lign.
¼				3½
½				7
¾				10½
1			1	2
2			2	4
3			3	6
4			4	8
5			5	10
6			7	
7			8	2
8			9	4
9			10	6
10			11	8
11		1		10
12		1	2	
13		1	3	2
14		1	4	4
15		1	5	6
16		1	6	8
17		1	7	10
18		1	9	
19		1	10	2
20		1	11	4
21		2		6
22		2	1	8
23		2	2	10
24		2	4	
25		2	5	2
26		2	6	4
27		2	7	6
28		2	8	8
29		2	9	10
30		2	11	
31		3		2
32		3	1	4
33		3	2	6
34		3	3	8
35		3	4	10
36		3	6	
37		3	7	2
38		3	8	4
39		3	9	6
40		3	10	8
41		3	11	10
42		4	1	
43		4	2	2
44		4	3	4
45		4	4	6
46		4	5	8
47		4	6	10
48		4	8	

Base des Bois en pouces quarrés. 8.

Longueur des Bois en pieds	Soliv.	Pieds	Pouc.	Lign.
¼				4
½				8
¾			1	
1			1	4
2			2	8
3			4	
4			5	4
5			6	8
6			8	
7			9	4
8			10	8
9		1		
10		1	1	4
11		1	2	8
12		1	4	
13		1	5	4
14		1	6	8
15		1	8	
16		1	9	4
17		1	10	8
18		2		
19		2	1	4
20		2	2	8
21		2	4	
22		2	5	4
23		2	6	8
24		2	8	
25		2	9	4
26		2	10	8
27		3		
28		3	1	4
29		3	2	8
30		3	4	
31		3	5	4
32		3	6	8
33		3	8	
34		3	9	4
35		3	10	8
36		4		
37		4	1	4
38		4	2	8
39		4	4	
40		4	5	4
41		4	6	8
42		4	8	
43		4	9	4
44		4	10	8
45		5		
46		5	1	4
47		5	2	8
48		5	4	

Base des Bois en pouces quarrés. 9.

Longueur des Bois en pieds	Soliv.	Pieds	Pouc.	Lign.
¼				4½
½				9
¾			1	1½
1			1	6
2			3	
3			4	6
4			6	
5			7	6
6			9	
7			10	6
8		1		
9		1	1	6
10		1	3	
11		1	4	6
12		1	6	
13		1	7	6
14		1	9	
15		1	10	6
16		2		
17		2	1	6
18		2	3	
19		2	4	6
20		2	6	
21		2	7	6
22		2	9	
23		2	10	6
24		3		
25		3	1	6
26		3	3	
27		3	4	6
28		3	6	
29		3	7	6
30		3	9	
31		3	10	6
32		4		
33		4	1	6
34		4	3	
35		4	4	6
36		4	6	
37		4	7	6
38		4	9	
39		4	10	6
40		5		
41		5	1	6
42		5	3	
43		5	4	6
44		5	6	
45		5	7	6
46		5	9	
47		5	10	6
48	1			

Base des Bois en pouces quarrés. 10.

Longueur des Bois en pieds.	Soliv.	Pieds.	Pouc.	Lign.
1/4				5
1/2				10
3/4			1	3
1			.1	8
2			3	4
3			5	.
4			6	8
5			8	4
6			10	.
7			11	8
8		1	1	4
9		1	3	.
10		1	4	8
11		1	6	4
12		1	8	.
13		1	9	8
14		1	11	4
15		2	1	.
16		2	2	8
17		2	4	4
18		2	6	.
19		2	7	8
20		2	9	4
21		2	11	.
22		3	.	8
23		3	2	4
24		3	4	.
25		3	5	8
26		3	7	4
27		3	9	.
28		3	10	8
29		4	.	4
30		4	2	.
31		4	3	8
32		4	5	4
33		4	7	.
34		4	8	8
35		4	10	4
36		5	.	.
37		5	1	8
38		5	3	4
39		5	5	.
40		5	6	8
41		5	8	4
42		5	10	.
43		5	11	8
44	1		1	4
45	1		3	.
46	1		4	8
47	1		6	4
48	1		8	.

Base des Bois en pouces quarrés. 11.

Longueur des Bois en pieds.	Soliv.	Pieds	Pouc	Lign.
1/4				5 1/2
1/2				11
3/4			1	4 1/2
1			1	10
2			3	8
3			5	6
4			7	4
5			9	2
6			11	.
7		1	.	10
8		1	2	8
9		1	4	6
10		1	6	4
11		1	8	2
12		1	10	.
13		1	11	10
14		2	1	8
15		2	3	6
16		2	5	4
17		2	7	2
18		2	9	.
19		2	10	10
20		3	.	8
21		3	2	6
22		3	4	4
23		3	6	2
24		3	8	.
25		3	9	.10
26		3	11	8
27		4	1	6
28		4	3	4
29		4	5	2
30		4	7	.
31		4	8	10
32		4	10	8
33		5	.	6
34		5	2	4
35		5	4	2
36		5	6	.
37		5	7	10
38		5	9	8
39		5	11	6
40	1	.	1	4
41	1	.	3	2
42	1	.	5	.
43	1	.	6	10
44	1	.	8	8
45	1	.	10	6
46	1	1	.	4
47	1	1	2	2
48	1	1	4	

Base des Bois en pouces quarrés, 12.

Longueur des Bois en pieds.	Soliv.	Pieds.	Pouc.	Lign.
1/4				6
1/2			1	
3/4			1	6
1			2	
2			4	
3			6	
4			8	
5			10	
6		1	.	
7		1	2	
8		1	4	
9		1	6	
10		1	8	
11		1	10	
12		2	.	
13		2	2	
14		2	4	
15		2	6	
16		2	8	
17		2	10	
18		3	.	
19		3	2	
20		3	4	
21		3	6	
22		3	8	
23		3	10	
24		4	.	
25		4	2	
26		4	4	
27		4	6	
28		4	8	
29		4	10	
30		5	.	
31		5	2	
32		5	4	
33		5	6	
34		5	8	
35		5	10	
36	1	.	.	
37	1	.	2	
38	1	.	4	
39	1	.	6	
40	1	.	8	
41	1	.	10	
42	1	1	.	
43	1	1	2	
44	1	1	4	
45	1	1	6	
46	1	1	8	
47	1	1	10	
48	1	2	.	

Table 13

| Bafe des Bois en pouces quarrés. 13. | | | | |
| Longueur des Bois | Solidité en | | | |
	Soliv.	Pieds.	Pouc.	Lign.
¼				6½
½			1	1
¾			1	7½
1			2	2
2			4	4
3			6	6
4			8	8
5			10	10
6		1	1	
7		1	3	2
8		1	5	4
9		1	7	6
10		1	9	8
11		1	11	10
12		2	2	
13		2	4	2
14		2	6	4
15		2	8	6
16		2	10	8
17		3		10
18		3	3	
19		3	5	2
20		3	7	4
21		3	9	6
22		3	11	8
23		4	1	10
24		4	4	
25		4	6	2
26		4	8	4
27		4	10	6
28		5		8
29		5	2	10
30		5	5	
31		5	7	2
32		5	9	4
33		5	11	6
34	1		1	8
35	1		3	10
36	1		6	
37	1		8	2
38	1		10	4
39	1	1		6
40	1	1	2	8
41	1	1	4	10
42	1	1	7	
43	1	1	9	2
44	1	1	11	4
45	1	2	1	6
46	1	2	3	8
47	1	2	5	10
48	1	2	8	

Table 14

| Bafe des Bois en pouces quarrés. 14. | | | | |
| longueur des Bois en pieds. | Solidité en | | | |
	Soliv.	Pieds.	Pouc.	Lign.
¼				7
½			1	2
¾			1	9
1			2	4
2			4	8
3			7	
4			9	4
5			11	8
6		1	2	
7		1	4	4
8		1	6	8
9		1	9	
10		1	11	4
11		2	1	8
12		2	4	
13		2	6	4
14		2	8	8
15		2	11	
16		3	1	4
17		3	3	8
18		3	6	
19		3	8	4
20		3	10	8
21		4	1	
22		4	3	4
23		4	5	8
24		4	8	
25		4	10	4
26		5		8
27		5	3	
28		5	5	4
29		5	7	8
30		5	10	
31	1			4
32	1		2	8
33	1		5	
34	1		7	4
35	1		9	8
36	1	1		
37	1	1	2	4
38	1	1	4	8
39	1	1	7	
40	1	1	9	4
41	1	1	11	8
42	1	2	2	
43	1	2	4	4
44	1	2	6	8
45	1	2	9	
46	1	2	11	4
47	1	3	1	8
48	1	3	4	

Table 15

| Bafe des Bois en pouces quarrés. 15. | | | | |
| Longueur des Bois en pieds. | Solidité en | | | |
	Soliv.	Pieds.	Pouc	Lign.
¼				7½
½			1	3
¾			1	10½
1			2	6
2			5	
3			7	6
4			10	
5		1		6
6		1	3	
7		1	5	6
8		1	8	
9		1	10	6
10		2	1	
11		2	3	6
12		2	6	
13		2	8	6
14		2	11	
15		3	1	6
16		3	4	
17		3	6	6
18		3	9	
19		3	11	6
20		4	2	
21		4	4	6
22		4	7	
23		4	9	6
24		5		
25		5	2	6
26		5	5	
27		5	7	6
28		5	10	
29	1			6
30	1		3	
31	1		5	6
32	1		8	
33	1		10	6
34	1	1	1	
35	1	1	3	6
36	1	1	6	
37	1	1	8	6
38	1	1	11	
39	1	2	1	6
40	1	2	4	
41	1	2	6	6
42	1	2	9	
43	1	2	11	6
44	1	3	2	
45	1	3	4	6
46	1	3	7	
47	1	3	9	6
48	1	4		

Bafe

Base des Bois en pouces quarrés. 16.

Longueur des Bois en pieds	Solidité en			
	Soliv.	pieds	pouc.	lignes
1/4				8
1/2			1	4
3/4			2	.
1			2	8
2			5	4
3			8	.
4			10	8
5		1	1	4
6		1	4	.
7		1	6	8
8		1	9	4
9		2	.	.
10		2	2	8
11		2	5	4
12		2	8	.
13		2	10	8
14		3	1	4
15		3	4	.
16		3	6	8
17		3	9	4
18		4	.	.
19		4	2	8
20		4	5	4
21		4	8	.
22		4	10	8
23		5	1	4
24		5	4	.
25		5	6	8
26		5	9	4
27	1	.	.	.
28	1	.	2	8
29	1	.	5	4
30	1	.	8	.
31	1	.	10	8
32	1	1	1	4
33	1	1	4	.
34	1	1	6	8
35	1	1	9	4
36	1	2	.	.
37	1	2	2	8
38	1	2	5	4
39	1	2	8	.
40	1	2	10	8
41	1	3	1	4
42	1	3	4	.
43	1	3	6	8
44	1	3	9	4
45	1	4	.	.
46	1	4	2	8
47	1	4	5	4
48	1	4	8	.

Base des Bois en pouces quarrés. 17.

Longueur des Bois en pieds	Solidité en			
	Soliv.	pieds	pouc.	lignes
1/4				8½
1/2			1	5
3/4			2	1½
1			2	10
2			5	8
3			8	6
4			11	4
5		1	2	2
6		1	5	.
7		1	7	10
8		1	10	8
9		2	1	6
10		2	4	4
11		2	7	2
12		2	10	.
13		3	1	10
14		3	3	8
15		3	6	6
16		3	9	4
17		4	1	2
18		4	3	.
19		4	5	10
20		4	8	8
21		4	11	6
22		5	2	4
23		5	5	2
24		5	8	.
25		5	10	10
26	1	.	1	8
27	1	.	4	6
28	1	.	7	4
29	1	.	10	2
30	1	1	1	.
31	1	1	3	10
32	1	1	6	8
33	1	1	9	6
34	1	2	.	4
35	1	2	3	2
36	1	2	6	.
37	1	2	8	10
38	1	2	11	8
39	1	3	2	6
40	1	3	5	4
41	1	3	8	2
42	1	3	11	.
43	1	4	1	10
44	1	4	4	8
45	1	4	7	6
46	1	4	10	4
47	1	5	1	2
48	1	5	4	.

Base des Bois en pouces quarrés. 18.

Longueur des Bois en pieds	Solidité en			
	Soliv.	pieds	pouc.	lignes
1/4				9
1/2			1	6
3/4			2	3
1			3	.
2			6	.
3			9	.
4		1	.	.
5		1	3	.
6		1	6	.
7		1	9	.
8		2	.	.
9		2	3	.
10		2	6	.
11		2	9	.
12		3	.	.
13		3	3	.
14		3	6	.
15		3	9	.
16		4	.	.
17		4	3	.
18		4	6	.
19		4	9	.
20		5	.	.
21		5	3	.
22		5	6	.
23		5	9	.
24	1	.	.	.
25	1	.	3	.
26	1	.	6	.
27	1	.	9	.
28	1	1	.	.
29	1	1	3	.
30	1	1	6	.
31	1	1	9	.
32	1	2	.	.
33	1	2	3	.
34	1	2	6	.
35	1	2	9	.
36	1	3	.	.
37	1	3	3	.
38	1	3	6	.
39	1	3	9	.
40	1	4	.	.
41	1	4	3	.
42	1	4	6	.
43	1	4	9	.
44	1	5	.	.
45	1	5	3	.
46	1	5	6	.
47	1	5	9	.
48	2	.	.	.

Dictionn. des Bois & Forêts. Tome I.er, II.e Partie.

V

Base des Bois en pouces quarrés, 19.

Longueur des-bois, en pieds.	Soliv.	Pieds	Pouc.	Lign.
¼	.	.	.	9½
½	.	.	1	7
¾	.	.	2	4½
1	.	.	3	2
2	.	.	6	4
3	.	.	9	6
4	.	1	.	8
5	.	1	3	10
6	.	1	7	.
7	.	1	10	2
8	.	2	1	4
9	.	2	4	6
10	.	2	7	8
11	.	2	10	10
12	.	3	2	.
13	.	3	5	2
14	.	3	8	4
15	.	3	11	6
16	.	4	2	8
17	.	4	5	10
18	.	4	9	.
19	.	5	.	2
20	.	5	3	4
21	.	5	6	6
22	.	5	9	8
23	1	.	.	10
24	1	.	4	.
25	1	.	7	2
26	1	.	10	4
27	1	1	1	6
28	1	1	4	8
29	1	1	7	10
30	1	1	11	.
31	1	2	2	2
32	1	2	5	4
33	1	2	8	6
34	1	2	11	8
35	1	3	2	10
36	1	3	6	.
37	1	3	9	2
38	1	4	.	4
39	1	4	3	6
40	1	4	6	8
41	1	4	9	10
42	1	5	1	.
43	1	5	4	2
44	1	5	7	4
45	1	5	10	6
46	2	.	1	8
47	2	.	4	10
48	2	.	8	.

Base des Bois en pouces quarrés, 20.

Longueur des-bois, en pieds.	Soliv.	Pieds	Pouc.	Lign.
¼	.	.	.	10
½	.	.	1	8
¾	.	.	2	6
1	.	.	3	4
2	.	.	6	8
3	.	.	10	.
4	.	1	1	4
5	.	1	4	8
6	.	1	8	.
7	.	1	11	4
8	.	2	2	8
9	.	2	6	.
10	.	2	9	4
11	.	3	.	8
12	.	3	4	.
13	.	3	7	4
14	.	3	10	8
15	.	4	2	.
16	.	4	5	4
17	.	4	8	8
18	.	5	.	.
19	.	5	3	4
20	.	5	6	8
21	.	5	10	.
22	1	.	1	4
23	1	.	4	8
24	1	.	8	.
25	1	.	11	4
26	1	1	2	8
27	1	1	6	.
28	1	1	9	4
29	1	2	.	8
30	1	2	4	.
31	1	2	7	4
32	1	2	10	8
33	1	3	2	.
34	1	3	5	4
35	1	3	8	8
36	1	4	.	.
37	1	4	3	4
38	1	4	6	8
39	1	4	10	.
40	1	5	1	4
41	1	5	4	8
42	1	5	8	.
43	1	5	11	4
44	2	.	2	8
45	2	.	6	.
46	2	.	9	4
47	2	1	.	8
48	2	1	4	.

Base des Bois en pouces quarrés, 21.

Longueur des-bois, en pieds.	Soliv.	Pieds	Pouc.	Lign.
¼	.	.	.	10½
½	.	.	1	9
¾	.	.	2	7½
1	.	.	3	6
2	.	.	7	.
3	.	.	10	6
4	.	1	2	.
5	.	1	5	6
6	.	1	9	.
7	.	2	.	6
8	.	2	4	.
9	.	2	7	6
10	.	2	11	.
11	.	3	2	6
12	.	3	6	.
13	.	3	9	6
14	.	4	1	.
15	.	4	4	6
16	.	4	8	.
17	.	4	11	6
18	.	5	3	.
19	.	5	6	6
20	.	5	10	.
21	1	.	1	6
22	1	.	5	.
23	1	.	8	6
24	1	1	.	.
25	1	1	3	6
26	1	1	7	.
27	1	1	10	6
28	1	2	2	.
29	1	2	5	6
30	1	2	9	.
31	1	3	.	6
32	1	3	4	.
33	1	3	7	6
34	1	3	11	.
35	1	4	2	6
36	1	4	6	.
37	1	4	9	6
38	1	5	1	.
39	1	5	4	6
40	1	5	8	.
41	1	5	11	6
42	2	.	3	.
43	2	.	6	6
44	2	.	10	.
45	2	1	1	6
46	2	1	5	.
47	2	1	8	6
48	2	2	.	.

Base des Bois en pouces quarrés. 22.

Longueur des Bois en pieds	Soliv.	Pieds.	Pouc.	Lign.
¼				11
½			1	10
¾			2	9
1			3	8
2			7	4
3			11	
4		1	2	8
5		1	6	4
6		1	10	
7		2	1	8
8		2	5	4
9		2	9	
10		3		8
11		3	4	4
12		3	8	
13		3	11	8
14		4	3	4
15		4	7	
16		4	10	8
17		5	2	4
18		5	6	
19		5	9	8
20	1		1	4
21	1		5	
22	1		8	8
23	1	1		4
24	1	1	4	
25	1	1	7	8
26	1	1	11	4
27	1	2	3	
28	1	2	6	8
29	1	2	10	4
30	1	3	2	
31	1	3	5	8
32	1	3	9	4
33	1	4	1	
34	1	4	4	8
35	1	4	8	4
36	1	5		
37	1	5	3	8
38	1	5	7	4
39	1	5	11	
40	2		2	8
41	2		6	4
42	2		10	
43	2	1	1	8
44	2	1	5	4
45	2	1	9	
46	2	2		8
47	2	2	4	4
48	2	2	8	

Base des Bois en pouces quarrés. 23.

Longueur des Bois en pieds	Soliv.	Pied.	Pouc	Lign.
¼				11 ½
½			1	11
¾			2	10 ½
1			3	10
2			7	8
3			11	6
4		1	3	4
5		1	7	2
6		1	11	
7		2	2	10
8		2	6	8
9		2	10	6
10		3	2	4
11		3	6	2
12		3	10	
13		4	1	10
14		4	5	8
15		4	9	6
16		5	1	4
17		5	5	2
18		5	9	
19	1			10
20	1		4	8
21	1		8	6
22	1	1		4
23	1	1	4	2
24	1	1	8	
25	1	1	11	10
26	1	2	3	8
27	1	2	7	6
28	1	2	11	4
29	1	3	3	2
30	1	3	7	
31	1	3	10	10
32	1	4	2	8
33	1	4	6	6
34	1	4	10	4
35	1	5	2	2
36	1	5	6	
37	1	5	9	10
38	2		1	8
39	2		5	6
40	2		9	4
41	2	1	1	2
42	2	1	5	
43	2	1	8	10
44	2	2		8
45	2	2	4	6
46	2	2	8	4
47	2	3		2
48	2	3	4	

Base des Bois en pouces quarrés. 24.

Longueur des Bois en pieds	Soliv.	Pieds	Pouc.	Lign.
¼			1	
½			2	
¾			3	
1			4	
2			8	
3		1		
4		1	4	
5		1	8	
6		2		
7		2	4	
8		2	8	
9		3		
10		3	4	
11		3	8	
12		4		
13		4	4	
14		4	8	
15		5		
16		5	4	
17		5	8	
18	1			
19	1		4	
20	1		8	
21	1	1		
22	1	1	4	
23	1	1	8	
24	1	2		
25	1	2	4	
26	1	2	8	
27	1	3		
28	1	3	4	
29	1	3	8	
30	1	4		
31	1	4	4	
32	1	4	8	
33	1	5		
34	1	5	4	
35	1	5	8	
36	2			
37	2		4	
38	2		8	
39	2	1		
40	2	1	4	
41	2	1	8	
42	2	2		
43	2	2	4	
44	2	2	8	
45	2	3		
46	2	3	4	
47	2	3	8	
48	2	4		

Base des Bois en pouces quarrés. 25.

Longueur des Bois en pieds	Soliv.	Pieds	Pouc.	Lign.
1/4			1	1/2
1/2			2	1
3/4			3	1 1/2
1			4	2
2			8	4
3		1	.	6
4		1	4	8
5		1	8	10
6		2	1	.
7		2	5	2
8		2	9	4
9		3	1	6
10		3	5	8
11		3	9	10
12		4	2	.
13		4	6	2
14		4	10	4
15		5	2	6
16		5	6	8
17		5	10	10
18	1	.	3	.
19	1	.	7	2
20	1	.	11	.
21	1	1	3	6
22	1	1	7	8
23	1	1	11	10
24	1	2	4	.
25	1	2	8	2
26	1	2	.	4
27	1	3	4	6
28	1	3	8	8
29	1	4	.	10
30	1	4	5	.
31	1	4	9	2
32	1	5	1	4
33	1	5	5	6
34	1	5	9	8
35	2	.	1	10
36	2	.	6	.
37	2	.	10	2
38	2	1	2	4
39	2	1	6	6
40	2	1	10	8
41	2	2	2	10
42	2	2	7	.
43	2	2	11	2
44	2	3	3	4
45	2	3	7	6
46	2	3	11	8
47	2	4	3	10
48	2	4	8	.

Base des Bois en pouces quarrés. 26.

Longueur des Bois en pieds	Soliv.	Pieds	Pouc.	Lign.
1/4			1	1
1/2			2	2
3/4			3	3
1			4	4
2			8	8
3		1	1	.
4		1	5	4
5		1	9	8
6		2	2	.
7		2	6	4
8		2	10	8
9		3	3	.
10		3	7	4
11		3	11	8
12		4	4	.
13		4	8	4
14		5	.	8
15		5	5	.
16		5	9	4
17	1	.	1	8
18	1	.	6	.
19	1	.	10	4
20	1	1	2	8
21	1	1	7	.
22	1	1	11	4
23	1	2	3	8
24	1	2	8	.
25	1	3	.	4
26	1	3	4	8
27	1	3	9	.
28	1	4	1	4
29	1	4	5	8
30	1	4	10	.
31	1	5	2	4
32	1	5	6	8
33	1	5	11	.
34	2	.	3	4
35	2	.	7	8
36	2	1	.	.
37	2	1	4	4
38	2	1	8	8
39	2	2	1	.
40	2	2	5	4
41	2	2	9	8
42	2	3	2	.
43	2	3	6	4
44	2	3	10	8
45	2	4	3	.
46	2	4	7	4
47	2	4	11	8
48	2	5	4	.

Base des Bois en pouces quarrés. 27.

Longueur des Bois en pieds	Soliv.	Pieds	Pouc.	Lign.
1/4			1	1 1/4
1/2			2	3
3/4			3	4 1/2
1			4	6
2			9	.
3		1	1	6
4		1	6	.
5		1	10	6
6		2	3	.
7		2	7	6
8		3	.	.
9		3	4	6
10		3	9	.
11		4	1	6
12		4	6	.
13		4	10	6
14		5	3	.
15		5	7	6
16	1	.	.	.
17	1	.	4	6
18	1	.	9	.
19	1	1	1	6
20	1	1	6	.
21	1	1	10	6
22	1	2	3	.
23	1	2	7	6
24	1	3	.	.
25	1	3	4	6
26	1	3	9	.
27	1	4	1	6
28	1	4	6	.
29	1	4	10	6
30	1	5	3	.
31	1	5	7	6
32	2	.	.	.
33	2	.	4	6
34	2	.	9	.
35	2	1	1	6
36	2	1	6	.
37	2	1	10	6
38	2	2	3	.
39	2	2	7	6
40	2	3	.	.
41	2	3	4	6
42	2	3	9	.
43	2	4	1	6
44	2	4	6	.
45	2	4	10	6
46	2	5	3	.
47	2	5	7	6
48	3	.	.	.

Base des Bois en pouces quarrés. 28.

Longueur des Bois en pieds.	Solidité en			
	Soliv.	Pieds.	Pouc.	Lignes.
¼	.	.	1	2
½	.	.	2	4
¾	.	.	3	6
1	.	.	4	8
2	.	.	9	4
3	.	1	2	.
4	.	1	6	8
5	.	1	11	4
6	.	2	4	.
7	.	2	8	8
8	.	3	1	4
9	.	3	6	.
10	.	3	10	8
11	.	4	3	4
12	.	4	8	.
13	.	5	.	8
14	.	5	5	4
15	.	5	10	.
16	1	.	2	8
17	1	.	7	4
18	1	1	.	.
19	1	1	4	8
20	1	1	9	4
21	1	2	2	.
22	1	2	6	8
23	1	2	11	4
24	1	3	4	.
25	1	3	8	8
26	1	4	1	4
27	1	4	6	.
28	1	4	10	8
29	1	5	3	4
30	1	5	8	.
31	2	.	.	8
32	2	.	5	4
33	2	.	10	.
34	2	1	2	8
35	2	1	7	4
36	2	2	.	.
37	2	2	4	8
38	2	2	9	4
39	2	3	2	.
40	2	3	6	8
41	2	3	11	4
42	2	4	4	.
43	2	4	8	8
44	2	5	1	4
45	2	5	6	.
46	2	5	10	8
47	3	.	3	4
48	3	.	8	.

Base des Bois en pouces quarrés. 29.

Longueur des Bois en pieds.	Solidité en			
	Soliv.	Pieds.	Pouc.	Lignes.
¼	.	.	1	2½
½	.	.	2	5
¾	.	.	3	7½
1	.	.	4	10
2	.	.	9	8
3	.	1	2	6
4	.	1	7	4
5	.	2	.	2
6	.	2	5	.
7	.	2	9	10
8	.	3	2	8
9	.	3	7	6
10	.	4	.	4
11	.	4	5	2
12	.	4	10	.
13	.	5	2	10
14	.	5	7	8
15	1	.	.	6
16	1	.	5	4
17	1	.	10	2
18	1	1	3	.
19	1	1	7	10
20	1	2	.	8
21	1	2	5	6
22	1	2	10	4
23	1	3	3	2
24	1	3	8	.
25	1	4	.	10
26	1	4	5	8
27	1	4	10	6
28	1	5	3	4
29	1	5	8	2
30	2	.	1	.
31	2	.	5	10
32	2	.	10	8
33	2	1	3	6
34	2	1	8	4
35	2	2	1	2
36	2	2	6	.
37	2	2	10	10
38	2	3	3	8
39	2	3	8	6
40	2	4	1	4
41	2	4	6	2
42	2	4	11	.
43	2	5	3	10
44	2	5	8	8
45	3	.	1	6
46	3	.	6	4
47	3	.	11	2
48	3	1	4	.

Base des Bois en pouces quarrés 30.

Longueur des Bois en pieds.	Solidité en			
	Soliv.	Pieds.	Pouc.	Lignes.
¼	.	.	1	3
½	.	.	2	6
¾	.	.	3	9
1	.	.	5	.
2	.	.	10	.
3	.	1	3	.
4	.	1	8	.
5	.	2	1	.
6	.	2	6	.
7	.	2	11	.
8	.	3	4	.
9	.	3	9	.
10	.	4	2	.
11	.	4	7	.
12	.	5	.	.
13	.	5	5	.
14	.	5	10	.
15	1	.	3	.
16	1	.	8	.
17	1	1	1	.
18	1	1	6	.
19	1	1	11	.
20	1	2	4	.
21	1	2	9	.
22	1	3	2	.
23	1	3	7	.
24	1	4	.	.
25	1	4	5	.
26	1	4	10	.
27	1	5	3	.
28	1	5	8	.
29	2	.	1	.
30	2	.	6	.
31	2	.	11	.
32	2	1	4	.
33	2	1	9	.
34	2	2	2	.
35	2	2	7	.
36	2	3	.	.
37	2	3	5	.
38	2	3	10	.
39	2	4	3	.
40	2	4	8	.
41	2	5	1	.
42	2	5	6	.
43	2	5	11	.
44	3	.	4	.
45	3	.	9	.
46	3	1	2	.
47	3	1	7	.
48	3	2	.	.

Base des Bois en pouces quarrés. 31.

Longueur des Bois en pieds	Solidité en			
	Soliv.	Pieds	Pouc.	Lign.
1/4			1	3½
1/2			2	7
3/4			3	10½
1			5	2
2			10	4
3		1	3	6
4		1	8	8
5		2	1	10
6		2	7	.
7		3	.	2
8		3	5	4
9		3	10	6
10		4	3	8
11		4	8	10
12		5	2	.
13		5	7	2
14	1	.	.	4
15	1	.	5	6
16	1	.	10	8
17	1	1	3	10
18	1	1	9	.
19	1	2	2	2
20	1	2	7	4
21	1	3	.	6
22	1	3	5	8
23	1	3	10	10
24	1	4	4	.
25	1	4	9	2
26	1	5	2	4
27	1	5	7	6
28	2	.	.	8
29	2	.	5	10
30	2	.	11	.
31	2	1	4	1
32	2	1	9	4
33	2	2	2	6
34	2	2	7	8
35	2	3	.	10
36	2	3	6	.
37	2	3	11	2
38	2	4	4	4
39	2	4	9	6
40	2	5	2	8
41	2	5	7	10
42	3	.	1	.
43	3	.	6	2
44	3	.	11	4
45	3	1	4	6
46	3	1	9	8
47	3	2	2	10
48	3	2	8	.

Base des Bois en pouces quarrés. 32.

Longueur des Bois en pieds	Solidité en			
	Soliv.	Pieds	Pouc.	Lign.
1/4			1	4
1/2			2	8
3/4			4	.
1			5	4
2			10	8
3		1	4	.
4		1	9	4
5		2	2	8
6		2	8	.
7		3	1	4
8		3	6	8
9		4	.	.
10		4	5	4
11		4	10	8
12		5	4	.
13		5	9	4
14	1	.	2	8
15	1	.	8	.
16	1	1	1	4
17	1	1	6	8
18	1	2	.	.
19	1	2	5	4
20	1	2	10	8
21	1	3	4	.
22	1	3	9	4
23	1	4	2	8
24	1	4	8	.
25	1	5	1	4
26	1	5	6	8
27	2	.	.	.
28	2	.	5	4
29	2	.	10	8
30	2	1	4	.
31	2	1	9	4
32	2	2	2	8
33	2	2	8	.
34	2	3	1	4
35	2	3	6	8
36	2	4	.	.
37	2	4	5	4
38	2	4	10	8
39	2	5	4	.
40	2	5	9	4
41	3	.	2	8
42	3	.	8	.
43	3	1	1	4
44	3	1	6	8
45	3	2	.	.
46	3	2	5	4
47	3	2	10	8
48	3	3	4	.

Base des Bois en pouces quarrés. 33.

Longueur des Bois en pieds	Solidité en			
	Soliv.	Pieds	Pouc	Lign.
1/4			1	4½
1/2			2	9
3/4			4	1½
1			5	6
2			11	.
3		1	4	6
4		1	10	.
5		2	3	6
6		2	9	.
7		3	2	6
8		3	8	.
9		4	1	6
10		4	7	.
11		5	.	6
12		5	6	.
13		5	11	6
14	1	.	5	.
15	1	.	10	6
16	1	1	4	.
17	1	1	9	6
18	1	2	3	.
19	1	2	8	6
20	1	3	2	.
21	1	3	7	6
22	1	4	1	.
23	1	4	6	6
24	1	5	.	.
25	1	5	5	6
26	1	5	11	.
27	2	.	4	6
28	2	.	10	.
29	2	1	3	6
30	2	1	9	.
31	2	2	2	6
32	2	2	8	.
33	2	3	1	6
34	2	3	7	.
35	2	4	.	6
36	2	4	6	.
37	2	4	11	6
38	2	5	5	.
39	2	5	10	6
40	3	.	4	.
41	3	.	9	6
42	3	1	3	.
43	3	1	8	6
44	3	2	2	.
45	3	2	7	6
46	3	3	1	.
47	3	3	6	6
48	3	4	.	.

Bafe des Bois en pouces quarrés. 34.					Bafe des Bois en pouces quarrés. 35.					Bafe desBois en pouces quarrés. 36.				
Longueur des Bois en pieds.	Soliv.	Pieds.	Pouc.	Lign.	Longueur des bois en pieds.	Soliv.	Pieds.	Pouc.	Lign.	Longueur des bois en pieds.	Soliv.	Pieds.	Pouc.	Lign.
¼	.	.	I	5	¼	.	.	I	5½	¼	.	.	I	6
½	.	.	2	10	½	.	.	2	I I	½	.	.	3	6
¾	.	.	4	3	¾	.	.	4	4½	¾	.	.	4	6
I	.	.	5	8	I	.	.	5	10	I	.	.	6	.
2	.	.	I I	4	2	.	.	I I.	8	2	.	I	.	.
3	.	I	5	.	4	.	I	5	6	3	.	I	6	.
4	.	I	10	8	3	.	I	I I	4	4	.	2	.	.
5	.	2	4	4	5	.	2	5	2	5	.	2	6	.
6	.	2	10	.	6	.	2	I I.	.	6	.	3	.	.
7	.	3	3	8	7	.	3	4	10	7	.	3	6	.
8	.	3	9	4	8	.	3.	10	8	8	.	4.	.	.
9	.	4	3	.	9.	.	4	4	6	9	.	4	6	.
10	.	4	8	8	10	.	4	10	4	10	.	5	.	.
11	.	5	2	4	11	.	5	4	2	11	.	5	6	.
12	.	5	8	.	12.	.	5	10	.	12	I	.	.	.
13	I	.	I	8	13	I.	.	3	10	13	I	.	6	.
14	I	.	7	4	14	I.	.	9	8	14	I.	I	.	.
15	I	I	I	.	15	2.	I	3.	6	15	I.	I	6	.
16	I	I	6	8	16	I.	I	9	4	16	I	2	.	.
17	I	I	6	4	17	I.	2	3	2	17	I	2	6	.
18	I	2	6	.	18	2	2	9	.	18	I	3	.	.
19	I.	2	I I	8	19	I.	3	2	10	19.	I	3	6	.
20	I	3	5	4	20	I	3	8	8	20	I.	4.	.	.
21	I	3.	I I	.	21	I.	4	2	6	21	I	4	6	.
22	I	4	4	8	22	I.	4	8	4	22	I.	5	.	.
23	I	4.	10	4	23	I	5	2	2	23.	I.	5	6	.
24	I	5	4	.	24	I.	5	8.	.	24	2	.	.	.
25	I	5	9	8	25	2.	.	I	10	25	2	.	6	.
26	2	.	3	4	26	2.	.	7	8	26	2	I	.	.
27	2	.	9	.	27	2	I	I	6	27	2	I	6	.
28	2	I	2	8	28	2	I.	7	4.	28	2	2	.	.
29	2	I	8	4	29.	2.	2	I	2	29.	2	2.	6	.
30	2	2	2	.	30.	2.	2	7	.	30	2	3	.	.
31	2	2	7.	8	31	2	3	.	10	31	2	3	6	.
32	2	3.	I	4	32	2	4	.	8	32	2	4	.	.
33	2.	3.	7	.	33.	2	4	.	6	33	2.	4	6	.
34	2	4	.	8	34	2	4.	6	4.	34	2	5	.	.
35	2.	4	6	4	35	2.	5	.	2	35	2.	5	6	.
36	2.	5	.	.	36	2.	5	6	.	36	3.	.	.	.
37	2	5.	5.	8.	37	2.	5	I I	10.	37	3.	.	6	.
38	2.	5.	I I.	4	38	3.	.	5	8.	38	3.	I	.	.
39	3	.	5.	.	39	3.	.	I I.	6.	39	3.	I	6	.
40	3	.	10.	8	40	3	I	5	4	40	3	2	.	.
41	3	I	4.	4	41	3	.I	I I.	2	41.	3	2	6	.
42	3	I	10	.	42	3.	2	5	.	42	3	3	.	.
43	3	2	3.	8	43	3	2	10	10.	43	3	3	6	.
44	3	2	9	4	44.	3	3.	4	8.	44	3	4	.	.
45	3	3	3.	.	45.	3.	3.	10	6.	45	3.	4	6	.
46	3.	3.	8.	8	46	3.	4	4	4	46	3.	5	.	.
47	3	4.	2.	4	47	3	4	10	2	47	3	5	6	.
48	3	4	8.	.	48	3.	5	4	.	48	4	.	.	.

Base des Bois en pouces quarrés. 37.

Longueur des bois, en pieds.	Soliv.	Pieds.	Pouc.	Lign.
¼	.	.	1	6½
½	.	.	3	1
¾	.	.	4	7½
1	.	.	6	2
2	.	1	.	4
3	.	1	6	8
4	.	2	.	8
5	.	2	6	10
6	.	3	1	.
7	.	3	7	2
8	.	4	1	4
9	.	4	7	6
10	.	5	1	8
11	.	5	7	10
12	1	.	2	.
13	1	.	8	2
14	1	1	2	4
15	1	1	8	6
16	1	2	2	8
17	1	2	8	10
18	1	3	3	.
19	1	3	9	2
20	1	4	3	4
21	1	4	9	6
22	1	5	3	8
23	1	5	9	10
24	2	.	4	.
25	2	.	10	2
26	2	1	4	4
27	2	1	10	6
28	2	2	4	8
29	2	2	10	10
30	2	3	5	.
31	2	3	11	2
32	2	4	5	4
33	2	4	11	6
34	2	5	5	8
35	2	5	11	10
36	3	.	6	.
37	3	1	.	2
38	3	1	6	4
39	3	2	.	6
40	3	2	6	8
41	3	3	.	10
42	3	3	7	.
43	3	4	1	2
44	3	4	7	4
45	3	5	1	6
46	3	5	7	8
47	4	.	1	10
48	4	.	8	.

Base des Bois en pouces quarrés. 38.

Longueur des bois, en pieds.	Soliv.	Pieds.	Pouc.	Lign.
¼	.	.	1	7
½	.	.	3	2
¾	.	.	4	9
1	.	.	6	4
2	.	1	.	8
3	.	1	7	.
4	.	2	1	4
5	.	2	7	8
6	.	3	2	.
7	.	3	8	4
8	.	4	2	8
9	.	4	9	.
10	.	5	3	4
11	.	5	9	8
12	1	.	4	.
13	1	.	10	4
14	1	1	4	8
15	1	1	11	.
16	1	2	5	4
17	1	2	11	8
18	1	3	6	.
19	1	4	.	4
20	1	4	6	8
21	1	5	1	.
22	1	5	7	4
23	2	.	1	8
24	2	.	8	.
25	2	1	2	4
26	2	1	8	8
27	2	2	3	.
28	2	2	9	4
29	2	3	3	8
30	2	3	10	.
31	2	4	4	4
32	2	4	10	8
33	2	5	5	.
34	2	5	11	4
35	3	.	5	8
36	3	1	.	.
37	3	1	6	4
38	3	2	.	8
39	3	2	7	.
40	3	3	1	4
41	3	3	7	8
42	3	4	2	.
43	3	4	8	4
44	3	5	2	8
45	3	5	9	.
46	4	.	3	4
47	4	.	9	8
48	4	1	4	.

Base des Bois en pouces quarrés. 39.

Longueur des bois, en pieds.	Soliv.	Pieds.	Pouc.	Lign.
¼	.	.	1	7½
½	.	.	3	3
¾	.	.	4	10½
1	.	.	6	6
2	.	1	1	.
3	.	1	7	6
4	.	2	2	.
5	.	2	8	6
6	.	3	3	.
7	.	3	9	6
8	.	4	4	.
9	.	4	10	6
10	.	5	5	.
11	.	5	11	6
12	1	.	6	.
13	1	1	.	6
14	1	1	7	.
15	1	2	1	6
16	1	2	8	.
17	1	3	2	6
18	1	3	9	.
19	1	4	3	6
20	1	4	10	.
21	1	5	4	6
22	1	5	11	.
23	2	.	5	6
24	2	1	.	.
25	2	1	6	6
26	2	2	1	.
27	2	2	7	6
28	2	3	2	.
29	2	3	8	6
30	2	4	3	.
31	2	4	9	6
32	2	5	4	.
33	2	5	10	6
34	3	.	5	.
35	3	.	11	6
36	3	1	6	.
37	3	2	.	6
38	3	2	7	.
39	3	3	1	6
40	3	3	8	.
41	3	4	2	6
42	3	4	9	.
43	3	5	3	6
44	3	5	10	.
45	4	.	4	6
46	4	.	11	.
47	4	1	5	6
48	4	2	.	.

Base

Bafe des Bois en pouces quarrés. 40.

Longueur des Bois en pieds	Soliv.	Pieds	Pouc.	Lign.
1/4	.	.	1	8
1/2	.	.	3	4
3/4	.	.	5	.
1	.	.	6	8
2	.	1	1	4
3	.	1	8	.
4	.	2	2	8
5	.	2	9	4
6	.	3	4	.
7	.	3	10	8
8	.	4	5	4
9	.	5	.	.
10	.	5	6	8
11	1	.	1	4
12	1	.	8	.
13	1	1	2	8
14	1	1	9	4
15	1	2	4	.
16	1	2	10	8
17	1	3	5	4
18	1	4	.	.
19	1	4	6	8
20	1	5	1	4
21	1	5	8	.
22	2	.	2	8
23	2	.	9	4
24	2	1	4	.
25	2	1	10	8
26	2	2	5	4
27	2	3	.	.
28	2	3	6	8
29	2	4	1	4
30	2	4	8	.
31	2	5	2	8
32	2	5	9	4
33	3	.	4	8
34	3	.	10	8
35	3	1	5	4
36	3	2	.	.
37	3	2	6	8
38	3	3	1	4
39	3	3	8	.
40	3	4	2	8
41	3	4	9	4
42	3	5	4	.
43	3	5	10	8
44	4	.	5	4
45	4	1	.	.
46	4	1	6	8
47	4	2	1	4
48	4	2	8	.

Bafe des Bois en pouces quarrés. 41.

Longueur des Bois en pieds	Soliv.	Pieds	Pouc.	Lign.
1/4	.	.	1	8½
1/2	.	.	3	5
3/4	.	.	5	1½
1	.	.	6	10
2	.	1	1	8
3	.	1	8	6
4	.	2	3	4
5	.	2	10	2
6	.	3	5	.
7	.	3	11	10
8	.	4	6	8
9	.	5	1	6
10	.	5	8	4
11	1	.	3	2
12	1	.	10	.
13	1	1	4	10
14	1	1	11	8
15	1	2	6	6
16	1	3	1	4
17	1	3	8	2
18	1	4	3	.
19	1	4	9	10
20	1	5	4	8
21	1	5	11	6
22	2	.	6	4
23	2	1	1	2
24	2	1	8	.
25	2	2	2	10
26	2	2	9	8
27	2	3	4	6
28	2	3	11	4
29	2	4	6	2
30	2	5	1	.
31	2	5	7	10
32	3	.	2	8
33	3	.	9	6
34	3	1	4	4
35	3	1	11	2
36	3	2	6	.
37	3	3	.	10
38	3	3	7	8
39	3	4	2	6
40	3	4	9	4
41	3	5	4	2
42	3	5	11	.
43	4	.	5	10
44	4	1	.	8
45	4	1	7	6
46	4	2	2	4
47	4	2	9	2
48	4	3	4	.

Bafe des Bois en pouces quarrés. 42.

Longueur des Bois en pieds	Soliv.	Pieds	Pouc.	Lign.
1/4	.	.	1	9
1/2	.	.	3	6
3/4	.	.	5	3
1	.	.	7	.
2	.	1	2	.
3	.	1	9	.
4	.	2	4	.
5	.	2	11	.
6	.	3	6	.
7	.	4	1	.
8	.	4	8	.
9	.	5	3	.
10	.	5	10	.
11	1	.	5	.
12	1	1	.	.
13	1	1	7	.
14	1	2	2	.
15	1	2	9	.
16	1	3	4	.
17	1	3	11	.
18	1	4	6	.
19	1	5	1	.
20	1	5	8	.
21	2	.	3	.
22	2	.	10	.
23	2	1	5	.
24	2	2	.	.
25	2	2	7	.
26	2	3	2	.
27	2	3	9	.
28	2	4	4	.
29	2	4	11	.
30	2	5	6	.
31	3	.	1	.
32	3	.	8	.
33	3	1	3	.
34	3	1	10	.
35	3	2	5	.
36	3	3	.	.
37	3	3	7	.
38	3	4	2	.
39	3	4	9	.
40	3	5	4	.
41	3	5	11	.
42	4	.	6	.
43	4	1	1	.
44	4	1	8	.
45	4	2	3	.
46	4	2	10	.
47	4	3	5	.
48	4	4	.	.

Base des Bois en pouces quarrés. 43.

Longueur des Bois en pieds.	Soliv.	Pieds	Pouc.	Lign.
¼	.	.	I	9½
½	.	.	3	7
¾	.	.	5	4½
1	.	.	7	2
2	.	I	2	4
3	.	I	9	6
4	.	2	4	8
5	.	2	11	10
6	.	3	7	.
7	.	4	2	2
8	.	4	9	4
9	.	5	4	6
10	.	5	11	8
11	I	.	6	10
12	I	I	2	.
13	I	I	9	2
14	I	2	4	4
15	I	2	11	6
16	I	3	6	8
17	I	4	1	10
18	I	4	9	.
19	I	5	4	2
20	I	5	11	4
21	2	.	6	6
22	2	I	1	8
23	2	I	8	10
24	2	2	4	.
25	2	2	11	2
26	2	3	6	4
27	2	4	1	6
28	2	4	8	8
29	2	5	3	10
30	2	5	11	.
31	3	.	6	2
32	3	I	1	4
33	3	I	8	6
34	3	2	3	8
35	3	2	10	10
36	3	3	6	.
37	3	4	1	2
38	3	4	8	4
39	3	5	3	6
40	3	5	10	8
41	4	.	5	10
42	4	I	1	.
43	4	I	8	2
44	4	2	3	4
45	4	2	10	6
46	4	3	5	8
47	4	4	.	10
48	4	4	8	.

Base des Bois en pouces quarrés. 44.

Longueur des Bois en pieds.	Soliv.	Pieds	Pouc.	Lign.
¼	.	.	I	10
½	.	.	3	8
¾	.	.	5	6
1	.	.	7	4
2	.	I	2	8
3	.	I	10	.
4	.	2	5	4
5	.	3	.	8
6	.	3	8	.
7	.	4	3	4
8	.	4	10	8
9	.	5	6	.
10	I	.	1	4
11	I	.	8	8
12	I	I	4	.
13	I	I	11	4
14	I	2	6	8
15	I	3	2	.
16	I	3	9	4
17	I	4	4	8
18	I	5	.	.
19	I	5	7	4
20	2	.	2	8
21	2	.	10	.
22	2	I	5	4
23	2	2	.	8
24	2	2	8	.
25	2	3	3	4
26	2	3	10	8
27	2	4	6	.
28	2	5	1	4
29	2	5	8	8
30	3	.	4	.
31	3	.	11	4
32	3	I	6	8
33	3	2	2	.
34	3	2	9	4
35	3	3	4	8
36	3	4	.	.
37	3	4	7	4
38	3	5	2	8
39	3	5	10	.
40	4	.	5	4
41	4	I	.	8
42	4	I	8	.
43	4	2	3	4
44	4	2	10	8
45	4	3	6	.
46	4	4	1	4
47	4	4	8	8
48	4	5	4	.

Base des Bois en pouces quarrés. 45.

Longueur des Bois en pieds.	Soliv.	Pieds	Pouc.	Lign.
¼	.	.	I	10½
½	.	.	3	9
¾	.	.	5	7½
1	.	.	7	6
2	.	I	3	.
3	.	I	10	6
4	.	2	6	.
5	.	3	1	6
6	.	3	9	.
7	.	4	4	6
8	.	5	.	.
9	.	5	7	6
10	I	.	3	.
11	I	.	10	6
12	I	I	6	.
13	I	2	1	6
14	I	2	9	.
15	I	3	4	6
16	I	4	.	.
17	I	4	7	6
18	I	5	3	.
19	I	5	10	6
20	2	.	6	.
21	2	I	1	6
22	2	I	9	.
23	2	2	4	6
24	2	3	.	.
25	2	3	7	6
26	2	4	3	.
27	2	4	10	6
28	2	5	6	.
29	3	.	1	6
30	3	.	9	.
31	3	I	4	6
32	3	2	.	.
33	3	2	7	6
34	3	3	3	.
35	3	3	10	6
36	3	4	6	.
37	3	5	1	6
38	3	5	9	.
39	4	.	4	6
40	4	I	.	.
41	4	I	7	6
42	4	2	3	.
43	4	2	10	6
44	4	3	6	.
45	4	4	1	6
46	4	4	9	.
47	4	5	4	6
48	5	.	.	.

Base des Bois en pouces quarrés. 46.

Longueur des Bois en pieds.	Soliv.	Pieds.	Pouc.	Lign.
¼	.	.	1	11
½	.	.	3	10
¾	.	.	5	9
1	.	.	7	8
2	.	1	3	4
3	.	1	11	.8
4	.	2	6	8
5	.	3	2	4
6	.	3	10	.
7	.	4	5	8
8	.	5	1	4
9	.	5	9	.
10	1	.	4	8
11	1	1	.	4
12	1	1	8	.8
13	1	2	3	8
14	1	2	11	4
15	1	3	7	.
16	1	4	2	8
17	1	4	10	4
18	1	5	6	.
19	2	.	1	8
20	2	.	9	4
21	2	1	5	.8
22	2	2	.	8
23	2	2	8	4
24	2	3	4	.
25	2	3	11	8
26	2	4	7	4
27	2	5	3	.8
28	2	5	10	4
29	3	.	6	.
30	3	1	2	.
31	3	1	9	8
32	3	2	5	4
33	3	3	1	.8
34	3	3	8	8
35	3	4	4	4
36	3	5	.	8
37	3	5	7	4
38	4	.	3	.8
39	4	.	11	4
40	4	1	6	8
41	4	2	2	4
42	4	2	10	.8
43	4	3	5	4
44	4	4	1	.4
45	4	4	9	.8
46	4	5	4	4
47	5	.	.	.8
48	5	.	.	8

Base des Bois en pouces quarrés. 47.

Longueur des Bois en pieds.	Soliv.	Pieds.	Pouc.	Lign.
¼	.	.	1	11½
½	.	.	3	11
¾	.	.	5	10½
1	.	.	7	10
2	.	1	3	8
3	.	1	11	6
4	.	2	7	4
5	.	3	3	2
6	.	3	11	.
7	.	4	6	10
8	.	5	2	8
9	.	5	10	6
10	1	.	6	4
11	1	1	2	2
12	1	1	10	.
13	1	2	5	10
14	1	3	1	8
15	1	3	9	6
16	1	4	5	4
17	1	5	1	2
18	1	5	9	.
19	2	.	4	10
20	2	1	.	8
21	2	1	8	6
22	2	2	4	4
23	2	3	.	2
24	2	3	8	.
25	2	4	3	10
26	2	4	11	8
27	2	5	7	6
28	3	.	3	4
29	3	.	11	2
30	3	1	7	.
31	3	2	2	10
32	3	2	10	8
33	3	3	6	6
34	3	4	2	4
35	3	4	10	2
36	3	5	6	.
37	4	.	1	10
38	4	.	9	8
39	4	1	5	6
40	4	2	1	4
41	4	2	9	2
42	4	3	4	.
43	4	4	.	10
44	4	4	8	8
45	4	5	4	6
46	5	.	.	8
47	5	.	8	4
48	5	1	4	2

Base des Bois en pouces quarrés. 48.

Longueur des Bois en pieds.	Soliv.	Pieds.	Pouc.	Lign.
¼	.	.	2	.
½	.	.	4	.
¾	.	.	6	.
1	.	.	8	.
2	.	1	4	.
3	.	2	.8	.
4	.	2	8	.
5	.	3	4	.
6	.	4	.	.
7	.	4	8	.
8	.	5	4	.
9	1	.	.	.
10	1	.	8	.
11	1	1	4	.
12	1	2	.	.
13	1	2	8	.
14	1	3	4	.
15	1	4	.	.
16	1	4	8	.
17	1	5	4	.
18	1	.	.	.
19	2	.	8	.
20	2	1	4	.
21	2	2	.8	.
22	2	2	8	.
23	2	3	4	.
24	2	4	.	.
25	2	4	8	.
26	2	5	4	.
27	3	.	.8	.
28	3	.	8	.
29	3	1	4	.
30	3	2	.8	.
31	3	2	8	.
32	3	3	4	.
33	3	4	.	.
34	3	4	8	.
35	3	5	4	.
36	4	.	.8	.
37	4	.	8	.
38	4	1	4	.
39	4	2	.8	.
40	4	2	8	.
41	4	3	4	.
42	4	4	.	.
43	4	4	8	.
44	4	5	4	.
45	5	.	.	.
46	5	.	8	.
47	5	1	4	.
48	5	2	.	.

Base des Bois en pouces quarrés. 49.

Longueur des Bois en pieds.	Soliv.	Pieds.	Pouc.	Lign.
1/4	.	.	2	1/2
1/2	.	.	4	1
3/4	.	.	6	1 1/2
1	.	.	8	2
2	.	1	4	4
3	.	2	.	6
4	.	2	8	8
5	.	3	4	10
6	.	4	1	.
7	.	4	9	2
8	.	5	5	4
9	1	.	1	6
10	1	.	9	8
11	1	1	5	10
12	1	2	2	.
13	1	2	10	2
14	1	3	6	4
15	1	4	2	6
16	1	4	10	8
17	1	5	6	10
18	2	.	3	.
19	2	.	11	2
20	2	1	7	4
21	2	2	3	6
22	2	2	11	8
23	2	3	7	10
24	2	4	4	.
25	2	5	.	2
26	2	5	8	4
27	3	.	4	6
28	3	1	.	8
29	3	1	8	10
30	3	2	5	.
31	3	3	1	2
32	3	3	9	4
33	3	4	5	6
34	3	5	1	8
35	3	5	9	10
36	4	.	6	.
37	4	1	2	2
38	4	1	10	4
39	4	2	6	6
40	4	3	2	8
41	4	3	10	10
42	4	4	7	.
43	4	5	3	2
44	4	5	11	4
45	5	.	7	6
46	5	1	3	8
47	5	1	11	10
48	5	2	8	.

Base des Bois en pouces quarrés. 50.

Longueur des Bois en pieds.	Soliv.	Pieds.	Pouc.	Lign.
1/4	.	.	2	1
1/2	.	.	4	2
3/4	.	.	6	3
1	.	.	8	4
2	.	1	4	8
3	.	2	1	.
4	.	2	9	4
5	.	3	5	8
6	.	4	2	.
7	.	4	10	4
8	.	5	6	8
9	1	.	3	.
10	1	.	11	4
11	1	1	7	8
12	1	2	4	.
13	1	3	.	4
14	1	3	8	8
15	1	4	5	.
16	1	5	1	4
17	1	5	9	8
18	2	.	6	.
19	2	1	2	4
20	2	1	10	8
21	2	2	7	.
22	2	3	3	4
23	2	3	11	8
24	2	4	8	.
25	2	5	4	4
26	3	.	.	8
27	3	.	9	.
28	3	1	5	4
29	3	2	1	8
30	3	2	10	.
31	3	3	6	4
32	3	4	2	8
33	3	4	11	.
34	3	5	7	4
35	4	.	3	8
36	4	1	.	.
37	4	1	8	4
38	4	2	4	8
39	4	3	1	.
40	4	3	9	4
41	4	4	5	8
42	4	5	2	.
43	4	5	10	4
44	5	.	6	8
45	5	1	3	.
46	5	1	11	4
47	5	2	7	8
48	5	3	4	.

Base des Bois en pouces quarrés. 51.

Longueur des Bois en pieds.	Soliv.	Pieds.	Pouc.	Lign.
1/4	.	.	2	1 1/2
1/2	.	.	4	3
3/4	.	.	6	4 1/2
1	.	.	8	6
2	.	1	5	.
3	.	2	1	6
4	.	2	10	.
5	.	3	6	6
6	.	4	3	.
7	.	4	11	6
8	.	5	8	.
9	1	.	4	6
10	1	1	1	.
11	1	1	9	6
12	1	2	6	.
13	1	3	2	6
14	1	3	11	.
15	1	4	7	6
16	1	5	4	.
17	2	.	.	6
18	2	.	9	.
19	2	1	5	6
20	2	2	2	.
21	2	2	10	6
22	2	3	7	.
23	2	4	3	6
24	2	5	.	.
25	2	5	8	6
26	3	.	5	.
27	3	1	1	6
28	3	1	10	.
29	3	2	6	6
30	3	3	3	.
31	3	3	11	6
32	3	4	8	.
33	3	5	4	6
34	4	.	1	.
35	4	.	9	6
36	4	1	6	.
37	4	2	2	6
38	4	2	11	.
39	4	3	7	6
40	4	4	4	.
41	4	5	.	6
42	4	5	9	.
43	5	.	5	6
44	5	1	2	.
45	5	1	10	6
46	5	2	7	.
47	5	3	3	6
48	5	4	.	.

Base des Bois en pouces quarrés. 52.

Longueur des Bois en pieds.	Soliv.	Pieds.	Pouc.	Lign.
¼	.	.	2	2
½	.	.	4	4
¾	.	.	6	6
1	.	.	8	8
2	.	1	5	4
3	.	2	2	.
4	.	2	10	8
5	.	3	7	4
6	.	4	4	.
7	.	5	.	8
8	.	5	9	4
9	1	.	6	.
10	1	1	2	8
11	1	1	11	4
12	1	2	8	.
13	1	3	4	8
14	1	4	1	4
15	1	4	10	.
16	1	5	6	8
17	2	.	3	4
18	2	1	.	.
19	2	1	8	8
20	2	2	5	4
21	2	3	2	.
22	2	3	10	8
23	2	4	7	4
24	2	5	4	.
25	3	.	.	8
26	3	.	9	4
27	3	1	6	.
28	3	2	2	8
29	3	2	11	4
30	3	3	8	.
31	3	4	4	8
32	3	5	1	4
33	3	5	10	.
34	4	.	6	8
35	4	1	3	4
36	4	2	.	.
37	4	2	8	8
38	4	3	5	4
39	4	4	2	.
40	4	4	10	8
41	4	5	7	4
42	5	.	4	.
43	5	1	.	8
44	5	1	9	4
45	5	2	6	.
46	5	3	2	8
47	5	3	11	4
48	5	4	8	.

Base des Bois en pouces quarrés. 53.

Longueur des Bois en pieds.	Soliv.	Pieds.	Pouc.	Lign.
¼	.	.	2	2½
½	.	.	4	5
¾	.	.	6	7½
1	.	.	8	10
2	.	1	5	8
3	.	2	2	6
4	.	2	11	4
5	.	3	8	2
6	.	4	5	.
7	.	5	1	10
8	.	5	10	8
9	1	.	7	6
10	1	1	4	4
11	1	2	1	2
12	1	2	10	.
13	1	3	6	10
14	1	4	3	8
15	1	5	.	6
16	1	5	9	4
17	2	.	6	2
18	2	1	3	.
19	2	1	11	10
20	2	2	8	8
21	2	3	5	6
22	2	4	2	4
23	2	4	11	2
24	2	5	8	.
25	3	.	4	10
26	3	1	1	8
27	3	1	10	6
28	3	2	7	4
29	3	3	4	2
30	3	4	1	.
31	3	4	9	10
32	3	5	6	8
33	4	.	3	6
34	4	1	.	4
35	4	1	9	2
36	4	2	6	.
37	4	3	2	10
38	4	3	11	8
39	4	4	8	6
40	4	5	5	4
41	5	.	2	2
42	5	.	11	.
43	5	1	7	10
44	5	2	4	8
45	5	3	1	6
46	5	3	10	4
47	5	4	7	2
48	5	5	4	.

Base des Bois en pouces quarrés. 54.

Longueur des Bois en pieds.	Soliv.	Pieds.	Pouc.	Lign.
¼	.	.	2	3
½	.	.	4	6
¾	.	.	6	9
1	.	.	9	.
2	.	1	6	.
3	.	2	3	.
4	.	3	.	.
5	.	3	9	.
6	.	4	6	.
7	.	5	3	.
8	1	.	.	.
9	1	.	9	.
10	1	1	6	.
11	1	2	3	.
12	1	3	.	.
13	1	3	9	.
14	1	4	6	.
15	1	5	3	.
16	2	.	.	.
17	2	.	9	.
18	2	1	6	.
19	2	2	3	.
20	2	3	.	.
21	2	3	9	.
22	2	4	6	.
23	2	5	3	.
24	3	.	.	.
25	3	.	9	.
26	3	1	6	.
27	3	2	3	.
28	3	3	.	.
29	3	3	9	.
30	3	4	6	.
31	3	5	3	.
32	4	.	.	.
33	4	.	9	.
34	4	1	6	.
35	4	2	3	.
36	4	3	.	.
37	4	3	9	.
38	4	4	6	.
39	4	5	3	.
40	5	.	.	.
41	5	.	9	.
42	5	1	6	.
43	5	2	3	.
44	5	3	.	.
45	5	3	9	.
46	5	4	6	.
47	5	5	3	.
48	6	.	.	.

Base des Bois en pouces quarrés. 55.				
Longueur des Bois en pieds	Solidité en			
	Soliv.	Pieds	Pouc.	Lign.
1/4	.	.	2	3½
1/2	.	.	4	7
3/4	.	.	6	10½
1	.	.	9	2
2	.	1	6	4
3	.	2	3	6
4	.	3	.	8
5	.	3	9	10
6	.	4	7	.
7	.	5	4	2
8	1	.	1	4
9	1	.	10	6
10	1	1	7	8
11	1	2	4	10
12	1	3	2	.
13	1	3	11	2
14	1	4	8	4
15	1	5	5	6
16	2	.	2	8
17	2	.	11	10
18	2	1	9	.
19	2	2	6	2
20	2	3	3	4
21	2	4	.	6
22	2	4	9	8
23	2	5	6	10
24	3	.	4	.
25	3	1	1	2
26	3	1	10	4
27	3	2	7	6
28	3	3	4	8
29	3	4	1	10
30	3	4	11	.
31	3	5	8	2
32	4	.	5	4
33	4	1	2	6
34	4	1	11	8
35	4	2	8	10
36	4	3	6	.
37	4	4	3	2
38	4	5	.	4
39	4	5	9	6
40	5	.	6	8
41	5	1	3	10
42	5	2	1	.
43	5	2	10	2
44	5	3	7	4
45	5	4	4	6
46	5	5	1	8
47	5	5	10	10
48	6	.	8	.

Base des Bois en pouces quarrés. 56.				
Longueur des Bois en pieds	Solidité en			
	Soliv.	Pieds	Pouc.	Lign.
1/4	.	.	2	4/8
1/2	.	.	4	8
3/4	.	.	7	.
1	.	.	9	4/8
2	.	1	6	.
3	.	2	4	.
4	.	3	1	4/8
5	.	3	10	.
6	.	4	8	.
7	.	5	5	4/8
8	1	.	2	.
9	1	1	.	.
10	1	1	9	4/8
11	1	2	6	.
12	1	3	4	.
13	1	4	1	4/8
14	1	4	10	.
15	1	5	8	.
16	2	.	5	4/8
17	2	1	2	.
18	2	2	.	.
19	2	2	9	4/8
20	2	3	6	.
21	2	4	4	.
22	2	5	1	4/8
23	2	5	10	.
24	3	.	8	.
25	3	1	5	4/8
26	3	2	2	.
27	3	3	.	.
28	3	3	9	4/8
29	3	4	6	.
30	3	5	4	.
31	4	.	1	4/8
32	4	.	10	.
33	4	1	8	.
34	4	2	5	4/8
35	4	3	2	.
36	4	4	.	.
37	4	4	9	4/8
38	4	5	6	.
39	5	.	4	.
40	5	1	1	4/8
41	5	1	10	.
42	5	2	8	.
43	5	3	5	4/8
44	5	4	2	.
45	5	5	.	.
46	5	5	9	4/8
47	6	.	6	.
48	6	1	4	.

Base des Bois en pouces quarrés. 57.				
Longueur des Bois en pieds	Solidité en			
	Soliv.	Pieds	Pouc.	Lign.
1/4	.	.	2	4½
1/2	.	.	4	9
3/4	.	.	7	1½
1	.	.	9	6
2	.	1	7	.
3	.	2	4	6
4	.	3	2	.
5	.	3	11	6
6	.	4	9	.
7	.	5	6	6
8	1	.	4	.
9	1	1	1	6
10	1	1	11	.
11	1	2	8	6
12	1	3	6	.
13	1	4	3	6
14	1	5	1	.
15	1	5	10	6
16	2	.	8	.
17	2	1	5	6
18	2	2	3	.
19	2	3	.	6
20	2	3	10	.
21	2	4	7	6
22	2	5	5	.
23	3	.	2	6
24	3	1	.	.
25	3	1	9	6
26	3	2	7	.
27	3	3	4	6
28	3	4	2	.
29	3	4	11	6
30	3	5	9	.
31	4	.	6	6
32	4	1	4	.
33	4	2	1	6
34	4	2	11	.
35	4	3	8	6
36	4	4	6	.
37	4	5	3	6
38	5	.	1	.
39	5	.	10	6
40	5	1	8	.
41	5	2	5	6
42	5	3	3	.
43	5	4	.	6
44	5	4	10	.
45	5	5	7	6
46	6	.	5	.
47	6	1	2	6
48	6	2	.	.

Base des Bois en pouces quarrés. 58.

Longueur des Bois en pieds.	Soliv.	Pieds.	Pouc.	Lign.
1/4	.	.	2	5
1/2	.	.	4	10
3/4	.	.	7	3
1	.	.	9	8
2	.	1	7	4
3	.	2	5	.
4	.	3	2	8
5	.	4	.	4
6	.	4	10	.
7	.	5	7	8
8	1	.	5	4
9	1	1	3	.
10	1	2	.	8
11	1	2	10	4
12	1	3	8	.
13	1	4	5	8
14	1	5	3	4
15	2	.	1	.
16	2	.	10	8
17	2	1	8	4
18	2	2	6	.
19	2	3	3	8
20	2	4	1	4
21	2	4	11	.
22	2	5	8	8
23	3	.	6	4
24	3	1	4	.
25	3	2	1	8
26	3	2	11	4
27	3	3	9	.
28	3	4	6	8
29	3	5	4	4
30	4	.	2	.
31	4	.	11	8
32	4	1	9	4
33	4	2	7	.
34	4	3	4	8
35	4	4	2	4
36	4	5	.	.
37	4	5	9	8
38	5	.	7	4
39	5	1	5	.
40	5	2	2	8
41	5	3	.	4
42	5	3	10	.
43	5	4	7	8
44	5	5	5	4
45	6	.	3	.
46	6	1	.	8
47	6	1	10	4
48	6	2	8	.

Base des Bois en pouces quarrés. 59.

Longueur des Bois en pieds.	Soliv.	Pieds.	Pouc.	Lign.
1/4	.	.	2	5½
1/2	.	.	4	11
3/4	.	.	7	4½
1	.	.	9	10
2	.	1	7	8
3	.	2	5	6
4	.	3	3	4
5	.	4	1	2
6	.	4	11	.
7	.	5	8	10
8	1	.	6	8
9	1	1	4	6
10	1	2	2	4
11	1	3	.	2
12	1	3	10	.
13	1	4	7	10
14	1	5	5	8
15	2	.	3	6
16	2	1	1	4
17	2	1	11	2
18	2	2	9	.
19	2	3	6	10
20	2	4	4	8
21	2	5	2	6
22	3	.	.	4
23	3	.	10	2
24	3	1	8	.
25	3	2	5	10
26	3	3	3	8
27	3	4	1	6
28	3	4	11	4
29	3	5	9	2
30	4	.	7	.
31	4	1	4	10
32	4	2	2	8
33	4	3	.	6
34	4	3	10	4
35	4	4	8	2
36	4	5	6	.
37	5	.	3	10
38	5	1	1	8
39	5	1	11	6
40	5	2	9	4
41	5	3	7	2
42	5	4	5	.
43	5	5	2	10
44	6	.	.	8
45	6	.	10	6
46	6	1	8	4
47	6	2	6	2
48	6	3	4	.

Base des Bois en pouces quarrés. 60.

Longueur des Bois en pieds.	Soliv.	Pieds.	Pouc.	Lign.
1/4	.	.	2	6
1/2	.	.	5	.
3/4	.	.	7	6
1	.	.	10	.
2	.	1	8	.
3	.	2	6	.
4	.	3	4	.
5	.	4	2	.
6	.	5	.	.
7	.	5	10	.
8	1	.	8	.
9	1	1	6	.
10	1	2	4	.
11	1	3	2	.
12	1	4	.	.
13	1	4	10	.
14	1	5	8	.
15	2	.	6	.
16	2	1	4	.
17	2	2	2	.
18	2	3	.	.
19	2	3	10	.
20	2	4	8	.
21	2	5	6	.
22	3	.	4	.
23	3	1	2	.
24	3	2	.	.
25	3	2	10	.
26	3	3	8	.
27	3	4	6	.
28	3	5	4	.
29	4	.	2	.
30	4	1	.	.
31	4	1	10	.
32	4	2	8	.
33	4	3	6	.
34	4	4	4	.
35	4	5	2	.
36	5	.	.	.
37	5	.	10	.
38	5	1	8	.
39	5	2	6	.
40	5	3	4	.
41	5	4	2	.
42	5	5	.	.
43	5	5	10	.
44	6	.	8	.
45	6	1	6	.
46	6	2	4	.
47	6	3	2	.
48	6	4	.	.

Bafe des Bois en pouces quarrés 61.

Longueur des Bois en pieds.	Soliv.	Pieds.	Ponc.	Lign.
1/4	.	.	2	6½
1/2	.	.	5	1
3/4	.	.	7	7½
1	.	.	10	2
2	.	1	8	4
3	.	2	6	6
4	.	3	4	8
5	.	4	2	10
6	.	5	1	.
7	.	5	11	2
8	1	.	9	4
9	1	1	7	6
10	1	2	5	8
11	1	3	3	10
12	1	4	2	.
13	1	5	.	2
14	1	5	10	4
15	2	.	8	6
16	2	1	6	8
17	2	2	4	10
18	2	3	3	.
19	2	4	1	2
20	2	4	11	4
21	2	5	9	6
22	3	.	7	8
23	3	1	5	10
24	3	2	4	.
25	3	3	2	2
26	3	4	.	4
27	3	4	10	6
28	3	5	8	8
29	4	.	6	10
30	4	1	5	.
31	4	2	3	2
32	4	3	1	4
33	4	3	11	6
34	4	4	9	8
35	4	5	7	10
36	5	.	6	.
37	5	1	4	2
38	5	2	2	4
39	5	3	.	6
40	5	3	10	8
41	5	4	8	10
42	5	5	7	.
43	6	.	5	2
44	6	1	3	4
45	6	2	1	6
46	6	2	11	8
47	6	3	9	10
48	6	4	8	.

Bafe des Bois en pouces quarrés. 62.

Longueur des Bois en pieds.	Soliv.	Pieds.	Pouc.	Lign.
1/4	.	.	2	7
1/2	.	.	5	2
3/4	.	.	7	9
1	.	.	10	4
2	.	1	8	8
3	.	2	7	.
4	.	3	5	4
5	.	4	3	8
6	.	5	2	.
7	1	.	.	4
8	1	.	10	8
9	1	1	9	.
10	1	2	7	4
11	1	3	5	8
12	1	4	4	.
13	1	5	2	4
14	2	.	.	8
15	2	.	11	.
16	2	1	9	4
17	2	2	7	8
18	2	3	6	.
19	2	4	4	4
20	2	5	2	8
21	3	.	1	.
22	3	.	11	4
23	3	1	9	8
24	3	2	8	.
25	3	3	6	4
26	3	4	4	8
27	3	5	3	.
28	4	.	1	4
29	4	.	11	8
30	4	1	10	.
31	4	2	8	4
32	4	3	6	8
33	4	4	5	.
34	4	5	3	4
35	5	.	1	8
36	5	1	.	.
37	5	1	10	4
38	5	2	8	8
39	5	3	7	.
40	5	4	5	4
41	5	5	3	8
42	6	.	2	.
43	6	1	.	4
44	6	1	10	8
45	6	2	9	.
46	6	3	7	4
47	6	4	5	8
48	6	5	4	.

Bafe des Bois en pouces quarrés 63.

Longueur des Bois en pieds.	Soliv.	Pieds.	Pouc.	Lign.
1/4	.	.	2	7½
1/2	.	.	5	3
3/4	.	.	7	10½
1	.	.	10	6
2	.	1	9	.
3	.	2	7	6
4	.	3	6	.
5	.	4	4	6
6	.	5	3	.
7	1	.	1	6
8	1	1	.	.
9	1	1	10	6
10	1	2	9	.
11	1	3	7	6
12	1	4	.	.
13	1	5	4	6
14	2	.	3	.
15	2	1	1	6
16	2	2	.	.
17	2	2	10	6
18	2	3	9	.
19	2	4	7	6
20	2	5	6	.
21	3	.	4	6
22	3	1	3	.
23	3	2	1	6
24	3	3	.	.
25	3	3	10	6
26	3	4	9	.
27	3	5	7	6
28	4	.	6	.
29	4	1	4	6
30	4	2	3	.
31	4	3	1	6
32	4	4	.	.
33	4	4	10	6
34	4	5	9	.
35	5	.	7	6
36	5	1	6	.
37	5	2	4	6
38	5	3	3	.
39	5	4	1	6
40	5	5	.	.
41	5	5	10	6
42	6	.	9	.
43	6	1	7	6
44	6	2	6	.
45	6	3	4	6
46	6	4	3	.
47	6	5	1	6
48	7	.	.	.

Bafe

Base des Bois en pouces quarrés. 64.

Longueur des Bois en pieds.	Solidité en			
	Soliv.	Pieds.	Pouc.	Lign.
¼	.	.	2	8
½	.	.	5	4
¾	.	.	8	.
1	.	.	10	8
2	.	1	9	4
3	.	2	8	.
4	.	3	6	8
5	.	4	5	4
6	.	5	4	.
7	1	.	2	8
8	1	1	1	4
9	1	2	.	.
10	1	2	10	8
11	1	3	9	4
12	1	4	8	.
13	1	5	6	8
14	2	.	5	4
15	2	1	4	.
16	2	2	2	8
17	2	3	1	4
18	2	4	.	.
19	2	4	10	8
20	2	5	9	4
21	3	.	8	.
22	3	1	6	8
23	3	2	5	4
24	3	3	4	.
25	3	4	2	8
26	3	5	1	4
27	4	.	.	.
28	4	.	10	8
29	4	1	9	4
30	4	2	8	.
31	4	3	6	8
32	4	4	5	4
33	4	5	4	.
34	5	.	2	8
35	5	1	1	4
36	5	2	.	.
37	5	2	10	8
38	5	3	9	4
39	5	4	8	.
40	5	5	6	8
41	6	.	5	4
42	6	1	4	.
43	6	2	2	8
44	6	3	1	4
45	6	4	.	.
46	6	4	10	8
47	6	5	9	4
48	7	.	8	.

Base des Bois en pouces quarrés. 65.

Longueur des bois, en pieds.	Solidité en			
	Soliv.	Pieds.	Pouc.	Lign.
¼	.	.	2	8½
½	.	.	5	5
¾	.	.	8	1½
1	.	.	10	10
2	.	1	9	8
3	.	2	8	6
4	.	3	7	4
5	.	4	6	2
6	.	5	5	.
7	1	.	3	10
8	1	1	2	8
9	1	2	1	6
10	1	3	.	4
11	1	3	11	2
12	1	4	10	.
13	1	5	8	10
14	2	.	7	8
15	2	1	6	6
16	2	2	5	4
17	2	3	4	2
18	2	4	3	.
19	2	5	1	10
20	3	.	.	8
21	3	.	11	6
22	3	1	10	4
23	3	2	9	2
24	3	3	8	.
25	3	4	6	10
26	3	5	5	8
27	4	.	4	6
28	4	1	3	4
29	4	2	2	2
30	4	3	1	.
31	4	3	11	10
32	4	4	10	8
33	4	5	9	6
34	5	.	8	4
35	5	1	7	2
36	5	2	6	.
37	5	3	4	10
38	5	4	3	8
39	5	5	2	6
40	6	.	1	4
41	6	1	.	2
42	6	1	11	.
43	6	2	9	10
44	6	3	8	8
45	6	4	7	6
46	6	5	6	4
47	7	.	5	2
48	7	1	4	.

Base des Bois en pouces quarrés. 66.

Longueur des bois, en pieds.	Solidité en			
	Soliv.	Pieds.	Pouc.	Lign.
¼	.	.	2	9
½	.	.	5	6
¾	.	.	8	3
1	.	.	11	.
2	.	1	10	.
3	.	2	9	.
4	.	3	8	.
5	.	4	7	.
6	.	5	6	.
7	1	.	5	.
8	1	1	4	.
9	1	2	3	.
10	1	3	2	.
11	1	4	1	.
12	1	5	.	.
13	1	5	11	.
14	2	.	10	.
15	2	1	9	.
16	2	2	8	.
17	2	3	7	.
18	2	4	6	.
19	2	5	5	.
20	3	.	4	.
21	3	1	3	.
22	3	2	2	.
23	3	3	1	.
24	3	4	.	.
25	3	4	11	.
26	3	5	10	.
27	4	.	9	.
28	4	1	8	.
29	4	2	7	.
30	4	3	6	.
31	4	4	5	.
32	4	5	4	.
33	5	.	3	.
34	5	1	2	.
35	5	2	1	.
36	5	3	.	.
37	5	3	11	.
38	5	4	10	.
39	5	5	9	.
40	6	.	8	.
41	6	1	7	.
42	6	2	6	.
43	6	3	5	.
44	6	4	4	.
45	6	5	3	.
46	7	.	2	.
47	7	1	1	.
48	7	2	.	.

Dictionn. des Bois & Forêts. Tome I.er, II. Partie.

Y

170 Table VII; à laquelle renvoient les Entiers contenus dans les cases, Tables I, III & V.

Base des Bois en pouces quarrés. 67.

Longueur des Bois en pieds.	Solidité en			
	Soliv.	Pieds	Pouc.	Lign.
1/4	.	.	2	9 1/2
1/2	.	.	5	7
3/4	.	.	8	4 1/2
1	.	.	11	2
2	.	1	10	4
3	.	2	9	6
4	.	3	8	8
5	.	4	7	10
6	.	5	6	.
7	1	.	6	2
8	1	1	5	4
9	1	2	4	6
10	1	3	3	8
11	1	4	2	10
12	1	5	2	.
13	2	.	1	2
14	2	1	.	4
15	2	1	11	6
16	2	2	10	8
17	2	3	9	10
18	2	4	8	.
19	2	5	8	2
20	3	.	7	4
21	3	1	6	6
22	3	2	5	8
23	3	3	4	10
24	3	4	4	.
25	3	5	3	2
26	4	.	2	4
27	4	1	1	6
28	4	2	.	8
29	4	2	11	10
30	4	3	11	.
31	4	4	10	2
32	4	5	9	4
33	5	.	8	6
34	5	1	7	8
35	5	2	6	10
36	5	3	6	.
37	5	4	5	2
38	5	5	4	4
39	6	.	3	6
40	6	1	2	8
41	6	2	1	10
42	6	3	1	.
43	6	4	.	2
44	6	4	11	4
45	6	5	10	6
46	7	.	9	8
47	7	1	9	10
48	7	2	8	.

Base des Bois en pouces quarrés. 68.

Longueur des Bois en pieds.	Solidité en			
	Soliv.	Pieds	Pouc.	Lign.
1/4	.	.	2	10
1/2	.	.	5	8
3/4	.	.	8	6
1	.	.	11	4
2	.	1	10	8
3	.	2	10	.
4	.	3	9	4
5	.	4	8	8
6	.	5	8	.
7	1	.	7	4
8	1	1	6	8
9	1	2	6	.
10	1	3	5	4
11	1	4	4	8
12	1	5	4	.
13	2	.	3	4
14	2	1	2	8
15	2	2	2	.
16	2	3	1	4
17	2	4	.	8
18	2	5	.	.
19	2	5	11	4
20	3	.	10	8
21	3	1	10	.
22	3	2	9	4
23	3	3	8	8
24	3	4	8	.
25	3	5	7	4
26	4	.	6	8
27	4	1	6	.
28	4	2	5	4
29	4	3	4	8
30	4	4	4	.
31	4	5	3	4
32	5	.	2	8
33	5	1	2	.
34	5	2	1	4
35	5	3	.	8
36	5	4	.	.
37	5	4	11	4
38	5	5	10	8
39	6	.	10	.
40	6	1	9	4
41	6	2	8	8
42	6	3	8	.
43	6	4	7	4
44	6	5	6	8
45	7	.	6	.
46	7	1	5	4
47	7	2	5	8
48	7	3	4	.

Base des Bois en pouces quarrés. 69.

Longueur des Bois en pieds.	Solidité en			
	Soliv.	Pieds	Pouc.	Lign.
1/4	.	.	2	10 1/2
1/2	.	.	5	9 1/2
3/4	.	.	8	7 1/2
1	.	.	11	6
2	.	1	11	.
3	.	2	10	6
4	.	3	10	.
5	.	4	9	6
6	.	5	9	.
7	1	.	8	6
8	1	1	8	.
9	1	2	7	6
10	1	3	7	.
11	1	4	6	6
12	1	5	6	.
13	2	.	5	6
14	2	1	5	.
15	2	2	4	6
16	2	3	4	.
17	2	4	3	6
18	2	5	3	.
19	3	.	2	6
20	3	1	2	.
21	3	2	1	6
22	3	3	1	.
23	3	4	.	6
24	3	5	.	.
25	3	5	11	6
26	4	.	11	.
27	4	1	10	6
28	4	2	10	.
29	4	3	9	6
30	4	4	9	.
31	4	5	8	6
32	5	.	8	.
33	5	1	7	6
34	5	2	7	.
35	5	3	6	6
36	5	4	6	.
37	5	5	5	6
38	6	.	5	.
39	6	1	4	6
40	6	2	4	.
41	6	3	3	6
42	6	4	3	.
43	6	5	2	6
44	7	.	2	.
45	7	1	1	6
46	7	2	1	.
47	7	3	.	6
48	7	4	.	.

Base des Bois en pouces quarrés. 70.

Longueur des Bois en pieds	Solidité en			
	Soliv.	Pieds.	Pouc.	Lign.
1/4			2	11
1/2			5	10
3/4			8	9
1			11	8
2		1	11	4
3		2	11	.
4		3	10	8
5		4	10	4
6		5	10	.
7	1	.	9	8
8	1	1	9	4
9	1	2	9	.
10	1	3	8	8
11	1	4	8	4
12	1	5	8	.
13	2	.	7	8
14	2	1	7	4
15	2	2	7	.
16	2	3	6	8
17	2	4	6	4
18	2	5	6	.
19	3	.	5	8
20	3	1	5	4
21	3	2	5	.
22	3	3	4	8
23	3	4	4	4
24	3	5	4	.
25	4	.	3	8
26	4	1	3	4
27	4	2	3	.
28	4	3	2	8
29	4	4	2	4
30	4	5	2	.
31	5	.	1	8
32	5	1	1	4
33	5	2	1	.
34	5	3	.	8
35	5	4	.	4
36	5	5	.	.
37	5	5	11	8
38	6	.	11	4
39	6	1	11	.
40	6	2	10	8
41	6	3	10	4
42	6	4	10	.
43	6	5	9	8
44	7	.	9	4
45	7	1	9	.
46	7	2	8	8
47	7	3	8	4
48	7	4	8	.

Base des Bois en pouces quarrés. 71.

Longueur des Bois en pieds	Solidité en			
	Soliv.	Pieds.	Pouc.	Lign.
1/4			2	11 1/2
1/2			5	11
3/4			8	10 1/2
1			11	10
2		1	11	8
3		2	11	6
4		3	11	4
5		4	11	2
6		5	11	.
7	1	.	10	10
8	1	1	10	8
9	1	2	10	6
10	1	3	10	4
11	1	4	10	2
12	1	5	10	
13	2	.	9	10
14	2	1	9	8
15	2	2	9	6
16	2	3	9	4
17	2	4	9	2
18	2	5	9	.
19	3	.	8	10
20	3	1	8	8
21	3	2	8	6
22	3	3	8	4
23	3	4	8	2
24	3	5	8	.
25	4	.	7	10
26	4	1	7	8
27	4	2	7	6
28	4	3	7	4
29	4	4	7	2
30	4	5	7	.
31	5	.	6	10
32	5	1	6	8
33	5	2	6	6
34	5	3	6	4
35	5	4	6	2
36	5	5	6	.
37	6	.	5	10
38	6	1	5	8
39	6	2	5	6
40	6	3	5	4
41	6	4	5	2
42	6	5	5	.
43	7	.	4	10
44	7	1	4	8
45	7	2	4	6
46	7	3	4	4
47	7	4	4	2
48	7	5	4	.

Base des Bois en pouces quarrés. 72.

Longueur des Bois en pieds	Solidité en			
	Soliv.	Pieds.	Pouc.	Lign.
1/4			3	
1/2			6	
3/4			9	
1			1	
2			2	
3			3	
4			4	
5			5	
6	1		.	
7	1		1	
8	1		2	
9	1		3	
10	1		4	
11	1		5	
12	2		.	
13	2		1	
14	2		2	
15	2		3	
16	2		4	
17	2		5	
18	3		.	
19	3		1	
20	3		2	
21	3		3	
22	3		4	
23	3		5	
24	4		.	
25	4		1	
26	4		2	
27	4		3	
28	4		4	
29	4		5	
30	5		.	
31	5		1	
32	5		2	
33	5		3	
34	5		4	
35	5		5	
36	6		.	
37	6		1	
38	6		2	
39	6		3	
40	6		4	
41	6		5	
42	7		.	
43	7		1	
44	7		2	
45	7		3	
46	7		4	
47	7		5	
48	8		.	

Base des Bois en pouces quarrés. 73.

Longueur des Bois en pieds.	Soliv.	Pieds	Pouc.	Lign.
¼	.	.	3	½
½	.	.	6	1
¾	.	.	9	5½
1	.	1	.	2
2	.	2	.	4
3	.	3	.	6
4	.	4	.	8
5	.	5	.	10
6	1	.	1	.
7	1	1	1	2
8	1	2	1	4
9	1	3	1	6
10	1	4	1	8
11	1	5	1	10
12	2	.	2	.
13	2	1	2	2
14	2	2	2	4
15	2	3	2	6
16	2	4	2	8
17	2	5	2	10
18	3	.	3	.
19	3	1	3	2
20	3	2	3	4
21	3	3	3	6
22	3	4	3	8
23	3	5	3	10
24	4	.	4	.
25	4	1	4	2
26	4	2	4	4
27	4	3	4	6
28	4	4	4	8
29	4	5	4	10
30	5	.	5	.
31	5	1	5	2
32	5	2	5	4
33	5	3	5	6
34	5	4	5	8
35	5	5	5	10
36	6	.	6	.
37	6	1	6	2
38	6	2	6	4
39	6	3	6	6
40	6	4	6	8
41	6	5	6	10
42	7	.	7	.
43	7	1	7	2
44	7	2	7	4
45	7	3	7	6
46	7	4	7	8
47	7	5	7	10
48	8	.	8	.

Base des Bois en pouces quarrés. 74.

Longueur des Bois en pieds.	Soliv.	Pieds	Pouc.	Lign.
¼	.	.	3	1
½	.	.	6	2
¾	.	.	9	3
1	.	1	.	4
2	.	2	.	8
3	.	3	1	.
4	.	4	1	4
5	.	5	1	8
6	1	.	2	.
7	1	1	2	4
8	1	2	2	8
9	1	3	3	.
10	1	4	3	4
11	1	5	3	8
12	2	.	4	.
13	2	1	4	4
14	2	2	4	8
15	2	3	5	.
16	2	4	5	4
17	2	5	5	8
18	3	.	6	.
19	3	1	6	4
20	3	2	6	8
21	3	3	7	.
22	3	4	7	4
23	3	5	7	8
24	4	.	8	.
25	4	1	8	4
26	4	2	8	8
27	4	3	9	.
28	4	4	9	4
29	4	5	9	8
30	5	.	10	.
31	5	1	10	4
32	5	2	10	8
33	5	3	11	.
34	5	4	11	4
35	5	5	11	8
36	6	1	.	.
37	6	2	.	4
38	6	2	1	8
39	6	3	1	.
40	6	4	1	8
41	7	.	2	.
42	7	1	2	4
43	7	2	2	8
44	7	3	2	.
45	7	4	3	4
46	7	5	3	8
47	8	.	3	.
48	8	1	4	.

Base des Bois en pouces quarrés. 75.

Longueur des Bois en pieds.	Soliv.	Pieds	Pouc.	Lign.
¼	.	.	3	1½
½	.	.	6	3
¾	.	.	9	4½
1	.	1	.	6
2	.	2	1	.
3	.	3	1	6
4	.	4	2	.
5	.	5	2	6
6	1	.	3	.
7	1	1	3	6
8	1	2	4	.
9	1	3	4	6
10	1	4	5	.
11	1	5	5	6
12	2	.	6	.
13	2	1	6	6
14	2	2	7	.
15	2	3	7	6
16	2	4	8	.
17	2	5	8	6
18	3	.	9	.
19	3	1	9	6
20	3	2	10	.
21	3	3	10	6
22	3	4	11	.
23	3	5	11	6
24	4	1	.	.
25	4	2	.	6
26	4	3	1	.
27	4	4	1	6
28	4	5	2	.
29	5	.	2	6
30	5	1	3	.
31	5	2	3	6
32	5	3	4	.
33	5	4	4	6
34	5	5	5	.
35	6	.	5	6
36	6	1	6	.
37	6	2	6	6
38	6	3	7	.
39	6	4	7	6
40	6	5	8	.
41	7	.	8	6
42	7	1	9	.
43	7	2	9	6
44	7	3	10	.
45	7	4	10	6
46	7	5	11	.
47	8	.	11	6
48	8	2	11	.

Base des Bois en pouces quarrés. 76.

Longueur des Bois en pieds.	Soliv.	Pieds.	Pouc.	Lign.
1/4	.	.	3	2
1/3	.	.		4
1/2	.	.	6	8
3/4	.	.	9	.
1	.	I	.	8
2	.	2	1	4
3	.	3	2	.
4	.	4	2	8
5	.	5	3	4
6	I	.	4	.
7	I	I	4	8
8	I	2	5	4
9	I	3	6	.
10	I	4	6	8
11	I	5	7	4
12	2	.	8	.
13	2	I	8	8
14	2	2	9	4
15	2	3	10	.
16	2	4	10	8
17	2	5	11	4
18	3	I	.	.
19	3	2	.	8
20	3	3	I	4
21	3	4	2	.
22	3	5	.	8
23	4	.	3	4
24	4	I	4	.
25	4	2	4	8
26	4	3	5	4
27	4	4	6	.
28	4	5	6	8
29	5	.	7	4
30	5	I	8	.
31	5	2	.	8
32	5	3	9	4
33	5	4	10	.
34	5	5	10	8
35	6	.	11	4
36	6	2	.	.
37	6	3	.	8
38	6	4	I	4
39	6	5	2	.
40	7	.	2	4
41	7	I	3	4
42	7	2	4	.
43	7	3	4	8
44	7	4	5	4
45	7	5	6	.
46	8	.	6	8
47	8	I	7	4
48	8	2	8	.

Base des Bois en pouces quarrés. 77.

Longueur des Bois en pieds	Soliv.	Pied.	Pouc.	Lign.
1/4	.	.	3	2½
1/3	.	.	6	5
1/2	.	.	9	7½
3/4	.	.	.	10
1	.	I	.	8
2	.	2	1	6
3	.	3	2	.
4	.	4	3	4
5	.	5	4	2
6	I	.	5	.
7	I	I	5	10
8	I	2	6	8
9	I	3	7	6
10	I	4	8	4
11	I	5	9	2
12	2	.	10	.
13	2	I	10	10
14	2	2	11	8
15	2	4	.	6
16	2	5	I	4
17	3	.	2	2
18	3	I	3	.
19	3	2	3	10
20	3	3	4	8
21	3	4	5	6
22	3	5	6	4
23	4	.	7	2
24	4	I	8	.
25	4	2	8	10
26	4	3	9	6
27	4	4	10	6
28	4	5	11	4
29	5	I	.	1
30	5	2	I	.
31	5	3	I	10
32	5	4	2	8
33	5	5	3	6
34	6	.	4	4
35	6	I	5	2
36	6	2	6	.
37	6	3	6	10
38	6	4	7	8
39	6	5	8	6
40	7	.	9	4
41	7	I	10	2
42	7	2	11	.
43	7	3	11	10
44	7	5	.	8
45	8	.	I	6
46	8	I	2	4
47	8	2	3	2
48	8	3	4	.

Base des Bois en pouces quarrés. 78.

Longueur des Bois en pieds	Soliv.	Pieds.	Pouc.	Lign.
1/4	.	.	3	3
1/3	.	.	6	6
1/2	.	.	9	9
3/4	.	I	.	.
1	.	I	2	.
2	.	2	2	.
3	.	3	5	.
4	.	4	4	.
5	.	5	5	.
6	I	.	6	.
7	I	I	7	.
8	I	2	8	.
9	I	3	9	.
10	I	4	10	.
11	I	5	11	.
12	2	I	.	.
13	2	2	I	.
14	2	3	2	.
15	2	4	3	.
16	2	5	4	.
17	3	I	5	.
18	3	2	6	.
19	3	2	7	.
20	3	3	8	.
21	3	4	9	.
22	3	5	10	.
23	4	.	11	.
24	4	2	.	.
25	4	3	I	.
26	4	4	2	.
27	4	5	3	.
28	5	.	4	.
29	5	I	5	.
30	5	2	6	.
31	5	3	7	.
32	5	4	8	.
33	5	5	9	.
34	6	I	10	.
35	6	I	11	.
36	6	3	.	.
37	6	4	I	.
38	6	5	2	.
39	7	.	3	.
40	7	I	4	.
41	7	2	5	.
42	7	3	6	.
43	7	4	7	.
44	7	5	8	.
45	8	.	9	.
46	8	I	10	.
47	8	2	11	.
48	8	4	.	.

Base des Bois en pouces quarrés. 79.				
Longueur des Bois en pieds.	Solidité en			
	Soliv.	Pieds.	Pouc.	Lign.
1/8	.	.	3	3½
1/4	.	.	6	7
1/2	.	.	9	10½
3/4	.	.	.	.
1	.	1	1	2
2	.	2	2	4
3	.	3	3	6
4	.	4	4	8
5	.	5	5	10
6	1	.	7	.
7	1	1	8	2
8	1	2	9	4
9	1	3	10	6
10	1	4	11	8
11	2	.	.	10
12	2	1	2	.
13	2	2	3	2
14	2	3	4	4
15	2	4	5	6
16	2	5	6	8
17	3	.	7	10
18	3	1	9	.
19	3	2	10	2
20	3	3	11	4
21	3	5	.	6
22	4	.	1	8
23	4	1	2	10
24	4	2	5	.
25	4	3	5	2
26	4	4	6	4
27	4	5	.	6
28	5	.	8	8
29	5	1	9	10
30	5	2	11	.
31	5	4	.	2
32	5	5	2	4
33	6	.	2	6
34	6	1	3	8
35	6	2	4	10
36	6	3	.	.
37	6	4	7	2
38	6	5	8	4
39	7	.	9	6
40	7	1	10	8
41	7	2	11	10
42	7	4	1	.
43	7	5	2	2
44	8	.	3	4
45	8	1	4	6
46	8	2	5	8
47	8	3	6	10
48	8	4	8	.

Base des Bois en pouces quarrés. 80.				
Longueur des Bois en pieds.	Solidité en			
	Soliv.	Pieds.	Pouc.	Lign.
1/8	.	.	3	4
1/4	.	.	6	8
1/2	.	.	10	.
3/4	.	.	.	.
1	.	1	1	4
2	.	2	2	8
3	.	3	4	.
4	.	4	5	4
5	.	5	6	8
6	1	.	8	.
7	1	1	9	4
8	1	2	10	8
9	1	4	.	.
10	1	5	1	4
11	2	.	2	8
12	2	1	4	.
13	2	2	5	4
14	2	3	6	8
15	2	4	8	.
16	2	5	9	4
17	3	.	10	8
18	3	2	.	.
19	3	3	1	4
20	3	4	2	8
21	3	5	4	.
22	4	.	5	4
23	4	1	6	8
24	4	2	8	.
25	4	3	9	4
26	4	4	10	8
27	5	.	1	.
28	5	1	1	4
29	5	2	2	8
30	5	3	4	.
31	5	4	5	4
32	5	5	6	8
33	6	.	8	.
34	6	1	9	4
35	6	2	10	8
36	6	4	.	.
37	6	5	1	4
38	7	.	2	8
39	7	1	4	.
40	7	2	5	4
41	7	3	6	8
42	7	4	8	.
43	7	5	9	4
44	8	.	10	8
45	8	2	.	.
46	8	3	1	4
47	8	4	2	8
48	8	5	4	.

Base des Bois en pouces quarrés. 81.				
Longueur des Bois en pieds.	Solidité en			
	Soliv.	Pieds.	Pouc.	Lign.
1/8	.	.	3	4½
1/4	.	.	6	9
1/2	.	.	10	1½
3/4	.	.	.	.
1	.	1	1	6
2	.	2	3	.
3	.	3	4	6
4	.	4	6	.
5	.	5	7	6
6	1	.	9	.
7	1	1	10	6
8	1	3	.	.
9	1	4	1	6
10	1	5	3	.
11	2	.	4	6
12	2	1	6	.
13	2	2	7	6
14	2	3	9	.
15	2	4	10	6
16	3	.	.	.
17	3	1	1	6
18	3	2	3	.
19	3	3	4	6
20	3	4	6	.
21	3	5	7	6
22	4	.	9	.
23	4	1	10	6
24	4	3	.	.
25	4	4	1	6
26	4	5	3	.
27	5	.	4	6
28	5	1	6	.
29	5	2	7	6
30	5	3	9	.
31	5	4	10	6
32	5	.	.	.
33	6	.	1	.
34	6	2	3	.
35	6	3	4	6
36	6	4	6	.
37	6	5	7	6
38	7	.	9	.
39	7	1	10	6
40	7	3	.	.
41	7	4	1	6
42	7	5	3	.
43	8	.	4	6
44	8	1	6	.
45	8	2	7	6
46	8	3	9	.
47	8	4	10	6
48	9	.	.	.

Bafe des Bois en pouces quarrés. 82.

Longueur des Bois en pieds	Solidité en			
	Soliv.	Pieds.	Pouc.	Lign.
¼	.	.	3	5
½	.	.	6	10
¾	.	.	10	3
1	.	1	1	8
2	.	2	3	4
3	.	3	5	.
4	.	4	6	8
5	.	5	8	4
6	1	.	10	.
7	1	1	11	8
8	1	3	1	4
9	1	4	3	.
10	1	5	4	8
11	2	.	6	4
12	2	1	8	.
13	2	2	9	8
14	2	3	11	4
15	2	5	1	.
16	3	.	2	8
17	3	1	4	4
18	3	2	6	.
19	3	3	7	8
20	3	4	9	4
21	3	5	11	.
22	4	1	.	8
23	4	2	2	4
24	4	3	4	.
25	4	4	5	8
26	4	5	7	4
27	5	.	9	.
28	5	1	10	8
29	5	3	.	4
30	5	4	2	.
31	5	5	3	8
32	6	.	5	4
33	6	1	7	.
34	6	2	8	8
35	6	3	10	4
36	6	5	.	.
37	7	.	1	8
38	7	1	3	4
39	7	2	5	.
40	7	3	6	8
41	7	4	8	4
42	7	5	10	.
43	8	.	11	8
44	8	2	1	4
45	8	3	3	.
46	8	4	4	8
47	8	5	6	4
48	9	.	8	.

Bafe des Bois en pouces quarrés. 83.

Longueur des Bois en pieds	Solidité en			
	Soliv.	Pieds.	Pouc.	Lign.
¼	.	.	3	5½
½	.	.	6	11
¾	.	.	10	4½
1	.	1	1	10
2	.	2	3	8
3	.	3	5	6
4	.	4	7	4
5	.	5	9	2
6	1	.	11	.
7	1	2	.	10
8	1	3	2	8
9	1	4	4	6
10	1	5	6	4
11	2	.	8	2
12	2	1	10	.
13	2	2	11	10
14	2	4	1	8
15	2	5	3	6
16	3	.	5	4
17	3	1	7	2
18	3	2	9	.
19	3	3	10	10
20	3	5	.	8
21	4	.	2	6
22	4	1	4	4
23	4	2	6	2
24	4	3	8	.
25	4	4	9	10
26	4	5	11	8
27	5	1	1	6
28	5	2	3	4
29	5	3	5	2
30	5	4	7	.
31	5	5	8	10
32	6	.	10	8
33	6	2	.	6
34	6	3	2	4
35	6	4	4	2
36	6	5	6	.
37	7	.	7	10
38	7	1	9	8
39	7	2	11	6
40	7	4	1	4
41	7	5	3	2
42	8	.	5	.
43	8	1	6	10
44	8	2	8	8
45	8	3	10	6
46	8	5	.	4
47	9	.	2	2
48	9	1	4	.

Bafe des Bois en pouces quarrés. 84.

Longueur des Bois en pieds	Solidité en			
	Soliv.	Pieds.	Pouc.	Lign.
¼	.	.	3	6
½	.	.	7	.
¾	.	.	10	6
1	.	1	2	.
2	.	2	4	.
3	.	3	6	.
4	.	4	8	.
5	.	5	10	.
6	1	1	.	.
7	1	2	2	.
8	1	3	4	.
9	1	4	6	.
10	1	5	8	.
11	2	.	10	.
12	2	2	.	.
13	2	3	2	.
14	2	4	4	.
15	2	5	6	.
16	3	.	8	.
17	3	1	10	.
18	3	3	.	.
19	3	4	2	.
20	3	5	4	.
21	4	.	6	.
22	4	1	8	.
23	4	2	10	.
24	4	4	.	.
25	4	5	2	.
26	5	.	4	.
27	5	1	6	.
28	5	2	8	.
29	5	3	10	.
30	5	5	.	.
31	6	.	2	.
32	6	1	4	.
33	6	2	6	.
34	6	3	8	.
35	6	4	10	.
36	7	.	.	.
37	7	1	2	.
38	7	2	4	.
39	7	3	6	.
40	7	4	8	.
41	7	5	10	.
42	8	1	.	.
43	8	2	2	.
44	8	3	4	.
45	8	4	6	.
46	8	5	8	.
47	9	.	10	.
48	9	2	.	.

Base des Bois en pouces quarrés. 85.

Longueur des Bois en pieds.	Solidité en			
	Soliv.	Pieds.	Pouc.	Lign.
1/4	.	.	3	6½
1/2	.	.	7	1
3/4	.	.	10	7½
1	.	1	2	2
2	.	2	4	4
3	.	3	6	6
4	.	4	8	8
5	.	5	10	10
6	1	1	1	.
7	1	2	3	2
8	1	3	5	4
9	1	4	7	6
10	1	5	9	8
11	2	.	11	10
12	2	2	1	.
13	2	3	4	2
14	2	4	6	4
15	2	5	8	6
16	3	.	10	8
17	3	2	.	10
18	3	3	3	.
19	3	4	5	2
20	3	5	7	4
21	4	.	9	6
22	4	1	11	8
23	4	3	1	10
24	4	4	4	.
25	4	5	6	2
26	5	.	8	4
27	5	1	10	6
28	5	3	.	8
29	5	4	2	10
30	5	5	5	.
31	6	.	7	2
32	6	1	9	4
33	6	2	11	6
34	6	4	1	8
35	6	5	3	10
36	7	.	6	.
37	7	1	8	2
38	7	2	10	4
39	7	4	.	6
40	7	5	2	8
41	8	.	4	10
42	8	1	7	.
43	8	2	9	2
44	8	3	11	4
45	8	5	1	6
46	9	.	3	8
47	9	1	.	10
48	9	2	8	.

Base des Bois en pouces quarrés. 86.

Longueur des Bois en pieds.	Solidité en			
	Soliv.	Pieds.	Pouc.	Lign.
1/4	.	.	3	7
1/2	.	.	7	2
3/4	.	.	10	9
1	.	1	2	4
2	.	2	4	8
3	.	3	7	.
4	.	4	9	4
5	.	5	11	8
6	1	1	2	.
7	1	2	4	4
8	1	3	6	8
9	1	4	9	.
10	1	5	11	4
11	2	1	1	8
12	2	2	4	.
13	2	3	6	4
14	2	4	8	8
15	2	5	11	.
16	3	1	1	4
17	3	2	3	8
18	3	3	6	.
19	3	4	8	4
20	3	5	10	8
21	4	1	1	.
22	4	2	3	4
23	4	3	5	8
24	4	4	8	.
25	4	5	10	4
26	5	1	.	8
27	5	2	3	.
28	5	3	5	4
29	5	4	7	8
30	5	5	10	.
31	6	1	.	4
32	6	2	2	8
33	6	3	5	.
34	6	4	7	4
35	6	5	9	8
36	7	1	.	.
37	7	2	2	4
38	7	3	4	8
39	7	4	7	.
40	7	5	9	4
41	8	.	11	8
42	8	2	2	.
43	8	3	4	4
44	8	4	6	8
45	8	5	9	.
46	9	.	11	4
47	9	2	1	8
48	9	3	4	.

Base des Bois en pouces quarrés. 87.

Longueur des Bois en pieds.	Solidité en			
	Soliv.	Pieds.	Pouc.	Lign.
1/4	.	.	3	7½
1/2	.	.	7	3
3/4	.	.	1..	10½
1	.	1	2	6
2	.	2	5	.
3	.	3	7	6
4	.	4	10	.
5	1	.	.	6
6	1	1	3	.
7	1	2	5	6
8	1	3	8	.
9	1	4	10	6
10	2	.	1	.
11	2	1	3	6
12	2	2	6	.
13	2	3	8	6
14	2	4	11	.
15	3	.	1	6
16	3	1	4	.
17	3	2	6	6
18	3	3	5	6
19	3	4	11	6
20	4	.	2	.
21	4	1	4	6
22	4	2	7	.
23	4	3	9	6
24	4	5	.	2
25	5	.	2	.
26	5	1	.	.
27	5	2	7	6
28	5	3	10	.
29	5	5	.	6
30	6	.	3	.
31	6	1	5	6
32	6	2	8	.
33	6	3	10	6
34	6	5	1	.
35	7	.	3	6
36	7	1	6	.
37	7	2	8	6
38	7	3	11	6
39	7	5	1	6
40	8	.	4	.
41	8	1	6	6
42	8	2	9	.
43	8	3	11	6
44	8	5	2	.
45	9	.	4	6
46	9	1	7	.
47	9	2	9	6
48	9	4	.	.

Base des Bois en pouces quarrés. 88.

Longueur des Bois en pieds.	Soliv.	Pieds	Pouc.	Lign.
1/4	.	.	3	8
1/2	.	.	7	4
3/4	.	.	11	.
1	.	1	2	8
2	.	2	5	4
3	.	3	8	.
4	.	4	10	8
5	1	.	1	4
6	1	1	4	.
7	1	2	6	8
8	1	3	9	4
9	1	5	.	.
10	2	.	2	8
11	2	1	5	4
12	2	2	8	.
13	2	3	10	8
14	2	5	1	4
15	3	.	4	.
16	3	1	6	8
17	3	2	9	4
18	3	4	.	.
19	3	5	2	8
20	4	.	5	4
21	4	1	8	.
22	4	2	10	8
23	4	4	1	4
24	4	5	4	.
25	5	.	6	8
26	5	1	9	4
27	5	3	.	.
28	5	4	2	8
29	5	5	5	4
30	6	.	8	.
31	6	1	10	8
32	6	3	1	4
33	6	4	4	.
34	6	5	6	8
35	7	.	9	4
36	7	2	.	.
37	7	3	2	8
38	7	4	5	4
39	7	5	8	.
40	8	.	10	8
41	8	2	1	4
42	8	3	4	.
43	8	4	6	8
44	8	5	9	4
45	9	1	.	.
46	9	2	2	8
47	9	3	5	4
48	9	4	8	.

Base des Bois en pouces quarrés. 89.

Longueur des Bois en pieds.	Soliv.	Pieds	Pouc.	Lign.
1/4	.	.	3	8½
1/2	.	.	7	5
3/4	.	.	11	1½
1	.	1	2	10
2	.	2	5	8
3	.	3	8	6
4	.	4	11	4
5	1	.	2	2
6	1	1	5	.
7	1	2	7	10
8	1	3	10	8
9	1	5	1	6
10	2	.	4	4
11	2	1	7	2
12	2	2	10	.
13	2	4	.	10
14	2	5	3	8
15	3	.	6	6
16	3	1	9	4
17	3	3	.	2
18	3	4	3	.
19	3	5	5	10
20	4	.	8	8
21	4	1	11	6
22	4	3	2	4
23	4	4	5	2
24	4	5	8	.
25	5	.	10	10
26	5	2	1	8
27	5	3	4	6
28	5	4	7	4
29	5	5	10	2
30	6	1	1	.
31	6	2	3	10
32	6	3	6	8
33	6	4	9	6
34	7	1	.	4
35	7	1	3	2
36	7	2	6	.
37	7	3	8	10
38	7	4	11	8
39	8	.	2	6
40	8	1	5	4
41	8	2	8	2
42	8	3	11	.
43	8	5	1	10
44	9	.	4	8
45	9	1	7	6
46	9	2	10	4
47	9	4	1	2
48	9	5	4	.

Base des Bois en pouces quarrés. 90.

Longueur des Bois en pieds.	Soliv.	Pieds	Pouc.	Lign.
1/4	.	.	3	9
1/2	.	.	7	6
3/4	.	.	11	3
1	.	1	3	.
2	.	2	6	.
3	.	3	9	.
4	.	5	.	.
5	1	.	3	.
6	1	1	6	.
7	1	2	9	.
8	1	4	.	.
9	1	5	3	.
10	2	.	6	.
11	2	1	9	.
12	2	3	.	.
13	2	4	3	.
14	2	5	6	.
15	3	.	9	.
16	3	2	.	.
17	3	3	3	.
18	3	4	6	.
19	3	5	9	.
20	4	1	.	.
21	4	2	3	.
22	4	3	6	.
23	4	4	9	.
24	5	.	.	.
25	5	1	3	.
26	5	2	6	.
27	5	3	9	.
28	5	5	.	.
29	6	.	3	.
30	6	1	6	.
31	6	2	9	.
32	6	4	.	.
33	6	5	3	.
34	7	.	6	.
35	7	1	9	.
36	7	3	.	.
37	7	4	3	.
38	7	5	6	.
39	8	.	9	.
40	8	2	.	.
41	8	3	3	.
42	8	4	6	.
43	8	5	9	.
44	9	1	.	.
45	9	2	3	.
46	9	3	6	.
47	9	4	9	.
48	10	.	.	.

Base des Bois en pouces quarrés. 91.

Longueur des Bois en pieds.	Solidité en			
	Soliv.	Pieds	Pouc.	Lign.
1/4	·	·	3	9 ½
1/2	·	·	7	7
3/4	·	·	11	4 ½
1	·	1	3	2
2	·	2	6	4
3	·	3	9	6
4	·	5	·	8
5	1	·	3	10
6	1	1	7	·
7	1	2	10	2
8	1	4	1	4
9	1	5	4	6
10	2	·	7	8
11	2	1	10	10
12	2	3	2	·
13	2	4	5	2
14	2	5	8	4
15	3	·	11	6
16	3	2	2	8
17	3	3	5	10
18	3	4	9	·
19	4	·	·	2
20	4	1	3	4
21	4	2	6	6
22	4	3	9	8
23	4	5	·	10
24	5	·	4	·
25	5	1	7	2
26	5	2	10	4
27	5	4	1	6
28	5	5	4	8
29	6	·	7	10
30	6	1	11	·
31	6	3	2	2
32	6	4	5	4
33	6	5	8	6
34	7	·	11	8
35	7	2	2	10
36	7	3	6	·
37	7	4	9	2
38	8	·	·	4
39	8	1	3	6
40	8	2	6	8
41	8	3	9	10
42	8	5	1	·
43	9	·	4	2
44	9	1	7	4
45	9	2	10	6
46	9	4	1	8
47	9	5	4	10
48	10	·	8	·

Base des Bois en pouces quarrés. 92.

Longueur des Bois en pieds.	Solidité en			
	Soliv.	Pieds	Pouc.	Lign.
1/4	·	·	3	10
1/2	·	·	7	8
3/4	·	·	11	6
1	·	1	3	4
2	·	2	6	8
3	·	3	10	·
4	·	5	1	4
5	1	·	4	8
6	1	1	8	·
7	1	2	11	4
8	1	4	2	8
9	1	5	6	·
10	2	·	9	4
11	2	2	·	8
12	2	3	4	·
13	2	4	7	4
14	2	5	10	8
15	3	1	2	·
16	3	2	5	4
17	3	3	8	8
18	3	5	·	·
19	4	·	3	4
20	4	1	6	8
21	4	2	10	·
22	4	4	1	4
23	4	5	4	8
24	5	·	8	·
25	5	1	11	4
26	5	3	2	8
27	5	4	6	·
28	5	5	9	4
29	6	1	·	8
30	6	2	4	·
31	6	3	7	4
32	6	4	10	8
33	7	·	2	·
34	7	1	5	4
35	7	2	8	8
36	7	4	·	·
37	7	5	3	4
38	8	·	6	8
39	8	1	10	·
40	8	3	1	4
41	8	4	4	8
42	8	5	8	·
43	9	·	11	4
44	9	2	2	8
45	9	3	6	·
46	9	4	9	4
47	10	·	·	8
48	10	1	4	·

Base des Bois en pouces quarrés. 93.

Longueur des Bois en pieds.	Solidité en			
	Soliv.	Pieds	Pouc.	Lign.
1/4	·	·	3	10 ½
1/2	·	·	7	9
3/4	·	·	11	7 ½
1	·	1	3	6
2	·	2	7	·
3	·	3	10	6
4	·	5	2	·
5	1	·	5	6
6	1	1	9	·
7	1	3	·	6
8	1	4	4	·
9	1	5	7	6
10	2	·	11	·
11	2	2	2	6
12	2	3	6	·
13	2	4	9	6
14	3	·	1	·
15	3	1	4	6
16	3	2	8	·
17	3	3	11	6
18	3	5	3	·
19	4	·	6	6
20	4	1	10	·
21	4	3	1	6
22	4	4	5	·
23	4	5	8	6
24	5	1	·	·
25	5	2	3	6
26	5	3	7	·
27	5	4	10	6
28	6	·	2	·
29	6	1	5	6
30	6	2	9	·
31	6	4	·	6
32	6	5	4	·
33	7	·	7	6
34	7	1	11	·
35	7	3	2	6
36	7	4	6	·
37	7	5	9	6
38	8	1	1	·
39	8	2	4	6
40	8	3	8	·
41	8	4	11	6
42	9	·	3	·
43	9	1	6	6
44	9	2	10	·
45	9	4	1	6
46	9	5	5	·
47	10	·	8	6
48	10	2	·	·

Base des Bois en pouces quarrés. 94.

Longueur des Bois en pieds.	Soliv.	Pieds.	Pouc.	Lign.
1/4	.	.	3	11
1/2	.	.	7	10
3/4	.	.	11	9
1	.	1	3	8
2	.	2	7	4
3	.	3	11	.
4	.	5	2	8
5	1	.	6	4
6	1	1	10	.
7	1	3	1	8
8	1	4	5	4
9	1	5	9	.
10	2	1	.	8
11	2	2	4	4
12	2	3	8	.
13	2	4	11	8
14	3	.	3	4
15	3	1	7	.
16	3	2	10	8
17	3	4	2	4
18	3	5	6	.
19	4	.	9	8
20	4	2	1	4
21	4	3	5	.
22	4	4	8	8
23	5	.	.	4
24	5	1	4	.
25	5	2	7	8
26	5	3	11	4
27	5	5	3	.
28	6	.	6	8
29	6	1	10	4
30	6	3	2	.
31	6	4	5	8
32	6	5	9	4
33	7	1	1	.
34	7	2	4	8
35	7	3	8	4
36	7	5	.	.
37	8	.	3	8
38	8	1	7	4
39	8	2	11	.
40	8	4	2	8
41	8	5	6	4
42	9	.	10	.
43	9	2	1	8
44	9	3	5	4
45	9	4	9	.
46	10	.	.	8
47	10	1	4	4
48	10	2	8	.

Base des Bois en pouces quarrés. 95.

Longueur des Bois en pieds.	Soliv.	Pieds.	Pouc.	Lign.
1/4	.	.	3	11½
1/2	.	.	7	11
3/4	.	.	11	10½
1	.	1	3	10
2	.	2	7	8
3	.	3	11	6
4	.	5	3	4
5	1	.	7	2
6	1	1	11	.
7	1	3	2	10
8	1	4	6	8
9	1	5	10	6
10	2	1	2	4
11	2	2	6	2
12	2	3	10	.
13	2	5	1	10
14	3	.	5	8
15	3	1	9	6
16	3	3	1	4
17	3	4	5	2
18	3	5	9	.
19	4	1	.	10
20	4	2	4	8
21	4	3	8	6
22	4	5	.	4
23	5	.	4	2
24	5	1	8	.
25	5	2	11	10
26	5	4	3	8
27	5	5	7	6
28	6	.	11	4
29	6	2	3	2
30	6	3	7	.
31	6	4	10	10
32	7	.	2	8
33	7	1	6	6
34	7	2	10	4
35	7	4	2	2
36	7	5	6	.
37	8	.	9	10
38	8	2	1	8
39	8	3	5	6
40	8	4	9	4
41	9	.	1	2
42	9	1	5	.
43	9	2	8	10
44	9	4	.	8
45	9	5	4	6
46	10	.	8	4
47	10	2	.	2
48	10	3	4	.

Base des Bois en pouces quarrés. 96.

Longueur des Bois en pieds.	Soliv.	Pieds.	Pouc.	Lign.
1/4	.	.	4	.
1/2	.	.	8	.
3/4	.	1	.	.
1	.	1	4	.
2	.	2	8	.
3	.	4	.	.
4	.	5	4	.
5	1	.	8	.
6	1	2	.	.
7	1	3	4	.
8	1	4	8	.
9	2	.	.	.
10	2	1	4	.
11	2	2	8	.
12	2	4	.	.
13	2	5	4	.
14	3	.	8	.
15	3	2	.	.
16	3	3	4	.
17	3	4	8	.
18	4	.	.	.
19	4	1	4	.
20	4	2	8	.
21	4	4	.	.
22	4	5	4	.
23	5	.	8	.
24	5	2	.	.
25	5	3	4	.
26	5	4	8	.
27	6	.	.	.
28	6	1	4	.
29	6	2	8	.
30	6	4	.	.
31	6	5	4	.
32	7	.	8	.
33	7	2	.	.
34	7	3	4	.
35	7	4	8	.
36	8	.	.	.
37	8	1	4	.
38	8	2	8	.
39	8	4	.	.
40	8	5	4	.
41	9	.	8	.
42	9	2	.	.
43	9	3	4	.
44	9	4	8	.
45	10	.	.	.
46	10	1	4	.
47	10	2	8	.
48	10	4	.	.

Base des Bois en pouces quarrés. 97.

Longueur des Bois en pieds.	Soliv.	Pieds.	Pouc.	Lign.
¼	.	.	4	½
½	.	.	8	1
¾	.	1	.	1½
1	.	1	4	2
2	.	2	8	4
3	.	4	.	6
4	.	5	4	8
5	1	.	8	10
6	1	2	1	.
7	1	3	5	2
8	1	4	9	4
9	2	.	1	6
10	2	1	5	8
11	2	2	9	10
12	2	4	2	.
13	2	5	6	2
14	3	.	10	4
15	3	2	2	6
16	3	3	6	8
17	3	4	10	10
18	4	.	3	.
19	4	1	7	2
20	4	2	11	4
21	4	4	3	6
22	4	5	7	8
23	5	.	11	10
24	5	2	4	.
25	5	3	8	2
26	5	5	.	4
27	6	.	4	6
28	6	1	8	8
29	6	3	.	10
30	6	4	5	.
31	6	5	9	2
32	7	1	1	4
33	7	2	5	6
34	7	3	9	8
35	7	5	1	10
36	8	.	6	.
37	8	1	10	2
38	8	3	2	4
39	8	4	6	6
40	8	5	10	8
41	9	1	2	10
42	9	2	7	.
43	9	3	11	2
44	9	5	3	4
45	10	.	7	6
46	10	1	11	8
47	10	3	3	10
48	10	4	.	.

Base des Bois en pouces quarrés. 98.

Longueur des Bois en pieds.	Soliv.	Pieds.	Pouc.	Lign.
¼	.	.	4	1
½	.	.	8	2
¾	.	1	.	3
1	.	1	4	4
2	.	2	8	8
3	.	4	1	.
4	.	5	5	4
5	1	.	9	8
6	1	2	2	.
7	1	3	6	4
8	1	4	10	8
9	2	.	3	.
10	2	1	7	4
11	2	2	11	8
12	2	4	4	.
13	2	5	8	4
14	3	1	.	8
15	3	2	5	.
16	3	3	9	4
17	3	5	1	8
18	4	.	6	.
19	4	1	10	4
20	4	3	2	8
21	4	4	7	.
22	4	5	11	4
23	5	1	3	8
24	5	2	8	.
25	5	4	.	4
26	5	5	4	8
27	6	.	9	.
28	6	2	1	4
29	6	3	5	8
30	6	4	10	.
31	7	.	2	4
32	7	1	6	8
33	7	2	11	.
34	7	4	3	4
35	7	5	7	8
36	8	1	.	.
37	8	2	4	4
38	8	3	8	8
39	8	5	1	.
40	9	1	5	4
41	9	1	9	8
42	9	3	2	.
43	9	4	6	4
44	9	5	10	8
45	10	1	3	.
46	10	2	7	4
47	10	3	11	8
48	10	5	4	

Base des Bois en pouces quarrés. 99.

Longueur des Bois en pieds.	Soliv.	Pieds.	Pouc.	Lign.
¼	.	.	4	1½
½	.	.	8	3
¾	.	1	.	4½
1	.	1	4	6
2	.	2	9	.
3	.	4	1	6
4	.	5	6	.
5	1	.	10	6
6	1	2	3	.
7	1	3	7	6
8	1	5	.	.
9	2	.	4	6
10	2	1	9	.
11	2	3	1	6
12	2	4	6	.
13	2	5	10	6
14	3	1	3	.
15	3	2	7	6
16	3	4	.	.
17	3	5	4	6
18	4	.	9	.
19	4	2	1	6
20	4	3	6	.
21	4	4	10	6
22	4	5	3	.
23	5	1	7	6
24	5	3	.	.
25	5	4	4	6
26	5	5	9	.
27	6	1	1	6
28	6	2	6	.
29	6	3	10	6
30	6	5	3	.
31	7	.	7	6
32	7	2	.	.
33	7	3	4	6
34	7	4	9	.
35	7	5	1	6
36	8	1	6	.
37	8	2	10	6
38	8	4	3	.
39	8	5	7	6
40	9	1	.	.
41	9	2	4	6
42	9	3	9	.
43	9	5	1	6
44	10	.	6	.
45	10	1	10	6
46	10	3	3	.
47	10	4	7	6
48	11	.	.	.

AVERTISSEMENT.

Il est à observer qu'à la suite des intitulés : *Base des Bois en pouces quarrés* , les nombres 1, 2, 3, 4, &c. qui, d'un intitulé à l'autre, n'augmèntoient que d'une unité, augmenteront à l'avenir de cent. Nous en avons déduit la raison dans le discours, en tête de la première partie de l'Ouvrage, articles 45 & 46.

Longueur des Bois en pieds	Solidité en			
	Soliv.	Pieds.	Pouc.	Lign.
Base des Bois en pouces quarrés. 100.				
1/4	.	.	4/8	2
1/2	.	.	.	4
3/4	.	1	.	6
1	.	1	4	8
2	.	2	9	4
3	.	4	2	6
4	.	5	.	8
5	1	.	11	4
6	1	2	4/8	.
7	1	3	9	8
8	1	5	1	4
9	2	.	6	.
10	2	1	10	8
11	2	3	3/8	4
12	2	4	.	.
13	3	.	.	8
14	3	1	5	4
15	3	2	10	.
16	3	4	2	8
17	3	5	7	4
18	4	1	.	.
19	4	2	4/8	8
20	4	3	9	4
21	4	5	2	.
22	5	.	6	8
23	5	1	11	4
24	5	3	4	.
25	5	4	8	8
26	6	.	1	4
27	6	1	6	.
28	6	2	10	8
29	6	4	3/8	4
30	6	5	8	.
31	7	1	.	8
32	7	2	5	4
33	7	3	10	.
34	7	5	2	8
35	8	.	7	4
36	8	2	.	.
37	8	3	4	8
38	8	4	9	4
39	9	.	2	.
40	9	1	6	8
41	9	2	11	4
42	9	4	4	.
43	9	5	8	8
44	10	1	1	4
45	10	2	6	.
46	10	3	10	8
47	10	5	3/8	4
48	11	.	.	.

Longueur des Bois en pieds	Solidité en			
	Soliv.	Pieds.	Pouc.	Lign.
Base des Bois en pouces quarrés. 200.				
1/4	.	.	8	4/8
1/2	.	1	4	8
3/4	.	2	1	.
1	.	2	9	4/8
2	.	5	6	.
3	1	2	4	8
4	1	5	1	.
5	2	1	10	4/8
6	2	4	8	.
7	3	1	5	4
8	3	4	2	8
9	4	1	.	.
10	4	3	9	4/8
11	5	.	6	.
12	5	3	4	.
13	6	.	1	4/8
14	6	2	10	8
15	6	5	8	.
16	7	2	5	4/8
17	7	5	2	.
18	8	2	.	.
19	8	4	9	4/8
20	9	1	6	.
21	9	4	4	.
22	10	1	1	4/8
23	10	3	10	8
24	11	.	8	.
25	11	3	5	4/8
26	12	.	2	.
27	12	3	.	.
28	12	5	9	4/8
29	13	2	6	.
30	13	5	4	.
31	14	2	1	4/8
32	14	4	10	8
33	15	1	8	.
34	15	4	5	4/8
35	16	1	2	.
36	16	4	.	.
37	17	.	9	4/8
38	17	3	6	.
39	18	.	4	.
40	18	3	1	4/8
41	18	5	10	8
42	19	2	8	.
43	19	5	5	4/8
44	20	2	2	.
45	20	5	.	.
46	21	1	9	4/8
47	21	4	6	8
48	22	1	4	.

Base des Bois en pouces quarrés. 300.

Longueur des Bois en pieds.	Solidité en — Soliv.	Pieds	Pouc.	Lign.
¼	·	·	6	3
⅓	·	·	8	4
½	·	1	·	6
¾	·	1	6	9
1	·	2	1	·
2	1	1	2	·
3	2	·	3	·
4	2	2	4	·
5	3	1	5	·
6	4	·	6	·
7	4	2	7	·
8	5	1	8	·
9	6	·	9	·
10	6	2	10	·
11	7	1	11	·
12	8	1	·	·
13	9	·	1	·
14	9	2	2	·
15	10	1	3	·
16	11	·	4	·
17	11	2	5	·
18	12	1	6	·
19	13	·	7	·
20	13	2	8	·
21	14	1	9	·
22	15	·	10	·
23	15	2	11	·
24	16	2	·	·
25	17	1	1	·
26	18	·	2	·
27	18	2	3	·
28	19	1	4	·
29	20	·	5	·
30	20	2	6	·
31	21	1	7	·
32	22	·	8	·
33	22	2	9	·
34	23	1	10	·
35	24	·	11	·
36	25	·	·	·
37	25	2	1	·
38	26	1	2	·
39	27	·	3	·
40	27	2	4	·
41	28	1	5	·
42	29	·	6	·
43	29	2	7	·
44	30	1	8	·
45	31	·	9	·
46	31	2	10	·
47	32	1	11	·
48	33	1	·	·

Base des Bois en pouces quarrés. 400.

Longueur des Bois en pieds.	Solidité en — Soliv.	Pieds	Pouc.	Lign.
¼	·	·	8	4
⅓	·	·	11	1
½	·	1	4	8
¾	·	2	1	·
1	·	2	9	4
2	1	2	6	8
3	2	2	4	·
4	3	2	1	4
5	4	1	10	8
6	5	1	8	·
7	6	1	5	4
8	7	1	2	8
9	8	1	·	·
10	9	·	9	4
11	10	·	6	8
12	11	·	4	·
13	12	·	1	4
14	12	2	10	8
15	13	2	8	·
16	14	2	5	4
17	15	2	2	8
18	16	2	·	·
19	17	1	9	4
20	18	1	6	8
21	19	1	4	·
22	20	1	1	4
23	21	·	10	8
24	22	·	8	·
25	23	·	5	4
26	24	·	2	8
27	25	·	·	·
28	25	2	9	4
29	26	2	6	8
30	27	2	4	·
31	28	2	1	4
32	29	1	10	8
33	30	1	8	·
34	31	1	5	4
35	32	1	2	8
36	33	1	·	·
37	34	·	9	4
38	35	·	6	8
39	36	·	4	·
40	37	·	1	4
41	37	2	10	8
42	38	2	8	·
43	39	2	5	4
44	40	2	2	8
45	41	2	·	·
46	42	1	9	4
47	43	1	6	8
48	44	1	4	·

Base des Bois en pouces quarrés. 500.

Longueur des Bois en pieds.	Solidité en — Soliv.	Pieds	Pouc.	Lign.
¼	·	·	10	5
⅓	·	1	1	10
½	·	1	8	10
¾	·	2	7	3
1	1	·	5	8
2	2	·	11	4
3	3	1	5	·
4	4	1	10	8
5	5	2	4	4
6	6	2	10	·
7	8	·	3	8
8	9	·	9	4
9	10	1	3	·
10	11	1	8	8
11	12	2	2	4
12	13	2	8	·
13	15	·	1	8
14	16	·	7	4
15	17	1	1	·
16	18	1	6	8
17	19	2	·	4
18	20	2	6	·
19	21	2	11	8
20	23	·	5	4
21	24	·	11	·
22	25	1	4	8
23	26	1	10	4
24	27	2	4	·
25	28	2	9	8
26	30	·	3	4
27	31	·	9	·
28	32	1	2	8
29	33	1	8	4
30	34	2	2	·
31	35	2	7	8
32	37	·	1	4
33	38	·	7	·
34	39	1	·	8
35	40	1	6	4
36	41	2	·	·
37	42	2	5	8
38	43	2	11	4
39	45	·	5	·
40	46	·	10	8
41	47	1	4	4
42	48	1	10	·
43	49	2	3	8
44	50	2	9	4
45	52	·	3	·
46	53	·	8	8
47	54	1	2	4
48	55	1	8	·

Base des Bois en pouces quarrés. 600.

Longueur des Bois en pieds.	Soliv.	Pieds.	Pouc.	Lign.
1/4	.	2	1	.
1/2	.	4	2	.
3/4	.	6	3	.
1	1	2	4	8
2	2	4	1	.
3	4	.	1	.
4	5	3	4	.
5	6	5	8	.
6	8	2	.	.
7	9	.	4	8
8	11	.	.	8
9	12	3	.	.
10	13	5	4	.
11	15	1	8	.
12	16	4	.	.
13	18	.	4	.
14	19	2	8	.
15	20	5	.	.
16	22	1	4	.
17	23	3	8	.
18	25	.	.	.
19	26	2	4	.
20	27	4	8	.
21	29	1	.	.
22	30	3	4	.
23	31	5	8	.
24	33	2	.	.
25	34	4	4	.
26	36	.	8	.
27	37	3	.	.
28	38	5	4	.
29	40	.	8	.
30	41	4	.	.
31	43	.	4	.
32	44	2	8	.
33	45	5	.	.
34	47	1	4	.
35	48	3	8	.
36	50	.	.	.
37	51	2	4	.
38	52	4	8	.
39	54	1	.	.
40	55	3	4	.
41	56	5	8	.
42	58	2	.	.
43	59	4	4	.
44	61	.	8	.
45	62	3	.	.
46	63	5	4	.
47	65	1	8	.
48	66	4	.	.

Base des Bois en pouces quarrés. 700.

Longueur des Bois en pieds.	Soliv.	Pieds.	Pouc.	Lign.
1/4	.	2	5	2
1/2	.	4	10	4
3/4	1	1	3	6
1	1	3	8	8
2	3	1	5	.
3	4	5	2	.
4	6	5	10	8
5	8	.	7	4
6	9	4	2	.
7	11	.	.	8
8	12	5	9	4
9	14	3	.	6
10	16	1	.	2
11	17	5	11	4
12	19	2	8	.
13	21	.	4	8
14	22	4	1	4
15	24	1	10	.
16	25	5	6	8
17	27	3	3	4
18	29	1	.	.
19	30	4	8	8
20	32	2	5	4
21	34	.	2	.
22	35	3	10	8
23	37	1	7	4
24	38	5	4	.
25	40	3	.	8
26	42	.	9	4
27	43	4	6	8
28	45	2	3	4
29	46	.	11	8
30	48	3	8	8
31	50	1	4	8
32	51	5	1	4
33	53	2	10	8
34	55	.	6	8
35	56	4	3	4
36	58	2	.	8
37	59	.	8	8
38	61	3	5	4
39	63	1	2	8
40	64	4	10	8
41	66	2	7	4
42	68	.	4	8
43	69	4	.	8
44	71	1	9	4
45	72	5	6	8
46	74	3	3	4
47	76	.	11	8
48	77	4	8	.

Base des Bois en pouces quarrés. 800.

Longueur des Bois en pieds.	Soliv.	Pieds.	Pouc.	Lign.
1/4	.	2	9	4
1/2	.	5	6	8
3/4	1	2	4	.
1	1	5	1	4
2	3	4	2	8
3	5	3	4	.
4	7	2	5	4
5	9	1	6	8
6	11	.	8	.
7	12	5	9	4
8	14	4	10	8
9	16	4	.	.
10	18	3	1	4
11	20	2	2	8
12	22	1	.	.
13	24	.	5	4
14	25	5	6	8
15	27	4	.	.
16	29	3	9	4
17	31	2	10	8
18	33	2	.	.
19	35	1	1	4
20	37	.	2	8
21	38	5	4	.
22	40	4	5	4
23	42	3	6	8
24	44	2	.	.
25	46	1	9	4
26	48	.	10	8
27	50	.	.	.
28	51	4	1	4
29	53	4	2	8
30	55	3	4	.
31	57	2	5	4
32	59	1	6	8
33	61	.	8	.
34	62	5	9	4
35	64	4	10	8
36	66	4	.	.
37	68	3	1	4
38	70	2	2	8
39	72	1	4	.
40	74	.	5	4
41	75	5	6	8
42	77	4	.	.
43	79	3	9	4
44	81	2	10	8
45	83	2	.	.
46	85	1	1	4
47	87	.	2	8
48	88	5	4	.

Base des Bois en pouces quarrés. 900.

Longueur des Bois en pieds	Solidité en Soliv.	Pieds	Pouc.	Lign.
1/6	.	1	.	6
1/4	.	1	6	9
1/2	1	.	1	6
3/4	1	1	8	3
1	2	.	3	.
2	4	.	6	.
3	6	.	9	.
4	8	1	.	.
5	10	1	3	.
6	12	1	6	.
7	14	1	9	.
8	16	2	.	.
9	18	2	3	.
10	20	2	6	.
11	22	2	9	.
12	25	.	.	.
13	27	.	3	.
14	29	.	6	.
15	31	.	9	.
16	33	1	.	.
17	35	1	3	.
18	37	1	6	.
19	39	1	9	.
20	41	2	.	.
21	43	2	3	.
22	45	2	6	.
23	47	2	9	.
24	50	.	.	.
25	52	.	3	.
26	54	.	6	.
27	56	.	9	.
28	58	1	.	.
29	60	1	3	.
30	62	1	6	.
31	64	1	9	.
32	66	2	.	.
33	68	2	3	.
34	70	2	6	.
35	72	2	9	.
36	75	.	.	.
37	77	.	3	.
38	79	.	6	.
39	81	.	9	.
40	83	1	.	.
41	85	1	3	.
42	87	1	6	.
43	89	1	9	.
44	91	2	.	.
45	93	2	3	.
46	95	2	6	.
47	97	2	9	.
48	100	.	.	.

AVERTISSEMENT.

Nous pouvions ne point séparer la bande suivante des bandes précédentes ; mais son intitulé portant 1000 pouces quarrés de base, cette séparation la distinguera mieux des autres bandes qui ne portent que des 100.

Base des Bois en pouces quarrés. 1000.

Longueur des Bois en pieds	Solidité en Soliv.	Pieds	Pouc.	Lign.
1/6	.	1	1	11
1/4	.	1	8	10
1/2	1	.	5	8
3/4	1	2	2	6
1	2	.	11	4
2	4	1	10	8
3	6	2	10	.
4	9	.	9	4
5	11	1	8	8
6	13	2	8	.
7	16	.	7	4
8	18	1	6	8
9	20	2	6	.
10	23	.	5	4
11	25	1	4	8
12	27	2	4	.
13	30	.	3	4
14	32	1	2	8
15	34	2	2	.
16	37	.	1	4
17	39	1	.	8
18	41	2	.	.
19	43	2	11	4
20	46	.	10	8
21	48	1	10	.
22	50	2	9	4
23	53	.	8	8
24	55	1	8	.
25	57	2	7	4
26	60	.	6	8
27	62	1	6	.
28	64	2	5	4
29	67	.	4	8
30	69	1	4	.
31	71	2	3	4
32	74	.	2	8
33	76	1	2	.
34	78	2	1	4
35	81	.	.	8
36	83	1	.	.
37	85	1	11	4
38	87	2	10	8
39	90	.	10	.
40	92	1	9	4
41	94	2	8	8
42	97	.	8	.
43	99	1	7	4
44	101	2	6	8
45	104	.	6	.
46	106	1	5	4
47	108	2	4	8
48	111	.	4	.

QUATRIÈME PARTIE,

CONTENANT fix Tables, dans lefquelles les *Solives*, *Pieds*, *Pouces*, *Lignes* & *demi-Ligne* ordinaires de Solive font convertis; 1.° en *Pieds-cubes*, & parties du Pied-cube; 2.° en *Chevilles*; 3.° en *Sommes*, & parties de la Somme; 4.° en *Marques*, & parties de la Marque; 5.° en *petites Gouées*; 6.° en *grandes Gouées*; Mefures qui comprennent toutes celles du Royaume, du moins les principales: Chaque Table précédée de fon Explication.

AVERTISSEMENT

RELATIF A LA TABLE VIII.

(95) L'usage de la Marine est de mesurer les Bois au *pied-cube*, & parties du pied-cube. Plusieurs Provinces en France, adoptent pareillement cette mesure : elle devoit donc nécessairement entrer dans notre ouvrage.

Du Pied-cube.

(96) On entend par *cube*, un solide compris sous six quarrés égaux, dont les opposés sont parallèles. Par *pied-cube*, on entend le même Solide portant 12 pouces de long, 12 pouces de large & 12 pouces de haut. Ainsi, *le pied-cube* contient 1728 pouces-cubes.

Divisions du pied-cube.

Le pied-cube se divise en 12 parties, appellées *pouces de Pied-cube*;

Le pouce de pied-cube, en 12 parties, appellées *lignes de Pied-cube*;

Et la ligne de pied-cube, en 12 autres parties, appellées *points de Pied-cube.*

Solidité de chaque partie.

	Pouces-cubes.
Le pied-cube entier, contenant en solidité.................	1728
Le pouce de pied-cube (douzième du pied-cube) en contient......	144
La ligne de pied-cube (douzième du pouce de pied-cube)........	12

Ce cylindre qui a produit 16800 pouces cubes, surpasse évidemment & de beaucoup le *Pied-cube*, puisque le *Pied-cube* ne renferme que 1728 pouces-cubes.

Divisons donc par le nombre 1728, le nombre 16800................... dividende.

reste...

Le quotient 9 indique premièrement 9 pieds cubes, ci................

Et le point de pied-cube (douzième de la ligne de pied-cube)... Pouces-cubes. ... 1

(97) On voit donc que, pour mesurer une pièce quelconque au *pied-cube*, & parties du pied-cube, il faut, avant tout, la réduire en pouces-cubes (*a*).

Or, la pièce qui seroit proposée, peut être ou *ronde*, fig. 1, 2, & 3;

Ou *équarrie, allant en diminuant de grosseur,* fig. 4, 5, 6, 7, 8, 9 & 10;

Ou *équarrie, mais d'égale grosseur d'un bout à l'autre,* fig. 11 & 12.

Si la pièce est ronde, on trouvera dans le discours, en tête de la première partie, article I, jusqu'au 22.ᵉ compris, la méthode la plus courte d'opérer sa réduction en pouces-cubes.

Si la pièce est équarrie, & qu'elle aille en diminuant de grosseur, on consultera le Discours en tête de la seconde partie, art. 55, jusqu'au 64.ᵉ.

Enfin, si la pièce est équarrie, & que d'un bout à l'autre sa grosseur soit la même, on sera guidé par le Discours qui commence la troisième partie, art. 77, jusqu'au 91ᵉ.

(98) La réduction en pouces-cubes une fois opérée, le Tableau ci-dessus ne laisse aucune difficulté sur le changement des pouces-cubes, en *pieds-cubes*, & parties du pied-cube. Prenons pour exemple le cylindre, art. 11, première partie.

16800 | 1728 diviseur.
15552 | 9 quotient.
1248 |

pieds-cubes.	pouces de p.c.	lignes de p.c.	points de p.c.
9	0	0	0

(*a*) Je ne parle ici que pour ceux des Lecteurs qui, par goût, voudroient eux-mêmes faire les Calculs. Les autres trouveront plus loin le moyen de s'en exempter. *Voyez* articles 99 & 100.

TABLE VIII. *Les Bois mesurés au Pied-cube.* 187

Mais il reste 1248, lesquels surpassent le pouce de *pied-cube* qui ne contient que 144 pouces-cubes.

Divisons donc par 144 le reste 1248.....

dividende 1248 { 144 diviseur
              1152. { 8 quotient.
reste   96 {

Le quotient 8 indique huit pouces de pied-cube, ci...........................

Et nous avons pour reste 96, lequel surpasse la ligne de *pied-cube* qui ne contient que 12 pouces-cubes.

Divisons donc par 12 le second reste 96..

dividende 96 { 12 diviseur.
           96 { 8 quotient.
reste   0 {

pieds-cubes.	pouces de p.c.	lignes de p.c.	points de p.c.
0	8	0	0

Le quotient 8 indique huit lignes de pied-cube, ci.................

Et pour reste 0.

Ainsi, en additionnant ensemble les différents quotients, on a , pour l'équivalent de 16800 pouces-cubes, 9 *pieds-cubes*, plus 8 *pouces de pied-cube*, plus 8 *lignes de pied-cube*, ci.....................

0	0	8	0
9	8	8	0

(99) Mais, pour obtenir cette dernière somme, il faut, antérieurement aux trois divisions précédentes, avoir trouvé que la pièce renfermoit en effet 16800 pouces-cubes. Nous avons mis sur la voie d'en faire le calcul, (art. 97); indiquons maintenant le moyen de s'y soustraire, & d'arriver à l'aide des seules tables, au même résultat.

Rien n'est plus simple : il s'agit de réduire d'abord en *solives*, & parties de solive, la pièce qu'on veut mesurer. Cette réduction n'exige aucun calcul, aucun travail ; tout est fait d'avance, & pour en profiter, il suffit de lire attentivement les différens Discours placés en tête des trois premières parties de l'ouvrage (b); ils tracent, d'après la forme des bois, la marche qu'il faut suivre : nous y renvoyons le lecteur.

(b) Si les Bois à mesurer sont ronds, c'est le premier Discours, article 36 jusqu'au 54 qu'il faut lire.
Si les Bois sont équarris, & qu'ils aillent en diminuant de grosseur, on lira le second Discours, en tête de ces Bois, article 72 jusqu'au 76.
Enfin, s'il est question de Bois équarris, mais d'égale grosseur d'un bout à l'autre, on doit recourir au Discours qui leur est relatif, article 90 jusqu'au 94.
Comme il seroit cependant incommode & long d'avoir à refeuilleter sans cesse, tantôt l'un, tantôt l'autre des trois Discours, suivant les différentes formes que présentent les Bois ; il est presqu'indispensable de se rendre, une fois pour toutes, leur contenu familier : alors, en un instant, on fera l'évaluation d'une pièce quelle qu'elle soit, en solives, pieds, pouces, lignes de solive ; & le changement de ces solives, pieds, &c. en toute autre mesure, n'exigera plus que la peine de jetter les yeux sur la Table particulière à cette mesure.

(100) En supposant donc ces Discours bien connus, nous pouvons proposer d'évaluer en *pieds-cubes*, & parties du *pied-cube*, la pièce, art. 52, (Discours relatif aux bois ronds). Nous la prenons au hasard.

Cette pièce qui présente 110 pouces de tour, à chaque bout, sur 40 pieds de longueur, contient ainsi qu'on est à même de le vérifier (article & discours cités) 88 solives, 4 pieds, 8 pouces & 8 lignes de solive. Notons cette mesure comme on le voit ci-dessous.

88 solives.
4 pieds de solive.
8 pouces de solive.
8 lignes de solive.

Il n'est question que de chercher actuellement (Table VIII), colonne intitulée *Solives entières*, ce que valent, en pieds-cubes, 88 Solives?

Colonne *pieds de Solive*, ce que valent 4 pieds de Solive ?

Colonne *pouce de Solive*, ce que valent 8 pouces de Solive ?

Et enfin, colonne *lignes de Solive*, ce que valent 8 lignes de Solive ?

Pour les 88 Solives, on trouve (colonne adjacente à main droite) 264 *pieds-cubes*, ci...

pieds-cubes.	pouces de p.c.	lignes de p.c.	points de p.c.
264	0	0	0

Pour les 4 pieds de

A a ij

	pieds-cubes.	pouces de p.c.	lignes de p.c.	points de p.c.
Solive, 2 pieds-cubes, ci.............	2	0	0	0
Pour les 8 pouces de Solive, 4 pouces de pied-cube, ci.............	0	4	0	0
Et pour les 8 lignes de Solive, 4 lignes de pied-cubes, ci.............	0	0	4	0
En additionnant ensemble ces diverses solidités, on aura donc pour solidité totale de la pièce proposée, deux cents soixante-six pieds-cubes, quatre pouces de pied-cube, & quatre lignes de pied-cube, ci.............	266	4	4	0

Cette réduction des Solives & parties de Solive, en *pieds-cubes* & parties du *pied-cube*, est trop facile pour exiger plusieurs exemples (c).

(c) On peut, sans calcul, & par la seule Table VIII, convertir en *pieds-cubes* & parties du *pied-cube*, non-seulement la ligne, mais la ½ ligne, ou les 6 points de solive, jusqu'à 1000 solives entières. Il m'auroit paru superflu d'y faire entrer les parties de solive inférieures à la ½ ligne.

Je n'ai point, dans le corps de l'Avertissement, parlé des cas où l'on auroit à trouver ce que valent, par exemple, 104 solives, ou 240 solives, &c. Il est sensible qu'il faudroit chercher d'abord ce que valent 100, ou 200 solives; puis, ce que valent 4 solives, ou 40 solives.

Ces cas au reste ne se présenteront que lorsqu'on aura réuni plusieurs pièces, & qu'on voudra tout-à-la-fois changer en pieds-cubes leur ensemble.

TABLE VIII. *Les Bois mesurés au Pied-cube.* 189

EVALUATION des SOLIVES, pieds, pouces, lignes & demi-ligne de Solive, en PIEDS-CUBES, pouces, lignes & points de pied-cube : Mesure employée dans la Marine, &c.

Lignes de Soliv.	VALEUR			
	en pieds-cubes.	en pouces de p.c.	en lignes de p.c.	en points de p.c
1/2	..	..	..	3
1	..	..	.	6
2	..	..	1	.
3	..	..	1	6
4	..	..	2	.
5	..	..	2	6
6	..	..	3	.
7	..	..	3	6
8	..	..	4	.
9	..	..	.	6
10	..	..	5	.
11	..	..	5	6

Pouces de	VALEUR			
	en pieds-cubes.	en pouces de p.c.	en lignes de p.c.	en points de p.c
1	..	.	.	6
2	..	1	.	.
3	..	1	6	.
4	..	2	.	.
5	..	2	6	.
6	..	3	.	.
7	..	3	6	.
8	..	4	.	.
9	..	4	6	.
10	..	5	.	.
11	..	5	6	.

Pieds de Soliv.	VALEUR			
	en pieds-cubes.	en pouces de p.c.	en lignes de p.c.	en points de p.c
1	..	.	6	.
2	1	.	.	.
3	1	.	6	.
4	2	.	.	.
5	2	.	.	.

Solives entières.	Valeur en pieds-cub.	Solives entières.	Valeur en pieds-cub.	Solives entières.	Valeur en pieds-cub.
1	3	33	99	65	195
2	6	34	102	66	198
3	9	35	105	67	201
4	12	36	108	68	204
5	15	37	111	69	207
6	18	38	114	70	210
7	21	39	117	71	213
8	24	40	120	72	216
9	27	41	123	73	219
10	30	42	126	74	222
11	33	43	129	75	225
12	36	44	132	76	228
13	39	45	135	77	231
14	42	46	138	78	234
15	45	47	141	79	237
16	48	48	144	80	240
17	51	49	147	81	243
18	54	50	150	82	246
19	57	51	153	83	249
20	60	52	156	84	252
21	63	53	159	85	255
22	66	54	162	86	258
23	69	55	165	87	261
24	72	56	168	88	264
25	75	57	171	89	267
26	78	58	174	90	270
27	81	59	177	91	273
28	84	60	180	92	276
29	87	61	183	93	279
30	90	62	186	94	282
31	93	63	189	95	285
32	96	64	192	96	288

Solives entières.	Valeur en pieds-cub.
97	291
98	294
99	297
100	300
200	600
300	900
400	1200
500	1500
600	1800
700	2100
800	2400
900	2700
1000	3000

AVERTISSEMENT

RELATIF A LA TABLE IX.

[101] Par-tout où la *solive* est en usage, elle est comptée pour renfermer 5184 pouces-cubes. Presque généralement on la partage en *six pieds*; chaque *pied*, en *douze pouces*; chaque *pouce*, en *douze lignes*; & chaque *ligne*, en *douze points* (d).

Cette division éprouve cependant des variations. Dans la Haute-Picardie, par exemple, on partage la *solive* en *douze pieds* de *solive* (e); & le *pied* de solive, en *trente-six chevilles*.

Ainsi, d'après cette autre division, la

solive entière contenant toujours 5184 pouces cub.
Le pied de *solive* (douzième de la *solive*) en contient 432
Et la *cheville* (trente-sixième du pied de *solive*) 12

[102] Si l'on veut donc, en employant soi-même le calcul (f), toiser une pièce quelconque suivant la mesure de la Haute-Picardie, la première opération est de réduire la pièce en pouces cubes.

Or, comme nous l'avons dit, dans l'Avertisse-

10290 pouces cubes excédant la solive, dont le contenu égale seulement 5184, nous avons à diviser par le nombre 5184 le nombre 10290. . . . . dividende

reste

Le quotient 1 amène d'abord 1 solive,

Mais il reste 5106 pouces-cubes, lesquels surpassent le *petit pied de solive*, qui n'en renferme que 432.

Divisons donc, par 432, le reste 5106. dividende

reste

ment relatif à la table VIII, les pièces ne peuvent qu'être ou rondes, *fig.* 1, 2, & 3;

Ou équarries, allant en diminuant de grosseur, *fig.* 4, 5, 6, 7, 8, 9 & 10; ou équarries, mais d'égale grosseur d'un bout à l'autre *fig.* 11 & 12.

Dans le premier cas, consultez le Discours en tête de la première partie, article I, jusqu'au 22.me

Dans le second cas, consultez le Discours en tête de la 2.me partie, article 55, jusqu'au 64.me

Dans le troisième cas enfin, consultez le Discours en tête de la 3.e partie, article 77, jusqu'au 91.me

Les différens Discours auxquels nous renvoyons, enseignent, d'après la forme des bois, tout ce qui est à savoir pour opérer leur réduction en pouces-cubes.

[103] Cette réduction une fois faite, il est très-aisé de convertir en *solives*, *petits pieds de solive* & *chevilles* les pouces-cubes trouvés (g)

Supposons une pièce qui en ait fourni 10290. (Voyez le discours relatif aux Bois ronds, art. 18 & 19).

$$10290 \left\{ \begin{array}{l} 5184 \text{ diviseur.} \\ \cdot 1 \text{ quotient.} \end{array} \right.$$
5184
5106

foliv.	pieds.	chev.	frad.
1	0	0	0

$$5106 \left\{ \begin{array}{l} 432 \text{ diviseur.} \\ 11 \text{ quotient.} \end{array} \right.$$
432
786
432
354

(d) Voyez le Discours en tête des Bois ronds, article 25.

(e) Voilà pourquoi, dans l'intitulé de la Table IX, nous appellons cette espèce de pied de solive, *petit pied*.

(f) Voyez plus bas, article 104, le moyen d'éviter tout calcul.

(g) Il existe un petit Ouvrage sur le Toisé des Bois à la mesure de la Haute-Picardie, Abbeville 1780. Tout ce qu'il renferme est exact; mais il n'embrasse que les seuls parallélipipèdes; & sur cet article même, il manque de l'étendue nécessaire. On n'y trouveroit pas une pièce portant seulement 7 & 9 pouces d'équarrissage.

Le quotient 11 amène, en second lieu, 11 petits pieds de solive, ci..........
Mais il reste 354 pouces-cubes, lesquels surpassent la cheville qui n'en renferme que 12.
Divisons donc, par 12, le reste 354.... *dividende*

solives.	pieds.	chev.	fract.
0	11	0	0

$$354 \left\lbrace \begin{array}{l} 12 \ \text{diviseur.} \\ \hline 29 \ \text{quotient.} \end{array} \right.$$

42
114
108
6 *reste*

Le quotient 29 amène, en troisième lieu, 29 chevilles, ci.................
Et le reste 6 vaut encore une demi-cheville, ci................
En additionnant ensemble ces quatre sommes, on a, pour total, 1 solive, 11 petits pieds de solive, & 29 chevilles ½, mesure de la Haute-Picardie, ci.............

0	0	29	0
0	0	0	½

1	11	29	½

[104] Rien, comme on le voit, n'est plus facile que de convertir des pouces cubes, en quelque mesure que ce soit. Mais, avant de savoir qu'une pièce contient, tant, ou tant de pouces cubes, il faut en avoir fait le calcul, calcul souvent assez long (*h*). Nous offrons un moyen de se l'épargner à l'aide de nos tables, & de l'explication suivante.

Il s'agit de réduire d'abord en *solives, Pieds, pouces & lignes* ordinaires de *solive*, le tronçon, la poutre, la planche qu'on veut évaluer en d'autres mesures particulières. Or, cette réduction préliminaire n'exige aucun travail: tout est fait d'avance dans les tables I, II, III, IV, V, VI, VII; &, pour en profiter, il suffit de lire attentivement les trois Discours placés en tête des trois premières parties de l'ouvrage (*i*). Quelle que soit la forme des bois, ils dictent la marche qui est à suivre; nous y renvoyons le Lecteur.

En supposant donc (*j*) ces Discours bien connus, proposons d'évaluer en *solives, petits pieds* de *solive* & *chevilles* la pièce ronde, art. 18 & 19, premier Discours.

Cette pièce qui d'un bout porte 44 pouces de circonférence, 8 pouces à l'autre bout, & 13 pieds ⅛ de longueur, renferme (ainsi qu'on est à même de le vérifier, article & Discours cités) 1 solive, 5 pieds 10 pouces & 11 lignes de solive.

Il n'est question que de chercher maintenant, Table IX, ce que valent 1 solive, 5 pieds 10 pouces 11 lignes de solive, à la mesure de la Haute-Picardie.

La solive étant partout la même (art. 101) nous n'avons point à changer celle trouvée: notons-la donc pour...

solives.	p. pied	cher.	fract.
1	0	0	0

Quant au changement des 5 pieds 10 pouces 11 lignes, il est presqu'aussi facile. Voici le procédé:

La Table IX présente, de page en page, deux grandes bandes principales, divisées chacune en cinq colonnes (*k*).

(*h*) Voyez, pour les calculs à faire, les articles 102 & 103 de cet Avertissement. Ils renvoient aux articles antérieurs qu'il faut consulter.

(*i*) Pour la réduction toute faite, dans nos Tables, des Bois *ronds*, en solives, pieds, pouces & lignes ordinaires de solive, on doit recourir au premier Discours, article 36 jusqu'au dernier.

Pour la réduction des Bois équarris, *allant en diminuant de grosseur*, on doit lire le second Discours, depuis l'article 72 jusqu'au 76.

Et pour les Bois équarris *d'égale grosseur d'un bout à l'autre*, le troisième Discours, article 90 jusqu'au 94.

Mais comme il seroit incommode & long d'avoir à refeuilleter, sans cesse, tantôt l'un, tantôt l'autre des trois discours, suivant les différentes formes que présentent les Bois, il est presqu'indispensable de se rendre, une fois pour toutes, leur contenu familier. Alors, en un instant, on fera l'évaluation d'une pièce quelconque en solives, pieds, pouces, lignes de solive; & le changement de ces solives, pieds, &c., en toute autre mesure, n'exigera plus que la peine de jetter les yeux sur la Table particulière à cette mesure.

(*j*) On ne sera pas surpris de retrouver dans cet Avertissement, ainsi que dans les autres qui précèdent les Tables suivantes, des phrases, des notes, des alinea entiers absolument semblables à ceux de la Table VIII. Ayant à répéter à-peu-près les mêmes choses; & les ayant la première fois expliquées de notre mieux, il nous eût paru minutieux de chercher des tournures variées. Dans un ouvrage de ce genre, la clarté est la seule perfection à laquelle j'aie dû prétendre.

(*k*) Ces bandes font suite les unes aux autres, en sorte que la Table entière seroit composée d'une seule bande, si les limites du papier, au lieu de 51 lignes, pouvoient en admettre 1728.

Les trois colonnes à gauche contiennent les pieds, pouces, lignes ordinaires de ſolive; & les deux colonnes à droite, l'équivalant de ces pieds, pouces & lignes, en autres pieds, ou *petits pieds de ſolive*, & *chevilles.* Voyez la Table IX & ſes intitulés.

Ayant donc, pour l'exemple actuel, à trouver dans les colonnes à gauche 5 pieds 10 pouces 11 lignes, on parcourt des yeux ces colonnes, juſqu'à ce que la première (*t*) offre les 5 pieds; la ſeconde (*m*), les 10 pouces; & la troiſième (*n*),

les 11 lignes (*o*). Tout à côté, l'on verra pour remplacement de ces 5 pieds, 10 pouces, 11 lignes, *onze autres pieds*, ou *onze petits pieds de ſolive & vingt-neuf chevilles & demie*, ci..............

	ſoliv.	p. pied.	chev.	frac.
	0	11	29	½

Il ne reſte qu'à faire l'addition; le total ſera, ci................

	1	11	29	½

Ainſi, la pièce de Bois propoſée, valant à la meſure ordinaire, 1 ſolive 5 pieds 10 pouces 11 lignes, vaut, ſuivant celle de la Haute-Picardie, 1 ſolive 11 pieds 29 chevilles ½.

Nous ne multiplierons point les exemples, ils ſeroient ſurabondants. Les intitulés de la Table IX, joints à l'explication ci-deſſus, pouvoient même exempter d'en donner aucun.

(*t*) Celle dont l'intitulé, eſt *Pieds de ſolive.*
(*m*) Celle dont l'intitulé, eſt *Pouces de ſolive.*
(*n*) Celle dont l'intitulé, eſt *Lignes de ſolive.*

(*o*) Il faudra, dans cet exemple, aller juſqu'à la dernière page de la Table IX, bande 2.me, ligne 21.e

EVALUATION

ÉVALUATION des Pieds, Pouces, Lignes, & demi-Ligne ordinaires de SOLIVE, en autres PIEDS, CHEVILLES & parties de Cheville; ces derniers Pieds ne valant qu'un douzième de Solive; & la Cheville, un trente-sixième des mêmes Pieds.

Pieds de Solive.	Pouces de Solive.	Lignes de Solive.	VALEUR en autres pieds.	VALEUR en Chevilles.	Pieds de Solive.	Pouces de Solive.	Lignes de Solive.	VALEUR en autres pieds.	VALEUR en Chevilles.
.	.	. ½	.	. ¼	.	2	2 .	.	13 .
.	.	1 .	.	. ½	.	2	2 ½	.	13 ¼
.	.	1 ½	.	. ¾	.	2	3 .	.	13 ½
.	.	2 .	.	1 .	.	2	3 ½	.	13 ¾
.	.	2 ½	.	1 ¼	.	2	4 .	.	14 .
.	.	3 .	.	1 ½	.	2	4 ½	.	14 ¼
.	.	3 ½	.	1 ¾	.	2	5 .	.	14 ½
.	.	4 .	.	2 .	.	2	5 ½	.	14 ¾
.	.	4 ½	.	2 ¼	.	2	6 .	.	15 .
.	.	5 .	.	2 ½	.	2	6 ½	.	15 ¼
.	.	5 ½	.	2 ¾	.	2	7 .	.	15 ½
.	.	6 .	.	3 .	.	2	7 ½	.	15 ¾
.	.	6 ½	.	3 ¼	.	2	8 .	.	16 .
.	.	7 .	.	3 ½	.	2	8 ½	.	16 ¼
.	.	7 ½	.	3 ¾	.	2	9 .	.	16 ½
.	.	8 .	.	4 .	.	2	9 ½	.	16 ¾
.	.	8 ½	.	4 ¼	.	2	10 .	.	17 .
.	.	9 .	.	4 ½	.	2	10 ½	.	17 ¼
.	.	9 ½	.	4 ¾	.	2	11 .	.	17 ½
.	.	10 .	.	5 .	.	2	11 ½	.	17 ¾
.	.	10 ½	.	5 ¼	.	3	. .	.	18 .
.	.	11 .	.	5 ½	.	3	. ½	.	18 ¼
.	.	11 ½	.	5 ¾	.	3	1 .	.	18 ½
.	1	. .	.	6 .	.	3	1 ½	.	18 ¾
.	1	. ½	.	6 ¼	.	3	2 .	.	19 .
.	1	1 .	.	6 ½	.	3	2 ½	.	19 ¼
.	1	1 ½	.	6 ¾	.	3	3 .	.	19 ½
.	1	2 .	.	7 .	.	3	3 ½	.	19 ¾
.	1	2 ½	.	7 ¼	.	3	4 .	.	20 .
.	1	3 .	.	7 ½	.	3	4 ½	.	20 ¼
.	1	3 ½	.	7 ¾	.	3	5 .	.	20 ½
.	1	4 .	.	8 .	.	3	5 ½	.	20 ¾
.	1	4 ½	.	8 ¼	.	3	6 .	.	21 .
.	1	5 .	.	8 ½	.	3	6 ½	.	21 ¼
.	1	5 ½	.	8 ¾	.	3	7 .	.	21 ½
.	1	6 .	.	9 .	.	3	7 ½	.	21 ¾
.	1	6 ½	.	9 ¼	.	3	8 .	.	22 .
.	1	7 .	.	9 ½	.	3	8 ½	.	22 ¼
.	1	7 ½	.	9 ¾	.	3	9 .	.	22 ½
.	1	8 .	.	10 .	.	3	9 ½	.	22 ¾
.	1	8 ½	.	10 ¼	.	3	10 .	.	23 .
.	1	9 .	.	10 ½	.	3	10 ½	.	23 ¼
.	1	9 ½	.	10 ¾	.	3	11 .	.	23 ½
.	1	10 .	.	11 .	.	3	11 ½	.	23 ¾
.	1	10 ½	.	11 ¼	.	4	. .	.	24 .
.	1	11 .	.	11 ½	.	4	. ½	.	24 ¼
.	1	11 ½	.	11 ¾	.	4	1 .	.	24 ½
.	2	. .	.	12 .	.	4	1 ½	.	24 ¾
.	2	. ½	.	12 ¼	.	4	2 .	.	25 .
.	2	1 .	.	12 ½	.	4	2 ½	.	25 ¼
.	2	1 ½	.	12 ¾	.	4	3 .	.	25 ½

ÉVALUATION des Pieds, Pouces, Lignes, & demi-Ligne ordinaires de SOLIVE, en autres PIEDS, CHEVILLES & parties de Cheville; ces derniers Pieds ne valant qu'un douzième de Solive; & la Cheville, un trente-sixième des mêmes Pieds.

Pieds de Solive.	Pouces de Solive.	Lignes de Solive.	VALEUR en autres pieds.	VALEUR en Chevilles.	Pieds de Solive.	Pouces de Solive.	Lignes de Solive.	VALEUR en autres pieds.	VALEUR en Chevilles.
.	4	3 ½	.	25 ¾	.	6	5 .	1	2 ½
.	4	4 .	.	26 .	.	6	5 ½	1	2 ¾
.	4	4 ½	.	26 ¼	.	6	6 .	1	3 .
.	4	5 .	.	26 ½	.	6	6 ½	1	3 ¼
.	4	5 ½	.	26 ¾	.	6	7 .	1	3 ½
.	4	6 .	.	27 .	.	6	7 ½	1	3 ¾
.	4	6 ½	.	27 ¼	.	6	8 .	1	4 .
.	4	7 .	.	27 ½	.	6	8 ½	1	4 ¼
.	4	7 ½	.	27 ¾	.	6	9 .	1	4 ½
.	4	8 .	.	28 .	.	6	9 ½	1	4 ¾
.	4	8 ½	.	28 ¼	.	6	10 .	1	5 .
.	4	9 .	.	28 ½	.	6	10 ½	1	5 ¼
.	4	9 ½	.	28 ¾	.	6	11 .	1	5 ½
.	4	10 .	.	29 .	.	6	11 ½	1	5 ¾
.	4	10 ½	.	29 ¼	.	7	. .	1	6 .
.	4	11 .	.	29 ½	.	7	. ½	1	6 ¼
.	4	11 ½	.	29 ¾	.	7	1 .	1	6 ½
.	5	. .	.	30 .	.	7	1 ½	1	6 ¾
.	5	. ½	.	30 ¼	.	7	2 .	1	7 .
.	5	1 .	.	30 ½	.	7	2 ½	1	7 ¼
.	5	1 ½	.	30 ¾	.	7	3 .	1	7 ½
.	5	2 .	.	31 .	.	7	3 ½	1	7 ¾
.	5	2 ½	.	31 ¼	.	7	4 .	1	8 .
.	5	3 .	.	31 ½	.	7	4 ½	1	8 ¼
.	5	3 ½	.	31 ¾	.	7	5 .	1	8 ½
.	5	4 .	.	32 .	.	7	5 ½	1	8 ¾
.	5	4 ½	.	32 ¼	.	7	6 .	1	9 .
.	5	5 .	.	32 ½	.	7	6 ½	1	9 ¼
.	5	5 ½	.	32 ¾	.	7	7 .	1	9 ½
.	5	6 .	.	33 .	.	7	7 ½	1	9 ¾
.	5	6 ½	.	33 ¼	.	7	8 .	1	10 .
.	5	7 .	.	33 ½	.	7	8 ½	1	10 ¼
.	5	7 ½	.	33 ¾	.	7	9 .	1	10 ½
.	5	8 .	.	34 .	.	7	9 ½	1	10 ¾
.	5	8 ½	.	34 ¼	.	7	10 .	1	11 .
.	5	9 .	.	34 ½	.	7	10 ½	1	11 ¼
.	5	9 ½	.	34 ¾	.	7	11 .	1	11 ½
.	5	10 .	.	35 .	.	7	11 ½	1	11 ¾
.	5	10 ½	.	35 ¼	.	8	. .	1	12 .
.	5	11 .	.	35 ½	.	8	. ½	1	12 ¼
.	5	11 ½	.	35 ¾	.	8	1 .	1	12 ½
.	6	. .	1	. .	.	8	1 ½	1	12 ¾
.	6	. ½	1	. ¼	.	8	2 .	1	13 .
.	6	1 .	1	. ½	.	8	2 ½	1	13 ¼
.	6	1 ½	1	. ¾	.	8	3 .	1	13 ½
.	6	2 .	1	1 .	.	8	3 ½	1	13 ¾
.	6	2 ½	1	1 ¼	.	8	4 .	1	14 .
.	6	3 .	1	1 ½	.	8	4 ½	1	14 ¼
.	6	3 ½	1	1 ¾	.	8	5 .	1	14 ½
.	6	4 .	1	2 .	.	8	5 ½	1	14 ¾
.	6	4 ½	1	2 ¼	.	8	6 .	1	15 .

ÉVALUATION des Pieds, Pouces, Lignes, & demi-Ligne ordinaires de SOLIVE, en autres PIEDS, CHEVILLES & parties de Cheville ; ces derniers Pieds ne valant qu'un douzième de Solive ; & la Cheville, un trente-sixième des mêmes Pieds.

Pieds de Solive.	Pouces de Solive.	Lignes de Solive.	VALEUR en autres pieds.	VALEUR en Chevilles.	Pieds de Solive.	Pouces de Solive.	Ligne de Solive.	VALEUR en autr.s pieds.	VALEUR en Chevilles.
.	8	6 ½	1	15 ¼	.	10	8 .	1	28 .
.	8	7 .	1	15 ½	.	10	8 ½	1	28 ¼
.	8	7 ½	1	15 ¾	.	10	9 .	1	28 ½
.	8	8 .	1	16 .	.	10	9 ½	1	28 ¾
.	8	8 ½	1	16 ¼	.	10	10 .	1	29 .
.	8	9 .	1	16 ½	.	10	10 ½	1	29 ¼
.	8	9 ½	1	16 ¾	.	10	11 .	1	29 ½
.	8	10 .	1	17 .	.	10	11 ½	1	29 ¾
.	8	10 ½	1	17 ¼	.	11	. .	1	30 .
.	8	11 .	1	17 ½	.	11	. ½	1	30 ¼
.	8	11 ½	1	17 ¾	.	11	1 .	1	30 ½
.	9	. .	1	18 .	.	11	1 ½	1	30 ¾
.	9	. ½	1	18 ¼	.	11	2 .	1	31 .
.	9	1 .	1	18 ½	.	11	2 ½	1	31 ¼
.	9	1 ½	1	18 ¾	.	11	3 .	1	31 ½
.	9	2 .	1	19 .	.	11	3 ½	1	31 ¾
.	9	2 ½	1	19 ¼	.	11	4 .	1	32 .
.	9	3 .	1	19 ½	.	11	4 ½	1	32 ¼
.	9	3 ½	1	19 ¾	.	11	5 .	1	32 ½
.	9	4 .	1	20 .	.	11	5 ½	1	32 ¾
.	9	4 ½	1	20 ¼	.	11	6 .	1	33 .
.	9	5 .	1	20 ½	.	11	6 ½	1	33 ¼
.	9	5 ½	1	20 ¾	.	11	7 .	1	33 ½
.	9	6 .	1	21 .	.	11	7 ½	1	33 ¾
.	9	6 ½	1	21 ¼	.	11	8 .	1	34 .
.	9	7 .	1	21 ½	.	11	8 ½	1	34 ¼
.	9	7 ½	1	21 ¾	.	11	9 .	1	34 ½
.	9	8 .	1	22 .	.	11	9 ½	1	34 ¾
.	9	8 ½	1	22 ¼	.	11	10 .	1	35 .
.	9	9 .	1	22 ½	.	11	10 ½	1	35 ¼
.	9	9 ½	1	22 ¾	.	11	11 .	1	35 ½
.	9	10 .	1	23 .	.	11	11 ½	1	35 ¾
.	9	10 ½	1	23 ¼	1	.	. .	2	. .
.	9	11 .	1	23 ½	1	.	. ½	2	. ¼
.	9	11 ½	1	23 ¾	1	.	1 .	2	. ½
.	10	. .	1	24 .	1	.	1 ½	2	. ¾
.	10	. ½	1	24 ¼	1	.	2 .	2	1 .
.	10	1 .	1	24 ½	1	.	2 ½	2	1 ¼
.	10	1 ½	1	24 ¾	1	.	3 .	2	1 ½
.	10	2 .	1	25 .	1	.	3 ½	2	1 ¾
.	10	2 ½	1	25 ¼	1	.	4 .	2	2 .
.	10	3 .	1	25 ½	1	.	4 ½	2	2 ¼
.	10	3 ½	1	25 ¾	1	.	5 .	2	2 ½
.	10	4 .	1	26 .	1	.	5 ½	2	2 ¾
.	10	4 ½	1	26 ¼	1	.	6 .	2	3 .
.	10	5 .	1	26 ½	1	.	6 ½	2	3 ¼
.	10	5 ½	1	26 ¾	1	.	7 .	2	3 ½
.	10	6 .	1	27 .	1	.	7 ½	2	3 ¾
.	10	6 ½	1	27 ¼	1	.	8 .	2	4 .
.	10	7 .	1	27 ½	1	.	8 ½	2	4 ¼
.	10	7 ½	1	27 ¾	1	.	9 .	2	4 ½

EVALUATION des Pieds, Pouces, Lignes, & demi-Ligne ordinaires de SOLIVE; en autres PIEDS, CHEVILLES & parties de Cheville; ces derniers Pieds ne valant qu'un douzième de Solive, & la Cheville, un trente-six ème des mêmes Pieds.

Pieds de Solive.	Pouces de Solive.	Lignes de Solives.	VALEUR en autres pieds.	VALEUR en Chevilles.
1	.	9 ½	2	4 ¾
1	.	10 .	2	5 .
1	.	10 ½	2	5 ¼
1	.	11 .	2	5 ½
1	.	11 ½	2	5 ¾
1	1	. .	2	6 .
1	1	. ½	2	6 ¼
1	1	1 .	2	6 ½
1	1	1 ½	2	6 ¾
1	1	2 .	2	7 .
1	1	2 ½	2	7 ¼
1	1	3 .	2	7 ½
1	1	3 ½	2	7 ¾
1	1	4 .	2	8 .
1	1	4 ½	2	8 ¼
1	1	5 .	2	8 ½
1	1	5 ½	2	8 ¾
1	1	6 .	2	9 .
1	1	6 ½	2	9 ¼
1	1	7 .	2	9 ½
1	1	7 ½	2	9 ¾
1	1	8 .	2	10 .
1	1	8 ½	2	10 ¼
1	1	9 .	2	10 ½
1	1	9 ½	2	10 ¾
1	1	10 .	2	11 .
1	1	10 ½	2	11 ¼
1	1	11 .	2	11 ½
1	1	11 ½	2	11 ¾
1	2	. .	2	12 .
1	2	. ½	2	12 ¼
1	2	1 .	2	12 ½
1	2	1 ½	2	12 ¾
1	2	2 .	2	13 .
1	2	2 ½	2	13 ¼
1	2	3 .	2	13 ½
1	2	3 ½	2	13 ¾
1	2	4 .	2	14 .
1	2	4 ½	2	14 ¼
1	2	5 .	2	14 ½
1	2	5 ½	2	14 ¾
1	2	6 .	2	15 .
1	2	6 ½	2	15 ¼
1	2	7 .	2	15 ½
1	2	7 ½	2	15 ¾
1	2	8 .	2	16 .
1	2	8 ½	2	16 ¼
1	2	9 .	2	16 ½
1	2	9 ½	2	16 ¾
1	2	10 .	2	17 .
1	2	10 ½	2	17 ¼

Pieds de Solive.	Pouces de Solive.	Lignes de Solive	VALEUR en autres pieds.	VALEUR en Chevilles.
1	2	11 .	2	17 ½
1	2	11 ½	2	17 ¾
1	3	. .	2	18 .
1	3	. ½	2	18 ¼
1	3	1 .	2	18 ½
1	3	1 ½	2	18 ¾
1	3	2 .	2	19 .
1	3	2 ½	2	19 ¼
1	3	3 .	2	19 ½
1	3	3 ½	2	19 ¾
1	3	4 .	2	20 .
1	3	4 ½	2	20 ¼
1	3	5 .	2	20 ½
1	3	5 ½	2	20 ¾
1	3	6 .	2	21 .
1	3	6 ½	2	21 ¼
1	3	7 .	2	21 ½
1	3	7 ½	2	21 ¾
1	3	8 .	2	22 .
1	3	8 ½	2	22 ¼
1	3	9 .	2	22 ½
1	3	9 ½	2	22 ¾
1	3	10 .	2	23 .
1	3	10 ½	2	23 ¼
1	3	11 .	2	23 ½
1	3	11 ½	2	23 ¾
1	4	. .	2	24 .
1	4	. ½	2	24 ¼
1	4	1 .	2	24 ½
1	4	1 ½	2	24 ¾
1	4	2 .	2	25 .
1	4	2 ½	2	25 ¼
1	4	3 .	2	25 ½
1	4	3 ½	2	25 ¾
1	4	4 .	2	26 .
1	4	4 ½	2	26 ¼
1	4	5 .	2	26 ½
1	4	5 ½	2	26 ¾
1	4	6 .	2	27 .
1	4	6 ½	2	27 ¼
1	4	7 .	2	27 ½
1	4	7 ½	2	27 ¾
1	4	8 .	2	28 .
1	4	8 ½	2	28 ¼
1	4	9 .	2	28 ½
1	4	9 ½	2	28 ¾
1	4	10 .	2	29 .
1	4	10 ½	2	29 ¼
1	4	11 .	2	29 ½
1	4	11 ½	2	29 ¾

ÉVALUATION des Pieds, Pouces, Lignes, & demi-Ligne ordinaires de SOLIVE, en autres PIEDS, CHEVILLES & parties de Cheville; ces derniers Pieds ne valant qu'un douzième de Solive; & la Cheville, un trente-fixième des mêmes Pieds.

Pieds de Solive.	Pouces de Solive.	Lignes de Solive.	VALEUR en autres pieds.	VALEUR en Chevilles.
1	5	. .	2	30 .
1	5	. 1/2	2	30 . 1/4
1	5	1 .	2	30 . 1/2
1	5	1 1/2	2	30 . 3/4
1	5	2 .	2	31 .
1	5	2 1/2	2	31 . 1/4
1	5	3 .	2	31 . 1/2
1	5	3 1/2	2	31 . 3/4
1	5	4 .	2	32 .
1	5	4 1/2	2	32 . 1/4
1	5	5 .	2	32 . 1/2
1	5	5 1/2	2	32 . 3/4
1	5	6 .	2	33 .
1	5	6 1/2	2	33 . 1/4
1	5	7 .	2	33 . 1/2
1	5	7 1/2	2	33 . 3/4
1	5	8 .	2	34 .
1	5	8 1/2	2	34 . 1/4
1	5	9 .	2	34 . 1/2
1	5	9 1/2	2	34 . 3/4
1	5	10 .	2	35 .
1	5	10 1/2	2	35 . 1/4
1	5	11 .	2	35 . 1/2
1	5	11 1/2	2	35 . 3/4
1	6	. .	3	.
1	6	. 1/2	3	. 1/4
1	6	1 .	3	. 1/2
1	6	1 1/2	3	. 3/4
1	6	2 .	3	1 .
1	6	2 1/2	3	1 1/4
1	6	3 .	3	1 1/2
1	6	3 1/2	3	1 3/4
1	6	4 .	3	2 .
1	6	4 1/2	3	2 1/4
1	6	5 .	3	2 1/2
1	6	5 1/2	3	2 3/4
1	6	6 .	3	3 .
1	6	6 1/2	3	3 1/4
1	6	7 .	3	3 1/2
1	6	7 1/2	3	3 3/4
1	6	8 .	3	4 .
1	6	8 1/2	3	4 1/4
1	6	9 .	3	4 1/2
1	6	9 1/2	3	4 3/4
1	6	10 .	3	5 .
1	6	10 1/2	3	5 1/4
1	6	11 .	3	5 1/2
1	6	11 1/2	3	5 3/4
1	7	. 1/2	3	6 1/4
1	7	1 .	3	6 1/2
1	7	.	3	.
1	7	1 1/2	3	6 1/4
1	7	2 .	3	7 .
1	7	2 1/2	3	7 . 1/4
1	7	3 .	3	7 . 1/2
1	7	3 1/2	3	7 . 3/4
1	7	4 .	3	8 .
1	7	4 1/2	3	8 . 1/4
1	7	5 .	3	8 . 1/2
1	7	5 1/2	3	8 . 3/4
1	7	6 .	3	9 .
1	7	6 1/2	3	9 . 1/4
1	7	7 .	3	9 . 1/2
1	7	7 1/2	3	9 . 3/4
1	7	8 .	3	10 .
1	7	8 1/2	3	10 . 1/4
1	7	9 .	3	10 . 1/2
1	7	9 1/2	3	10 . 3/4
1	7	10 .	3	11 .
1	7	10 1/2	3	11 . 1/4
1	7	11 .	3	11 . 1/2
1	7	11 1/2	3	11 . 3/4
1	8	. .	3	12 .
1	8	. 1/2	3	12 . 1/4
1	8	1 .	3	12 . 1/2
1	8	1 1/2	3	12 . 3/4
1	8	2 .	3	13 .
1	8	2 1/2	3	13 . 1/4
1	8	3 .	3	13 . 1/2
1	8	3 1/2	3	13 . 3/4
1	8	4 .	3	14 .
1	8	4 1/2	3	14 . 1/4
1	8	5 .	3	14 . 1/2
1	8	5 1/2	3	14 . 3/4
1	8	6 .	3	15 .
1	8	6 1/2	3	15 . 1/4
1	8	7 .	3	15 . 1/2
1	8	7 1/2	3	15 . 3/4
1	8	8 .	3	16 .
1	8	8 1/2	3	16 . 1/4
1	8	9 .	3	16 . 1/2
1	8	9 1/2	3	16 . 3/4
1	8	10 .	3	17 .
2	8	10 1/2	3	17 . 1/4
1	8	11 .	3	17 . 1/2
1	8	11 1/2	3	17 . 3/4
1	9	. .	3	18 .
1	9	. 1/2	3	18 . 1/4
1	9	1 .	3	18 . 1/2
1	9	1 1/2	3	18 . 3/4
1	9	2 .	3	19 .
1	9	. 1/2	3	19 . 1/4

ÉVALUATION des Pieds, Pouces, Lignes & demi-Ligne ordinaires de SOLIVE, en autres PIEDS, CHEVILLES & parties de Cheville; ces derniers Pieds ne valant qu'un douzième de Solive; & la Cheville, un trente-sixième des mêmes Pieds.

Pieds de Solive.	Pouces de Solive.	Lignes de Solive.	VALEUR en autres pieds.	VALEUR en Chevilles.	Pieds de Solive.	Pouces de Solive.	Lignes de Solive.	VALEUR en autres pieds.	VALEUR en Chevilles.
1	9	3 .	3	19 ½	1	11	4 ½	3	32 ¼
1	9	3 ½	3	19 ¾	1	11	5 .	3	32 ½
1	9	4 .	3	20 .	1	11	5 ½	3	32 ¾
1	9	4 ½	3	20 ¼	1	11	6 .	3	33 .
1	9	5 .	3	20 ½	1	11	6 ½	3	33 ¼
1	9	5 ½	3	20 ¾	1	11	7 .	3	33 ½
1	9	6 .	3	21 .	1	11	7 ½	3	33 ¾
1	9	6 ½	3	21 ¼	1	11	8 .	3	34 .
1	9	7 .	3	21 ½	1	11	8 ½	3	34 ¼
1	9	7 ½	3	21 ¾	1	11	9 .	3	34 ½
1	9	8 .	3	22 .	1	11	9 ½	3	34 ¾
1	9	8 ½	3	22 ¼	1	11	10 .	3	35 .
1	9	9 .	3	22 ½	1	11	10 ½	3	35 ¼
1	9	9 ½	3	22 ¾	1	11	11 .	3	35 ½
1	9	10 .	3	23 .	1	11	11 ½	3	35 ¾
1	9	10 ½	3	23 ¼	2	.	. .	4	. .
1	9	11 .	3	23 ½	2	.	. ½	4	. ¼
1	9	11 ½	3	23 ¾	2	.	1 .	4	. ½
1	10	. .	3	24 .	2	.	1 ½	4	. ¾
1	10	. ½	3	24 ¼	2	.	2 .	4	1 .
1	10	1 .	3	24 ½	2	.	2 ½	4	1 ¼
1	10	1 ½	3	24 ¾	2	.	3 .	4	1 ½
1	10	2 .	3	25 .	2	.	3 ½	4	1 ¾
1	10	2 ½	3	25 ¼	2	.	4 .	4	2 .
1	10	3 .	3	25 ½	2	.	4 ½	4	2 ¼
1	10	3 ½	3	25 ¾	2	.	5 .	4	2 ½
1	10	4 .	3	26 .	2	.	5 ½	4	2 ¾
1	10	4 ½	3	26 ¼	2	.	6 .	4	3 .
1	10	5 .	3	26 ½	2	.	6 ½	4	3 ¼
1	10	5 ½	3	26 ¾	2	.	7 .	4	3 ½
1	10	6 .	3	27 .	2	.	7 ½	4	3 ¾
1	10	6 ½	3	27 ¼	2	.	8 .	4	4 .
1	10	7 .	3	27 ½	2	.	8 ½	4	4 ¼
1	10	7 ½	3	27 ¾	2	.	9 .	4	4 ½
1	10	8 .	3	28 .	2	.	9 ½	4	4 ¾
1	10	8 ½	3	28 ¼	2	.	10 .	4	5 .
1	10	9 .	3	28 ½	2	.	10 ½	4	5 ¼
1	10	9 ½	3	28 ¾	2	.	11 .	5	5 ½
1	10	10 .	3	29 .	2	.	11 ½	4	5 ¾
1	10	10 ½	3	29 ¼	2	1	. .	4	6 .
1	10	11 .	3	29 ½	2	1	. ½	4	6 ¼
1	10	11 ½	3	29 ¾	2	1	1 .	4	6 ½
1	11	. .	3	30 .	2	1	1 ½	4	6 ¾
1	11	. ½	3	30 ¼	2	1	2 .	4	7 .
1	11	1 .	3	30 ½	2	1	2 ½	4	7 ¼
1	11	1 ½	3	30 ¾	2	1	3 .	4	7 ½
1	11	2 .	3	31 .	2	1	3 ½	4	7 ¾
1	11	2 ½	3	31 ¼	2	1	4 .	4	8 .
1	11	3 .	3	31 ½	2	1	4 ½	4	8 ¼
1	11	3 ½	3	31 ¾	2	1	5 .	4	8 ½
1	11	4 .	3	32 .	2	1	5 ½	4	8 ¾

ÉVALUATION des Pieds, Pouces, Lignes, & demi-Ligne ordinaires de SOLIVE, en autres PIEDS, CHEVILLES & parties de Cheville ; ces derniers Pieds ne valant qu'un douzième de Solive ; & la Cheville, un trente-fixième des mêmes Pieds.

Pieds de Solive.	Pouces de Solive.	Lignes de Solive.	VALEUR en autres pieds.	VALEUR en Chevilles.
2	1	6 ·	4	9 ·
2	1	6 ½	4	9 ¼
2	1	7 ·	4	9 ½
2	1	7 ½	4	9 ¾
2	1	8 ·	4	10 ·
2	1	8 ½	4	10 ¼
2	1	9 ·	4	10 ½
2	1	9 ½	4	10 ¾
2	1	10 ·	4	11 ·
2	1	10 ½	4	11 ¼
2	1	11 ·	4	11 ½
2	1	11 ½	4	11 ¾
2	2	· ·	4	12 ·
2	2	· ½	4	12 ¼
2	2	1 ·	4	12 ½
2	2	1 ½	4	12 ¾
2	2	2 ·	4	13 ·
2	2	2 ½	4	13 ¼
2	2	3 ·	4	13 ½
2	2	3 ½	4	13 ¾
2	2	4 ·	4	14 ·
2	2	4 ½	4	14 ¼
2	2	5 ·	4	14 ½
2	2	5 ½	4	14 ¾
2	2	6 ·	4	15 ·
2	2	6 ½	4	15 ¼
2	2	7 ·	4	15 ½
2	2	7 ½	4	15 ¾
2	2	8 ·	4	16 ·
2	2	8 ½	4	16 ¼
2	2	9 ·	4	16 ½
2	2	9 ½	4	16 ¾
2	2	10 ·	4	17 ·
2	2	10 ½	4	17 ¼
2	2	11 ·	4	17 ½
2	2	11 ½	4	17 ¾
2	3	· ·	4	18 ·
2	3	· ½	4	18 ¼
2	3	1 ·	4	18 ½
2	3	1 ½	4	18 ¾
2	3	2 ·	4	19 ·
2	3	2 ½	4	19 ¼
2	3	3 ·	4	19 ½
2	3	3 ½	4	19 ¾
2	3	4 ·	4	20 ·
2	3	4 ½	4	20 ¼
2	3	5 ·	4	20 ½
2	3	5 ½	4	20 ¾
2	3	6 ·	4	21 ·
2	3	6 ½	4	21 ¼
2	3	7 ·	4	21 ½
2	3	7 ½	4	21 ¾
2	3	8 ·	4	22 ·
2	3	8 ½	4	22 ¼
2	3	9 ·	4	22 ½
2	3	9 ½	4	22 ¾
2	3	10 ·	4	23 ·
2	3	10 ½	4	23 ¼
2	3	11 ·	4	23 ½
2	3	11 ½	4	23 ¾
2	4	· ·	4	24 ·
2	4	· ½	4	24 ¼
2	4	1 ·	4	24 ½
2	4	1 ½	4	24 ¾
2	4	2 ·	4	25 ·
2	4	2 ½	4	25 ¼
2	4	3 ·	4	25 ½
2	4	3 ½	4	25 ¾
2	4	4 ·	4	26 ·
2	4	4 ½	4	26 ¼
2	4	5 ·	4	26 ½
2	4	5 ½	4	26 ¾
2	4	6 ·	4	27 ·
2	4	6 ½	4	27 ¼
2	4	7 ·	4	27 ½
2	4	7 ½	4	27 ¾
2	4	8 ·	4	28 ·
2	4	8 ½	4	28 ¼
2	4	9 ·	4	28 ½
2	4	9 ½	4	28 ¾
2	4	10 ·	4	29 ·
2	4	10 ½	4	29 ¼
2	4	11 ·	4	29 ½
2	4	11 ½	4	29 ¾
2	5	· ·	4	30 ·
2	5	· ½	4	30 ¼
2	5	1 ·	4	30 ½
2	5	1 ½	4	30 ¾
2	5	2 ·	4	31 ·
2	5	2 ½	4	31 ¼
2	5	3 ·	4	31 ½
2	5	3 ½	4	31 ¾
2	5	4 ·	4	32 ·
2	5	4 ½	4	32 ¼
2	5	5 ·	4	32 ½
2	5	5 ½	4	32 ¾
2	5	6 ·	4	33 ·
2	5	6 ½	4	33 ¼
2	5	7 ·	4	33 ½
2	5	7 ½	4	33 ¾
2	5	8 ·	4	34 ·
2	5	8 ½	4	34 ¼

ÉVALUATION des Pieds, Pouces, Lignes, & demi-Ligne ordinaires de SOLIVE, en autres PIEDS, CHEVILLES & parties de Cheville; ces derniers Pieds ne valant qu'un douzième de Solive, & la Cheville, un trente-sixième des mêmes Pieds.

Pieds de Solive.	Pouces de Solive.	Lignes de Solive.	VALEUR en autres pieds.	VALEUR en Chevilles.
2	5	9 ·	4	34 ½
2	5	9 ½	4	34 ¾
2	5	10 ·	4	35 ·
2	5	10 ½	4	35 ¼
2	5	11 ·	4	35 ½
2	5	11 ½	4	35 ¾
2	6	· ·	5	· ·
2	6	· ½	5	· ¼
2	6	1 ·	5	· ½
2	6	1 ½	5	· ¾
2	6	2 ·	5	1 ·
2	6	2 ½	5	1 ¼
2	6	3 ·	5	1 ½
2	6	3 ½	5	1 ¾
2	6	4 ·	5	2 ·
2	6	4 ½	5	2 ¼
2	6	5 ·	5	2 ½
2	6	5 ½	5	2 ¾
2	6	6 ·	5	3 ·
2	6	6 ½	5	3 ¼
2	6	7 ·	5	3 ½
2	6	7 ½	5	3 ¾
2	6	8 ·	5	4 ·
2	6	8 ½	5	4 ¼
2	6	9 ·	5	4 ½
2	6	9 ½	5	4 ¾
2	6	10 ·	5	5 ·
2	6	10 ½	5	5 ¼
2	6	11 ·	5	5 ½
2	6	11 ½	5	5 ¾
2	7	· ·	5	6 ·
2	7	· ½	5	6 ¼
2	7	1 ·	5	6 ½
2	7	1 ½	5	6 ¾
2	7	2 ·	5	7 ·
2	7	2 ½	5	7 ¼
2	7	3 ·	5	7 ½
2	7	3 ½	5	7 ¾
2	7	4 ·	5	8 ·
2	7	4 ½	5	8 ¼
2	7	5 ·	5	8 ½
2	7	5 ½	5	8 ¾
2	7	6 ·	5	9 ·
2	7	6 ½	5	9 ¼
2	7	7 ·	5	9 ½
2	7	7 ½	5	9 ¾
2	7	8 ·	5	10 ·
2	7	8 ½	5	10 ¼
2	7	9 ·	5	10 ½
2	7	9 ½	5	10 ¾
2	7	10 ·	5	11 ·
2	7	10 ½	5	11 ¼
2	7	11 ·	5	11 ½
2	7	11 ½	5	11 ¾
2	8	· ·	5	12 ·
2	8	· ½	5	12 ¼
2	8	1 ·	5	12 ½
2	8	1 ½	5	12 ¾
2	8	2 ·	5	13 ·
2	8	2 ½	5	13 ¼
2	8	3 ·	5	13 ½
2	8	3 ½	4	13 ¾
2	8	4 ·	5	14 ·
2	8	4 ½	5	14 ¼
2	8	5 ·	5	14 ½
2	8	5 ½	5	14 ¾
2	8	6 ·	5	15 ·
2	8	6 ½	5	15 ¼
2	8	7 ·	5	15 ½
2	8	7 ½	5	15 ¾
2	8	8 ·	5	16 ·
2	8	8 ½	5	16 ¼
2	8	9 ·	5	16 ½
2	8	9 ½	5	16 ¾
2	8	10 ·	5	17 ·
2	8	10 ½	5	17 ¼
2	8	11 ·	5	17 ½
2	8	11 ½	5	17 ¾
2	9	· ·	5	18 ·
2	9	· ½	5	18 ¼
2	9	1 ·	5	18 ½
2	9	1 ½	5	18 ¾
2	9	2 ·	5	19 ·
2	9	2 ½	5	19 ¼
2	9	3 ·	5	19 ½
2	9	3 ½	5	19 ¾
2	9	4 ·	5	20 ·
2	9	4 ½	5	20 ¼
2	9	5 ·	5	20 ½
2	9	5 ½	5	20 ¾
2	9	6 ·	5	21 ·
2	9	6 ½	5	21 ¼
2	9	7 ·	5	21 ½
2	9	7 ½	5	21 ¾
2	9	8 ·	5	22 ·
2	9	8 ½	5	22 ¼
2	9	9 ·	5	22 ½
2	9	9 ½	5	22 ¾
2	9	10 ·	5	23 ·
2	9	10 ½	5	23 ¼
2	9	11 ·	5	23 ½
2	9	11 ½	5	23 ¾

ÉVALUATION des Pieds, Pouces, Lignes, & demi-Ligne ordinaires de SOLIVE, en autres PIEDS, CHEVILLES & parties de Cheville; ces derniers Pieds ne valant qu'un douzième de SOLIVE; & la Cheville, un trente-sixième des mêmes Pieds.

Pieds de Solive.	Pouces de Solive.	Lignes de Solive.	VALEUR en autres pieds.	VALEUR en Chevilles.
2	10	. .	5	24 .
2	10	. ½	5	24 ¼
2	10	1 .	5	24 ½
2	10	1 ½	5	24 ¾
2	10	2 .	5	25 .
2	10	2 ½	5	25 ¼
2	10	3 .	5	25 ½
2	10	3 ½	5	25 ¾
2	10	4 .	5	26 .
2	10	4 ½	5	26 ¼
2	10	5 .	5	26 ½
2	10	5 ½	5	26 ¾
2	10	6 .	5	27 .
2	10	6 ½	5	27 ¼
2	10	7 .	5	27 ½
2	10	7 ½	5	27 ¾
2	10	8 .	5	28 .
2	10	8 ½	5	28 ¼
2	10	9 .	5	28 ½
2	10	9 ½	5	28 ¾
2	10	10 .	5	29 .
2	10	10 ½	5	29 ¼
2	10	11 .	5	29 ½
2	10	11 ½	5	29 ¾
2	11	. .	5	30 .
2	11	. ½	5	30 ¼
2	11	1 .	5	30 ½
2	11	1 ½	5	30 ¾
2	11	2 .	5	31 .
2	11	2 ½	5	31 ¼
2	11	3 .	5	31 ½
2	11	3 ½	5	31 ¾
2	11	4 .	5	32 .
2	11	4 ½	5	32 ¼
2	11	5 .	5	32 ½
2	11	5 ½	5	32 ¾
2	11	6 .	5	33 .
2	11	6 ½	5	33 ¼
2	11	7 .	5	33 ½
2	11	7 ½	5	33 ¾
2	11	8 .	5	34 .
2	11	8 ½	5	34 ¼
2	11	9 .	5	34 ½
2	11	9 ½	5	34 ¾
2	11	10 .	5	35 .
2	11	10 ½	5	35 ¼
2	11	11 .	5	35 ½
2	11	11 ½	5	35 ¾
3	.	. .	6	. .
3	.	. ½	6	. ¼
3	.	1 .	6	. ½

Pieds de Solive.	Pouces de Solive.	Lignes de Solive.	VALEUR en autres pieds.	VALEUR en Chevilles.
3	.	1 ½	6	. ¾
3	.	2 .	6	1 .
3	.	2 ½	6	1 ¼
3	.	3 .	6	1 ½
3	.	3 ½	6	1 ¾
3	.	4 .	6	2 .
3	.	4 ½	6	2 ¼
3	.	5 .	6	2 ½
3	.	5 ½	6	2 ¾
3	.	6 .	6	3 .
3	.	6 ½	6	3 ¼
3	.	7 .	6	3 ½
3	.	7 ½	6	3 ¾
3	.	8 .	6	4 .
3	.	8 ½	6	4 ¼
3	.	9 .	6	4 ½
3	.	9 ½	6	4 ¾
3	.	10 .	6	5 .
3	.	10 ½	6	5 ¼
3	.	11 .	6	5 ½
3	.	11 ½	6	5 ¾
3	1	. .	6	6 .
3	1	. ½	6	6 ¼
3	1	1 .	6	6 ½
3	1	1 ½	6	6 ¾
3	1	2 .	6	7 .
3	1	2 ½	6	7 ¼
3	1	3 .	6	7 ½
3	1	3 ½	6	7 ¾
3	1	4 .	6	8 .
3	1	4 ½	6	8 ¼
3	1	5 .	6	8 ½
3	1	5 ½	6	8 ¾
3	1	6 .	6	9 .
3	1	6 ½	6	9 ¼
3	1	7 .	6	9 ½
3	1	7 ½	6	9 ¾
3	1	8 .	6	10 .
3	1	8 ½	6	10 ¼
3	1	9 .	6	10 ½
3	1	9 ½	6	10 ¾
3	1	10 .	6	11 .
3	1	10 ½	6	11 ¼
3	1	11 .	6	11 ½
3	1	11 ½	6	11 ¾
3	2	. .	6	12 .
3	2	. ½	6	12 ¼
3	2	1 .	6	12 ½
3	2	1 ½	6	12 ¾
3	2	2 .	6	13 .
3	2	2 ½	6	13 ¼

ÉVALUATION des Pieds, Pouces, Lignes, & demi-Ligne ordinaires de SOLIVE, en autres PIEDS, CHEVILLES & parties de Cheville; ces derniers Pieds ne valant qu'un douzième de Solive; & la Cheville, un trente-sixième des mêmes Pieds.

Pieds de Solive.	Pouces de Solive.	Lignes de Solive.	VALEUR en autres pieds.	VALEUR en Chevilles.	Pieds de Solive.	Pouces de Solive.	Lignes de Solive.	VALEUR en autres pieds.	VALEUR en Chevilles.
3	2	3	6	13	3	4	4	6	26
3	2	3½	6	13	3	4	5	6	26
3	2	4	6	14	3	4	5½	6	26
3	2	4½	6	14	3	4	6	6	27
3	2	5	6	14	3	4	6½	6	27
3	2	5½	6	14	3	4	7	6	27
3	2	6	6	15	3	4	7½	6	27
3	2	6½	6	15	3	4	8	6	28
3	2	7	6	15	3	4	8½	6	28
3	2	7½	6	15	3	4	9	6	28
3	2	8	6	16	3	4	9½	6	28
3	2	8½	6	16	3	4	10	6	29
3	2	9	6	16	3	4	10½	6	29
3	2	9½	6	16	3	4	11	6	29
3	2	10	6	17	3	4	11½	6	29
3	2	10½	6	17	3	5	.	6	30
3	2	11	6	17	3	5	½	6	30
3	2	11½	6	17	3	5	1	6	30
3	3	.	6	18	3	5	1½	6	30
3	3	½	6	18	3	5	2	6	31
3	3	1	6	18	3	5	2½	6	31
3	3	1½	6	18	3	5	3	6	31
3	3	2	6	19	3	5	3½	6	31
3	3	2½	6	19	3	5	4	6	32
3	3	3	6	19	3	5	4½	6	32
3	3	3½	6	19	3	5	5	6	32
3	3	4	6	20	3	5	5½	6	32
3	3	4½	6	20	3	5	6	6	33
3	3	5	6	20	3	5	6½	6	33
3	3	5½	6	20	3	5	7	6	33
3	3	6	6	21	3	5	7½	6	33
3	3	6½	6	21	3	5	8	6	34
3	3	7	6	21	3	5	8½	6	34
3	3	7½	6	21	3	5	9	6	34
3	3	8	6	22	3	5	9½	6	34
3	3	8½	6	22	3	5	10	6	35
3	3	9	6	22	3	5	10½	6	35
3	3	9½	6	22	3	5	11	6	35
3	3	10	6	23	3	5	11½	6	35
3	3	10½	6	23	3	6	.	7	.
3	3	11	6	23	3	6	½	7	
3	3	11½	6	23	3	6	1	7	1
3	4	.	6	24	3	6	1½	7	1
3	4	½	6	24	3	6	2	7	1
3	4	1	6	24	3	6	2½	7	1
3	4	1½	6	24	3	6	3	7	2
3	4	2	6	25	3	6	3½	7	2
3	4	2½	6	25	3	6	4	7	2
3	4	3	6	25	3	6	4½	7	2
3	4	3½	6	25	3	6	5	7	2
3	4	4	6	26					

ÉVALUATION des Pieds, Pouces, Lignes, & demi-Ligne ordinaires de SOLIVE, en autres PIEDS, CHEVILLES & parties de Cheville; ces derniers Pieds ne valant qu'un douzième de Solive; & la Cheville, un trente-sixième des mêmes Pieds.

Pieds de Solive.	Pouces de Solive.	Lignes de Solive.	VALEUR en autres pieds.	VALEUR en Chevilles.
3	6	6 .	7	3 .
3	6	6 ½	7	3 ¼
3	6	7 .	7	3 ½
3	6	7 ½	7	3 ¾
3	6	8 .	7	4 .
3	6	8 ½	7	4 ¼
3	6	9 .	7	4 ½
3	6	9 ½	7	4 ¾
3	6	10 .	7	5 .
3	6	10 ½	7	5 ¼
3	6	11 .	7	5 ½
3	6	11 ½	7	5 ¾
3	7	. .	7	6 .
3	7	. ½	7	6 ¼
3	7	1 .	7	6 ½
3	7	1 ½	7	6 ¾
3	7	2 .	7	7 .
3	7	2 ½	7	7 ¼
3	7	3 .	7	7 ½
3	7	3 ½	7	7 ¾
3	7	4 .	7	8 .
3	7	4 ½	7	8 ¼
3	7	5 .	7	8 ½
3	7	5 ½	7	8 ¾
3	7	6 .	7	9 .
3	7	6 ½	7	9 ¼
3	7	7 .	7	9 ½
3	7	7 ½	7	9 ¾
3	7	8 .	7	10 .
3	7	8 ½	7	10 ¼
3	7	9 .	7	10 ½
3	7	9 ½	7	10 ¾
3	7	10 .	7	11 .
3	7	10 ½	7	11 ¼
3	7	11 .	7	11 ½
3	7	11 ½	7	11 ¾
3	8	. .	7	12 .
3	8	. ½	7	12 ¼
3	8	1 .	7	12 ½
3	8	1 ½	7	12 ¾
3	8	2 .	7	13 .
3	8	2 ½	7	13 ¼
3	8	3 .	7	13 ½
3	8	3 ½	7	13 ¾
3	8	4 .	7	14 .
3	8	4 ½	7	14 ¼
3	8	5 .	7	14 ½
3	8	5 ½	7	14 ¾
3	8	6 .	7	15 .
3	8	6 ½	7	15 ¼
3	8	7 .	7	15 ½
3	8	7 ½	7	15 ¾
3	8	8 .	7	16 .
3	8	8 ½	7	16 ¼
3	8	9 .	7	16 ½
3	8	9 ½	7	16 ¾
3	8	10 .	7	17 .
3	8	10 ½	7	17 ¼
3	8	11 .	7	17 ½
3	8	11 ½	7	17 ¾
3	9	. .	7	18 .
3	9	. ½	7	18 ¼
3	9	1 .	7	18 ½
3	9	1 ½	7	18 ¾
3	9	2 .	7	19 .
3	9	2 ½	7	19 ¼
3	9	3 .	7	19 ½
3	9	3 ½	7	19 ¾
3	9	4 .	7	20 .
3	9	4 ½	7	20 ¼
3	9	5 .	7	20 ½
3	9	5 ½	7	20 ¾
3	9	6 .	7	21 .
3	9	6 ½	7	21 ¼
3	9	7 .	7	21 ½
3	9	7 ½	7	21 ¾
3	9	8 .	7	22 .
3	9	8 ½	7	22 ¼
3	9	9 .	7	22 ½
3	9	9 ½	7	22 ¾
3	9	10 .	7	23 .
3	9	10 ½	7	23 ¼
3	9	11 .	7	23 ½
3	9	11 ½	7	23 ¾
3	10	. .	7	24 .
3	10	. ½	7	24 ¼
3	10	1 .	7	24 ½
3	10	1 ½	7	24 ¾
3	10	2 .	7	25 .
3	10	2 ½	7	25 ¼
3	10	3 .	7	25 ½
3	10	3 ½	7	25 ¾
3	10	4 .	7	26 .
3	10	4 ½	7	26 ¼
3	10	5 .	7	26 ½
3	10	5 ½	7	26 ¾
3	10	6 .	7	27 .
3	10	6 ½	7	27 ¼
3	10	7 .	7	27 ½
3	10	7 ½	7	27 ¾
3	10	8 .	7	28 .
3	10	8 ½	7	28 ¼

ÉVALUATION des Pieds, Pouces, Lignes, & demi-Ligne ordinaires de SOLIVE, en autres PIEDS, CHEVILLES & parties de Cheville; ces derniers Pieds ne valant qu'un douzième de Solive, & la Cheville, un trente-sixième des mêmes Pieds.

Pieds de Solive.	Pouces de Solive.	Lignes de Solive.	VALEUR en autres pieds.	VALEUR en Chevilles.	Pieds de Solive.	Pouces de Solive.	Lignes de Solive.	VALEUR en autres pieds.	VALEUR en Chevilles.
3	10	9 .	7	28 $\frac{1}{4}$	4	.	10 $\frac{1}{2}$	8	5 $\frac{1}{4}$
3	10	9 $\frac{1}{2}$	7	28 $\frac{3}{4}$	4	.	11	8	5
3	10	10 .	7	29 .	4	.	11 $\frac{1}{2}$	8	5 $\frac{3}{4}$
3	10	10 $\frac{1}{2}$	7	29 .	4	1	. . $\frac{1}{2}$	8	6
3	10	11 .	7	29	4	1	. .	8	6
3	10	11 $\frac{1}{2}$	7	29 $\frac{3}{4}$	4	1	.	8	6
3	11	. .	7	30 .	4	1	1 $\frac{1}{2}$	8	6
3	11	. $\frac{1}{2}$	7	30	4	1	2 .	8	7
3	11	1 .	7	30	4	1	2 $\frac{1}{2}$	8	7
3	11	1 $\frac{1}{2}$	7	30 $\frac{3}{4}$	4	1	3 . $\frac{1}{2}$	8	7
3	11	2 .	7	31	4	1	3 $\frac{1}{2}$	8	7
3	11	2 $\frac{1}{2}$	7	31	4	1	4 .	8	8
3	11	3 .	7	31	4	1	4 . $\frac{1}{2}$	8	8
3	11	3 $\frac{1}{2}$	7	31	4	1	5 .	8	8
3	11	4 .	7	32	4	1	5 $\frac{1}{2}$	8	8
3	11	4 $\frac{1}{2}$	7	32	4	1	6 .	8	9
3	11	5 .	7	32	4	1	6 $\frac{1}{2}$	8	9
3	11	5 $\frac{1}{2}$	7	32	4	1	7 .	8	9
3	11	6 .	7	33	4	1	7 $\frac{1}{2}$	8	9
3	11	6 $\frac{1}{2}$	7	33	4	1	8 .	8	10
3	11	7 .	7	33	4	1	8 $\frac{1}{2}$	8	10
3	11	7 $\frac{1}{2}$	7	33	4	1	9 .	8	10
3	11	8 .	7	34	4	1	9 $\frac{1}{2}$	8	10
3	11	8 $\frac{1}{2}$	7	34	4	1	10 .	8	11
3	11	9 . $\frac{1}{2}$	7	34	4	1	10 $\frac{1}{2}$	8	11
3	11	10 .	7	35	4	1	11	8	11
3	11	10 $\frac{1}{2}$	7	35	4	1	11 $\frac{1}{2}$	8	11
3	11	11 .	7	35	4	2	. .	8	12
3	11	11 $\frac{1}{2}$	7	35	4	2	. $\frac{1}{2}$	8	12
4	.	. $\frac{1}{2}$	8	.	4	2	1 .	8	12
4	.	1 .	8	.	4	2	1 $\frac{1}{2}$	8	12
4	.	1 $\frac{1}{2}$	8	.	4	2	2 .	8	13
4	.	2 . $\frac{1}{2}$	8	1	4	2	2 $\frac{1}{2}$	8	13
4	.	2 $\frac{1}{2}$	8	1	4	2	3 .	8	13
4	.	3 .	8	1	4	2	3 $\frac{1}{2}$	8	13
4	.	3 $\frac{1}{2}$	8	1	4	2	4 .	8	14
4	.	4 . $\frac{1}{2}$	8	2	4	2	4 $\frac{1}{2}$	8	14
4	.	4 $\frac{1}{2}$	8	2	4	2	5 .	8	14
4	.	5 .	8	2	4	2	5 $\frac{1}{2}$	8	14
4	.	5 $\frac{1}{2}$	8	2	4	2	6 .	8	15
4	.	6 .	8	3	4	2	6 $\frac{1}{2}$	8	15
4	.	6 $\frac{1}{2}$	8	3	4	2	7 .	8	15
4	.	7 .	8	3	4	2	7 $\frac{1}{2}$	8	15
4	.	7 $\frac{1}{2}$	8	3	4	2	8 .	8	16
4	.	8 .	8	4	4	2	8 $\frac{1}{2}$	8	16
4	.	8 $\frac{1}{2}$	8	4	4	2	9 .	8	16
4	.	9 .	8	4	4	2	9 $\frac{1}{2}$	8	16
4	.	9 $\frac{1}{2}$	8	4	4	2	10 .	8	17
4	.	10 .	8	5	4	2	10 $\frac{1}{2}$	8	17
					4	2	11 .	8	17
					4	2	11 $\frac{1}{2}$	8	17

ÉVALUATION des Pieds, Pouces, Lignes, & demi-Ligne ordinaires de SOLIVE, en autres PIEDS, CHEVILLES & parties de Cheville ; ces derniers Pieds ne valant qu'un douzième de Solive ; & la Cheville, un trente-sixième des mêmes Pieds.

Pieds de Solive.	Pouces de Solive.	Lignes de Solive.	VALEUR en autres pieds.	VALEUR en Chevilles.
4	3	. .	8	18 .
4	3	. ½	8	18 ¼
4	3	1 .	8	18 ½
4	3	1 ½	8	18 ¾
4	3	2 .	8	19 .
4	3	2 ½	8	19 ¼
4	3	3 .	8	19 ½
4	3	3 ½	8	19 ¾
4	3	4 .	8	20 .
4	3	4 ½	8	20 ¼
4	3	5 .	8	20 ½
4	3	5 ½	8	20 ¾
4	3	6 .	8	21 .
4	3	6 ½	8	21 ¼
4	3	7 .	8	21 ½
4	3	7 ½	8	21 ¾
4	3	8 .	8	22 .
4	3	8 ½	8	22 ¼
4	3	9 .	8	22 ½
4	3	9 ½	8	22 ¾
4	3	10 .	8	23 .
4	3	10 ½	8	23 ¼
4	3	11 .	8	23 ½
4	3	11 ½	8	23 ¾
4	4	. .	8	24 .
4	4	. ½	8	24 ¼
4	4	1 .	8	24 ½
4	4	1 ½	8	24 ¾
4	4	2 .	8	25 .
4	4	2 ½	8	25 ¼
4	4	3 .	8	25 ½
4	4	3 ½	8	25 ¾
4	4	4 .	8	26 .
4	4	4 ½	8	26 ¼
4	4	5 .	8	26 ½
4	4	5 ½	8	26 ¾
4	4	6 .	8	27 .
4	4	6 ½	8	27 ¼
4	4	7 .	8	27 ½
4	4	7 ½	8	27 ¾
4	4	8 .	8	28 .
4	4	8 ½	8	28 ¼
4	4	9 .	8	28 ½
4	4	9 ½	8	28 ¾
4	4	10 .	8	29 .
4	4	10 ½	8	29 ¼
4	4	11 .	8	29 ½
4	4	11 ½	8	29 ¾
4	5	. .	8	30 .
4	5	. ½	8	30 ¼
4	5	1 .	8	30 ½

Pieds de Solive.	Pouces de Solive.	Lignes de Solive.	VALEUR en autres pieds.	VALEUR en Chevilles.
4	5	1 ½	8	30 ¾
4	5	2 .	8	31 .
4	5	2 ½	8	31 ¼
4	5	3 .	8	31 ½
4	5	3 ½	8	31 ¾
4	5	4 .	8	32 .
4	5	4 ½	8	32 ¼
4	5	5 .	8	32 ½
4	5	5 ½	8	32 ¾
4	5	6 .	8	33 .
4	5	6 ½	8	33 ¼
4	5	7 .	8	33 ½
4	5	7 ½	8	33 ¾
4	5	8 .	8	34 .
4	5	8 ½	8	34 ¼
4	5	9 .	8	34 ½
4	5	9 ½	8	34 ¾
4	5	10 .	8	35 .
4	5	10 ½	8	35 ¼
4	5	11 .	8	35 ½
4	5	11 ½	8	35 ¾
4	6	. .	9	. .
4	6	. ½	9	. ¼
4	6	1 .	9	. ½
4	6	1 ½	9	. ¾
4	6	2 .	9	1 .
4	6	2 ½	9	1 ¼
4	6	3 .	9	1 ½
4	6	3 ½	9	1 ¾
4	6	4 .	9	2 .
4	6	4 ½	9	2 ¼
4	6	5 .	9	2 ½
4	6	5 ½	9	2 ¾
4	6	6 .	9	3 .
4	6	6 ½	9	3 ¼
4	6	7 .	9	3 ½
4	6	7 ½	9	3 ¾
4	6	8 .	9	4 .
4	6	8 ½	9	4 ¼
4	6	9 .	9	4 ½
4	6	9 ½	9	4 ¾
4	6	10 .	9	5 .
4	6	10 ½	9	5 ¼
4	6	11 .	9	5 ½
4	6	11 ½	9	5 ¾
4	7	. .	9	6 .
4	7	. ½	9	6 ¼
4	7	1 .	9	6 ½
4	7	1 ½	9	6 ¾
4	7	2 .	9	7 .
4	7	2 ½	9	7 ¼

EVALUATION des Pieds, Pouces, Lignes, & demi-Ligne ordinaires de SOLIVE, en autres PIEDS, CHEVILLES & parties de Cheville ; ces derniers Pieds ne valant qu'un douzième de Solive ; & la Cheville, un trente-sixième des mêmes Pieds.

Pieds de Solive	Pouces de Solive	Lignes de Solive	VALEUR en autres pieds	en Chevilles
4	7	3 .	9	7 1/2
4	7	3 1/2	9	7 3/4
4	7	4 .	9	8
4	7	4 1/2	9	8 1/4
4	7	5 .	9	8
4	7	5 1/2	9	8 3/4
4	7	6 .	9	9
4	7	6 1/2	9	9 1/4
4	7	7 .	9	9 1/2
4	7	7 1/2	9	9 3/4
4	7	8 .	9	10
4	7	8 1/2	9	10 1/2
4	7	9 .	9	10
4	7	9 1/2	9	10 1/4
4	7	10 .	9	11
4	7	10 1/2	9	11
4	7	11 .	9	11
4	7	11 1/2	9	11 1/4
4	8	. .	9	12 .
4	8	. 1/2	9	12 1/2
4	8	1 .	9	12
4	8	1 1/2	9	12 3/4
4	8	2 .	9	13
4	8	2 1/2	9	13 1/4
4	8	3 .	9	13 1/2
4	8	3 1/2	9	13 3/4
4	8	4 .	9	14
4	8	4 1/2	9	14 1/4
4	8	5 .	9	14 1/2
4	8	5 1/2	9	14 3/4
4	8	6 .	9	15
4	8	6 1/2	9	15 1/4
4	8	7 .	9	15 1/2
4	8	7 1/2	9	15 3/4
4	8	8 .	9	16
4	8	8 1/2	9	16 1/4
4	8	9 .	9	16 1/2
4	8	9 1/2	9	16 3/4
4	8	10 .	9	17
4	8	10 1/2	9	17 1/4
4	8	11 .	9	17 1/2
4	8	11 1/2	9	17 .
4	9	. .	9	18 .
4	9	. 1/2	9	18 1/4
4	9	1 .	9	18 1/2
4	9	1 1/2	9	18 3/4
4	9	2 .	9	19
4	9	2 1/2	9	19 1/4
4	9	3 .	9	19 1/2
4	9	3 1/2	9	19 3/4
4	9	4 .	9	20 1/4

Pieds de Solive	Pouces de Solive	Lignes de Solive	VALEUR en autres pieds	en Chevilles
4	9	4 1/2	9	20 1/4
4	9	5 .	9	20 1/2
4	9	5 1/2	9	20 3/4
4	9	6 .	9	21
4	9	6 1/2	9	21 1/4
4	9	7 .	9	21 1/2
4	9	7 1/2	9	21 3/4
4	9	8 1/2	9	22
4	9	8 1/2	9	22 1/4
4	9	9 .	9	22 1/2
4	9	9 1/2	9	22 3/4
4	9	10 .	9	23
4	9	10 1/2	9	23 1/4
4	9	11 .	9	23 1/2
4	9	11 1/2	9	23 3/4
4	10	. .	9	24 .
4	10	. 1/2	9	24 1/4
4	10	1 .	9	24 1/2
4	10	1 1/2	9	24 3/4
4	10	2 .	9	25
4	10	2 1/2	9	25 1/4
4	10	3 .	9	25 1/2
4	10	3 1/2	9	25 3/4
4	10	4 .	9	26
4	10	4 1/2	9	26 1/4
4	10	5 .	9	26 1/2
4	10	5 1/2	9	26 3/4
4	10	6 .	9	27 .
4	10	6 1/2	9	27 1/4
4	10	7 .	9	27 1/2
4	10	7 1/2	9	27 3/4
4	10	8 .	9	28
4	10	8 1/2	9	28 1/4
4	10	9 .	9	28 1/2
4	10	9 1/2	9	28 3/4
4	10	10 .	9	29
4	10	10 1/2	9	29 1/4
4	10	11 .	9	29 1/2
4	10	11 1/2	9	29 3/4
4	11	. .	9	30 .
4	11	. 1/2	9	30 1/4
4	11	1 .	9	30 1/2
4	11	1 1/2	9	30 3/4
4	11	2 .	9	31 .
4	11	2 1/2	9	31 1/4
4	11	3 .	9	31 1/2
4	11	3 1/2	9	31 3/4
4	11	4 .	9	32
4	11	4 1/2	9	32 1/4
4	11	5 .	9	32 1/2
4	11	5 1/2	9	32 3/4

ÉVALUATION des Pieds, Pouces, Lignes, & demi-Ligne ordinaires de SOLIVE, en autres PIEDS, CHEVILLES & parties de Cheville; ces derniers Pieds ne valant qu'un douzième de Solive; & la Cheville, un trente-sixième des mêmes Pieds.

Pieds de Solive.	Pouces de Solive.	Lignes de Solive.	VALEUR en autres pieds.	VALEUR en Chevilles.	Pieds de Solive.	Pouces de Solive.	Lignes de Solive.	VALEUR en autres pieds.	VALEUR en Chevilles.
4	11	6 .	9	33 .	5	1	7 ½	10	9 ¾
4	11	6 ½	9	33 ¼	5	1	8 .	10	10 .
4	11	7 .	9	33 ½	5	1	8 ½	10	10 ¼
4	11	7 ½	9	33 ¾	5	1	9 .	10	10 ½
4	11	8 .	9	34 .	5	1	9 ½	10	10 ¾
4	11	8 ½	9	34 ¼	5	1	10 .	10	11 .
4	11	9 .	9	34 ½	5	1	10 ½	10	11 ¼
4	11	9 ½	9	34 ¾	5	1	11 .	10	11 ½
4	11	10 .	9	35 .	5	1	11 ½	10	11 ¾
4	11	10 ½	9	35 ¼	5	2	. .	10	12 .
4	11	11 .	9	35 ½	5	2	. ½	10	12 ¼
4	11	11 ½	9	35 ¾	5	2	1 .	10	12 ½
5	.	. .	10	. .	5	2	1 ½	10	12 ¾
5	.	. ½	10	. ¼	5	2	2 .	10	13 .
5	.	1 .	10	. ½	5	2	2 ½	10	13 ¼
5	.	1 ½	10	. ¾	4	2	3 .	10	13 ½
5	.	2 .	10	1 .	5	2	3 ½	10	13 ¾
5	.	2 ½	10	1 ¼	5	2	4 .	10	14 .
5	.	3 .	10	1 ½	5	2	4 ½	10	14 ¼
5	.	3 ½	10	1 ¾	5	2	5 .	10	14 ½
5	.	4 .	10	2 .	5	2	5 ½	10	14 ¾
5	.	4 ½	10	2 ¼	5	2	6 .	10	15 .
5	.	5 .	10	2 ½	5	2	6 ½	10	15 ¼
5	.	5 ½	10	2 ¾	5	2	7 .	10	15 ½
5	.	6 .	10	3 .	5	2	7 ½	10	15 ¾
5	.	6 ½	10	3 ¼	5	2	8 .	10	16 .
5	.	7 .	10	3 ½	5	2	8 ½	10	16 ¼
5	.	7 ½	10	3 ¾	5	2	9 .	10	16 ½
5	.	8 .	10	4 .	5	2	9 ½	10	16 ¾
5	.	8 ½	10	4 ¼	5	2	10 .	10	17 .
5	.	9 .	10	4 ½	5	2	10 ½	10	17 ¼
5	.	9 ½	10	4 ¾	5	2	11 .	10	17 ½
5	.	10 .	10	5 .	5	2	11 ½	10	17 ¾
5	.	10 ½	10	5 ¼	5	3	. .	10	18 .
5	.	11 .	10	5 ½	5	3	. ½	10	18 ¼
5	.	11 ½	10	5 ¾	5	3	1 .	10	18 ½
5	1	. .	10	6 .	5	3	1 ½	10	18 ¾
5	1	. ½	10	6 ¼	5	3	2 .	10	19 .
5	1	1 .	10	6 ½	5	3	2 ½	10	19 ¼
5	1	1 ½	10	6 ¾	5	3	3 .	10	19 ½
5	1	2 .	10	7 .	5	3	3 ½	10	19 ¾
5	1	2 ½	10	7 ¼	5	3	4 .	10	20 .
5	1	3 .	10	7 ½	5	3	4 ½	10	20 ¼
5	1	3 ½	10	7 ¾	5	3	5 .	10	20 ½
5	1	4 .	10	8 .	5	3	5 ½	10	20 ¾
5	1	4 ½	10	8 ¼	5	3	6 .	10	21 .
5	1	5 .	10	8 ½	5	3	6 ½	10	21 ¼
5	1	5 ½	10	8 ¾	5	3	7 .	10	31 ½
5	1	6 .	10	9 .	5	3	7 ½	10	21 ¾
5	1	6 ½	10	9 ¼	5	3	8 .	10	22 .
5	1	7 .	10	9 ½	5	3	8 ½	10	22 ¼

ÉVALUATION des Pieds, Pouces, Lignes, & demi-Ligne ordinaires de SOLIVE, en autres PIEDS, CHEVILLES & parties de Cheville; ces derniers Pieds ne valant qu'un douzième de Solive; & la Cheville un trente-sixième des mêmes Pieds.

Pieds de Solive.	Pouces de Solive.	Lignes de Solive.	VALEUR en autres pieds.	en Chevilles.	Pieds de Solive.	Pouces de Solive.	Ligne de Solive.	VALEUR en autres pieds.	en Chevilles.
5	3	9 .	10	22 1/2	5	5	10 1/2	10	35 1/4
5	3	9 1/2	10	22 3/4	5	5	11 .	10	35 1/2
5	3	10 .	10	23 .	5	5	11 1/2	10	35 3/4
5	3	10 1/2	10	23 1/4	5	6	. .	11	.
5	3	11 .	10	23 1/2	5	6	. 1/2	11	. 1/4
5	3	11 1/2	10	23 3/4	5	6	1 .	11	. 1/2
5	4	. .	10	24 .	5	6	1 1/2	11	. 3/4
5	4	. 1/2	10	24 1/4	5	6	2 .	11	1 .
5	4	1 .	10	24 1/2	5	6	2 1/2	11	1 1/4
5	4	1 1/2	10	24 3/4	5	6	3 .	11	1 1/2
5	4	2 .	10	25 .	5	6	3 1/2	11	1 3/4
5	4	2 1/2	10	25 1/4	5	6	4 .	11	2 .
5	4	3 .	10	25 1/2	5	6	4 1/2	11	2 1/4
5	4	3 1/2	10	25 3/4	5	6	5 .	11	2 1/2
5	4	4 .	10	26 .	5	6	5 1/2	11	2 3/4
5	4	4 1/2	10	26 1/4	5	6	6 .	11	3 .
5	4	5 .	10	26 1/2	5	6	6 1/2	11	3 1/4
5	4	5 1/2	10	26 3/4	5	6	7 .	11	3 1/2
5	4	6 1/2	10	27 .	5	6	7 1/2	11	3 3/4
5	4	6 1/2	10	27 1/4	5	6	8 .	11	4 .
5	4	7 .	10	27 1/2	5	6	8 1/2	11	4 1/4
5	4	7 1/2	10	27 3/4	5	6	9 .	11	4 1/2
5	4	8 .	10	28 .	5	6	9 1/2	11	4 3/4
5	4	8 1/2	10	28 1/4	5	6	10 .	11	5 .
5	4	9 .	10	28 1/2	5	6	10 1/2	11	5 1/4
5	4	9 1/2	10	28 .	5	6	11 .	11	5 1/2
5	4	10 .	10	29 .	5	6	11 1/2	11	5 3/4
5	4	10 1/2	10	29 1/4	5	7	. .	11	6 .
5	4	11 .	10	29 1/2	5	7	. 1/2	11	6 1/4
5	4	11 1/2	10	29 3/4	5	7	1 .	11	6 1/2
5	5	. .	10	30 .	5	7	1 1/2	11	6 3/4
5	5	. 1/2	10	30 1/4	5	7	2 .	11	7 .
5	5	1 .	10	30 1/2	5	7	2 1/2	11	7 1/4
5	5	1 1/2	10	30 3/4	5	7	3 .	11	7 1/2
5	5	2 .	10	31 .	5	7	3 1/2	11	7 3/4
5	5	2 1/2	10	31 1/4	5	7	4 .	11	8 .
5	5	3 .	10	31 1/2	5	7	4 1/2	11	8 1/4
5	5	3 1/2	10	31 3/4	5	7	5 .	11	8 1/2
5	5	4 .	10	32 .	5	7	5 1/2	11	8 3/4
5	5	4 1/2	10	32 1/4	5	7	6 .	11	9 .
5	5	5 .	10	32 1/2	5	7	6 1/2	11	9 1/4
5	5	5 1/2	10	32 3/4	5	7	7 .	11	9 1/2
5	5	6 .	10	33 .	5	7	7 1/2	11	9 3/4
5	5	6 1/2	10	33 1/4	5	7	8 .	11	10 .
5	5	7 .	10	33 1/2	5	7	8 1/2	11	10 1/4
5	5	7 1/2	10	33 3/4	5	7	9 .	11	10 1/2
5	5	8 .	10	34 .	5	7	9 1/2	11	10 3/4
5	5	8 1/2	10	34 1/4	5	7	10 .	11	11 .
5	5	9 .	10	34 1/2	5	7	10 1/2	11	11 .
5	5	9 1/2	10	34 3/4	5	7	11 .	11	11 .
5	5	10 .	10	35 .	5	7	11 1/2	11	11 1/4

ÉVALUATION des Pieds, Pouces, Lignes, & demi-Ligne ordinaires de SOLIVE, en autres PIEDS CHEVILLES & parties de Cheville; ces derniers Pieds ne valant qu'un douzième de Solive; & la Cheville, un trente-sixième des mêmes Pieds.

Pieds de Solive.	Pouces de Solive.	Lignes de Solive.	VALEUR en autres pieds.	VALEUR en Chevilles.
5	8	. .	11	12 .
5	8	. ½	11	12 ¼
5	8	1 .	11	12 ½
5	8	1 ½	11	12 ¾
5	8	2 .	11	13 .
5	8	2 ½	11	13 ¼
5	8	3 .	11	13 ½
5	8	3 ½	11	13 ¾
5	8	4 .	11	14 .
5	8	4 ½	11	14 ¼
5	8	5 .	11	14 ½
5	8	5 ½	11	14 ¾
5	8	6 .	11	15 .
5	8	6 ½	11	15 ¼
5	8	7 .	11	15 ½
5	8	7 ½	11	15 ¾
5	8	8 .	11	16 .
5	8	8 ½	11	16 ¼
5	8	9 .	11	16 ½
5	8	9 ½	11	16 ¾
5	8	10 .	11	17 .
5	8	10 ½	11	17 ¼
5	8	11 .	11	17 ½
5	8	11 ½	11	17 ¾
5	9	. .	11	18 .
5	9	. ½	11	18 ¼
5	9	1 .	11	18 ½
5	9	1 ½	11	18 ¾
5	9	2 .	11	19 .
5	9	2 ½	11	19 ¼
5	9	3 .	11	19 ½
5	9	3 ½	11	19 ¾
5	9	4 .	11	20 .
5	9	4 ½	11	20 ¼
5	9	5 .	11	20 ½
5	9	5 ½	11	20 ¾
5	9	6 .	11	21 .
5	9	6 ½	11	21 ¼
5	9	7 .	11	21 ½
5	9	7 ½	11	21 ¾
5	9	8 .	11	22 .
5	9	8 ½	11	22 ¼
5	9	9 .	11	22 ½
5	9	9 ½	11	22 ¾
5	9	10 .	11	23 .
5	9	10 ½	11	23 ¼
5	9	11 .	11	23 ½
5	9	11 ½	11	23 ¾

Pieds de Solive.	Pouces de Solive.	Lignes de Solive.	VALEUR en autres pieds.	VALEUR en Chevilles.
5	10	. .	11	24 .
5	10	. ½	11	24 ¼
5	10	1 .	11	24 ½
5	10	1 ½	11	24 ¾
5	10	2 .	11	25 .
5	10	2 ½	11	25 ¼
5	10	3 .	11	25 ½
5	10	3 ½	11	25 ¾
5	10	4 .	11	26 .
5	10	4 ½	11	26 ¼
5	10	5 .	11	26 ½
5	10	5 ½	11	26 ¾
5	10	6 .	11	27 .
5	10	6 ½	11	27 ¼
5	10	7 .	11	27 ½
5	10	7 ½	11	27 ¾
5	10	8 .	11	28 .
5	10	8 ½	11	28 ¼
5	10	9 .	11	28 ½
1	10	9 ½	11	28 ¾
5	10	10 .	11	29 .
5	10	10 ½	11	29 ¼
5	10	11 .	11	29 ½
5	10	11 ½	11	29 ¾
5	11	. .	11	30 .
5	11	. ½	11	30 ¼
5	11	1 .	11	30 ½
5	11	1 ½	11	30 ¾
5	11	2 .	11	31 .
5	11	2 ½	11	31 ¼
5	11	3 .	11	31 ½
5	11	3 ½	11	31 ¾
5	11	4 .	11	32 .
5	11	4 ½	11	32 ¼
5	11	5 .	11	32 ½
5	11	5 ½	11	32 ¾
5	11	6 .	11	33 .
5	11	6 ½	11	33 ¼
5	11	7 .	11	33 ½
5	11	7 ½	11	33 ¾
5	11	8 .	11	34 .
5	11	8 ½	11	34 ¼
5	11	9 .	11	34 ½
5	11	9 ½	11	34 ¾
5	11	10 .	11	35 .
5	11	10 ½	11	35 ¼
5	11	11 .	11	35 ½
5	11	11 ½	11	35 ¾

AVERTISSEMENT

RELATIF A LA TABLE X.

[105] Dans le Calaisis & pays reconquis, le Boulonnois, le Bas-Artois, l'Ardresis, on ne connoît guère, pour les Bois, d'autre mesure que celle à la *somme*.

DE LA SOMME.

Par *somme*, on entend un solide composé de 16769 $\frac{5}{11}$ pouces-cubes, ou de $\frac{184464}{11}$ pouce-cube.

DIVISION DE LA SOMME.

La *somme* se divise en 61 parties, appellées *marques*; la *marque* contient donc 274 & $\frac{10}{11}$ des mêmes pouces (*p*), égaux à $\frac{3024}{11}$.

[106] Ainsi, pour faire le toisé d'une pièce (*q*) en *sommes* & *marques*, il faut, avant tout, la réduire en pouces-cubes, il faut, avant tout, la réduire en pouces-cubes; & les pouces-cubes en *onzièmes*.

Or, quelque pièce qu'on puisse proposer, elle sera toujours ou ronde, *fig.* 1, 2 & 3;

Ou équarrie, allant en diminuant de grosseur, *fig.* 4, 5, 6, 7, 8, 9 & 10.

Ou équarrie, mais d'égale grosseur d'un bout à l'autre, *fig.* 11 & 12.

Il est visible que ce nombre surpasse la solidité de la *somme*, puisque la *somme* ne renferme que $\frac{184464}{11}$.

Divisons donc, par 184464, le nombre 508200.

Si la pièce est ronde, on trouve dans le Discours en tête de la première Partie, article 1, jusqu'au 22.me inclusivement, la méthode la plus courte d'opérer sa réduction en pouces-cubes.

Si la pièce est équarrie, & que sa grosseur aille en diminuant, on consultera le Discours en tête de la seconde Partie, art. 55, jusqu'au 64.me

Enfin, si la pièce est équarrie, & que d'un bout à l'autre sa grosseur soit uniforme, on consultera le Discours en tête de la 3.e Partie, article 77 jusqu'à 91.

Ces renvois évitent de répéter ici ce qui est dit ailleurs.

[107] La réduction en pouces-cubes, une fois faite, le changement des Pouces-cubes en *onzièmes* est bien simple: il n'est question que de multiplier par 11 la quantité qu'on en a trouvée dans la pièce.

Supposons un tronçon cylindrique, long de 25 pieds & de 44 pouces de circonférence: un tel tronçon fournira (Discours Ire., Art. 1 à 22) 46200 pouces-cubes, lesquels multipliés par 11, égalent $\frac{508200}{11}$ pouce-cube.

dividende	508200	184464	diviseur
	368928	2	quotient
reste	139272		

(*p*) D'après divers Réglemens, & en particulier celui du 5 Octobre 1561, rendu par le Grand-Maître des Eaux & Forêts de Picardie, une pièce de Bois cylindrique portant 4 pieds $\frac{1}{6}$ de longueur, sur 8 pouces de tour, mesure du Châtelet, donne la *Marque*. La Marque contient donc 274 & $\frac{10}{11}$ pouces-cubes.

D'après les mêmes Réglemens, on doit livrer 61 *Marques* pour la *Somme*: donc la *Somme* contient 16769 & $\frac{5}{11}$ pouces-cubes.

J'entre dans les plus grands détails sur cette mesure au mot Bois (coupe des). Voyez l'article, page de ce volume Encyclopédique.

(*q*) Nous ne parlons ici que pour ceux qui trouveroient leur plaisir à faire eux-mêmes les calculs; car plus bas (article 108) nous offrons le moyen de s'en décharger.

TABLE X. *Les Bois mesurés à la Somme.* 211

Sommes. Marq. Fraĉt.

2 0 ●

Le quotient 2 engendre, 1.° deux *Sommes*, ci.
Mais le reste 139272 surpasse la *Marque*
qui n'en contient que 3024.

Divisons donc, par 3024, le nombre 139272.

dividende 139272 (3024 diviseur.
12096) 46 quotient
18312
:8144
168

reste 3024

Le quotient 46 engendre, 2.° quarante-six
Marques, ci...................................

0 46 ●

Et reste $\frac{168}{3024}$ qui, réduit à son moindre
dénominateur, égale un dix-huitième de
Marque, ci...............,.........

0 0 $\frac{1}{18}$

En réunissant, par une addition, les trois
nombres ensemble, on aura pour total...

2 46 $\frac{1}{18}$

Ou deux *sommes*, quarante-six *marques*, plus un dix-huitième; & telle est effectivement, à la mesure
dont nous traitons, la valeur du tronçon proposé.

[108] Après avoir mis sur la voie d'exécuter
soi-même les calculs relatifs au toisé des différents
Bois, en *sommes* & *marques*; indiquons le moyen
d'arriver, sans calculs, & par le secours seul des
Tables, aux mêmes résultats.

Il n'est question que de réduire d'abord en
solives & parties de *solive* la pièce qu'on
veut mesurer (r). Or, cette réduction est toute
faite par nous; &, pour en profiter, il suffit de
connoître l'usage des Tables I, II, III, IV, V, VI,
VII. Voyez les trois Discours en tête des trois
premières parties de l'Ouvrage; ils tracent, d'après
la forme des Bois, la marche qu'il faut suivre (s).

En supposant donc ces Discours bien conçus,
nous proposerons d'évaluer en *sommes* & *marques*
la pièce Art. 87, (Discours troisième).

Cette pièce équarrie, longue de 47 pieds, & qui
par-tout présente 10 pouces de largeur sur au-

tant d'épaisseur, contient, comme il est facile de
s'en assurer (t) 10 solives, 5 pieds, 3 pouces, 4
lignes de solive (u).

Actuellement, il s'agit de chercher, (Table X),
colonne intitulée *solives entières*, ce que valent,
en *sommes* & *marques*, 10 solives;

Colonne intitulée *pieds de solive*, ce que valent
5 pieds de solive;

Colonne intitulée *pouces de solive*, ce que valent
3 pouces de solive;

Enfin, colonne *lignes de solive*, ce que valent
4 lignes de solive?

Sommes. Marques. Fractions.

Pour les 10 solives,
on trouve (colonne adja-
cente à main droite),
3 *Sommes*, 5 *Marques*
& $\frac{576}{1008}$ de *Marque*, ci. 3 5 $\frac{576}{1008}$

Pour les 5 pieds de
solive, on trouve 15 *Mar-*
ques, & $\frac{720}{1008}$, ci..... 0 15 $\frac{720}{1008}$

Pour les 3 pouces de
solive, $\frac{702}{1008}$, ci...... 0 0 $\frac{702}{1008}$

Et pour les 4 lignes de
solive, $\frac{88}{1008}$, ci....... ● 0 $\frac{88}{1008}$

En additionnant donc
ces quatre solidités, on
aura, pour l'équivalant—

(r) On retrouvera dans cet Avertissement des phrases,
des notes & jusqu'à des alinéas semblables à ceux des
Avertissemens précédens & subséquens. Voyez à cet
égard la note (j) Table IX.

(s) Relativement aux *Bois ronds*, cette marche est
expliquée, Discours 1.er, depuis l'article 36 jusqu'au
dernier.

Relativement aux *Bois équarris, allant en diminuant
de grosseur*, Discours 2, article 72 jusqu'au 76.

Relativement aux *Bois équarris, d'égale grosseur d'un
bout à l'autre*, Discours 3, art. 90 jusqu'au 94.

J'observerai néanmoins qu'il seroit aussi incommode
que long d'avoir à feuilleter, sans cesse, tantôt l'un,
tantôt l'autre des trois Discours; il est donc presqu'indispensable de les étudier une fois pour toutes; alors,
en un instant, on fera l'évaluation d'une pièce, quelle
qu'elle soit, en *solives, pieds, pouces, lignes de solive*;
& la conversion de ces solives, pieds, &c., en toute
autre mesure, n'exigera plus que la peine, la très-petite
peine de jetter les yeux sur la Table particulière à cette
mesure.

(t) Discours 3, article 87. Voyez la note précédente
pour les Bois qui seroient ronds, ou dont l'équarrissage
iroit en diminuant.

(u) Cette réduction en *solives, pieds, pouces & lignes de
solive*, n'occasionne aucun travail, puisqu'elle est faite
d'avance dans les Tables, & pour toutes les pièces possibles.
On va voir que le changement des *solives, pieds, &c.*,
en *sommes* & *marques* ne coûtera pas davantage.

D d ij

Sommes. Marques. Fractions.

de 10 solives, 5 pieds 3 pouces, 4 lignes de solive, trois *Sommes*, vingt-deux *Marques*, & une fraction de *Marque*, laquelle réduite au plus petit dénominateur égale *dix soixante-troisième*, ci.

	Sommes.	Marques.	Fractions.
	3	22	$\frac{160}{1008}$ ou $\frac{10}{63}$

On voit, par cet exemple, que le changement des *Solives* & parties de *Solive*, en *Sommes* & *Marques*, ne demande qu'un coup-d'œil à jetter sur la Table X. Quant au Toisé préliminaire en Solives, il est également tout fait, & nous avons renvoyé (*note s*) aux Discours qui mettent à même d'en profiter. (*v*).

(*v*) La Table X donne le moyen de changer en *sommes* & *marques*, depuis $\frac{1}{2}$ ligne de solive jusqu'à 1000 solives. Tout ce qui est au-dessous de la $\frac{1}{2}$ ligne est trop peu considérable pour qu'on en tienne compte.

Nous n'avons pas parlé des cas où l'on auroit à trouver la valeur d'un nombre intermédiaire entre 100 & 200; entre 200 & 300, &c; comme, par exemple, 115; 260 solives : mais, l'examen de la Table X indique assez qu'il faudroit chercher un tel nombre en deux fois; ainsi, 100, puis 15; 200, puis 60.

TABLE X. *Les Bois mesurés à la Somme.* 213

ÉVALUATION des SOLIVES, pieds, pouces, lignes & demi-ligne de Solive, en SOMMES, MARQUES & parties de Marque : Mesure particulière à la Basse-Picardie, au Bas-Artois, &c.

Lignes de Solive.	VALEUR			Solives entières.	VALEUR		
	en Sommes.	en Marques.	en parties de Marq		en Sommes.	en Marques.	en parties de Marq.
$\frac{1}{2}$	0	0	$\frac{11}{1008}$	1	0	18	$\frac{864}{1008}$
1	0	0	$\frac{22}{1008}$	2	0	37	$\frac{720}{1008}$
2	0	0	$\frac{44}{1008}$	3	0	56	$\frac{576}{1008}$
3	0	0	$\frac{66}{1008}$	4	1	14	$\frac{432}{1008}$
4	0	0	$\frac{88}{1008}$	5	1	33	$\frac{288}{1008}$
5	0	0	$\frac{110}{1008}$	6	1	52	$\frac{144}{1008}$
6	0	0	$\frac{132}{1008}$	7	2	10	$\frac{0}{0}$
7	0	0	$\frac{154}{1008}$	8	2	28	$\frac{864}{1008}$
8	0	0	$\frac{176}{1008}$	9	2	47	$\frac{720}{1008}$
9	0	0	$\frac{198}{1008}$	10	3	5	$\frac{576}{1008}$
10	0	0	$\frac{220}{1008}$	11	3	24	$\frac{432}{1008}$
11	0	0	$\frac{242}{1008}$	12	3	43	$\frac{288}{1008}$

Pouces de Solive.	VALEUR			Solives entières.	VALEUR		
	en Sommes.	en Marques.	en part.de Marq.		en Sommes.	en Marques.	en parties de Marq.
				13	4	1	$\frac{144}{1008}$
				14	4	20	$\frac{0}{0}$
1	0	0	$\frac{264}{1008}$	15	4	38	$\frac{864}{1008}$
2	0	0	$\frac{528}{1008}$	16	4	57	$\frac{720}{1008}$
3	0	0	$\frac{792}{1008}$	17	5	15	$\frac{576}{1008}$
4	0	1	$\frac{48}{1008}$	18	5	34	$\frac{432}{1008}$
5	0	1	$\frac{312}{1008}$	19	5	53	$\frac{288}{1008}$
6	0	1	$\frac{576}{1008}$	20	6	11	$\frac{144}{1008}$
7	0	1	$\frac{840}{1008}$	21	6	30	$\frac{0}{0}$
8	0	2	$\frac{96}{1008}$	22	6	48	$\frac{864}{1008}$
9	0	2	$\frac{360}{1008}$	23	7	6	$\frac{720}{1008}$
10	0	2	$\frac{624}{1008}$	24	7	25	$\frac{576}{1008}$
11	0	2	$\frac{888}{1008}$	25	7	44	$\frac{432}{1008}$

Pieds de Solive.	VALEUR			Solives entières.	VALEUR		
	en Sommes.	en Marques.	en part.de Marq.		en Sommes.	en Marques.	en parties de Marq.
				26	8	2	$\frac{288}{1008}$
				27	8	21	$\frac{144}{1008}$
1	0	3	$\frac{144}{1008}$	28	8	40	$\frac{0}{0}$
2	0	6	$\frac{288}{1008}$	29	8	58	$\frac{864}{1008}$
3	0	9	$\frac{432}{1008}$	30		16	$\frac{720}{1008}$
4	0	12	$\frac{576}{1008}$	31	9	35	$\frac{576}{1008}$
5	0	15	$\frac{720}{1008}$	32	9	54	$\frac{432}{1008}$

ÉVALUATION des SOLIVES, pieds, pouces, lignes & demi-ligne de Solive, en SOMMES, MARQUES & parties de Marque : Mesure particulière à la Basse-Picardie, au Bas-Artois, &c.

Solives entières.	en Sommes.	en Marques.	en part. de Marq.	Solives entières.	en Sommes.	en Marques.	en part. de Marq.
33	10	12	$\frac{288}{1008}$	65	20	5	$\frac{720}{1008}$
34	10	31	$\frac{144}{1008}$	66	20	24	$\frac{576}{1008}$
35	10	50	$\frac{0}{0}$	67	20	43	$\frac{432}{1008}$
36	11	7	$\frac{864}{1008}$	68	21	1	$\frac{288}{1008}$
37	11	26	$\frac{720}{1008}$	69	21	20	$\frac{144}{1008}$
38	11	45	$\frac{576}{1008}$	70	21	39	$\frac{0}{0}$
39	12	3	$\frac{432}{1008}$	71	21	57	$\frac{864}{1008}$
40	12	22	$\frac{288}{1008}$	72	22	15	$\frac{720}{1008}$
41	12	41	$\frac{144}{1008}$	73	22	34	$\frac{576}{1008}$
42	12	60	$\frac{0}{0}$	74	22	53	$\frac{432}{1008}$
43	13	17	$\frac{864}{1008}$	75	23	11	$\frac{288}{1008}$
44	13	36	$\frac{720}{1008}$	76	23	30	$\frac{144}{1008}$
45	13	55	$\frac{576}{1008}$	77	23	49	$\frac{0}{0}$
46	14	13	$\frac{432}{1008}$	78	24	6	$\frac{864}{1008}$
47	14	32	$\frac{288}{1008}$	79	24	25	$\frac{720}{1008}$
48	14	51	$\frac{144}{1008}$	80	24	44	$\frac{576}{1008}$
49	15	69	$\frac{0}{0}$	81	25	2	$\frac{432}{1008}$
50	15	27	$\frac{864}{1008}$	82	25	21	$\frac{288}{1008}$
51	15	4	$\frac{720}{1008}$	83	25	40	$\frac{144}{1008}$
52	16	4	$\frac{576}{1008}$	84	25	59	$\frac{0}{0}$
53	16	23	$\frac{432}{1008}$	85	26	16	$\frac{864}{1008}$
54	16	42	$\frac{288}{1008}$	86	26	35	$\frac{720}{1008}$
55	17	0	$\frac{144}{1008}$	87	26	54	$\frac{576}{1008}$
56	17	19	$\frac{0}{0}$	88	27	12	$\frac{432}{1008}$
57	17	37	$\frac{864}{1008}$	89	27	31	$\frac{288}{1008}$
58	17	56	$\frac{720}{1008}$	90	27	50	$\frac{144}{1008}$
59	18	14	$\frac{576}{1008}$	91	28	8	$\frac{0}{0}$
60	18	33	$\frac{432}{1008}$	92	28	26	$\frac{864}{1008}$
61	18	52	$\frac{288}{1008}$	93	28	45	$\frac{720}{1008}$
62	19	10	$\frac{144}{1008}$	94	29	3	$\frac{576}{1008}$
63	19	29	$\frac{0}{0}$	95	29	22	$\frac{432}{1008}$
64	19	47	$\frac{864}{1008}$	96	29	41	$\frac{288}{1008}$

TABLE X. *Les Bois mesurés à la Somme.* 11ς

EVALUATION des SOLIVES, pieds, pouces, lignes & demi-ligne de Solive, en SOMMES, MARQUES & parties de Marque : Mesure particulière à la Basse-Picardie, au Bas-Artois, &c.

Solives entières.	VALEUR			Solives entières.	VALEUR		
	en Sommes	en Marques.	en part. de Marq.		en Sommes.	en Marques.	en part. de Marq.
97	29	60	$\frac{144}{1008}$	500	154	34	$\frac{576}{1008}$
98	30	18	$\frac{0}{0}$	600	185	29	$\frac{288}{1008}$
99	30	36	$\frac{864}{1008}$	700	216	24	$\frac{0}{0}$
100	30	55	$\frac{720}{1008}$	800	247	18	$\frac{720}{1008}$
200	61	50	$\frac{432}{1008}$	900	278	13	$\frac{432}{1008}$
300	92	45	$\frac{144}{1008}$				
400	123	39	$\frac{864}{1008}$	1000	309	8	$\frac{144}{1008}$

A V E R T I S S E M E N T

RELATIF A LA TABLE XI.

[109] La Marque, employée dans la Norman-die, contient 3600 pouces-cubes (*x*). Elle se partage en 300 *chevilles* (*y*); ainsi, la cheville vaut 12 des mêmes pouces.

[110] On voit que, pour toiser une pièce quelconque en *marques* & *chevilles*, il faut, avant tout, en faire l'évaluation en pouces-cubes (*z*).

Si la pièce fournit passé 3600 de ces pouces, elle est supérieure à la *marque* : il s'agit donc de diviser par 3600 le nombre de pouces-cubes trouvés; le quotient exprimera une ou plusieurs *marques*.

La division achevée, si le *reste* excède 12, on le redivisera par 12, & le nouveau quotient exprimera des *chevilles*.

[111] Rien n'est donc plus aisé que d'évaluer en telle mesure qu'on voudra, toute pièce une fois réduite en pouces-cubes; & cette réduction en pouces-cubes est amplement expliquée ci-devant.

En effet, quelque pièce qu'on puisse proposer, elle sera toujours ronde, *fig.* 1, 2, 3 (*a*);

Ou équarrie allant en diminuant de grosseur, *fig.* 4, 5, 6, 7, 8, 9 & 10;

Ou équarrie, mais d'égale grosseur d'un bout à l'autre *fig.* 11 & 12.

Si la pièce est ronde, on trouve dans le Discours en tête de la première partie, Art. 1, jusqu'au 22.ᵉ inclusivement, la méthode d'opérer sa réduction en pouces-cubes.

Si la pièce est équarrie, & que sa grosseur aille en diminuant, on sera guidé par le Discours en tête de la seconde Partie, Art. 55 jusqu'au 64.ᵉ

Enfin, si la pièce est équarrie, & que d'un bout à l'autre, sa grosseur soit uniforme, on n'aura qu'à consulter le Discours en tête de la troisième partie, Art. 77, jusqu'au 91.ᵉ

Les articles auxquels nous renvoyons, enseignent, suivant la figure des Bois, tout ce qu'il faut connoître pour opérer leur réduction en pouces-cubes.

[112] Un point qui ne dépendoit pas de nous, eût été d'accourcir les opérations; elles sont nécessairement longues à l'égard de certaines formes: mais on sera maître de les éluder à l'aide de nos Tables & de l'explication qui suit.

Il n'est question que de réduire d'abord en *solives, pieds, pouces, lignes de solive* la pièce qu'on veut toiser en *marques* & *chevilles*. Cette réduction préliminaire en *solives*, *pieds*, &c. n'exige aucun calcul; tout est fait d'avance dans les Tables I, II, III, IV, V, VI, VII; &, pour en profiter, il suffit de connoître les articles 36 à 54, Discours 1.ᵉʳ; les articles 72 à 76, Discours 2.ᵉ & les Art. 90 à 94, Discours 3.ᵉ (*b*).

En supposant ces articles bien connus, proposons d'évaluer en *marques* & *chevilles* une pou-

---

(*x*) « En Normandie les Bois se vendent à la *Marque*. La Marque est une pièce de Bois de 10 pieds de long, & de 5 sur 6 pouces de gros. 36 Marques de Bois à Rouen égalent 25 *Solives* de Paris. Mésange, *Traité de Charpenterie*. Tome Ier, page 431. »

(*y*) »*Cheville*, sous-division de la *Marque* des Bois, mesure de Rouen. Il faut 300 *chevilles* pour faire une *Marque*. » Idem, page 356.

(*z*) Le Lecteur qui voudra s'épargner tout calcul, en profitant de nos Tables, peut passer à l'article 112.

(*a*) Voyez la note (*j*) dans l'Avertissement relatif à la Table IX.

(*b*) Le Discours 1 est relatif aux Bois *ronds*.

Le Discours 2, aux Bois *équarris allant en diminuant de grosseur*.

Le Discours 3, aux Bois *équarris d'égale grosseur d'un* bout à l'autre.

Au lieu d'interroger ces différents Discours à mesure qu'on en aura besoin, nous conseillons d'étudier, une fois pour toutes, les Articles cités dans l'Avertissement : c'est à peine l'application d'une heure. Quand on se les aura rendu familiers, on n'éprouvera pas le moindre embarras pour l'évaluation des pièces (quelles qu'elles soient) en *solives*, *pieds*, *pouces*, &c. de *solive* : & le changement de ces solives, pieds, &c. en toute autre mesure, n'exigera que de porter les yeux sur la Table particulière à cette mesure, ainsi qu'on le verra bientôt.

tre large de 10 pouces, épaisse de 9 ¼ & longue de 26 pieds.

Une telle pièce, ainsi qu'on peut s'en assurer (c), contient 5 solives, plus 4 pieds, plus 3 pouces, plus 8 lignes de solive.

Cette connoissance aquise, il s'agit de chercher (Table XI), *colonne* intitulée *solives entières*, ce que valent, en *marques & chevilles*, 1.° 5 solives ;

Colonne, intitulée : *Pieds de solive*, ce que valent, 2.° 4 pieds de solive ;

Colonne, intitulée : *Pouces de solive*, ce que valent, 3.° 3 pouces de solive ;

Colonne, intitulée : *Lignes de solive*, ce que valent, 4.° 8 lignes de solive ?

	Marques.	Chevilles.
Pour les 5 solives, on trouve (colonne adjacente, à main droite) 7 Marques & 60 Chevilles, ci	7	60
Pour les 4 pieds de Solive, 288 Chevilles, ci	0	288
Pour les 3 pouces de Solive, 18 Chevilles, ci	0	18
Enfin, pour les 8 lignes de solive, on trouve 4 chevilles, ci	0	4
Reste à réunir ensemble ces quatre solidités, & pour l'équivalant de 5 solives, 4 pieds, 3 pouces, 8 lignes de solive, on aura huit marques & soixante-dix chevilles, mesure de Normandie, ci	8	70

Ainsi, la conversion des solives & parties de la solive en marques & chevilles, n'exige qu'un coup-d'œil à porter sur la Table XI (d). Quant à l'évaluation préliminaire en solives, elle n'a rien de plus épineux, puisqu'elle est également faite par nous ; & pour toutes les pièces possibles.

Observation.

En rendant compte (art. 20, 23, 63, note r; 89, 93 note x, &c.) des divers Ouvrages sur la mesure des bois, nous n'avons pas fait mention d'un in-12, sans nom d'Auteur, imprimé à Rouen, 1786, & dont le titre est *Toisage à la Marque*. Cet Ouvrage, qui ne nous étoit point connu, ne varie des autres Tarifs imprimés jusqu'ici, que par son rapport de la solidité des Bois, à la *Marque & Chevilles*. Du reste, on y trouve de bien plus grands vuides encore. Il suppose toutes les pièces ou d'un *quarré* parfait à leurs bases, ou les côtés perpendiculaires d'une même base, ne différant jamais entr'eux de plus d'un pouce. On y chercheroit donc envain une pièce de 4 sur 6, sur 7, sur 8, &c. une de 5. sur 7, 8, 9, &c. une de 6 sur 8, 9, 10, &c. &c. Ainsi, malgré 185 pages que développe le Volume, nous n'y voyons que les secours les plus restreints ; aucun moyen de mesurer, par lui, soit les Bois ronds, soit les Bois équarris allant en décroissant. Seulement, le Discours effleure quelques principes relatifs au Toisé de ces deux espèces de Bois ; mais contraires à toutes les règles d'un calcul exact, ils n'aboutissent qu'à des résultats qui fourmillent d'erreurs. Telle est l'analyse fidèle du *Toisage à la Marque*.

(c) A l'aide du Discours 3.e puisqu'il s'agit d'une pièce *équarrie par tout d'égale grosseur.*

(d) Si l'on avoit à chercher, Table XI, un nombre intermédiaire entre 100 & 200 solives ; entre 200 & 300, &c. comme, par exemple, 109 solives, 246 solives ; il faudroit le chercher en deux fois, c'est-à-dire, d'abord 100 solives, puis 9 solives ; 200 solives, puis 46, &c. Ces cas ne se trouveront que lorsqu'on aura toisé & réuni ensemble plusieurs pièces : car on présume bien qu'une seule ne produira jamais une pareille solidité.

Il nous a paru suffisant de commencer la Table XI par ½ ligne de solive. Tout ce qui est inférieur à cette demi-ligne peut être regardé comme n'ayant aucune valeur.

ÉVALUATION des SOLIVES, Pieds, Pouces, Lignes & demi-Ligne de Solive, en MARQUES & CHEVILLES, Mesure d'usage en Normandie.

Lignes de Solive	VALEUR en Marq.	en Chevilles
½	..	¼
1	..	½
2	..	1
3	..	1 ½
4	..	2
5	..	2 ½
6	..	3
7	..	3 ½
8	..	4
9	..	4 ½
10	..	5
11	..	5 ½

Pouces de Solive	VALEUR en Marq.	en Chevilles
1	..	6
2	..	12
3	..	18
4	..	14
5	..	30
6	..	36
7	..	42
8	..	48
9	..	54
10	..	60
11	..	66

Pieds de Solive	VALEUR en Marq.	en chevilles
1	..	72
2	..	144
3	..	216
4	..	288
5	1	60

Solives entières	VALEUR en Marq.	en Chevilles
1	1	132
2	2	264
3	4	96
4	5	228
5	7	60
6	8	192
7	10	24
8	11	156
9	12	288
10	14	120
11	15	252
12	17	84
13	18	216
14	20	48
15	21	180
16	23	12
17	24	144
18	25	276
19	27	108
20	28	240
21	30	72
22	31	204
23	33	36
24	34	168
25	36	0
26	37	132
27	38	264
28	40	96
29	41	228
30	43	60
31	44	192
32	46	24

Soliv. entières	VALEUR en Marq.	en Chevilles
33	47	156
34	48	288
35	50	120
36	51	252
37	53	84
38	54	216
39	56	48
40	57	180
41	59	12
42	60	144
43	61	276
44	63	108
45	64	240
46	66	72
47	67	204
48	69	36
49	70	168
50	72	0
51	73	132
52	74	264
53	76	96
54	77	228
55	79	60
56	80	192
57	82	24
58	83	156
59	84	288
60	86	120
61	87	252
62	89	84
63	90	216
64	92	48

Solives entières	VALEUR en Marq.	en Chevilles
65	93	180
66	95	12
67	96	144
68	97	276
69	99	108
70	100	240
71	102	72
72	103	204
73	105	36
74	106	168
75	108	0
76	109	132
77	110	264
78	112	96
79	113	228
80	115	60
81	116	192
82	118	24
83	119	156
84	120	288
85	122	120
86	123	252
87	125	84
88	126	216
89	128	48
90	129	180
91	131	12
92	132	144
93	133	276
94	135	108
95	136	240
96	138	72

Solives entières	VALEUR en Marq.	en Chevilles
97	139	204
98	141	36
99	142	168
100	144	0
200	288	0
300	432	0
400	576	0
500	720	0
600	864	0
700	1008	0
800	1152	0
900	1296	0
1000	1440	0

AVERTISSEMENT
RELATIF A LA TABLE XII.

[113.] Nous avons puifé, dans M. Segondat (e), l'idée des tables XII & XIII, toutes deux relatives aux *gouées* ou *goués*. Rapportons ce que cet Auteur en a dit (f).

« La gouée eft une mefure dont les particuliers »fe fervent, en Provence, pour la mefure des »bois.»

»Celle qui fert à mefurer ordinairement les bois »de chêne a 27 pouces ½ de longueur, 4 pouces »7 lignes de largeur & autant d'épaiffeur, étant »mefurée avec un pied de roi, car, avec la me- »fure du pays, elle n'a que 27 pouces de lon- »gueur, & 4 pouces ½ de groffeur. »

»Et celle dont on mefure les autres bois, a la »même longueur que la précédente, 9 pouces & »2 lignes de largeur & autant d'épaiffeur, étant »mefurée avec un pied de roi ; & avec la mefure »du pays, elle a 27 pouces de longueur, 9 pou- »ces de largeur & autant d'épaiffeur.»

[114.] Pour éviter la confufion, & nous renfermer d'ailleurs dans l'intitulé de la table XII, nous nous bornerons à traiter ici de la *gouée* particulière au chêne. L'avertiffement fuivant expliquera celle dont on fait ufage pour les autres bois.

La *gouée* qui va nous occuper, ayant en longueur 27 pouces ½, fur 4 pouces 7 lignes, dans les deux autres fens (épaiffeur & largeur), contient 577, plus $\frac{199}{288}$ pouces-cubes, ou $\frac{166375}{288}$ pouce-cube (g).

[115.] Ainfi, pour faire le toifé d'un corps d'arbre, d'une poutre, &c, à cette *gouée*; il faut,

Il s'agit de divifer par $\frac{166375}{288}$ (valeur de la petite *gouée*) le nombre de $\frac{1430784}{288}$ (valeur de la pièce); le quotient indiquera combien de *gouées* elle renferme.

avant tout, réduire l'objet en pouces-cubes, & les pouces-cubes en 288^{èmes}(h).

Or, quelque pièce qu'on propofe, elle fera toujours ou ronde, *fig.* 1, 2 & 3(i);

Ou équarrie, allant en diminuant de groffeur, *fig.* 4, 5, 6, 7, 8, 9 & 10.

Ou équarrie, mais d'égale groffeur d'un bout à l'autre, *fig.* 11 & 12.

Si la pièce eft ronde, on trouve dans le difcours en tête de la première partie, *art.* 1 jufqu'au 22e. compris, la méthode la plus courte d'opérer fa réduction en pouces-cubes.

Si la pièce eft équarrie, & que fa groffeur aille en diminuant, on confultera le difcours en tête de la feconde partie, *art.* 55, jufqu'au 64e.

Enfin, fi la pièce eft équarrie, & que d'un bout à l'autre, fa groffeur foit uniforme ; on confultera le difcours en tête de la troifième partie, *art.* 77, jufqu'au 91e.

Les articles auxquels nous renvoyons enfeignent, fuivant la forme des bois, tout ce qui eft à connoître pour les réduire en pouces-cubes.

Cette première réduction une fois opérée, le changement des pouces-cubes en 288^{ièmes}, eft bien fimple : il n'eft queftion que de multiplier, par 288, la quantité qu'on en a trouvée dans la pièce.

Suppofons une planche longue de 23 pieds, épaiffe de 2 pouces, & large de 9 : une telle planche doit contenir (difcours en tête de la 3e partie, *art.* 77 à 82) 4968 pouces-cubes, lefquels multipliés par 288 produifent $\frac{1430784}{288}$ pouce-cube.

dividende	1430784	166375	divifeur.
	1331000	8	quotient.
refte	99784		

Donc, huit petites gouées, plus la fraction . . . . $\frac{99784}{166375}$.

(e) Traité de la Mefure des Bois ; *additions*, page VII.

(f) M. Segondat fait mention de trois fortes de *gouées*. Nous paffons fous filence la *gouée courante*, qui n'eft autre chofe qu'une mefure linéaire divifée en 27 pouces de Provence.

(g) Cette *gouée* étant bien inférieure en folidité à l'autre *gouée*, nous avons, pour les diftinguer, appellé l'une *petite gouée*, & la feconde, *grande gouée*.

(h) Ces explications font uniquement pour ceux des Lecteurs qui voudroient faire eux-mêmes les calculs. Plus bas (*art.* 116) nous offrons le moyen de s'en exempter ; de trouver tout, calculé d'avance dans nos Tables.

(i) Ayant à répéter, pour les fix dernières Tables, certaines chofes abfolument femblables, & les ayant la première fois expliquées de notre mieux, nous n'avons pas héfité de reproduire les mêmes phrafes, les mêmes alinéa. La clarté eft tout ce qu'on peut exiger de nous dans un Ouvrage de ce genre.

[116.] Après avoir mis sur la voie d'exécuter soi-même les calculs relatifs au toisé des différentes formes de bois en petites *gouées* ; donnons les moyens d'arriver sans aucun calcul, & par le secours seul des tables, aux mêmes résultats.

Il n'est question que de réduire d'abord en *solives*, *pieds*, *pouces*, *lignes*, de *solive* la pièce qu'on veut évaluer en *gouées*. Cette réduction préliminaire en *solives*, *pieds*, &c. n'exige aucun travail ; tout est fait d'avance dans les tables I, II, III, IV, V, VI, VII ; &, pour en profiter, il suffit de connoître les *art.* 36 à 54, discours 1er ; les *art.* 72 à 76, discours 2e ; & les *art.* 90 à 94, discours 3e. Ces *art.* tracent, d'après la figure des bois (j), la marche qu'on doit suivre.

En les supposant donc bien connus, proposons de toiser à la petite *gouée* un tronçon cylindrique qui porteroit 76 pouces de tour, sur 22 pieds de longueur.

La pièce que nous proposons, contient, ainsi qu'on peut le vérifier (k), 23 solives, 2 pieds, 4 pouces & 8 lignes de solive.

Cette connoissance acquise, il s'agit de chercher (table XII.), colonne intitulée : *solives entières*, ce que valent, en petites *gouées*, 1.° 23 solives ;

Colonne *pieds de solive*, ce que vaut, 2.° 2 pieds de solive ;

Colonne *pouces de solive*, ce que valent { 3.° 4 pouces de solive ;

Enfin colonne *lignes de solive*, ce que valent, 4.° 8 lignes de solive ?

	gouées	fractions
On trouvera, pour les 23 solives (colonne adjacente à main droite), 1.° 206 *petites gouées*, plus la fraction $\frac{65566}{166375}$, ci..................	206	$\frac{65566}{166375}$
On trouvera, pour les 2 pieds de solive, 2.° 2 *petites gouées*, plus la fraction $\frac{164014}{166375}$, ci.....	2	$\frac{164014}{166375}$
On trouvera, pour les 4 pouces de solive, 3.° la fraction $\frac{82944}{166375}$, ci.....	0	$\frac{82944}{166375}$
Et, pour les 8 lignes de solive, 4.° celle $\frac{11834}{166375}$, ci.....	0	$\frac{11834}{166375}$
Toute la peine du Lecteur se borne donc à faire l'addition de ces sommes, qui, pour total, offriront *deux cens neuf petites gouées*, & la fraction $\frac{162373}{166375}$, ci......	209	$\frac{162373}{166375}$

Nous terminerons cet Avertissement par deux observations.

1.° Si l'on avoit à chercher, Table XII, un nombre intermédiaire entre 100 & 200 solives, entre 200 & 300, &c. comme, par exemple, 103 solives, 238 solives, &c. il faudroit chercher un tel nombre en deux fois ; c'est-à-dire, d'abord 100 solives, puis 3 solives ; 200 solives, puis 38 solives, &c. & l'on sent que ces cas ne se présenteront que lorsqu'on aura joint ensemble plusieurs pièces.

2.° La Table XII commence seulement par la $\frac{1}{2}$ *ligne de solive* ; il nous eût été tout aussi facile de la commencer par le *point* ; mais une solidité inférieure à la $\frac{1}{2}$ ligne de solive est si peu importante qu'il est bien permis de la compter pour rien.

(j) Le Discours en tête de la première partie a pour objet les *bois ronds*.

Le Discours en tête de la seconde partie, *les bois équarris, allant en diminuant de grosseur*.

Le Discours en tête de la troisième partie, *les bois équarris ; mais de grosseur égale d'un bout à l'autre* ; & l'on doit recourir aux articles cités dans le texte.

Nous conseillons d'étudier, une fois pour toutes, ces articles. Quand on se les sera rendu familiers, on n'éprouvera pas le moindre embarras pour l'évaluation des pièces (quelles qu'elles soient) en *solives, pieds, pouces, lignes de solive* ; & le changement de ces solives, pieds, &c. en toute autre mesure, n'exigera que de porter les yeux sur la Table particulière à cette mesure, ainsi qu'on va s'en convaincre.

(k) En s'aidant du Discours premier, puisqu'il est question, dans l'exemple, d'une pièce *ronde*.

TABLE XII. *Les Bois mesurés à la petite* GOUÉE.   221

ÉVALUATION des SOLIVES, pieds, pouces, lignes & demi-ligne de Solive, en petites GOUÉES, & parties de ces Gouées ; Mesure d'usage en Provence pour les Bois de Chêne. Voyez pour les autres Bois la Table suivante.

Lignes de Solive — VALEUR (en parties de Gouée)

Lignes de Solive	en Gouée	en parties de Gouée
½		864/166375
1		1728/166375
2		3456/166375
3		5184/166375
4		6912/166375
5		8640/166375
6		10368/166375
7		12096/166375
8		13824/166375
9		15552/166375
10		17280/166375
11		19008/166375

Pouces de Solive — VALEUR

Pouces de Solive	en Gouée	en parties de Gouée
1		20736/166375
2		41472/166375
3		62208/166375
4		82944/166375
5		103680/166375
6		124416/166375
7		145152/166375
8		165888/166375
9	1	20249/166375
10	1	40985/166375
11	1	61721/166375

Pieds de Solive — VALEUR

Pieds de Solive	en Gouée	en parties de Gouée
1	1	82457/166375
2	2	164914/166375
3	4	80996/166375
4	5	163453/166375
5	7	79535/166375

Solives entières — VALEUR

Solives entières	en Gouée	en parties de Gouée
1	8	161992/166375
2	17	157609/166375
3	26	153226/166375
4	35	148843/166375
5	44	144460/166375
6	53	140077/166375
7	62	135694/166375
8	71	131311/166375
9	80	126928/166375
10	89	122545/166375
11	98	118162/166375
12	107	113779/166375
13	116	109396/166375
14	125	105013/166375
15	134	100630/166375
16	143	96247/166375
17	152	91864/166375
18	161	87481/166375
19	170	83098/166375
20	179	78715/166375
21	188	74332/166375
22	197	69949/166375
23	206	65566/166375
24	215	61183/166375
25	224	56800/166375
26	233	52417/166375
27	242	48034/166375
28	251	43651/166375
29	260	39268/166375
30	269	34885/166375
31	278	30502/166375
32	287	26119/166375
33	296	21716/166375
34	305	17333/166375
35	314	12950/166375
36	323	8567/166375
37	332	4205/166375
38	340	166196/166375
39	349	161813/166375
40	358	157430/166375
41	367	153047/166375
42	376	148664/166375
43	385	144281/166375
44	394	139898/166375
45	403	135515/166375
46	412	131132/166375
47	421	126749/166375
48	430	122366/166375
49	439	117983/166375
50	448	113600/166375
51	457	109217/166375
52	466	104834/166375
53	475	100451/166375
54	484	96068/166375
55	493	91685/166375
56	502	87302/166375
57	511	82919/166375
58	520	78536/166375
59	529	74153/166375
60	538	69770/166375
61	547	65387/166375
62	556	61004/166375
63	565	56621/166375
64	574	52238/166375
65	583	47855/166375
66	592	43472/166375
67	601	39089/166375
68	610	34706/166375
69	619	30323/166375
70	628	25940/166375
71	637	21557/166375
72	646	17174/166375
73	655	12791/166375
74	664	8408/166375
75	673	4025/166375
76	681	166017/166375
77	690	161634/166375
78	699	157251/166375
79	708	152868/166375
80	717	148485/166375
81	726	144102/166375
82	735	139719/166375
83	744	135336/166375
84	753	130953/166375
85	762	126570/166375
86	771	122187/166375
87	780	117804/166375
88	789	113421/166375
89	798	109038/166375
90	807	104655/166375
91	816	100272/166375
92	825	95889/166375
93	834	91506/166375
94	843	87123/166375
95	852	82740/166375
96	861	78357/166375
97	870	73974/166375
98	879	69591/166375
99	888	65208/166375
100	897	60825/166375
200	1794	121650/166375
300	2692	16100/166375
400	3589	76925/166375
500	4486	137750/166375
600	5384	32200/166375
700	6281	93025/166375
800	7178	153850/166375
900	8076	48300/166375
1000	8973	109125/166375

AVERTISSEMENT
RELATIF A LA TABLE XIII.

[117.] On a vu dans le dernier Avertissement que les bois, autres que le chêne, se mesuroient, en Provence, d'après une *gouée* plus forte, & que pour cette raison nous appellons *grande gouée*.

La *grande gouée* (*l*) portant dans sa longueur 27 pouces $\frac{1}{2}$, sur 9 pouces 2 lignes, dans les deux autres sens, (épaisseur & longueur), contient 2310, plus $\frac{55}{72}$ pouces-cubes, ou $\frac{166375}{72}$ pouce-cube; c'est-à-dire, le quadruple de la *petite gouée*.

[118.] Le premier pas à faire pour toiser une pièce quelconque à la *grande gouée*, est donc de la réduire en pouces-cubes (*m*), & les pouces-cubes en 72^{ièmes}.

Or, quelque pièce qui se présente, elle sera toujours ou ronde *fig.* 1, 2 & 3;

Qu'équarrie, allant en diminuant de grosseur, *fig.* 4, 5, 6, 7, 8, 9 & 10.

Ou équarrie, mais d'égale grosseur d'un bout à l'autre, *fig.* 11 & 12.

Si la pièce est ronde, on trouve dans le discours en tête de la première partie, *art.* 1, jusqu'au 22e compris, la méthode d'opérer sa réduction en pouces-cubes.

Il s'agit actuellement de diviser par $\frac{166375}{72}$ (valeur de la *grande gouée*), le nombre $\frac{357696}{72}$ (valeur de la planche), & le quotient indiquera combien de *grandes gouées* elle renferme.

Donc, deux *grandes gouées*, plus la fraction $\frac{24946}{166375}$.

[120.] Cette conversion des pouces-cubes en *gouées* n'est pas difficile sans doute. Mais, avant de savoir qu'une pièce a pour solidité tant ou tant de pouces-cubes, il faut en avoir fait le calcul; calcul souvent assez long (*o*). Donnons le moyen d'arriver au même résultat par le secours seul des tables.

[121.] Il s'agit de réduire d'abord en *solives*, *pieds*, *pouces*, *lignes* de *solive*, la pièce qu'on veut évaluer en *grandes gouées*. Cette réduction préliminaire en *solives*, *pieds*, &c. n'exige aucun

Si la pièce est équarrie, & que sa grosseur aille en diminuant, on sera guidé par le discours en tête de la seconde partie, *art.* 55, jusqu'au 64e.

Enfin, si la pièce est équarrie, & que d'un bout à l'autre, sa grosseur soit la même, on n'aura qu'à consulter le discours en tête de la troisième partie, *art.* 77, jusqu'au 91e.

Les articles auxquels nous renvoyons, enseignent, d'après la figure des bois, tout ce qu'il faut connoître pour opérer leur réduction en pouces-cubes (*n*).

[119.] Cette réduction une fois opérée, le changement des pouces-cubes en 72^{ièmes} est bien simple : multipliez par 72 la quantité qu'en a fournie la pièce.

Supposons une planche longue de 11 pieds 6 pouces; large de 12 pouces, & de 1$\frac{1}{2}$ pouces d'épaisseur : elle doit contenir (discours en tête de la 3e partie, *art.* 79 à 81), 4968 pouces-cubes, lesquels, multipliés par 72, produisent $\frac{357696}{72}$ pouce-cube.

dividende	357696	166375	diviseur.
	32750	2	quotient.
reste	24946		

tout, absolument tout, est fait d'avance dans nos tables I, II, III, IV, V, VI, VII; &, pour s'en approprier le travail, il suffit de connoître les articles 36 à 54, discours 1er; les *art.* 72 à 76, discours 2e; & les *art.* 90 à 94, discours 3e. Ces *art.* tracent, d'après les différentes formes des bois (*p*), la marche qu'on doit suivre.

_____

(*n*) Voyez la note (*l*) de l'Avertissement relatif à la Table XII.

(*o*) Nous renvoyons (article 118, ci-dessus) aux endroits de l'Ouvrage qui l'enseignent, suivant la forme des Bois.

(*p*) Tout ce qui a trait aux bois *ronds* est expliqué dans le premier Discours, aux articles que nous venons de citer.

Tout ce qui a trait aux *Bois équarris allant en diminuant de grosseur*, l'est dans le second Discours.

Et tout ce qui a trait aux *bois équarris, mais d'égale grosseur d'un bout à l'autre*, dans le troisième Discours.

Il est presqu'indispensable de se rendre familiers au moins ces articles. Par-là on évitera d'avoir à les rechercher sans cesse. Une demi-heure d'application suffira pour ne jamais les oublier.

_____

(*l*) On ne parlera ici que de cette seule espèce.

(*m*) Nous répétons, dans cet Avertissement, ce que déjà nous avons dit dans les autres; il doit, comme eux, renvoyer aux préceptes : bien des Lecteurs peuvent aimer à faire eux-mêmes les calculs; & notre engagement est de les mettre sur la voie.

Quant à ceux qui préféreront des calculs faits, l'art. 120 & suivans seront leur guide.

TABLE XIII. *Les Bois mesurés à la grande Gouée.* 223

[122.] En les supposant donc bien connus, proposons d'évaluer en *grandes gouées*, le même tronçon *art.* 116 (avertissement précédent) : nous avons vu qu'il renfermoit 23 solives, plus 2 pieds, plus 4 pouces, plus 8 lignes de solive.

Il n'est plus question que de chercher (table XIII), colonne intitulée *solives entières* ; ce que valent en *grandes gouées*, 1.° 23 solives ;

Colonne *pieds de solive*, ce que valent, 2.° 2 pieds de solive ;

Colonne *pouces de solive*, ce que valent, 3.° 4 pouces de solive ;

Et colonne *lignes de solive*, ce que valent, 4.° 8 lignes de solive ?

	grandes gouées	fractions
Pour les 23 solives, on trouvera (colonne adjacente à droite), 51 grandes gouées, plus la fraction $\frac{09570}{166375}$, ci..........	51	$\frac{09570}{166375}$
Pour les 2 pieds de solive, on trouvera la fraction $\frac{124416}{166375}$, ci..........	0	$\frac{124416}{166375}$
Pour les 4 pouces de solive, on trouvera celle $\frac{20736}{166375}$, ci..........	0	$\frac{20736}{166375}$
Enfin, pour les 8 lignes de solive, $\frac{1456}{166375}$, ci..........	0	$\frac{1456}{166375}$
La peine du lecteur se réduira donc à la simple addition de ces sommes, qui pour total donneront *cinquante-deux grandes gouées*, & la fraction $\frac{81812}{166374}$, ci.....	52	$\frac{81812}{166385}$

Les deux observations qui terminent l'Avertissement sur la Table XII, font pareillement applicables à la Table XIII.

Remarquons, en outre, que la *grande gouée* contenant en solidité, précisément le quadruple de la *petite* (q), il est facile de changer en *grandes gouées*, un nombre quelconque de *petites gouées* ; il s'agit d'en prendre le quart.

De même conséquemment, on changera dans l'instant, en *petites gouées*, un nombre quelconque de *grandes gouées*, en multipliant celles-ci par 4.

(q) Voyez, ci-dessus, l'article 117.

ÉVALUATION des SOLIVES, pieds, pouces, lignes & demi-ligne de Solive, en grandes GOUÉES, & parties de ces Gouées; Mesure également d'usage en Provence, pour les Bois autres que de Chêne. Voyez pour le Chêne, la Table précédente.

Lignes de Solive	VALEUR en Gouées	en parties de Gouée
½		216/166375
1		432/166375
2		864/166375
3		1296/166375
4		1728/166375
5		2160/166375
6		2592/166375
7		3024/166375
8		3456/166375
9		3888/166375
10		4320/166375
11		4752/166375

Pouces de Solive	VALEUR en Gouées	en parties de Gouée
1		5184/166375
2		10368/166375
3		15552/166375
4		20736/166375
5		25920/166375
6		31104/166375
7		36288/166375
8		41472/166375
9		46656/166375
10		51840/166375
11		57024/166375

Pieds de Solive	VALEUR en Gouées	en parties de Gouée
1		62208/166375
2		124416/166375
3	1	20449/166375
4	1	82657/166375
5	1	144865/166375

Solives entières	VALEUR en Gouées	en parties de Gouée
1	2	40492/166375
2	4	80996/166375
3	6	121404/166375
4	8	161902/166375
5	11	3611/166375
6	13	7661/166375
7	15	117111/166375
8	17	157600/166375
9	20	3372/166375
10	22	72330/166375
11	24	112772/166375
12	26	153226/166375
13	29	27140/166375
14	31	67867/166375
15	33	108345/166375
16	35	148823/166375
17	38	22066/166375
18	40	61464/166375
19	42	103963/166375
20	44	144460/166375
21	47	18583/166375
22	49	59081/166375
23	51	99579/166375
24	53	140077/166375
25	56	14290/166375
26	58	54698/166375
27	60	95196/166375
28	62	135694/166375
29	65	9817/166375
30	67	50215/166375
31	69	90813/166375
32	71	131311/166375

Solives entières	VALEUR en Gouées	en parties de Gouée
33	74	5674/166375
34	76	46022/166375
35	78	86420/166375
36	80	126928/166375
37	83	1051/166375
38	85	41549/166375
39	87	82047/166375
40	89	122545/166375
41	91	163043/166375
42	94	17166/166375
43	96	77664/166375
44	98	118162/166375
45	100	158660/166375
46	103	32283/166375
47	105	73281/166375
48	107	113779/166375
49	109	154277/166375
50	112	28300/166375
51	114	68808/166375
52	116	109306/166375
53	118	149894/166375
54	121	24017/166375
55	123	64515/166375
56	125	105013/166375
57	127	145511/166375
58	130	19624/166375
59	132	60122/166375
60	134	100620/166375
61	136	141128/166375
62	139	15751/166375
63	141	55740/166375
64	143	96249/166375

Solives entières	VALEUR en Gouées	en parties de Gouée
65	145	136745/166375
66	148	10868/166375
67	150	51366/166375
68	152	91864/166375
69	154	132362/166375
70	157	6485/166375
71	159	46983/166375
72	161	87481/166375
73	163	127970/166375
74	166	2102/166375
75	168	42600/166375
76	170	83098/166375
77	172	123596/166375
78	174	164094/166375
79	177	38217/166375
80	179	78715/166375
81	181	119213/166375
82	183	159711/166375
83	186	33834/166375
84	188	74332/166375
85	190	114830/166375
86	192	155328/166375
87	195	29451/166375
88	197	69929/166375
89	199	110447/166375
90	201	150945/166375
91	204	25068/166375
92	206	65566/166375
93	208	106064/166375
94	210	146561/166375
95	213	20685/166375
96	215	61183/166375

Solives entières	VALEUR en Gouées	en parties de Gouée
97	217	101681/166375
98	219	142179/166375
99	222	16001/166375
100	224	56800/166375
200	448	113600/166375
300	673	4025/166375
400	897	60825/166375
500	1121	117625/166375
600	1346	8050/166375
700	1570	64850/166375
800	1794	121650/166375
900	2019	12075/166375
1000	2243	68875/166375

En

En indiquant, paragraphe VII (page xxv), les moyens de se servir d'une table renfermant les logarithmes, à cinq figures (non compris la caractéristique), des 10000 premiers nombres, pour trouver le logarithme d'un nombre exprimé par cinq chiffres significatifs, et réciproquement, pour avoir, avec cinq chiffres significatifs, le nombre correspondant à un logarithme donné, nous avons annoncé une table de parties proportionnelles, pour faciliter les petits calculs que ces opérations exigent; ces calculs sont si simples, qu'on peut, en général, les faire à vue; mais nous n'en croyons pas moins être agréables à quelques lecteurs, en remplissant l'engagement que nous avons pris.

Cette table s'étend depuis 4 jusqu'à 43, parce que, dans les tables des logarithmes des 10000 premiers nombres à cinq figures, la plus petite différence, celle du logarithme de 10000 au logarithme de 9999, est 4, et la plus grande différence, celle du logarithme de 1001 au logarithme de 1000, est 43. On place ordinairement dans les tables, avant le logarithme de 1000, ceux des nombres depuis 1 jusqu'à 999; mais il est inutile de prendre des parties proportionnelles pour les différences de ce commencement de la table, qu'on pourroit même regarder comme superflu, et dont les logarithmes se retrouvent dans la série de 1000 à 10000.

	4	5	6	7	8	9	10		11	12	13	14	15	16	17	18	19	20		21	22	23
1	0	1	1	1	1	1	1	1	1	1	1	1	2	2	2	2	2	2	1	2	2	2
2	1	1	1	1	2	2	2	2	2	3	3	3	3	3	4	4	4	2	4	4	5
3	1	2	2	2	2	3	3	3	3	4	4	4	5	5	5	5	6	6	3	6	7	7
4	2	2	2	3	3	4	4	4	4	5	5	6	6	6	7	7	8	8	4	8	9	9
5	2	3	3	4	4	5	5	5	6	6	7	7	8	8	9	9	10	10	5	11	11	12
6	2	3	4	4	5	5	6	6	7	7	8	8	9	10	10	11	11	12	6	13	13	14
7	3	4	4	5	6	6	7	7	8	8	9	10	11	11	12	13	13	14	7	15	15	16
8	3	4	5	6	6	7	8	8	9	10	10	11	12	13	14	14	15	16	8	17	18	18
9	4	5	5	6	7	8	9	9	10	11	12	13	14	14	15	16	17	18	9	19	20	21

	24	25	26	27	28	29	30		31	32	33	34	35	36	37	38	39	40		41	42	43
1	2	3	3	3	3	3	3	1	3	3	3	3	4	4	4	4	4	4	1	4	4	4
2	5	5	5	5	6	6	6	2	6	6	7	7	7	7	7	8	8	8	2	8	8	9
3	7	8	8	8	8	9	9	3	9	10	10	10	11	11	11	12	12	3	12	13	13
4	10	10	10	11	11	12	12	4	12	13	13	14	14	14	15	15	16	16	4	16	17	17
5	12	13	13	14	14	15	15	5	16	16	17	17	18	18	19	19	20	20	5	21	21	22
6	14	15	16	16	17	17	18	6	19	19	20	20	21	22	23	23	24	6	25	25	26
7	17	18	18	19	20	20	21	7	22	22	23	24	25	25	26	27	27	28	7	29	29	30
8	19	20	21	22	22	23	24	8	25	26	26	27	28	29	30	30	31	32	8	33	34	34
9	22	23	23	24	25	26	27	9	28	29	30	31	32	33	34	35	36	9	37	38	39

Les nombres qui se trouvent dans la ligne horizontale supérieure, sans être renfermés dans des cases, représentent chacun la différence entre les logarithmes de deux nombres de quatre chiffres significatifs, dont l'un surpasse l'autre d'une unité du premier chiffre à droite ; les nombres de l'aire de la table renfermés dans des cases, sont les parties proportionnelles de ces différences, et les nombres des colonnes verticales, à gauche de l'aire, nombres qui ne sont pas renfermés dans des cases, sont les cinquièmes chiffres significatifs correspondans aux parties proportionnelles.

On a supprimé les dixièmes d'unités dans les nombres des cases de l'aire de la table, en ajoutant une unité entière, lorsque le nombre des dixièmes égaloit ou surpassoit 5, ce qui donne une apparence d'irrégularité à la série des nombres des colonnes verticales de l'aire ; mais ces nombres n'en ont pas moins toute l'exactitude que comporte leur destination.

Premier exemple. On demande le logarithme de 23,258, je cherche le logarithme de 23,250, qui est 1,36642 ; la différence entre ce logarithme et celui de 23,26, prise à vue, est 19 ; je cherche dans la colonne verticale de l'aire de la table qui a 19 en tête, le nombre qui se trouve sur la même horizontale que le dernier chiffre 8 du proposé pris dans la colonne verticale à gauche, hors de l'aire ; ce nombre est 15, et en l'ajoutant au logarithme 1,36642, on a 1,36657 pour le logarithme de 23,258.

Deuxième exemple. On demande, avec cinq figures significatives, le nombre qui a pour logarithme 2,38785 ; le logarithme moindre que celui-là, et qui en approche le plus, est 2,38775, logarithme de 244,2, que le logarithme proposé surpasse de 10, et que le logarithme de 244,3 surpasse de 17 ; je cherche dans la colonne verticale de l'aire de la table qui a 17 en tête, le nombre 10, et je vois le nombre 6 placé dans la colonne verticale, à gauche de l'aire, sur la même horizontale que ce nombre 10 de l'aire ; 6 est ainsi le cinquième chiffre cherché, et c'est le nombre 244,26, qui a pour logarithme 2,38785.

Il arrivera souvent qu'on ne trouvera pas exactement dans l'aire de la table la différence entre le logarithme proposé et le logarithme qui lui est immédiatement inférieur, en la cherchant, comme on doit toujours le faire, dans la colonne verticale de cette aire qui a en tête la différence entre les deux logarithmes consécutifs, dont l'un est plus petit, et l'autre plus grand que le proposé ; alors on prendra, dans cette colonne verticale, le nombre qui approche le plus de la différence entre le proposé et celui qui lui est immédiatement inférieur.

FIN.

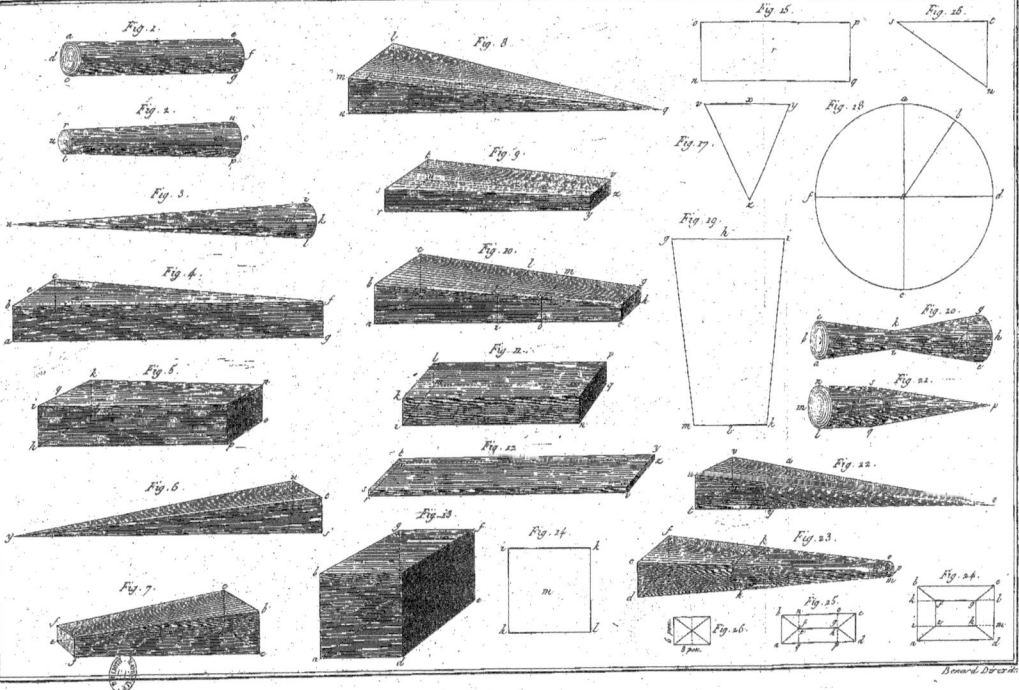

Fig. 1.
Fig. 2.
Fig. 3.
Fig. 4.
Fig. 5.
Fig. 6.
Fig. 7.
Fig. 8.
Fig. 9.
Fig. 10.
Fig. 11.
Fig. 12.
Fig. 13.
Fig. 14.
Fig. 15.
Fig. 16.
Fig. 17.
Fig. 18.
Fig. 19.
Fig. 20.
Fig. 21.
Fig. 22.
Fig. 23.
Fig. 24.
Fig. 25.
Fig. 26.

Benard Direxit.